btb

Buch

Die gebürtige Engländerin Joan Jara erzählt die Geschichte ihres Lebens. In London geboren und aufgewachsen, verläßt die ausgebildete Tänzerin Anfang der fünfziger Jahre England und geht mit ihrem ersten Ehemann, einem chilenischen Choreographen, in dessen Heimatland. Die Ehe zerbricht, doch in Chile begegnet sie ihrer großen Liebe, Victor Jara. Die beiden heiraten und führen eine glückliche und erfüllte Ehe. Victor, aus einfachen Verhältnissen stammend, wird zu einem der führenden Schauspieler und Musiker des Landes und zur herausragenden Figur im Kampf gegen Unterdrückung und Ungerechtigkeit. Joan steht ihm in diesen schwierigen Zeiten zur Seite. Mit dem Wahlsieg Salvador Allendes im Jahr 1970 scheinen sich ihre Hoffnungen auf eine bessere Zukunft für das Land endlich zu erfüllen. Doch mit dem Putsch der Militärs unter General Pinochet 1973 haben alle Hoffnungen ein Ende: Victor Jara wird im Stadion von Santiago de Chile gefoltert und umgebracht. Aber sein Mythos lebt weiter, in der Erinnerung, in seinen Liedern – und in diesem Buch, mit dem Joan Jara ihrem Mann ein eindrucksvolles Denkmal gesetzt hat.

Autorin:

Joan Jara, die Witwe Victor Jaras, verließ nach der Ermordung ihres Mannes Chile. Bis 1982 lebte sie in England, dann kehrte sie nach Chile zurück. Sie leitet die Victor Jara Foundation die sie vor acht Jahren gegründet hat und die von Stars wie Julie Andrews, Bono und Peter Gabriel unterstützt wird.

Joan Jara

Das letzte Lied
Das Leben des
Victor Jara

*Aus dem Englischen
von Gerald Jung*

btb

Originaltitel: Victor. An Unfinished Song

Umwelthinweis:
Alle bedruckten Materialien dieses Taschenbuches
sind chlorfrei und umweltschonend.

btb Taschenbücher erscheinen im Goldmann Verlag,
einem Unternehmen der Verlagsgruppe Bertelsmann.

1. Auflage
Deutsche Erstveröffentlichung Februar 2000
Copyright © 1983 by Joan Jara
Copyright © des Epilogs 1998 by Joan Jara
Copyright © der deutschsprachigen Ausgabe 2000
by Wilhelm Goldmann Verlag, München,
in der Verlagsgruppe Bertelsmann GmbH
Umschlaggestaltung: Design Team München
Satz: Uhl+Massopust, Aalen
KR · Herstellung: Augustin Wiesbeck
Made in Germany
ISBN 3-442-72388-4

Inhalt

Inhalt

Vorwort

Ich empfinde es als große Erleichterung, diese Geschichte endlich in aller Ruhe und auf meine eigene Art erzählen zu können, statt immer nur auf Fragen antworten zu müssen, die meinen jeweiligen Interviewpartner gerade interessieren.

In den Jahren seit dem Militärputsch in Chile habe ich soviel Liebe, Freundschaft und Unterstützung von Menschen auf der ganzen Welt erfahren, daß ich mich jetzt der schmerzvollen Erinnerung an mein Glück gewachsen fühle.

Das Leben hat mich gelehrt, daß die meisten von uns Opfer ihrer Vorurteile sind. Opfer vorgefaßter Meinungen oder falscher Vorstellungen davon, wer unser ›Feind‹ oder wer uns ›fremd‹ ist. Diese Vorurteile entstehen durch unsere Umgebung und, vor allen Dingen, durch die Massenmedien, von denen wir abhängig sind. Ich habe aber auch die Erfahrung gemacht, daß diese Barrieren künstlich sind und niedergerissen werden können.

Meine erste Lektion erhielt ich, als ich ins Nachkriegs-Deutschland kam und dort viel Leid erfuhr, aber auch Freunde fand. Weitere Lektionen folgten, als ich nach Chile ging und dieses ferne Land meine Heimat wurde. In den letzten neun Jahren, als ich die weltweite Solidaritätsbewegung mit Chile erlebte, durfte ich mich glücklich schätzen, mit so vielen scheinbar grundverschiedenen Menschen reden und Freundschaft mit ihnen schließen zu können: mit Fabrikarbeiterinnen in Japan, mit Bergleuten und Aborigines in Australien, mit Sängern und Studenten in den USA, mit Kindern in der DDR, mit Künstlern in Frankreich und Spanien, mit antifaschistischen Kriegsveteranen in Italien, mit Dichtern und jungen Leuten in der UdSSR, mit Tänzern auf Kuba – ganz zu schweigen von den alten und neuen Freunden, die ich in Großbritannien wiedertraf und hinzugewann, als ich nach fast zwanzig Jahren als Flüchtling dorthin zurückkehrte.

Ihnen allen widme ich in aller Bescheidenheit diesen Versuch, Erinnerungen in Worte zu fassen. Ebenso allen Chilenen und anderen Freunden aus Lateinamerika, deren Erfahrungen ich teilte, sowie meinen eigenen Töchtern, in Hoffnung auf die Zukunft.

Mein tiefer Dank gilt allen, die mir bei diesem Buch mit ihren Erinnerungen und Vorschlägen geholfen haben: Fernando Bordeu, Patricio Bunster, Eduardo Carrasco, Bélgica Castro, Atahualpa del Cioppo, Maruja Espinoza, Jan Fairley, Ricardo Figueroa, Francisco Gazitua, Inti-Illimani, Georgina Jara, Julio Morgado, Enrique Noiswander, César Olhagaray, Raquel Parot, Angel parra, Isabel Parra, Roberte Peratta, Omar Pulgar, Alejandro Reyes, Claire de Robilant, Alejandro Sieveking und Nelson Villagra, der mir erlaubte, seinen Artikel über seine Freundschaft mit Victor zu verwenden. Besonderer Dank geht an María Eugenia Bravo, ohne die dieses Buch wahrscheinlich niemals in Angriff genommen worden wäre, an Frances Brown, die mir mit Rat und Tat zur Seite stand, an Mike Gatehouse, ohne den es niemals fertig geworden wäre, und an Liz Calder, für ihre nicht enden wollende Ermutigung und ihr unerklärliches Vertrauen in mich.

London, im April 1983
J. J.

Ein Ende und ein Anfang

Als ich am 15. Oktober 1973 in Begleitung des britischen Konsuls auf dem Flughafen Pudahuel in Santiago das Flugzeug bestieg, war ich eine Person ohne Identität. Wer ich auch gewesen sein mochte – Tänzerin, Choreographin, Lehrerin, Ehefrau –, jetzt war ich es nicht mehr. Ich blickte auf meine beiden kleinen Töchter, die vor mir auf die Sitze krabbelten, beide blaß und so verschüchtert, daß sie sich noch nicht einmal um den Fensterplatz stritten, und mir war nur allzu bewußt, daß nun ich allein die Verantwortung für sie trug. Tatsächlich aber war ich es, die *sie* brauchte, um weiterzuleben. Ich wußte, daß ein Teil von mir gestorben war, zusammen mit dem Mann, dessen Körper jetzt in einem Sarg in einer Betonnische hoch oben in der hintersten Mauerzeile des Zentralfriedhofs von Santiago lag. Ich hatte die Nische mit einem grob behauenen Stein verschließen lassen, in den die einfache Inschrift eingemeißelt war:

VICTOR JARA
14 de Septiembre 1973

Dieses Datum war falsch. Damals wußte niemand, an welchem Tag genau mein Mann ermordet worden war. Ich hatte keinen Platz für Blumen gelassen. Die üblichen kleinen Schalen vor den Nischen sahen so nackt und traurig aus, wenn sie leer waren. Ich konnte nicht wissen, daß Victors Grab niemals ohne Blumen sein würde, daß unbekannte Menschen keine Mühe scheuen würden, an der Mauer hochzuklettern und Büchsen oder Schalen mit Draht oder Schnur anzubringen, um darin ihre Gaben zu hinterlassen, selbst wenn sie damit riskierten, eingesperrt zu werden.

Ich stand noch immer unter Schock, Victors Schmerzen und sein Todeskampf steckten in mir, verfolgten und quälten mich. Jedesmal, wenn ich die Augen schloß, sah ich seinen toten Körper vor mir, das Leichenschauhaus, die grauenvollen Bilder der Ereignisse der letzten vier Wochen, die Folgen der rücksichtslosen Gewalt der Soldaten gegen unbewaffnete Zivilisten, eine so unvorstellbar vernichtende Gewalt, daß man fast nicht glauben konnte, daß sich Chilenen etwas Derartiges ausgedacht hatten.

Ich fühlte, daß der Kampf noch immer tobte, der Kampf eines Volkes, das versuchte, seine Gesellschaftsstruktur auf friedliche Weise zu verändern und dabei die Gesetze zu respektieren, die seine Feinde predigten, aber selbst nicht einhielten. Ich fühlte mich nicht wie ein einzelner Mensch, sondern wie Tausende, ja Millionen... Nicht nur ich empfand Schmerz; es war ein Schmerz, der viele von uns vereinte, auch wenn wir gezwungen waren, uns zu trennen; manche harrten in Chile aus, andere flohen in jeden erdenklichen Winkel der Erde.

Ich war eine von den Flüchtenden. Ich besaß einen britischen Paß, aber nach fast zwanzig Jahren in Chile kehrte ich als Fremde nach England zurück. Selbst meine Gedanken verfaßte ich eher auf spanisch als auf englisch. Ich hatte keine Arbeit und kein Geld. Unser ganzer Besitz war in drei Koffern verstaut. Statt Kleidern hatten wir lieber Fotos, Briefe und Schallplatten mitgenommen.

Das Flugzeug war fast leer. Der Strom der Flüchtlinge hatte noch kaum eingesetzt, die meisten warteten noch, in den ausländischen Botschaften Santiagos zusammengepfercht, auf ihre Visa. Die Stewardessen in ihren adretten Schottenröckchen und mit dem strahlenden Lächeln auf dem Gesicht wirkten unwirklich wie Pappfiguren. Als ich aus dem Fenster auf Santiago hinunterblickte, das langsam unter mir zurückblieb, grau und verschwommen auf der flachen Ebene des langgezogenen chilenischen Talstreifens, fragte ich mich, wann ich wohl zurückkehren und meine Freunde wiedersehen würde... Dann tauchten die Ausläufer der Anden mit ihrer struppigen Vegetation auf – war das nicht das Maipo-Tal, wo wir so oft unsere Ferien verbracht hatten? –, dann die Kordilleren, dieses gewaltige Massiv hoher Gipfel, eine einsame Wüste aus Schnee, Eis und zerklüfteten Felsen, deren Anblick mich jedesmal von neuem überwältigte... und schließlich sagte ich Chile Lebewohl... Victors Heimat... der Heimat meiner Töchter... meiner Heimat.

Die Berge verschwanden aus meinem Blickfeld, und die fremdartige Monotonie der argentinischen Pampa erstreckte sich, so weit das Auge reichte, bis hin zum Atlantischen Ozean. Ich hatte keine Vorstellung davon, was die Zukunft für mich bereithielt. Ich wußte nur, daß ich das dringende Bedürfnis hatte, mich mitzuteilen. Doch das Medium des Tanzes, das immer das meine gewesen war, schien mir nicht länger angemessen. Ich mußte lernen zu sprechen, der Welt im Namen jener, die es selbst nicht tun konnten, mitzuteilen, wie die Menschen in dem Land litten, das so viele Jahre auch mein Land gewesen war.

Die Kinder kuschelten sich zum Schlafen in ihre Sessel. So wach und allein fühlte ich, daß Victor noch immer bei uns war, als bräuchte ich nur die Hand auszustrecken, um ihn zu berühren. Ich wußte, daß ich von nun an ohne ihn zurechtkommen mußte. Aber gleichzeitig wußte ich auch, daß er immer ein Teil von mir bleiben würde. Es war, als hätte ich erst nach seinem Tod gemerkt, daß er schon immer einen Platz in meinem Inneren eingenommen hatte. Das machte mir Mut, und ich wußte, daß ich niemals einsam sein würde. Ich nahm mir vor, alles in meiner Macht Stehende zu tun, damit Victor durch seine Musik und seine Aufnahmen auch weiterhin für die Ziele kämpfen konnte, die er zu seinen eigenen gemacht hatte. Seine Mörder hatten die Macht seiner Lieder unterschätzt.

Jeder Versuch zu schlafen war hoffnungslos. Ich merkte, daß ich meine Handtasche mit eisernem Griff umklammerte. Um mich zu entspannen, öffnete ich sie und entnahm ihr einige Papiere. Da war mein chilenischer Personalausweis mit meinen Fingerabdrücken, meinem Foto und der amtlichen Beschreibung der Ausländerin, die neunzehn Jahre zuvor nach Chile eingereist war: JOAN ALISON TURNER ROBERTS. Daneben ertasteten meine Finger meinen britischen Paß. Ich zog ihn heraus und klappte ihn auf: ›Name des Inhabers: Mrs Joan Alison Jara‹. Ich war froh, daß dort Victors Name stand. Voller Stolz und Trotz würde ich ihn in all den Jahren tragen, die vor mir lagen.

Inzwischen waren Manuela und Amanda friedlich eingeschlafen. Ich fragte mich, wohin ihr eigenes Leben sie noch führen würde: Ich selbst hätte mir als Kind nicht im Traum vorstellen können, daß ich eines Tages ein fernes Land als Flüchtling verlassen müßte.

1

Joan

Meine eigene Kindheit während des Zweiten Weltkrieges war von der Allgegenwart des Todes geprägt. Da wir mitten in London wohnten, schliefen wir mehrere Jahre lang in einem Luftschutzbunker in unserem Garten, auch wenn die Sirenen noch keinen Alarm gaben. Lange Zeit dröhnten jede Nacht die Kampfflugzeuge der Deutschen über unseren Köpfen. Ich lauschte in meinem Bett dem Heulen der herabfallenden Bomben, den Explosionen, die sämtliche Fenster in unserem Haus zersplittern ließen, und sah, wie der Himmel sich im Widerschein des Feuers rot färbte. Jedesmal, wenn ich einschlief, fragte ich mich, ob wir diese Nacht wohl überleben würden.

Meine Zukunft entschied sich im Juli des Jahres 1944, dem Höhepunkt der Luftangriffe auf London, als meine Mutter mich ins Haymarket Theatre zu einer Vorstellung einer modernen Tanztruppe namens ›Ballets Jooss‹ mitnahm. Dieses Erlebnis überzeugte mich nicht nur davon, Tänzerin zu werden, sondern war auch indirekt meine erste Begegnung mit Chile. Das Ballett, das mich derart faszinierte, war die Choreographie *Der Grüne Tisch* von Kurt Jooss. Seine eindringliche Darstellung des Grauens, das der Krieg über die Menschen bringt, war in einer Zeit, in der der Tod jederzeit vom Himmel fallen konnte, besonders beeindruckend.

Der grüne Tisch symbolisierte den Konferenztisch bei einem Gipfeltreffen der mächtigsten Politiker der Welt. Der Vorhang hob sich zu einem ironischen, auf zwei Klavieren geklimperten Tango, die Politiker am Tisch hofierten einander, hielten Reden, diskutierten, applaudierten, ergriffen Partei und feindeten einander an, alles mit präzisen, aufeinander abgestimmten Bewegungen dargestellt. Wie bei einem Ritual erhoben sie ihre Waffen und gaben das Zeichen zum Krieg. Wie aus dem Boden gestampft, erschien der Tod, eine monströse Gestalt, halb Skelett, halb Maschine, und beherrschte von diesem Augenblick an die Handlung. Es folgten sechs Szenen, in denen verschiedene Personen dem Tod begegneten, teils wehrten sie sich gegen ihn, teils folgten sie ihm ergeben, weil ihnen keine andere Wahl blieb. In einer Szene sah eine Frau ihren Mann in den Krieg ziehen und beschloß gegen ihre eigentliche Überzeugung, sich der Guerilla im Widerstandskampf anzuschließen. Der Tanz dieser Frau unterschied sich vollkommen von allem, was ich bis dahin im Ballett gesehen hatte. Er war lebendig, dramatisch und impulsiv. Ich spürte, daß sie eine Frau aus dem wirklichen Leben war, vielleicht eine Landarbeiterin, die ihr innerstes Wesen in diesem Tanz offenbarte. In diesem Augenblick nahm ich mir vor, daß ich diese Rolle eines Tages selbst tanzen würde.

Schon als kleines Kind hatte ich gern getanzt und nach alten Schallplatten improvisiert, die ich in unserem Haus fand. Später, während der Luftangriffe, hatte ich lange Reisen quer durch London auf mich genommen, um am Ballettunterricht teilzunehmen. Meistens kam ich erst nach Hause, als die Leute sich schon in den U-Bahnhöfen zum Schlafen niederließen. Aber ich hatte nie ernsthaft daran gedacht, das Tanzen zu meinem Beruf zu machen. Die im behäbigen, mittelständischen Carrons Park gelegene North London Collegiate School, die ich seit meinem neunten Lebensjahr besuchte, bereitete uns auf eine akademische Laufbahn vor. Alle anderen Mädchen schienen in hübschen Villen mit Garten zu wohnen. Ihre Väter waren Geistliche oder Offiziere. Meine Familie war ganz anders.

Ich kann mich an meinen Vater nur als alten Mann erinnern, aber selbst noch zu jener Zeit besaß er strahlend blaue Augen und die kraftvolle Ausstrahlung eines Stiers, voller Tatendrang und Energie. Er war der Sohn eines Schuhmachers und hatte keine Ausbildung genossen, aber er war sehr belesen und ein Freidenker. Obwohl er Karl Marx nie gelesen hatte und sich für einen Sozialisten hielt, war er zu stolz auf seine Herkunft aus der Arbeiterklasse und die Fähigkeit, mit seinen Händen zu arbeiten, um wirklich einer zu sein. Auch nachdem er zu bescheidenem Wohlstand gekommen war, versuchte er seine einfache Herkunft nie zu verbergen. Seine Hände waren die eines Arbeiters, und auch Kleidung und Sprechweise entsprachen diesem Bild.

Meine Mutter war zwanzig Jahre jünger als er, eine Sozialistin, ehemals aktive Frauenrechtlerin. Nachdem sie zu meinem Vater gezogen war, hatte sie ihre politischen Aktivitäten aber aufgegeben und den Kontakt zu ihren früheren Freunden verloren. Den Rest ihres Lebens widmete sie der Aufgabe, für eine große Familie zu sorgen. Manchmal deprimierte sie das, dann empfand sie ihr Dasein als Gefangenschaft und hoffte, daß ihre Töchter nicht in dieselbe Falle tappen würden.

Auf dem Höhepunkt seiner Karriere als Leiter einer großen Schreibmaschinenfirma kündigte mein Vater, um sich selbständig zu machen. Er kaufte im Norden Londons zwei große, verfallene Häuser und versuchte fortan, von seinem Hobby zu leben: dem Kauf und Verkauf von Antiquitäten. Er pflegte ganze Hausstände aufzukaufen, und alles, was er für den Weiterverkauf ungeeignet fand oder wovon er sich nicht trennen mochte, bevölkerte anschließend unser Haus. Nach und nach füllten sich die Räume, bis es schließlich unmöglich war, sie zu betreten.

Als die mit großem Abstand Jüngste der Familie wuchs ich fast wie ein Einzelkind auf. Immer wenn ich zur Schule gehen sollte, die mir wie ein feindlicher Ort erschien, an dem man mich allein ließ, klammerte ich mich an meine Mutter, die mit ihrer Hausarbeit beschäftigt war. Sie stieg hinunter in das feuchte, gemauerte Kellergeschoß, um Kohle für den altmodischen Boiler heraufzuholen. Aus diesen dunklen, bedrohlichen Verliesen schleppte sie die Kohlen die schmalen Treppen hinauf in die Waschküche mit ihren vorsintflutlichen Wasch- und Bügelmaschinen. Jede Haushaltspflicht bedeutete eine Reise durch unendlich viele düstere, vollgestopfte Räume mit verstaubten Gemälden und Landkarten an den Wänden, Reihen von Bücherregalen auf Treppen und Absätzen, fremdartigen Buddhafiguren, Samuraimänteln in dunklen Ecken, Schubladen voll zerschlissener Seide und Stickereien, Vogeleiern und Schmetterlingen, Porzellanfiguren ... alles, was man sich nur vorstellen konnte, aber alles im Zustand der Verwahrlosung und des Verfalls.

Am schlimmsten sah das Badezimmer aus, der einzige benutzte Raum in der dritten Etage. Es war groß und düster. Der altertümliche, grünspanbedeckte Gasboiler explodierte in regelmäßigen Abständen beim Anspringen und produzierte dann ein schmales Rinnsal lauwarmen Wassers, begleitet von starkem Gasgeruch. Die Badewanne stand auf Klauenfüßen frei in der Mitte des Raumes und bot dem Benutzer keinerlei Schutz. Ich fühlte mich in dem rasch abkühlenden Wasser immer sehr verletzbar, wenn ich an das dunkle Chaos in den umliegenden Zimmern oder an Mutter und Vater dachte, die so weit weg im unteren Stockwerk waren.

Die Geschichten, die meine Mutter mir erzählte, waren keine Märchen, sondern handelten von ihrer eigenen Kindheit und dem Überlebenskampf ihrer Familie in den Londoner Slums. Ihre längst verstorbene Großmutter war aus dem ländlichen Essex nach Clerkenwell gezogen, um ihr Glück zu machen, aber sie fand bald heraus, daß die Sklavenarbeit in einer Wäscherei die einzige Alternative zum Arbeitshaus darstellte. Sie hatte bei einem Unfall ein Bein verloren, und ich habe mir immer das Bild bewahrt, wie sie auf ihrem Holzbein die Straßen von London entlanghinkt, ohne Geld und zahlreiche Kinder am Schürzenzipfel. Jahre später hatte meine

Mutter selbst in einer Wäscherei und später als Sekretärin arbeiten müssen, um ihre jüngeren Schwestern vor dem Arbeitshaus zu bewahren.

Die Ängste meiner Kindheit wurden durch die Tatsache, daß meine Eltern fast nie miteinander sprachen, noch verstärkt. Meine älteren Brüder und Schwestern waren schon längst aus dem Haus und in Stellung gegangen, so daß die brütende Atmosphäre des Schweigens, die man fast körperlich spüren konnte, kaum je durchbrochen wurde. In der Schule war mein Privatleben ein Geheimnis, das ich nicht einmal mit meinen besten Freunden zu teilen wagte. Ich versuchte, so zu tun, als sei ich eine von ihnen, ohne Cockney-Akzent zu sprechen und mein wahres Selbst so gut wie möglich zu verstecken. Nur wenn ich tanzte, fühlte ich mich wirklich glücklich, frei und gleichwertig.

Der grüne Tisch hatte einen nachhaltigen Eindruck auf mich gemacht. Im Jahr darauf gastierte das Ballets Jooss erneut in London. Ich entdeckte, daß ich ohne Eintritt hineingelangen konnte, wenn ich mich nach der ersten Pause auf die Galerie schlich. Auf diese Weise brachte ich es fertig, den *Grünen Tisch* mehr als dreißigmal zu sehen, da er stets am Ende des Programms stand. Am letzten Tag der Spielzeit überwand ich meine Schüchternheit und wagte es, an der Bühnentür um ein Gespräch mit Kurt Jooss selbst zu bitten.

Er trat, noch im Kostüm des Todes, in den engen Korridor, und seine Augen zwinkerten mir aus dem maskenhaften, als Totenkopf geschminkten Gesicht freundlich zu. Er teilte mir mit, daß seine Truppe zur Zeit keine Schüler annahm – ihre Schule in Dartington Hall in Devon hatte bei Kriegsbeginn schließen müssen –, aber daß ich ihm in ihrer Geschäftsstelle in Cambridge vortanzen könne.

Nach meinem Termin eine Woche später, bei dem mich die Nervosität fast lähmte, kam Jooss wunderbarerweise zu dem Urteil, daß sich eine professionelle Ausbildung bei mir lohnen würde und daß er sich vorstellen könne, mich als zukünftiges

Mitglied in seine Truppe aufzunehmen. Als Sigurd Leeder 1947 seine Schule in London eröffnete, gab ich ziemlich schuldbewußt mein Geschichtsstudium am University College auf, um mich ganz meiner Tanzausbildung widmen zu können.

Jooss und Leeder waren beide Schüler Rudolf von Labans. Sie bildeten eine Art Gegenbewegung zur Starrheit und stilistischen Begrenztheit des klassischen Balletts und waren Pioniere einer neuen Richtung, die eine zeitgemäße Erweiterung der Ausdrucksmöglichkeiten des Tanzes forderte und von extremer Leichtigkeit und fließender Schwerelosigkeit bis zu echter Schwerfälligkeit, Stürzen, Fallen und Stampfen reichte. Wir lernten nicht nur zu tanzen, sondern auch den Tanz zur gesamten Bandbreite menschlicher Bewegungen in Beziehung zu setzen, und wurden aufgefordert, dafür neue Ausdrucksformen zu erfinden.

Nachdem ich drei Jahre bei Leeder studiert hatte, erreichte ich im Januar 1951 endlich mein Ziel: Ich wurde Mitglied von Kurt Jooss' Truppe und verließ England, um mit ihr auf Tournee zu gehen. 1933 war das Ensemble vor der Verfolgung durch die Nazis geflohen und hatte sich seit vielen Jahren in Dartington niedergelassen. Jetzt, nach dem Krieg, war Kurt Jooss, dem Ruf der neuen Verwaltung der Stadt Essen folgend, nach Deutschland zurückgekehrt, wo man das von den Nazis zerstörte kulturelle Leben wiederaufbauen wollte.

Mich dem Ballets Jooss anzuschließen, bedeutete für mich, unter Menschen zu leben, die ich bisher als Feinde angesehen hatte. Ich hatte mich nie bemüht, zwischen den Menschen in Deutschland und den Nazis einen Unterschied zu machen. So war es eine gute Schule für mich, in einer kosmopolitischen Truppe zu arbeiten, in der mindestens die Hälfte meiner Kollegen Deutsche waren, die man im Krieg zum Dienst mit der Waffe verpflichtet hatte. Die vierundzwanzig Tänzer stammten aus zehn verschiedenen Nationen und sprachen insgesamt sieben oder acht Sprachen. Unter ihnen waren zwei

Chilenen, die Jooss 1948 nach einem Besuch in Chile engagiert hatte. In diesem unvorstellbar fernen Land hatten drei frühere Solisten des Ballets Jooss, Ernst Uthoff, Lola Bitka und Rudolf Pescht, nachdem sie zu Beginn des Krieges in Südamerika gestrandet waren, eine Schule und eine Tanztruppe aufgebaut. Ich erinnere mich gut an mein erstes Zusammentreffen mit einem der Chilenen, der mir ein lebenslanger Freund werden sollte. Alfonso Unanue saß, die langen Beine im Schneidersitz gekreuzt, auf dem breiten Fensterbrett des großen Studios in der Essener Folkwangschule, in dem wir probten. Er war groß, extrem dünn und konnte seine Gliedmaßen auf erstaunlich kleinem Raum unterbringen. Sein Gesicht glich einer mageren Karikatur des Komikers Fernandel, und er war der begabteste Clown, den ich je gesehen habe.

Der andere Chilene war eine Art Phantom, da er noch nicht eingetroffen war. Jooss hatte Patricio Bunster in verschiedenen Stücken als meinen Partner vorgesehen. Also brachte ich einen Monat damit zu, mit ihm in meiner Vorstellung zu tanzen, verfluchte seine verspätete Ankunft und umrankte seine Person mit romantischen Phantasien. Als Patricio endlich erschien, war ich schockiert. Nach drei Wochen Sonnenbad auf dem Schiffsdeck hatte seine Haut einen dunklen Kupferton angenommen, er war schwarzhaarig, und sein Gesicht mit den großen braunen Augen, den breiten Wangenknochen und der Hakennase erinnerte an ein indianisches Tongefäß aus Peru.

Mit 26 war Patricio älter als ich, voller Ideen für eigene Choreographien und wild entschlossen, während seines Aufenthaltes in Europa so viel wie möglich zu lernen. Er war der erste Mensch, den ich kennenlernte, der sich offen zum Kommunismus bekannte, und dazu ein außerordentlich begabter Tänzer. Es dauerte nicht lange, und ich war wahnsinnig in ihn verliebt. Unsere Beziehung hatte viel mit unserem Beruf zu tun. Die weichen, fließenden Laute, die ich hörte, wenn er sich mit Alfonso auf spanisch unterhielt, verstand ich nicht, aber glücklicherweise sprach er auch Englisch. Wir hatten viele Gemeinsamkeiten. Auch sein Leben hatte sich verändert, nachdem er in Santiago den *Grünen Tisch* gesehen hatte. Die Vorstellung hatte ihn so inspiriert, daß er sein Architekturstudium aufgegeben hatte und als einer der ersten jungen Männer in Chile Tanzunterricht nahm.

Die nächsten zwei Jahre verbrachten wir auf einer Tournee durch Europa. Die meiste Zeit saßen wir im Bus und hielten uns selten länger als eine Nacht am gleichen Ort auf. Die Würde der Vorstellung stand in hartem Kontrast zu der Mühsal unseres täglichen Lebens. Über längere Zeit ständig die Schlafgelegenheit zu wechseln versetzt vermutlich jede beliebige Gruppe von Menschen in leichte Hysterie. Wir waren ständig übermüdet, und jeder Tag verlief nach dem gleichen Muster: Busfahrt, Theater, Vorstellung, Hotel. Die Tage unterschieden sich nur in: Theater mit oder ohne Duschen; Hotels mit oder ohne Frühstückseier; kurze Fahrtstrecken (etwa zwei Stunden) oder längere (bis zu acht Stunden und mehr) und gelegentlichen dramatischen Unterbrechungen der Routine – etwa, als der Bus in Holland in einen eisbedeckten Kanal stürzte. Länger als eine Nacht im selben Bett zu schlafen war der reinste Luxus und bedeutete, daß wir unser Schlafdefizit ausgleichen oder Wäsche waschen konnten, was sich zu einem Dauerproblem auswuchs.

Nachdem ich bereits ein gutes Jahr zur Truppe gehörte, erfüllte sich mein Traum, die Rolle der Guerillera im *Grünen Tisch* zu tanzen. Sie in den Ruinen von Städten zu verkörpern, die von amerikanischen oder britischen Bomben zerstört worden waren, wurde für mich zu einer bewegenden und unvergeßlichen Erfahrung. In Rotterdam, Kassel und vor allem in Berlin sah ich anstelle der ehemaligen Stadtzentren kilometerlange Trümmerlandschaften und tanzte vor einem Publikum, dem die Schrecken des Krieges noch frisch in Erinnerung waren. Überall, wo wir den *Grünen Tisch* aufführten, hinterließ das Stück denselben Eindruck, und sobald sich der

Vorhang über der ersten Szene hob, entstand eine elektrisierende Atmosphäre, die kein anderes Ballett hervorrief, weder bei den Zuschauern, noch bei den Darstellern.

Im Frühjahr 1953, nach einer siebenwöchigen Tournee durch Großbritannien – für mich sehr aufregend, weil es mein erster professioneller Auftritt in London war –, löste sich die Truppe auf. Die Stadt Essen hatte ihre finanzielle Unterstützung eingestellt. Patricio beschloß, ein Jahr in London zu bleiben und bei Sigurd Leeder zu studieren, während ich aus Geldnot in der Drury Lane für eine Rolle in *Der König und ich* vortanzte. Ich wurde auserwählt, den »Bösewicht« (Simon Legree) darzustellen, der nach amerikanisch-siamesischer Tradition von einer Frau getanzt werden mußte. Das war für mich eine durchaus positive Erfahrung, abgesehen davon, daß mein Partner mich bei einer der letzten Kostümproben fallen ließ und ich mir den Rücken verletzte; ein Unfall, der später noch ernste Folgen haben sollte. Auch war es ziemlich schwer zu ertragen, acht Vorstellungen des Stückes pro Woche in der Garderobe herumzusitzen und den Großteil des Stückes nur über die Gegensprechanlage zu verfolgen.

Patricio und ich heirateten im Oktober 1953. Selbst an meinem Hochzeitstag hatte ich Vorstellung, die mir allerdings dadurch versüßt wurde, daß Patricio ihr nicht wie sonst im Rang, sondern im Parkett beiwohnte.

Im März 1954 verließ Patricio England und kehrte nach Chile zurück. Ich sollte vier Monate später nachkommen, in ein Land, von dem ich wenig mehr wußte, als daß es seine Heimat war und eine Balletttruppe unterhielt, die zum Teil dasselbe Repertoire hatte wie das Ballets Jooss. Dieses fremde Land, ein langgestreckter, schmaler Streifen auf der Weltkarte, sollte nun meine zukünftige Heimat werden.

Es war also nicht sehr verwunderlich, daß ich ein wenig verängstigt war, als ich meiner Mutter an einem trüben Tag im Juli 1954 Lebewohl sagte und mich in Liverpool an Bord der S. S. *Cuzco* begab. Die sechs Wochen dauernde Seereise verschaffte mir Zeit zum Nachdenken, während ich versuchte, mir mit Hilfe eines Lehrbuchs Spanisch beizubringen. In dem ziemlich aussichtslosen Versuch, nicht aus der Übung zu kommen, übte ich mangels einer Stange wie eine Betrunkene an der schwankenden Reling und versuchte, die befremdeten Blicke der anderen Passagiere nicht zu beachten. Den Großteil der verbleibenden Zeit verbrachte ich allein, hoch oben auf dem Bug des Schiffes, den Blick auf die Delphine und Seevögel gerichtet, und genoß die Sonne und die rollenden Wogen des Atlantiks.

Die kurzen Eindrücke von Lateinamerika, die ich erhaschte, als das Schiff den Panamakanal erreichte und seine lange Reise entlang der Pazifikküste antrat, waren nicht eben vertrauenerweckend: Panama selbst, so voll von amerikanischen Marinesoldaten, daß ich schon glaubte, im falschen Land zu sein; der Geruch nach Kloake und Armut, die riesigen Ratten im kolumbianischen Buenaventura; in Callao mein erster Blick auf die peruanischen Indianer, die mit auf den Rücken gebundenen Babys auf der Straße hockten, ihre Trachten nicht in den leuchtenden Farben der Postkarten, sondern ausgeblichen, staubig und ungewaschen, Fliegen rings um die tränenden Augen der kleinen Kinder; verlassene Dörfer inmitten der Wüste im Norden Chiles.

Obwohl ich mich, um mir Mut zu machen, an die Vorstellung klammerte, Patricio bald wiederzusehen, litt ich unter Anfällen von schrecklichem Heimweh. Bis jetzt hatte sich mein ganzes Leben um den Tanz gedreht, die Notwendigkeit, einer Truppe anzugehören, mit guten Lehrern und Choreographen zu arbeiten, ein Theater zu haben, in dem man auftreten konnte, dazu ein Studio für das tägliche Training. Obwohl ich theoretisch wußte, daß es diese Dinge auch in Chile gab, wollte es mir nicht gelingen, sie mit der Armut und gottverlassenen Abgeschiedenheit, die ich bisher auf meiner Reise gesehen hatte, in Verbindung zu bringen.

Endlich legten wir in Valparaiso an, der »Perle des Pazifik«, der schönsten Bucht der gesamten Küste und Chiles größtem Hafen. Es war der 7. September 1954. Mein Ziel aber war Santiago, die Hauptstadt, acht Meilen entfernt im Landesinneren gelegen.

Bei meiner Ankunft in Santiago sah ich mich zum ersten Mal den Anden gegenüber, gewaltigen, schneebedeckten Gipfeln, die den Himmel und die Stadt beherrschten, eine mächtige Wand, die immer wieder unvermutet hinter einer Straßenbiegung auftauchte, so nahe, daß man die Hand ausstrecken und sie berühren zu können glaubte. Hat man die Anden einmal gesehen, versteht man, warum alle chilenischen Kinder stets dieselbe Landschaft mit Bergen im Hintergrund malen.

Verglichen mit der rauhen Schönheit dieses Anblicks schien mir die Stadt weniger attraktiv. Gleichförmige, rechteckige Wohnblocks säumten die Straßen, die für den unübersichtlichen lärmenden Verkehr viel zu eng waren. Alles schien in ständiger Veränderung begriffen, wurde entweder abgerissen, neu aufgebaut oder repariert und erinnerte mich an den Flughafen in Heathrow. Die Erdbeben, die die meisten älteren Gebäude zum Einsturz gebracht hatten, lagen noch nicht lange zurück, und man war noch nicht in der Lage, sie durch Hochhäuser zu ersetzen. Alles wirkte schäbig und verfallen; zwar altmodisch, aber ohne ein Bewußtsein für die eigene Vergangenheit wie in Europa. Von oben, von der Anhöhe San Cristóbal aus gesehen, schien sich das Stadtzentrum aus einem ungeheuren Meer niedriger, flacher, staubiger Dächer zu erheben, verdunkelt von einer bedrohlichen Smogwolke.

Das *barrio alto,* das höher gelegene Wohnviertel Santiagos, war die vornehmste Wohngegend der Stadt am Fuße der Andenausläufer, wo die Luft frischer und sauberer war. Seine breiten, schattigen Straßen waren von imposanten Villen gesäumt, die die unterschiedlichsten Baustile aufwiesen und riesige gepflegte Gärten mit Swimmingpool besaßen. Sie wurden von Butlern, Hausmädchen, Gärtnern und anderen Bediensteten in Schuß gehalten, und in den Einfahrten parkten die großen amerikanischen Limousinen ihrer Besitzer. Patricio und ich wohnten in einer kleinen Wohnung gegenüber vom Bustamente-Park, direkt an der Grenze zwischen Zentrum und Barrio alto. In unserer Nachbarschaft lagen teure Wohnblocks und ältere Häuser.

Kurz nach meiner Ankunft ging ich eines Abends, es wurde bereits dunkel und kühl, zu Fuß nach Hause. Da sah ich auf dem Bürgersteig etwas, das ich zuerst für ein Bündel Lumpen hielt. Eine hungrig aussehende Promenadenmischung knurrte mich an, als ich vorbeiging. Als ich genauer hinblickte, entdeckte ich zwei kleine Jungen, die sich unter einer zerlumpten Decke aneinanderschmiegten. Sie versuchten, einander warmzuhalten und zu schlafen, dort, wo die Zentralheizungen der Wohnungen ein wenig Wärme an den Bürgersteig abgaben. Das waren *los pelusas,* Straßenkinder, die aus ihrem Zuhause in den Slums fortgelaufen waren und die bettelten, stahlen und im Müll nach Lebensmittelresten wühlten, um zu überleben. Ihr Anblick versetzte mir einen zornigen Stich und markierte den Beginn meiner Beschäftigung mit Politik.

Die meiste Zeit lebte ich jedoch auf der anderen Seite des Abgrunds, der die Privilegierten von den Armen trennte. In der durch Inzucht entstandenen Klasse, der ich jetzt angehörte, konnte man die gesellschaftliche Stellung und die Zugehörigkeit der Familie zur sogenannten Aristokratie am Nachnamen erkennen. Es überraschte mich, daß sowohl der Nachname des Mannes als auch der der Frau vererbt wurde und die Frauen ihren eigenen Namen auch nach der Hochzeit beibehielten. Ich glaube aber, daß dies weniger auf Respekt vor den Frauen beruhte als auf dem Wunsch, den Kindern einen »guten Nachnamen« zu erhalten. Ich selbst hieß jetzt Joan Turner Roberts de Bunster. Bitte beachten Sie das »de«, das mir anzudeuten schien, daß es sich bei einer Ehefrau um den Besitz ihres Mannes handelte.

Die chilenische Gesellschaft setzte sich aus ähnlich vielen

Schichten zusammen wie ein Stück Blätterteig. Zwischen den einzelnen Schichten gab es subtile Unterschiede, die zu erkennen ich zunächst nicht in der Lage war. Eine Freundin lud mich ein, sie übers Wochenende auf ihrem großen Anwesen im Süden zu besuchen, wo ihre Familie ausgedehnte Weinberge besaß. Ihr Ehemann bemerkte eines Tages beim Mittagessen beiläufig, er würde jeden Landarbeiter, der in den Streik trat oder auf andere Weise aufbegehrte, erschießen – man sollte alle Kommunisten umbringen, sagte er. Albernerweise rannte er mir später im Morgenmantel über die Felder nach, um sich für eine Aussage zu entschuldigen, die meinen Mann, Patricio, beleidigen könnte. Mein Gastgeber gehörte dem kleinen Kreis von Familien an, die ihre Kinder zur Ausbildung nach Europa schickten, in Mailand in die Oper, in London ins Theater, zum Kleiderkaufen nach Paris, und die sogar zu Hause Englisch oder Französisch sprachen. Das war meine erste Begegnung mit der chilenischen Oligarchie, *los pitucos.*

Ein anderer Ausdruck, den ich in dieser Zeit lernte, war *roto.* Mein Wörterbuch übersetzte ihn mit: kaputt, heruntergekommen, wertlos, aber er wurde allgemein benutzt, um die Armen und Besitzlosen zu bezeichnen. Damit verbunden waren gewisse physische Attribute: indianische Züge, dunkle Haar- und Hautfarbe, kleinerer Wuchs und Eigenschaften wie Faulheit, Unehrlichkeit und Alkoholismus, die man den Armen allgemein nachsagte. Gleichzeitig galt *el roto chileno* als großer Patriot und als eine Art Clown mit einem untrüglichen Gespür für Galgenhumor. Er war eine Kunstfigur, vom Establishment erfunden, damit die Unterschicht sich in ihm wiedererkannte und auf ihren Platz verwiesen wurde.

Was mich betraf, so war ich immer noch eine *gringa,* auch wenn ich jetzt in Chile lebte. Das war ein Spitzname, der für Ausländer benutzt wurde, manchmal liebevoll, aber in den meisten Fällen als Beleidigung – wie etwa in »Gringo, go home!«. Man assoziierte damit eine Person, die wenig Sinn für Humor besaß und sehr steif und *deslavado* war, fade oder langweilig, als hätte sie vom allzu vielen Waschen die Farbe verloren. Aber eine Gringa zu sein, hatte auch einen snobistischen Beigeschmack. Mein Status war automatisch höher, weil die Leute alles Importierte für überlegen hielten, von der Kultur bis hin zu Paraffinöfen, und dazu noch britisch zu sein, war irgendwie *pituco,* als sei man mit der Königin persönlich verwandt.

In meinen Augen unterschied sich die Balletttruppe in Santiago sehr vom Ballets Jooss. Hier waren Tänzer öffentliche Angestellte mit festem Gehalt und der Aussicht auf eine Rente. Was fehlte, war die Intensität des Ballets Jooss, sowohl was die künstlerische Flexibilität als auch die wirtschaftliche Unsicherheit anging. Es gab zuwenig Vorstellungen und zu viele Proben. Mittags gingen alle zum Essen nach Hause, und nach einer langen Siesta begann die Arbeit erst wieder um vier Uhr nachmittags.

Das Ballett ging selten auf Tournee – die meisten Vorstellungen fanden in der Gold- und Plüschatmosphäre des *Teatro Municipal,* des Stadttheaters von Santiago statt – und wenn man doch einmal reiste, war das ein aufwendiges Unternehmen und umfaßte ein ganzes Symphonieorchester, ungefähr vierzig Tänzer, schwere Bühnenbilder und Koffer voller kunstvoller Kostüme. Manche Produktionen, wie etwa *Carmina Burana,* für die ein großer Chor benötigt wurde, waren sogar ausschließlich an Santiago gebunden.

Für diese gesetzte Atmosphäre war vielleicht die Tatsache verantwortlich, daß sowohl das Ballett als auch das Orchester Teil einer großen staatlichen Einrichtung waren, der Universität von Chile. In den frühen vierziger Jahren hatte die Volksfrontregierung Wert darauf gelegt, kulturelle Aktivitäten zu fördern, und innerhalb der Musikalischen Fakultät der Universität wurde das *Instituto de Extensión Musical* ins Leben gerufen. Am Institut wiederum gründete man ein Symphonieorchester, die Balletttruppe und einen großen Laienchor. Auch eine Theatertruppe und eine Schauspielschule wurden der Fakultät angegliedert.

In Chile war man sehr auf die absolute Unabhängigkeit der Universität bedacht, und diese Neugründungen besaßen eine gewisse Pufferfunktion gegenüber den Launen der wechselnden Regierungen. Obwohl die wichtigsten Einflüsse immer noch europäisch und später nordamerikanisch waren, entstand eine Art einheimischer Kulturbewegung, an der sich viele chilenische Künstler beteiligten. Andererseits hat eine geschützte Atmosphäre auch ihre Nachteile. Sie läßt ein starres, in sich geschlossenes Vakuum entstehen, und die Arbeit, die in diesem Vakuum entsteht, verliert rasch jeden Bezug zur Außenwelt. In den fünfziger Jahren glich die Universität einem Elfenbeinturm. Sie bildete eine geschlossene, elitäre Welt für sich, die von den Vertretern der Oligarchie kontrolliert wurde. Der Traum der Volksfrontpartei, zu den Wurzeln der chilenischen Kultur zurückzufinden, war noch nicht in Erfüllung gegangen.

Das chilenische Nationalballett, wie man das Ensemble schließlich nannte, war von Ernst Uthoff gegründet worden, der auch immer noch sein Direktor war. Uthoff war ein großer, attraktiver Mann, nervös und leicht erregbar, den die meisten Tänzer in hohem Maße respektierten, den sie aber wegen seiner Wutausbrüche während der Proben auch sehr fürchteten. Seine Kommentare zu den einzelnen Tänzern fielen entweder sehr schmeichelhaft oder vernichtend aus. Obwohl er schon lange in Chile lebte, konnte er seine deutsche Herkunft nicht verbergen und sprach Spanisch mit hartem Akzent. »Maestro« Uthoff besaß ein großes Wissen und einen sicheren Instinkt für die Theaterarbeit, und seine Ballette waren äußerst erfolgreich, obwohl sie gewöhnlich, was Thema und Stil betraf, sehr europäisch waren.

Nach ihrer Rückkehr aus Europa stiegen Patricio und Alfonso von einfachen Tänzern zu Regisseuren unserer Truppe auf. Sie versuchten, das Arbeitstempo zu beschleunigen und bestanden vor allem darauf, den Aufwand für die Tourneen zu verringern und flexibler zu werden. Außerdem setzten sie durch, Musik vom Tonband zu verwenden, um sich notfalls unabhängig vom Orchester machen zu können und damit auch in der Lage zu sein, an Spielstätten außerhalb Santiagos aufzutreten, die nicht über die Idealbedingungen des Teatro Municipal verfügten. Wir hatten alle aus unseren Erfahrungen mit dem Ballets Jooss gelernt, daß man auch mit einfachen Mitteln große Wirkung erzielen kann.

Nach meiner Ankunft in Santiago hatte ich zunächst das unangenehme Gefühl, lediglich als Fremde angesehen zu werden, eine weitere Konkurrentin im Kampf um die geringen Mittel. Aber das änderte sich rasch, und schon bald war ich mit offenkundiger Herzlichkeit aufgenommen. Ich stürzte mich sofort in die Arbeit und hatte eine ganze Reihe von Rollen zu tanzen: einige, die ich schon im Ballets Jooss verkörpert hatte, wie die Frau im *Grünen Tisch,* und, obwohl ich doch eine Gringa war, einige leidenschaftliche, temperamentvolle Parts. Eine meiner Lieblingsrollen war die Frau in Rot in der Wirtshausszene in Uthoffs *Carmina Burana,* wo ich mich wie ein Derwisch auf einem runden Tisch drehte und von einer Schar betrunkener Machos herumgewirbelt wurde.

Sobald ich etwas freie Zeit hatte, ließ ich mich überreden, selbst zu unterrichten, zunächst in der an die Fakultät angegliederten Schule, die neue Tänzer für das Ensemble ausbildete, später auch in der Schauspielschule, wo ich angehenden Schauspielern Unterricht in Bewegung erteilte. Ich hatte nie den Ehrgeiz besessen, Lehrerin zu werden, aber als ich schließlich vor einer Klasse erwartungsvoller, begeisterter Schüler stand, verbesserte sich mein Spanisch rasch und ich bekam mehr Kontakt zu anderen Menschen. Ich fand auch heraus, daß ich eine gute Lehrerin war. Der Vorteil an Sigurd Leeders Methode war der, daß er seine Schüler nicht, wie es so viele berühmte Tänzer tun, in seinen eigenen Stil wie in ein Korsett zwängte, sondern jedem einzelnen die Mittel an die Hand gab, sein eigenes Talent zu entwickeln.

Inzwischen hatten Patricio und Alfonso die Schlacht gewonnen. 1956 brach das Ballett zu seiner ersten Tournee ohne Orchester in den Süden auf. Jetzt konnten wir endlich auch in kleineren Städten und Theatern auftreten, die nicht über den Luxus eines Orchestergrabens verfügten. Die Tournee fand noch vor dem großen Erdbeben 1960 statt, das alle diese Gebäude zerstören sollte. Manche von ihnen, wie zum Beispiel das in Concepción, waren zwar ziemlich groß, aber in miserablem Zustand, kalt, vor Schmutz starrend und, weil sie so selten benutzt wurden, rattenverseucht.

Im Nachtzug nach Süden zu fahren war aufregend, denn mir war dieser Teil Chiles noch unbekannt. Als wir am Morgen erwachten, näherte sich der Zug jener Region, die man La Frontera nennt. Der Name erinnerte an den Widerstand der Indios gegen die spanischen Eroberer. Ich erinnere mich, wie ich dösend aus dem Zugfenster starrte und plötzlich mit einem Ruck auffuhr, weil ich nicht nur meinen ersten Vulkan erblickt hatte, einen perfekten, schneebedeckten Kegel zwischen anderen Berggipfeln, sondern auch eine grüne, sanft hügelige Ebene mit riesigen Bäumen, wie ich sie zuletzt in England gesehen hatte, die plötzlich mit *rucas,* Wigwams aus Zweigen und Lehm, übersät war. Wir fuhren an einer Siedlung der Mapuche-Indianer vorüber.

Die Berge begleiteten uns den ganzen Weg nach Süden, manchmal ganz nahe, manchmal weiter entfernt, aber immer in Sichtweite. Wir fuhren an Wäldern und Seen vorbei, von denen manche so groß wie Binnenmeere waren, und überquerten breite Flüsse. Auf jedem Bahnhof kamen Bauern an den Zug und verkauften handgewebte Decken und Ponchos aus echter Wolle, dick und schwer, um den für den Süden so typischen Regen abzuhalten; die Frauen boten Sandwiches aus selbstgebackenem Brot mit scharf gewürztem Schweinefleisch und Chili an.

Unsere erste Vorstellung fand in einem Gymnasium in Puerto Montt statt, einem zugigen Gebäude, durch dessen zerbrochene Fensterscheiben der kalte Wind vom Südpol pfiff und in dem eine Meute Straßenköter den Proben beiwohnte. Aber das Publikum bereitete uns einen begeisterten Empfang. Unser Besuch war ein großes Ereignis, denn jede Art von Theateraufführung war hier äußerst selten. Trotzdem kam selbst mir unser europäisches Repertoire in einer solchen Umgebung reichlich fehl am Platze vor.

Am nächsten Tag wurde uns zu Ehren ein *curanto* veranstaltet. Das klingt wie eine Art Zauberspruch, ist aber tatsächlich ein traditionelles Festessen dieser Gegend, in der Fisch und andere Meeresfrüchte zum täglichen Speiseplan gehören. Alles mögliche Getier – Tintenfische, Miesmuscheln, Austern, Venusmuscheln, *picorocos* und *piures* (für die es im Englischen keine Bezeichnung gibt) werden zusammen mit Schweinefleischstücken, ungeschälten Kartoffeln und anderen Zutaten in eine Art Eimer geworfen und mit heißen Steinen in der Erde vergraben. Nachdem diese Mischung stundenlang vor sich hingeköchelt hat, wird sie wieder ausgegraben und verzehrt. Man braucht einen widerstandsfähigen Magen, aber mit reichlich Wein hinuntergespült, schmeckt ein *curanto* unvergleichlich. Obwohl es zu unserer Stärkung gedacht war, bot es nicht gerade die beste Grundlage für die Vorstellung am darauffolgenden Tag.

Eine weitere Tournee führte uns nach Norden. Hier war die Landschaft wieder ganz anders: Das feuchte Grün des Südens wurde von endlosen Sandwüsten, farbigen Felsformationen und niedrigem, graugrünem Gestrüpp abgelöst. Die hohen Wellen des Pazifischen Ozeans brachen sich an endlosen Stränden, deren einzige Bewohner Seevögel waren, aber weiter nördlich wurde das Meer freundlicher und wärmer, und das Klima blieb das ganze Jahr über gleich, ohne daß auch nur einmal Regen fiel.

In Iquique tanzten wir in einem hübschen, ganz aus Holz gebauten Miniaturtheater mit handgeschnitzten Sitzen und Galerien. Dort waren schon Sarah Bernhardt und andere europäische Künstler vor einem Publikum aufgetreten, das aus meist britischen Millionären und Kolonialherren, den Besitzern und Managern der Salpeterminen bestand. 1907 waren dreitausend streikende Bergarbeiter mit ihren Frauen und Kindern vor der Schule von Santa Maria de Iquique von der Armee, die die Minenbesitzer gerufen hatten, ermordet worden.

Erst nach einer stundenlangen Reise in einem klapprigen Bus erreichten wir Chuquicamata, die zweitgrößte Tagebau-Kupfermine der Welt, hoch oben in der Atacama-Wüste gelegen. Wir fuhren durch eine steinige Mondlandschaft, in der immer wieder aus der Ferne Seen winkten, bis wir endlich am riesigen Krater der Mine eintrafen. Es war ein seltsames Gefühl, dort von einer Schar Amerikaner begrüßt und herumgeführt zu werden.

Diese ersten Erfahrungen mit meiner neuen Heimat bedeuteten für mich nicht nur Tausende von Kilometern zurückzulegen, sondern sie versetzten mich auch fünfzig Jahre in der Zeitrechnung zurück. Die außerordentliche Schönheit der Landschaft, des Ozeans und der Berge standen in schmerzlichem Kontrast zu Armut und Elend. Ich kam mir vor wie in eine Art schützenden Kokon gehüllt: das egozentrische Leben einer professionellen Tänzerin, in den Fesseln der Disziplin von Training und Proben, ein Leben so streng wie in einem Kloster. Ob wir nun mitten in der Atacama-Wüste waren oder auf dem Gebiet der Mapuche – wir reisten in unserem eigenen Mikroklima.

Aber ich hätte blind sein müssen, um nicht die unauflöslichen Gegensätze zu erkennen, die zwischen der »offiziellen« Kulturbewegung an der Universität, den Dienstleistungen für eine »kosmopolitische Aristokratie«, wie der große chilenische Dichter Pablo Neruda sie genannt hat, und dem Leben, das die Mehrheit der Chilenen führte, bestanden. Mehr als irgend jemand anders war es Neruda selbst, der durch seine Schriften als politischer Flüchtling und später im Exil den Funken der Suche nach einer besseren Zukunft entfachte.

Eines der wenigen Bücher, die Patricio 1951 mit nach Europa genommen hatte, war ein kleiner, dicker Band, der vom vielen Lesen schon ganz schäbig geworden war, obwohl er erst im Jahr davor erschienen war. Es war Nerudas *Canto General*. Zwar konnte ich zu dieser Zeit noch kein Spanisch, aber ich spürte, daß dieses Buch für Patricio eine besondere Bedeutung besaß, die weit über die bloße Freude an der Poesie hinausging. In diesen Gedichten fand er die Grundlage für seine spätere Arbeit als Choreograph.

Zur damaligen Zeit, in den späten Fünfzigern, war Nerudas Haus in Santiago, in dem er mit seiner zweiten Frau Delia »*La Hormiguita*«, lebte, selbst eine Art von kulturellem Zentrum, in dem Leute sich versammelten, um ihm zuzuhören und ihre Ideen auszutauschen. Viele Aktivitäten gingen von diesem Ort aus, denn Neruda war ein Dichter der Tat. Ich kam zum erstenmal an einem Sonntag in meinem ersten Herbst in Chile zusammen mit Patricio in dieses Haus. Wir speisten im Garten unter einem Weinstock voller reifer Trauben, und anschließend führte uns Neruda zu einigen Nebengebäuden, um uns seine Sammlung zu zeigen: Muscheln, die er an Stränden in der ganzen Welt gefunden hatte, Flaschen jeder Form und Größe, manche mit Schiffen darin. Er besaß auch eine Anzahl kurioser oder obszöner Postkarten und anderer Kitschobjekte, inklusive einer Porzellanhand, die als Pfeifenhalter diente und die er besonders mochte. Patricio, der Nerudas Vorliebe für Gegenstände mit einer Geschichte kannte, schenkte ihm den Schlagstock eines Polizisten, den englische Suffragetten auf einer ihrer Demonstrationen erbeutet und den wir im Keller meines Londoner Elternhauses aufgestöbert hatten.

Britisch und naiv, wie ich damals war, staunte ich über den großen Einfluß dieses Dichters, darüber, wie die Leute vor ihm in Ehrfurcht erstarrten und an seinen Lippen hingen. Jedes seiner Bücher wurde ungeduldig erwartet, und in »Pablos Haus« eingeladen zu werden, galt als große Ehre. Zu mir war er sehr freundlich, obwohl ich ihm als typische Gringa erschienen sein muß. »Sie sieht aus wie eine Taube«, sagte er mit seiner näselnden Stimme zu Patricio, während er mich betrachtete, wie ich durch den Garten spazierte. Ich kam mir, wie so oft, wie eine Närrin vor.

Aber mein erster Eindruck von Nerudas kultureller Bedeutung blieb oberflächlich. Erst allmählich, besonders nach der Veröffentlichung des *Canto General,* begann ich zu begreifen, was an seiner Dichtung derart wichtig war, daß sie jeden Bereich des kulturellen Lebens beeinflußte, meinen eigenen, den des Tanzes, eingeschlossen. Neruda selbst schilderte, wie ihm 1938 die Idee zum *Canto General* kam, als die Schrecken des Spanischen Bürgerkrieges und der Tod von García Lorca ihm noch frisch im Gedächtnis waren. Man hatte ihn überraschend dazu aufgefordert, vor den Arbeitern des größten Gemüsemarktes in Santiago aus seinen Gedichten zu lesen, und er wußte nicht, was er ihnen vortragen sollte. Also begann er, sein jüngstes Gedicht zu rezitieren, »España en el Corazón«. Und dann, schreibt er, » ...fand das wichtigste Ereignis meiner literarischen Laufbahn statt. Einige applaudierten, andere senkten den Kopf. Dann blickten sie alle auf einen Mann, vielleicht einen Gewerkschaftsführer. Er stand auf, genau gekleidet wie die anderen, einen Sack um die Taille gebunden, die großen Hände um die Rückenlehne eines Stuhles geklammert, sah mir gerade ins Gesicht und sagte: ›Compañero Pablo, wir sind das vergessene Volk. Ich muß sagen, daß wir noch nie so bewegt waren..‹, und dann brach er in Tränen aus, in lautes, herzzerreißendes Schluchzen.« Nach diesem Vorfall beschloß Neruda, daß er seine Dichtung der Geschichte, der Geographie und vor allem dem wahren Volk seines Landes und seines Kontinents widmen müsse. Damit wurde er zum Vorbild für eine ganze Generation von Künstlern und löste eine kulturelle Revolution aus, die in Lateinamerika bisher beispiellos war.

Canto General entstand im folgenden Jahrzehnt, als Neruda schon auf der Flucht war und sich verstecken mußte, weil eine

Welle von Repressionsmaßnahmen gegen die Mitglieder der Kommunistischen Partei eingesetzt hatte. Er hatte die Gedichtsammlung zunächst Chile gewidmet, aber nach einem Besuch der Ruinen von Macchu Picchu in Peru wandelte Neruda sie in ein Epos um, das sich mit den Wurzeln des gesamten lateinamerikanischen Kontinents befaßte.

1959, fünf Jahre nach meiner Ankunft in Chile, choreographierte Patricio eines seiner bedeutendsten Ballette, das in Lateinamerika Tanzgeschichte schrieb. *Calaucán* basierte auf drei Gesängen des *Canto General,* begleitet von der perkussiven Musik des mexikanischen Komponisten Carlos Cháez. Für dieses Ballett vertiefte sich Patricio in die poetischen Bilder von Nerudas Werk, studierte Abbildungen präkolumbianischer Kunst, von Skulpturen der Maya und Azteken, der Töpferkunst der Inkas und von Mustern, die das Volk der Araukaner in seinen Schmuck- und Webarbeiten benutzte. Trotz des großartigen, umfassenden Themas war es ein kurzes Ballett, eine visuelle und kinetische Synthese. In bezug auf Kostüme und Bühnenbild arbeitete Patricio mit Julio Escamez zusammen, einem chilenischen Maler, der zusammen mit den mexikanischen Muralisten studiert hatte.

Sogar der Name war eine Synthese. *Calaucán* ist eine Mischung aus zwei indianischen Wörtern: *Callán* bedeutet »Knospe« und *aucán* »rebellisch«. Das Ballett besteht aus drei Teilen. Es beginnt in absoluter Stille, während die symbolische Figur der Mutter des eingeborenen Amerika ein Kind gebiert. Sie steht angewurzelt wie ein Baum, eine einsame Figur mitten im Scheinwerferlicht, und windet sich in langsamem Crescendo zu den pulsierenden Bewegungen der Geburtsarbeit wie eine zum Leben erwachte präkolumbianische Skulptur. Im Augenblick der Geburt explodiert die Perkussionmusik, und im Hintergrund erstrahlt eine stilisierte Sonne. Es folgt eine Schilderung der Entwicklungsgeschichte von Arbeit, Wachstum, Fruchtbarkeit und Sexualität, die in einem gewaltigen Erdbeben ihren Höhepunkt findet. Die zweite Szene, die aus der ersten erwächst, führt uns eine hierarchisch aufgebaute Gesellschaft vor, ein Ritual für einen tyrannischen Gott, ein Menschenopfer und das Reich der Azteken. Die dritte Szene schildert die Ankunft der spanischen Konquistadoren, den blutigen, ungleichen Kampf, in dem Mutter und Sohn zu Kriegern werden, sowie den Massenmord an den Ureinwohnern – obwohl eine jetzt sehr deutliche und bewußte Wiederholung der Geburtsszene auf das Weiterbestehen des Volkes hinweist.

Es war für mich sehr aufregend, an der Entstehung von *Calaucán* beteiligt zu sein und die Rolle der Mutter zu verkörpern. Schon vor der Premiere erregte das Ballett großes Aufsehen, und viele Leute baten um Erlaubnis, den Proben beizuwohnen. Wir alle fühlten, daß Patricio mit diesem Werk einen großen Schritt getan hatte, der Auswirkungen auf die Zukunft haben würde. Auch das Publikum und die Kritiker teilten bei der Premiere diese Ansicht. Der Menschenmenge, die nach der Aufführung hinter die Bühne strömte, schloß sich auch Pablo Neruda an, der Patricio aufforderte, stolz zu sein auf das, was er geschaffen hatte.

Aber Patricios und meine Ehe war weniger fruchtbar und befriedigend als unsere berufliche Verbindung. Wir waren so vertieft in unsere Arbeit, daß wir darüber zu leben vergaßen. Ich war noch sehr unreif, als ich heiratete, emotional um so abhängiger von Patricio, als ich in einem fremden Land lebte. Aber auch indem mein einziger Halt mein Beruf war. Aber auch in diesem Lebensbereich hatte Patricio die dominierende Rolle: als mein Choreograph. Obwohl er von Natur aus ein rücksichtsvoller Mensch war, meine untergeordnete Rolle als Zuhörerin und untergebene Tänzerin empfand ich als krassen Gegensatz zu meinem herrschsüchtigen Charakter. Ich glaube, es war ein treffendes Symbol für unsere Beziehung, daß Patricio, wenn wir ausgingen, immer angespannt und hastig zwei Schritte vor mir lief, ganz in der Tradition der Indios, während ich schweigend in seinem Kielwasser folgte.

Obwohl wir uns beruflich ausgezeichnet verstanden, welkte unsere Ehe langsam dahin, und ich sah mich plötzlich mit der Tatsache konfrontiert, daß Patricio sich in eine jüngere Tänzerin aus unserer Truppe verliebt hatte, eine ehemalige Miß Chile, die auf einem malvenfarbigen Motorroller herumflitzte. Damit konnte ich mich nicht abfinden. Außerdem erwartete ich zu dieser Zeit mein erstes Kind. Es war ein qualvoller Abschnitt meines Lebens, auf den ich nicht näher eingehen will, und er endete mit meinem physischen und psychischen Zusammenbruch. Noch vor Manuelas Geburt war unsere Ehe beendet.

Im Mai 1960, Manuela war vier Wochen alt, wurde der südliche Teil von Chile, von Santiago bis zur Insel Chiloé, von einer Naturkatastrophe verwüstet, die das gesamte geographische Erscheinungsbild veränderte: Erdbeben von einer seismographisch nicht mehr zu registrierenden Stärke sowie der gleichzeitige Ausbruch von sechs Vulkanen. Berge verschoben sich, Flüsse änderten ihren Lauf, in Chiloé wurden Schiffe aufs Land gespült, und die Küstenstadt Puerto Saavedra verschwand unter einer Flutwelle, deren Auswirkungen bis Japan und Neuseeland zu spüren waren. Selbst nach der Hauptkatastrophe am 22. Mai kam die Erde noch lange Zeit nicht zur Ruhe. Zwar war Santiago relativ wenig betroffen, aber die ständigen Beben, zusammen mit Schreckensmeldungen aus den südlichen Landesteilen, versetzten mich in Weltuntergangsstimmung. Wenn man längere Zeit in Chile lebt, gewöhnt man sich an kleinere Erschütterungen, aber diesmal war es etwas anderes. Man wurde ständig an die prekäre Lage Chiles, eingezwängt zwischen den Anden und dem Pazifischen Ozean, erinnert.

In meiner Erinnerung mischen sich die Schrecken jener Zeit mit meinen persönlichen Alpträumen. Während ich mit schweren Depressionen krank im Bett lag, den Blick auf die schwankende Lampe gerichtet und dem Klappern der Möbel lauschend, stimmte mein Gemütszustand vollkommen mit der allgemeinen Katastrophenstimmung überein. Ich war restlos am Ende, und es war mir völlig egal, ob im nächsten Moment das Haus über mir zusammenstürzte. Nur der Gedanke an Manuela, mein runzliges, kleines Baby, zwang mich zu einem Rest von Verantwortungsgefühl und hinderte mich daran, einfach aufzugeben. Als ich nach ihrer Geburt aus der Narkose erwachte, lag sie neben mir in der Wiege, die großen, ausdrucksvollen Augen in dem krebsroten Gesichtchen weit geöffnet. Sie schien mich vorwurfsvoll anzublicken und zu fragen, wohin in aller Welt ich sie gebracht hätte. Ich erkannte mich selbst nicht wieder und sah aus unserer schlimmen Lage keinen Ausweg. Zum ersten Mal in meinem Leben versagte mir mein Körper den Dienst. Er war in den Streik getreten. Meine Gedanken kreisten zwanghaft um unsere hoffnungslose Situation und die unwiederbringliche Vergangenheit. Ich war verzweifelt, wütend und voller Haß.

Daß Patricio mich verlassen hatte, gab mir das Gefühl, in Chile eine vollkommen nutzlose, unerwünschte Außenseiterin zu sein. Andererseits aber hatte ich schon lange genug dort gelebt, um die meisten meiner Verbindungen nach England abzubrechen. Ich konnte mir nicht vorstellen, jemals wieder »nach Hause« zurückzukehren. Ich erinnere mich nicht mehr an alle Einzelheiten dieses langen Winters, aber ich verbrachte ihn fast ausschließlich im Bett, denn mein Körper weigerte sich zu gesunden. Mehrmals versuchte ich, mein Training wiederaufzunehmen, obwohl ich nicht einmal den Gedanken ertragen konnte, jemals wieder unter Patricios Anleitung zu arbeiten.

Allerdings scheiterten diese Versuche ohnehin an meiner schlechten Gesundheit und dem Zustand meiner Wirbelsäule, der eine langwierige Behandlung und eventuell sogar eine Operation erforderte. Vielleicht war es idiotisch, überhaupt über eine Fortsetzung meiner beruflichen Laufbahn nachzudenken, aber es schien alles zu sein, was mir geblieben war.

An einem trüben Nachmittag meiner langen Rekonvaleszenz, ich befand mich noch immer in derselben niedergeschlagenen Stimmung, hörte ich ein vorsichtiges Klopfen an der Wohnungstür. Verwundert machte ich auf und blickte geradewegs auf zwei Reihen weißer Zähne, die mich zwischen zu einem breiten Lächeln verzogenen Lippen aus dem dunklen Hausflur anblitzten. Es war Victor Jara, einer meiner Schüler von der Schauspielschule. Der hagere junge Mann mit dem schwarzgelockten Haar hielt einen kleinen Blumenstrauß wie einen Schutzschild vor seiner Brust. Ich bat ihn einen Augenblick herein und bedankte mich für die Blumen. Ich glaube, er fragte mich nach einem Buch über das japanische No-Theater, für das er sich interessierte. Unsere Unterhaltung dauerte nicht lange, aber ich fühlte mich einen Moment lang etwas weniger verzweifelt. Es war ein gutes Gefühl zu erfahren, daß meine Studenten sich an mich erinnerten.

2

Victor

Unter einem glitzernden Sternenhimmel, am Ende eines langen, heißen Sommers, erleuchteten die Flammen eines Feuers die Gruppe Männer, Frauen und Kinder, die auf der ausgetrockneten Erde hockten. Sie schälten die Blätter der goldenen Maiskolben ab und schichteten sie zu großen Haufen auf, damit sie auf den niedrigen Ziegeldächern der Adobe-Häuser zum Trocknen ausgebreitet werden konnten. In dem kleinen Dorf Lonquen hatten sich die Kleinbauern zur traditionellen Maisernte versammelt. Lonquen lag in der Nähe von Talagante in den Hügeln versteckt, weniger als fünfzig Kilometer von Santiago entfernt, aber in völliger Abgeschiedenheit und nur durch einen unbefestigten Weg mit der Hauptstraße verbunden. Es war eine Gegend, in der Folklore und Aberglauben noch zum Alltag gehörten, wo man seine Möbel aus einheimischen Binsen flocht und tönernes Kochgeschirr aus dem nahe gelegenen Töpferdorf Pomaire kaufte, obwohl es keinen Laden gab.

Wenn der Mais reif war, halfen die Familien der Kleinbauern, die *inquilinos* oder Landarbeiter auf den großen Landgütern waren, sich gegenseitig bei der bescheidenen Ernte, die sie zum Eigenverbrauch einbringen durften. Sie arbeiteten bis tief in die Nacht, die einzige Zeit, die ihnen zur freien Verfügung stand. Mit *chicha* (einem starken, halbvergorenen Maissaft), Geschichtenerzählen und vor allem beim Gitarrenspiel und dem Singen überlieferter Lieder verwandelten sie eine lange Nacht gemeinsamer Arbeit in ein Fest. Die meisten älteren Kinder halfen den Erwachsenen bei der Arbeit, während die kleineren zwischen den Maishaufen spielten. Sie hielten sich im Lichtkreis des Feuers auf, weil sie sich vor den tanzenden Schatten und der Dunkelheit ringsumher fürchteten.

So sah Victors früheste Kindheitserinnerung aus. Er erzählte mir, wie er auf dem Boden lag, den Blick in die Sterne gerichtet, während seine Mutter in der Nähe auf einem Maishaufen saß, Gitarre spielte, sang und mit den anderen Erwachsenen redete und scherzte. Ihre Lieder wiegten ihn in den Schlaf.

Fast ganz Lonquen war Eigentum der Familie Ruiz-Tagle. Die ganze Umgebung gehörte zu ihrem Landgut, ihr großes Herrenhaus beherrschte das ganze Dorf, das sonst nur noch aus einer Kirche, einer Schule und einer von den Häusern der Landarbeiter gesäumten, ungepflasterten Straße bestand. Als Eigner eines *latifundio* gehörte die mächtige und unermeßlich reiche Familie Ruiz-Tagle zur chilenischen Oligarchie. Wie die anderen Mitglieder ihrer Klasse organisierte sie den Betrieb des Landgutes nach beinahe feudalistischen Regeln. Jeder Inquilino erhielt eine Kate mit einem kleinen Stück Land. Dieses Land hatte, zusammen mit einem zweiten, etwas weiter entfernten Feld, die Nahrungsmittelversorgung der Familie sicherzustellen: Vor allem Mais, Bohnen und Kartoffeln wurden angebaut. Man teilte den Inquilinos prinzipiell den unfruchtbarsten Boden zu, dem sich nur sehr schwer eine einigermaßen befriedigende Ernte entlocken ließ. Damals waren die Löhne minimal und wurden gewöhnlich in Weizen, Zucker, *Mate* und manchmal auch, etwa einmal im Jahr, in Kleiderstoff ausgezahlt.

Als Gegenleistung erwartete der *patrón* viele Arbeitsstunden. Jeder Haushalt mußte die Arbeitskraft von mindestens zwei Männern aufbringen, während die Frauen ihre eigenen Pflichten hatten. Waren die Kinder noch zu klein, um mitzuarbeiten, mußte der Inquilino jemanden »einstellen«, dem es noch schlechter ging als ihm selbst und der ihm gegen Kost und Logis half, die geforderte Leistung zu erbringen.

Die Häuser der Inquilinos in Lonquen glichen sich wie ein Ei dem anderen. Sie waren aus Adobeziegeln errichtet und mit einem schweren Dach aus gebogenen Tonschindeln gedeckt, das etwas überragte, um auf der Vorder- und Rückseite einer kleinen Veranda Schatten zu spenden. Es gab nur drei kleine, dunkle Räume, deren Fenster mit Läden verschlossen werden konnten; keine Elektrizität, nur Öllampen und Kerzen; Wasser aus der Quelle oder dem nahen Fluß; die Mahlzeiten wurden draußen auf einem runden, mit einem Rost versehenen Erdofen zubereitet.

Am Rande von Lonquen, dort, wo das Land der Familie Ruiz-Tagle endet und das Landgut von Fernando Prieto begann, lebten Manuel Jara und seine Frau Amanda mit ihren Kindern, Maria, Georgina (Coca), Eduardo (Lalo) und dem Jüngsten, Victor. Manuel war schlank und dunkel, mit wettergegerbten Gesichtszügen, die an einen Adler erinnerten. Er war verbittert über sein schweres Los als Inquilino und betrachtete seine Kinder eher als zusätzliche Arbeitskräfte denn als unabhängige menschliche Wesen. Als er sechs oder sieben Jahre alt war, begleitete Victor seinen Vater aufs Feld. Sein größtes, aber seltenes Vergnügen war ein Ritt auf der Egge, aber hauptsächlich erinnerte er sich daran, wie er die Furchen entlangtrottete und half, die schwerfälligen Ochsen zu lenken, während sein Vater den primitiven hölzernen Pflug in die Erde bohrte, hin und zurück, den ganzen Tag lang.

Fest lege ich meine Hand an
und treibe den Pflug in die Erde,
seit Jahren schon treib ich ihn rein...
Wie sollte ich da nicht erschöpft sein.

Schmetterlinge fliegen, Grillen zirpen,
Meine Haut wird schwarz,
und die Sonne brennt, brennt und brennt.
Der Schweiß zieht mir Furchen,
ich ziehe Furchen in die Erde
unentwegt
»El arado«

Amanda war eine kleine, vierschrötige Frau mit einem wundervollen Lächeln, das ihr ganzes Gesicht aufleuchten ließ. Sie stammte aus einem winzigen Weiler namens Quiriquina in der Provinz Ñuble im Süden Chiles, und in ihren Adern floß offensichtlich ein ordentlicher Schuß Mapuche-Blut. Sie sprach nie über ihre Mutter, und ihren Vater kannte sie nicht, aber als Kind war sie mit der ländlichen Volksmusik großgeworden, den Liedern, die auf Hochzeiten, Beerdigungen und zur Erntezeit gesungen wurden. Sie hatte eine angenehme, kräftige Stimme und war als Unterhalterin sehr gefragt, ebenso wie man sie als hart arbeitende Frau respektierte.

Wenn, wie nur zu oft, im Dorf ein Säugling starb, begleitete Victor seine Mutter zu dem betreffenden Haus. Seltsamerweise war die nächtliche Totenwache ein festliches Ereignis. Die Leute glaubten, oder wollten glauben, das tote Kind habe sich in einen *angelito* oder kleinen Engel verwandelt und warte im Himmel auf das Wiedersehen mit seinen Eltern. Vielleicht legte es auch in der Zwischenzeit bei Gott ein gutes Wort für sie ein. Wie es Sitte war, wurde die kleine Leiche in sitzender Position aufgerichtet, in ein Gewand aus weißem Papier gekleidet und mit selbstgemachten Papierblumen geschmückt – echte wären unerschwinglich gewesen.

Die Gesänge dauerten die ganze Nacht. In den ersten paar Stunden beschränkte man sich auf den *Canto a lo divino*, ernste religiöse Gesänge, um die Eltern über ihren Verlust hinwegzutrösten. Gegen Morgen ging man zum *Canto a lo hu-*

mano über, Liedern mit weltlicheren Themen. Obwohl musikalische Form und Gesangstil traditionell waren, ein eigenartiger Singsang mit legatoartigem Senken der Stimme am Ende eines Satzes, improvisierten die Sänger unermüdlich ihre eigenen Strophen. Halb schlafend, halb wachend, rollte sich Victor auf dem Fußboden neben seiner singenden Mutter zusammen, lag wie hypnotisiert von der langen Zeremonie bei Kerzenlicht und lauschte dem Klagen und Schluchzen der Mutter des toten Kindes und dem trunkenen Lachen, wenn der Morgen dämmerte.

Wie die meisten chilenischen Frauen war Amanda die Hauptstütze des Haushalts. Jeden Abend knetete sie Teig zu flachen Fladen, *tortillas,* und vergrub sie in der Asche des verlöschenden Feuers, so daß man am nächsten Morgen das frischgebackene Brot, nachdem man die verbrannte Kruste abgekratzt hatte, zum Frühstück essen konnte. Für die hungrigen Kinder war das ein köstliches Mahl. Auf dem kleinen Stück Land hinter dem Haus zog Amanda Gemüse, hielt Hühner und ein Schwein. Sie stellte auch Ziegenkäse her, so daß die Ernährung der Familie durchaus gesund war, auch wenn es Fleisch nur als seltenen Luxus zu besonderen Gelegenheiten gab.

Es war Aufgabe der Kinder, jeden Abend vor Einbruch der Dunkelheit Feuerholz zu sammeln. Also wanderten Lalo und Coca, Victor im Schlepptau, mit einem großen Messer und einer Axt bewaffnet, in die Walnußbaumwälder. Bei ihrer Rückkehr zerrten sie Astbündel hinter sich her, die größer als sie selbst waren, und hatten dabei noch die Arme voller Gras für das Schwein. Amanda tat ihr Bestes, um das Familienbudget aufzubessern und hielt auch die Kinder zur Mithilfe an. Sie sammelten Kräuter auf den umliegenden Hügeln, banden sie zu kleinen Sträußen und verkauften sie zusammen mit einem großen Korb Eier einmal in der Woche in der Nachbarstadt Talalgante. Manchmal halfen sie der Mutter auch, den wurstförmigen Weißkäse herzustellen, wenn nach ihrer

Runde auf dem benachbarten Landgut noch Milch übriggeblieben war.

Um noch etwas dazuzuverdienen, nahm Amanda außerdem einen Untermieter auf, den Lehrer der Dorfschule. Sie stellte ihm ein Zimmer und die Mahlzeiten und wusch seine Wäsche zusammen mit der ihrer Familie in einem großen Kessel über dem Feuer. Victor war mit diesem Abkommen sehr zufrieden, denn der junge Mann spielte Gitarre und ließ den Jungen nicht nur zuhören, sondern brachte ihm auch die ersten Griffe bei. Seine Mutter war zu beschäftigt, um ihm Unterricht zu erteilen.

Victor und Lalo schliefen im Schlafzimmer der Eltern zusammen in einem Bett. Im Winter war es sehr kalt, aber Amanda scheuchte sie jeden Morgen in der Frühe aus den Federn, damit sie sich vor dem Frühstück im nahen Fluß waschen konnten. Schuhe waren ein unbekannter Luxusartikel. Im besten Falle besaßen sie *ojotas,* grobe, selbstgefertigte Sandalen mit Lederriemen und dicken Sohlen, die aus alten Autoreifen zugeschnitten wurden. Auch Kleidung war rar, und wenn die Kinder zur Schule rannten, zitterten sie in der frostigen Morgenluft vor Kälte.

Schon als Victor noch klein war, kriselte es in der Beziehung seiner Eltern. Sein Vater wurde von Tag zu Tag mürrischer und war immer weniger bereit, sich der Verantwortung für seine Familie zu stellen. Er hatte zu trinken begonnen, verschwand tagelang und ließ Amanda mit der Arbeit allein. Wenn er zurückkehrte, war er betrunken und aggressiv. Er stritt mit seiner Frau und schlug sie. Nachdem er sich anschließend auch noch an den Kindern vergriffen hatte, pflegte er sich hinzusetzen und erwartete, bedient und verköstigt zu werden. Nach solchen gewalttätigen Auftritten verabscheute Victor seinen Vater, ein Gefühl, das ihn nie mehr verließ.

Ich erinnere mich ans Gesicht meines Vaters
wie eine Nische in der Mauer,
Bettücher und Schlammflecken,
Lehmfußboden,
meine Mutter am Arbeiten Tag und Nacht,
Heulen und Geschrei.
»La luna siempre es muy linda«

Selbst als er noch sehr klein war, empfand Victor es als seine Pflicht, Amanda zu helfen und sie zu unterstützen. Ihre harte Arbeit, ihr Optimismus und ihre Disziplin hielten die Familie zusammen und machten, wie Victor es nannte, »die Härte erträglich«.

Wenn es zu Hause wieder einmal nur Zank und Geschrei gab, flüchtete Victor in die Hügel, die sich vor dem Haus erstreckten, um in der Stille unter freiem Himmel Zuflucht zu suchen. Oben auf dem Hügel hatte man ein rotes Holzkreuz errichtet, um die bösen Geister abzuwehren, und es gab eine große Steintafel mit dem Abdruck eines Pferdehufes, den die Leute den Fußabdruck des Teufels nannten. Es war ein unheimlicher Ort, aber Victor liebte es, an heißen Sommertagen auf den warmen Felsen zu liegen und den Blick über die weite, fruchtbare Ebene schweifen zu lassen, wo schnurgerade Weiden- und Pappelreihen die Bewässerungskanäle säumten und das Küstengebirge am Horizont aufragte. In der Ferne lagen die schneebedeckten Gipfel der Anden, ganz nahe die hohen, gewundenen Kakteen, der dürre Ginster und die nackten Felsen der Hügellandschaft. Eidechsen und Grillen leisteten ihm in seiner Einsamkeit Gesellschaft. Er beobachtete das Treiben der Insekten und sammelte seltene Steine und Pflanzen, die er zu Hause unter seinem Bett aufbewahrte. Coca erzählte mir später: »Victor interessiert sich immer für die Gestalt und die Beschaffenheit der Dinge.« Erst, wenn es dämmerig wurde, rutschte er den Hügel auf dem Hosenboden hinunter und rannte nach Hause, als wäre ihm der Teufel auf den Fersen.

Der Teufel war das Schreckgespenst in Victors Kindheit – eine reale, bedrohliche Gestalt, die ihn, wenn er ein böser Junge war, zur Strafe für immer in die Hölle sperren würde. Im Haus gab es kein Radio, und an warmen Sommerabenden saßen die Erwachsenen draußen auf der Veranda, unterhielten sich und erzählten Geschichten. Victor, der schon neben seinen Geschwistern im Bett lag, hörte das Stimmengemurmel durch die offenen Fensterläden. Er lauschte den Geschichten über böse Geister, über La Calchona, halb Frau, halb Ziege, die in der Gegend umgehen und einsame Wanderer so erschrecken sollte, daß sie all ihr Hab und Gut im Stich ließen. Er erfuhr von Irrlichtern und alles über die Erscheinungen des Teufels.

Obwohl die Familie nicht regelmäßig in die Kirche ging, waren bestimmte religiöse Riten ein fester Bestandteil ihres Lebens. Mehr aus Aberglauben als aus echter religiöser Überzeugung spendeten sie der Heiligen Jungfrau Geld, um Unheil abzuwenden; Geld, das dringend benötigt wurde, um Essen und Kleidung zu kaufen …

Die Kerzen brennen,
Man braucht eine Zuflucht.
Wo wird das Geld herkommen,
um für den Glauben zu bezahlen?
Sie jagen den Armen Angst ein,
damit sie ihr Leid hinunterschlucken,
damit sie ihr Elend bedecken
mit den Bildern der Heiligen.
»La luna siempre es muy linda«

Spuren dieses Aberglaubens und ein Faible für das Magische durchzogen Victors ganzes Leben, sei es in kleinen Dingen, wie eine geheimnisvolle, aber stets wirksame Behandlung, mit der er Warzen heilte, oder in wichtigeren, wie sein sechster Sinn für Unheil, fast wie ein »zweites Gesicht«.

Die Geschwister waren sehr verschieden. Maria, die älteste, war sehr reif für ihr Alter. Coca war ein Lausbub und haßte »Mädchenarbeit«. Sie machte lieber mit Lalo die Gegend unsicher und war eine gute Kämpferin. Zusammen ärgerten sie Victor, der nicht nur jünger und stiller war, sondern sie auch durch seine Unabhängigkeit und sein Eigenleben reizte.

Manuel war Analphabet. Alles, was er von seinen Kindern erwartete, war Unterstützung bei der Feldarbeit. Amanda dagegen hatte andere Vorstellungen von der Zukunft ihrer Kinder. Sie selbst war, sehr ungewöhnlich für jemanden ihrer gesellschaftlichen Klasse, des Lesens und Schreibens kundig, und sie war entschlossen, ihren Kindern eine gute Ausbildung zu ermöglichen. Sie alle besuchten regelmäßig die Schule.

Victor war ein ausgezeichneter Schüler. Er interessierte sich für alles, quälte die Lehrer mit Fragen und saugte Informationen und neue Anregungen wie ein Schwamm auf. Er liebte es, sich an den nicht enden wollenden Schulaufführungen zu beteiligen, für die sich die Kinder die Stücke selbst ausdachten und in Szene setzten, und hatte als Schauspieler viel Erfolg. Zwei Jahre hintereinander wurde er von seinen Klassenkameraden zum *El mejor compañero* gewählt, was nicht nur bedeutete, daß er der Beliebteste war, sondern auch derjenige Schüler, der die Belange der Klasse am besten vertreten konnte.

Später hatten die Kinder eine glückliche Erinnerung an die Zeit in Lonquen. Trotz Manuels häufiger Abwesenheit und ihres ärmlichen Lebensstils gab es doch meistens etwas zu essen und ein gewisses Maß an Frieden und Beständigkeit.

All das fand ein dramatisches Ende, als Amanda eines Tages wie üblich auf ihre Milchrunde ging und die Kinder allein im Haus blieben. Die damals dreizehnjährige Maria erledigte die Wäsche der Familie. Sie hatte den Kessel über das Feuer gehängt und versuchte, mit einem langen Stock die Flammen zu schüren. Wie in Zeitlupe sahen die anderen Kinder mit an, wie sich der Inhalt des Kessels über sie ergoß. Maria schrie und schrie, aber sie wußten nicht, wie sie ihr helfen sollten. Verzweifelt rannte das Mädchen aus dem Haus und stürzte sich in den Fluß, in der Hoffnung, so den Schmerz zu lindern. Coca rannte, um Hilfe zu holen, und als Amanda zurückkam, gelang es ihr, einen Transport ins Krankenhaus von Santiago zu organisieren, denn in Lonquen gab es keine medizinische Versorgung.

Maria mußte fast ein Jahr im Krankenhaus bleiben. Zu dieser Zeit war Amanda mit dem jüngsten Kind der Familie, Roberto, schwanger. Marias Hilfe bei der Beaufsichtigung und Pflege der jüngeren Geschwister erwies sich als unersetzlich, denn nur so hatte ihre Mutter außerhalb des Hauses etwas zusätzliches Geld verdienen können. Auf Manuel konnte man sich nicht verlassen, und so beschloß die schwangere Amanda, nach Santiago zu ziehen, in der Hoffnung auf eine Arbeit, bei der sie ihre Kinder nicht allein lassen mußte.

Der Hauptbahnhof von Santiago, eine Eisenkonstruktion von Eiffel, lag im Zentrum eines Viertels, das mit dem fernen Süden Chiles und Santiagos näherer Umgebung in unauflöslicher Verbindung zu stehen schien. Jeden Morgen gegen sieben Uhr kamen die Bummelzüge aus Puerto Montt und Temuco an und spuckten Mapuche-Indianer aus, beladen mit Ponchos, Decken und Bündeln von roten Copihue-Blumen, die zum Verkauf bestimmt waren. Die hölzernen Waggons waren mit Kleinbauernfamilien vollgestopft, die in die Großstadt auswanderten und Pakete voller Eßwaren, lebende Küken und gewürzte Würste aus Chillán mit sich führten. Sie schienen sich nur so weit vom Bahnhof zu entfernen, wie ihre Füße sie trugen, dann mischten sie sich im nahe gelegenen Busbahnhof unter die anderen Bauern, die aus Talagante, der Isla de Maipo und den Nachbarprovinzen Santiagos gekommen waren. Manche besaßen schon Verwandte in der Stadt. Andere mußten ganz von vorn anfangen.

Rund um den Bahnhof pulsierte ein belebtes Geschäftszentrum mit kleinen Läden, die billige Arbeitskleidung, Kurzwaren und Elektrogeräte verkauften. Es gab Apotheken, die die ganze Nacht hindurch geöffnet waren, dubiose Restaurants und Bars in den Erdgeschossen verfallender Häuser, deren obere Ladenräume in Mietswohnungen umgewandelt worden waren. Schmale, dunkle Treppenhäuser stiegen zwischen abblätternden Wänden steil in die Höhe. Das war der Rotlichtbezirk von Santiago. Die meisten Bordelle befanden sich in der Maipú-Straße, und es war gefährlich, sich dort bei Dunkelheit hinzuwagen.

Nur ein paar Häuserblöcke entfernt, hinter den Geschäften der Alameda, der Hauptverkehrsstraße, stand ein großes, schäbiges, rechteckiges Gebäude. Es handelte sich um ein überdachtes Sportstadion, das Estadio Chile, ein lokaler Vergnügungsort, meist fanden dort Box- oder Catchwettkämpfe, manchmal auch Gesangsfestivals oder Operettenaufführungen statt. Es faßte über fünftausend Menschen und war ein Ort, der in Victors Leben noch große Bedeutung erlangen sollte. In der Nähe, besonders westlich der Eisenbahnlinie in Richtung Süden, reihte sich ein schmutziger Straßenzug niedriger, flachgedeckter Häuser an den anderen. Je weiter man sich von der Alameda entfernte, desto heruntergekommener und ärmlicher wurde die Gegend. Immer mehr schmutzige Kinder liefen barfuß herum; Betrunkene lungerten an den Straßenecken; ausgehungerte Köter wühlten auf den unbefestigten Wegen im Müll; unter abblätterndem Putz kam ein Gewirr von Holz, verrostetem Eisen, Weißblech und Pappe zum Vorschein. Wenn man die Gasometer, die nach ausströmendem Gas stanken, hinter sich gelassen hatte, erreichte man eine Brache, auf der die Población Nogales quasi über Nacht aus dem Boden geschossen war. Es war ein grauer, bedrückender Ort; heiß und staubig im Sommer, während er im Winter, wenn die Regengewitter über das Land herfielen, knietief im Schlamm versank. Mitten hindurch zog sich ein Abwasserkanal, auf dessen rattenverseuchtem Ufer Kinder im

Abfall stocherten und in dessen Wasser sie bei heißem Wetter sogar badeten.

So sah Victors erste Bekanntschaft mit seiner neuen Heimat aus. Die Geschwister, die in dem einzigen Zimmer zusammengepfercht waren und auf Matratzen auf einem gestampften Lehmboden schlafen mußten, empfanden sie als abweisend und feindlich. Nach der Stille der ländlichen Umgebung waren der Lärm, der Schmutz und der Mangel an Privatsphäre fast unerträglich. Die Banden der anderen Kinder kamen ihnen aggressiv vor, sie kannten sich aus und waren entsprechend selbstbewußt. Amanda tat ihr Bestes, um ihre Kinder mit Hilfe strenger Regeln und Disziplin zu behüten. Sie versuchte, den früheren Standard von Sauberkeit und Ordnung aufrechtzuerhalten, aber das war nicht leicht.

Victor und Lalo wurden auf die benachbarte katholische Schule, das Liceo Ruiz-Tagle, geschickt – benannt nach derselben Familie, der Lonquen gehörte. Victors Freund und Klassenkamerad Julio Morgado berichtete mir, daß Victor und Lalo gewissenhafte Schüler waren, die ihre Hausaufgaben immer rechtzeitig ablieferten. »Sie kamen immer zusammen, jeden Tag, und ziemlich früh«, erzählte er, »und sie waren immer sauber und ordentlich gekleidet. Sie durften nicht wie wir anderen nach dem Unterricht noch auf der Straße spielen.« Das muß eine Auswirkung der von Amanda verordneten Disziplin gewesen sein.

Victor schloß seine Grundschulzeit in allen Fächern mit den besten Zensuren ab, bis auf das Fach Werken, obwohl er mit den Händen sehr geschickt war. Da es sich um eine katholische Schule handelte, war der Religionsunterricht Pflicht. Die Vorschrift, regelmäßig seine Sünden zu beichten, scheint den Teufel aus Victors kindlichen Alpträumen zu neuem Leben erweckt zu haben. Später gestand er: »Ich hatte Angst… Ich mußte den Katechismus auswendig lernen, um die Kommunion empfangen zu dürfen… aber als es zur Beichte ging, spürte ich eine schreckliche Beklemmung… Ich fühlte, daß

50

ich ein sehr schlechter Mensch war und nicht die ganze Wahrheit sagte ... daß ich nur einige der sündhaften Taten preisgab, die ich begangen habe.«

Über eine Bekannte hatte Amanda eine Stelle als Köchin in einem kleinen Restaurant gegenüber des Bahnhofs bekommen, und die Familie war in der Lage, eine Wohnung im darüberliegenden Stockwerk zu beziehen. Nachdem sie dort ein paar Jahre wie eine Sklavin geschuftet hatte, hatte sie genug Geld gespart, um sich einen Marktstand zu kaufen und ihre eigene *pensión* zu eröffnen, wo die Marktarbeiter wöchentlich für ihre täglichen Mahlzeiten bezahlten. An Interessenten herrschte kein Mangel, und der Familie ging es etwas besser, aber Amanda war kaum noch zu Hause, und die Kinder vermißten sie. Victor lag abends im Bett und machte sich Sorgen um seine Mutter, die sich zu Tode ackerte. Er verfluchte seinen Vater für seine ständige Abwesenheit und sein plötzliches, brutales Wiederauftauchen.

Bald danach zogen sie alle in ein kleines Haus in Jotabeche, in einer Straße südlich der Alameda. Im Vergleich zu ihrer kleinen Behausung über dem Restaurant war es eine Verbesserung, und sei es auch nur, weil das Haus an seiner Rückseite einen kleinen Patio, einen Innenhof mit Obstbäumen besaß. Bis zum Markt mußte man ziemlich weit laufen, und Amanda brach jeden Morgen um zwei Uhr auf. Sie mußte Suppe und Eintopf vorbereiten und rechtzeitig Brot backen, bevor um vier Uhr die ersten Arbeiter eintrafen und ihren Tag mit einer kräftigen Mahlzeit begannen.

In der Morgendämmerung gesellten sich auch jene Männer zu den Marktarbeitern, die die Nacht in den Bordellen in der Maipú oder den Bars rings um den Bahnhof verbracht hatten. Sie kamen, um eine Schale Schweinskopfsuppe oder Schellfischsuppe mit Zwiebeln zu schlürfen und so einen klaren Kopf zu bekommen, bevor sie zu Hause ihren Frauen gegenübertraten. Amanda arbeitete den ganzen Tag bis sechs Uhr abends, kochte, servierte, wusch ab und ging schließlich erschöpft nach Hause. Während der Woche, nach der Schule, und an Samstagen half Victor seiner Mutter im Restaurant oder verdiente sich ein paar Pesos, indem er den Käufern auf dem Markt die Körbe oder Säcke trug.

Amanda sang jetzt nicht mehr, zum einen, weil sie keine Zeit mehr dazu hatte, zum anderen, weil niemand sie mehr darum bat. Die meisten Stadtbewohner besaßen Radios und hörten die Musik der kommerziellen Gruppen, die Boleros, Mambos, Tangos, peruanische Walzer und mexikanische Corridos spielten. Es war noch vor der Zeit der musikalischen Invasion aus den Vereinigten Staaten.

Die Gitarre seiner Mutter stand unbenutzt in der Ecke, und Victor versuchte, darauf zu spielen. Er machte seine eigene Musik, spielte Akkorde und Melodien nach dem Gehör und erfand dazu den Text, aber er war ganz versessen darauf, es richtig zu lernen. Im Nachbarhaus befand sich ein Weinladen mit einer illegalen Bar im hinteren Patio, und von zu Hause konnte Victor hören, wie dort jemand sehr schön Gitarre spielte und sang. Eines Tages stand die Vordertür des Nachbarhauses offen, und Victor lehnte sich an den Türpfosten, um zu lauschen.

Der Sänger war ein junger Mann namens Omar Pulgar. Er war ungefähr achtzehn Jahre alt und hatte ein wenig musikalische Ausbildung genossen. Der soziale Abstieg hatte seine Familie nach Jotabeche verschlagen, wo man den Kontakt mit den Nachbarn mied, weil man sich für etwas Besseres hielt. Trotzdem blickte Omar von seinem Spiel auf und sah, wie ein Junge, den er gelegentlich auf der Straße gesehen hatte, so vertieft zuhörte, daß sich auf echte Musikalität schließen ließ.

Omar bat Victor ins Haus und bot an, ihm alles beizubringen, was er konnte. Er staunte über Victors hohe Aufnahmefähigkeit und über sein Talent, Melodien und Lieder zu erfinden. Omar wußte nicht, daß Amanda eine Folkloresängerin war – er kannte sie nur als hart arbeitende Marktfrau –, und eines Tages nahm er eine Schallplatte mit einem sehr schönen

Volkslied mit zu Victor hinüber und stellte erstaunt fest, daß Amanda beim Zuhören weinte.

Zu Hause war Amanda immer sehr still und verbarg ihre Gefühle vor ihren Kindern. Nach außen hin streng und stark, erschien sie ihnen unzugänglich, obwohl sie bei der Arbeit sehr beliebt und umgänglich war. Ihre unablässigen Bemühungen hatten die Lebenssituation der Familie stetig verbessert, aber Manuel hatte sie endgültig verlassen. Er züchtete jetzt Melonen auf einem kleinen Stück Land im Süden Santiagos, das Amanda ihm vom Gewinn aus dem Restaurant gekauft hatte. Manchmal begegnete Victor seinem Vater zufällig, wenn dieser mit Pferd und Wagen seine Produkte zum Markt fuhr.

Als Maria, die inzwischen Krankenschwester geworden war, heiratete, blieb sie mit ihrem Ehemann in dem Haus in Jotabeche, während der Rest der Familie in ein Viertel näher am Marktplatz zog, das den bezeichnenden Namen Little Chicago führte, da es dort von Kleinkriminellen, Dieben und Verbrechern aller Art wimmelte.

Die einzige Zuflucht in dieser kriminellen Umgebung und weit und breit der einzige Hort kultureller Aktivitäten war die Kirche. In der breiten Straße, die Blanco Encalada hieß, gab es ein Kulturzentrum für junge Leute, das der Acción Católica gehörte. Die Acción Católica war eines der frühesten Zeichen für die Öffnung der lateinamerikanischen Kirche zur Außenwelt. Ihr Ziel war es, sowohl junge Leute als auch Arbeiter an Kirchenbelangen und Gemeindearbeit zu beteiligen. Später wurden viele dieser jungen Menschen Aktivisten in der neugegründeten Christdemokratischen Partei.

Als Jugendlicher schloß sich auch Victor dieser Gemeinschaft an. Dort traf er andere junge Leute, die den gleichen gesellschaftlichen Hintergrund besaßen wie er. Sie sangen, hörten klassische Musik, gründeten einen Chor, machten Ausflüge und spielten Fußball. Sie nahmen auch regelmäßig am Gottesdienst teil, befaßten sich mit dem Leben der Heiligen und dem Kampf der Religion gegen die Ketzerei.

Inzwischen studierte Victor auf Wunsch seiner Mutter und in der Hoffnung, ihr damit vielleicht eines Tages bei ihren Geschäften behilflich sein zu können, an einer Wirtschaftsschule, in der sich die höheren Klassen in Richtung Buchhaltung orientierten. Er haßte dieses Studium und erzielte nur sehr mittelmäßige Noten. Sein heimlicher Traum war es, Priester zu werden. Das schien ihm das höchste Ideal, das er anstreben konnte. Er machte sich Sorgen um seinen Bruder und seine Schwester Coca, die beide schon vor längerer Zeit von der Schule abgegangen waren. Lalo wurde mit sechzehn Vater, Coca war schwanger geworden und hatte einen Selbstmordversuch unternommen. Beide hatten sich trotz Amandas Bemühungen mit den Banden aus dem Viertel eingelassen. Dann, an einem gewöhnlichen Tag zu Schulanfang im März 1950, wurde Victor aus dem Unterricht gerufen, und man teilte ihm mit, daß Amanda zusammengebrochen und an einem Schlaganfall gestorben war, während sie auf dem Markt Essen servierte. Für Victor ging damit ein Abschnitt seines Lebens zu Ende.

Als Amanda starb, war Victor gerade fünfzehn. Ihr Tod erschütterte ihn zutiefst. Er hatte sie sehr geliebt und immer gehofft, ihr eines Tages helfen zu können, damit sie nicht mehr so hart arbeiten mußte. Jetzt fühlte er sich verlassen und leer, ja beinahe schuldig.

In der Población Nogales fand er schließlich Freunde, die ihm über seinen Kummer hinweghalfen. Julio und Humberto Morgado waren in der Grundschule seine Klassenkameraden gewesen, und ihr Vater »Don« Pedro Morgado war ein großzügiger Mann und ein Freund Amandas. Er war fast zwei Meter groß, für chilenische Verhältnisse ein Riese. Er besaß einen Lastwagen, der aussah, als würde er auseinanderfallen, wenn man den Motor anließ und verdiente sich seinen Lebensunterhalt, indem er *fletes y mudanzas,* Umzüge, durchführte. Er und seine Frau Lydia stellten Victor ein Bett zur Verfügung und gaben ihm zu essen, und ihr Haus kam für ihn viele Jahre lang einem Zuhause am nächsten. Victor ging nicht an die Wirtschaftsschule zurück, sondern nahm eine Arbeit als Möbeltischler an, half Don Pedro mit dem Lastwagen und versuchte, allein zurechtzukommen.

Er suchte auch bei einem befreundeten Priester der Kirche in der Blanco Encalada Beistand. Padro Rodriguez kannte Victors Probleme ein wenig, verstand seine Einsamkeit und ließ ihn sogar ein paar Wochen bei sich wohnen. Er glaubte in Victor eine religiöse Bestimmung zu entdecken, und auf seinen Rat hin wurde Victor in das Priesterseminar des Redemptoristenordens in San Bernardo aufgenommen, einer kleinen Stadt südlich von Santiago.

1973 erinnerte sich Victor: »In das Seminar einzutreten war für mich eine ernste Entscheidung. Wenn ich jetzt, da ich älter und reifer bin, darüber nachdenke, glaube ich, daß ich sehr persönliche und emotionale Beweggründe hatte. Ich fühlte mich einsam, und meine Welt, die bis dahin festgefügt gewesen war, mit einem Zuhause und voll mütterlicher Liebe, war zusammengebrochen. Ich hatte eine starke Beziehung zur Kirche und sah zu diesem Zeitpunkt in ihr meine Zuflucht. Damals dachte ich, daß ich dort andere Werte und eine ganz andere, tiefere Liebe finden könnte, die mich vielleicht über den Verlust an menschlicher Liebe hinwegtrösten würde. Ich glaubte diese Liebe in der Religion zu finden, wenn ich mich der Priesterlaufbahn weihte.«

Zum Zeitpunkt seines Eintritts in das Seminar war Victor voller Idealismus und fühlte sich zum Mystizismus hingezogen. Er fand sich in einer Gesellschaft wieder, die keinerlei Beziehungen zur Außenwelt pflegte. Es handelte sich um einen geschlossenen religiösen Orden mit strenger Disziplin im Rahmen einer strikten Hierarchie.

Den dauerhaftesten und positivsten Einfluß auf Victors späteres Leben hatte die Begegnung mit geistlicher Musik, vor allem gregorianische Gesänge, und den theatralischen Elementen der heiligen Messe selbst. Aber er fand es unerträglich, seinen Körper so zu verleugnen, wie es von ihm verlangt wurde. Die schlimmste Sünde war die Fleischeslust, beziehungsweise allein schon der Gedanke daran. Sie mußte mit eigenhändiger Züchtigung des Leibes bekämpft werden, etwa indem man unter der Dusche seinen nackten Körper peitschte. Victor fand das krankhaft und erniedrigend. »Während dieser zwei Jahre«, kommentierte er später, »mußte alles Gesunde, das dem physischen Wohlbefinden dient, unterdrückt werden. Der Körper wurde zu einer Bürde, die man zu tragen hatte.«

Ihm wurde klar, daß die ausgedehnten Studien, die Härte und Disziplin des Seminars von ihm eine weitaus tiefere religiöse Hingabe verlangten, als er tatsächlich besaß. Er besprach seine Probleme mit seinen Oberen, und im März 1952 stimmten sie seinem Entschluß zu, das Seminar zu verlassen.

Zehn Tage später wurde er zum Militärdienst einberufen. Das war für alle achtzehnjährigen Männer in Chile Pflicht, aber bis auf diejenigen, die als Offizierskadetten die Militärschule besuchen wollten, versuchten sich die meisten erfolgreich um diese Pflicht zu drücken. Victor schien die Einberufung unausweichlich und fast willkommen, denn sie machte jede weitere Entscheidung hinsichtlich seiner Zukunft überflüssig. Die Bedingungen, unter denen die Rekruten lebten, waren extrem hart, aber Victor war erleichtert, daß er sich über Kleidung, Verpflegung und Unterkunft keine Gedanken mehr zu machen brauchte. Der Kontrast zum Priesterseminar hätte nicht größer sein können. Victor empfand ihn wie eine Befreiung, und er wurde endlich erwachsen. Er genoß den Ausgang zum Wochenende und zog mit einem Haufen Kameraden durch die örtlichen Bars und Bordelle.

Als man ihn im August 1973, viele Jahre später, über seinen Militärdienst befragte, sagte Victor: »Ich glaube, der Berufssoldat, der Uniform trägt und Befehlsgewalt über eine Truppe besitzt, verliert das Bewußtsein für seine eigene Klasse. Durch das ständige Erteilen von Kommandos stellt er sich, bewußt oder unbewußt, auf eine höhere gesellschaftliche Stufe und betrachtet das Leben von einem anderen Standpunkt aus. Er hält sich für etwas Besseres. Als einfacher Soldat mit rasiertem Schädel mußte ich die Schuhe eines Offiziers auf Hochglanz polieren oder sein Haus putzen, und ich fand das ganz natürlich... tatsächlich hielt ich den Befehl dazu fast für eine Art Privileg, weil er bedeutete, daß ich ein anständiger, disziplinierter Kerl war, dem man eine solche Arbeit zutraute. Aber wenn ich jetzt darüber nachdenke, ohne meine damalige Naivität, glaube ich vielmehr, daß es eine bewußte Konditionierung war – es fördert den Gehorsam des einfachen Soldaten, genau wie das Überlegenheitsgefühl des Offiziers.«

Damals jedoch beschäftigte sich Victor nicht mit dem Für und Wider. Er tat einfach, was man ihm sagte. Das Ergebnis kann man dem Zeugnis entnehmen, mit dem er als Sergeant erster Klasse mit Offizierseignung aus dem Militärdienst entlassen wurde:

Führung:	Ausgezeichnet
Vorbereitung auf höheren	
Dienstgrad:	Erreicht
Militärische Fähigkeiten:	Er besitzt soldatischen
	Geist und Führungs-
	qualitäten
Persönliche Fähigkeiten:	Arbeitet hart, höflich,
	kooperativ, gute
	Umgangsformen
Arreststrafen:	Keine
Ist er für das Militär wertvoll:	Ja

Am 12. März 1953, als ich gerade mit dem Ballets Jooss in Saddler Wells auftrat, verließ Victor die Infanterieschule in San Bernardo. Er kehrte in die Población Nogales zurück und hatte keine Ahnung, was er mit sich anfangen sollte. Er hatte

keine Ausbildung, keine Aussichten, kein Geld, keine eigene Familie, keine Freundin. Die Zukunft war ein schwarzes Loch.

Nach dem Austritt aus dem Priesterseminar besuchte Victor keinen Gottesdienst mehr, und nach seiner Entlassung vom Militärdienst kappte er alle Verbindungen zur Acción Católica. Er ging auch nie mehr nach Little Chicago zurück. Er hatte dort kein Zuhause mehr. Genaugenommen hatte er nirgendwo ein Zuhause. Der Ehemann seiner Schwester Maria grollte ihm, weil er nicht die Priesterlaufbahn eingeschlagen hatte und weigerte sich, ihn aufzunehmen. Victor kehrte lieber nach Población Nogales zurück, wo ihn die Familie Morgado und seine anderen Freunde mit selbstverständlicher Gastfreundschaft empfingen, ohne ihn groß darüber auszufragen, was er in den drei Jahren seiner Abwesenheit getrieben hatte. Er lernte jetzt für sein Abschlußexamen als Buchhalter, um das er sich nicht mehr gekümmert hatte, seit seine Mutter starb. Außerdem nahm er in einer Zweigstelle des örtlichen Krankenhauses eine Stellung als Pförtner an.

Der einzige Aspekt des Priesterlebens, den Victor vermißte, war die Musik. Deshalb meldete er sich sofort auf eine Anzeige in der Zeitung, in der für die Aufführung der *Carmina Burana* noch Mitglieder für den Universitätschor gesucht wurden. Er wurde als Tenor aufgenommen und nahm, in eine braune Mönchskutte gekleidet, an Uthoffs Inszenierung am Teatro Municipal teil. Über ein Jahr danach sah er mich dort die Frau in Rot tanzen.

Am Ende des Jahres 1954 hatte Victor ein ganz neues Bewußtsein entwickelt. Er kündigte seinen Job, packte seine spärlichen Habseligkeiten zusammen und zog mit einer Gruppe neuer Freunde aus dem Chor in den Norden Chiles, um die Volksmusik dieser Gegend aufzuzeichnen und zu untersuchen. Er hatte begonnen, das musikalische Erbe seiner Mutter wiederzuentdecken. Seine Verbindung zum Teatro Municipal ermöglichte ihm den Besuch einer Aufführung, die tiefen Eindruck auf ihn machte. Es handelte sich um ein von Enrique Noiswander neu aufgebautes Pantomimen-Ensemble. Nach der Vorstellung ging Victor schnurstracks zur Garderobe, um Enrique Noiswander zu fragen, wo er die Pantomime am besten erlernen könne. Enrique lud ihn zum Vorspielen ins Probenstudio der Truppe ein. Victors Gefühl für Bewegung und seine Ausdrucksfähigkeit waren so überzeugend, daß man ihm einen Ausbildungsplatz anbot.

Damals probte die Pantomimentruppe stets abends. Sie bestand aus engagierten, begeisterten Leuten, die tagsüber in den verschiedensten Berufen beschäftigt waren – Enrique zum Beispiel war geprüfter Ingenieur – und dann bis zwölf Uhr nachts probten. Die Proben fanden in einem großen Raum in einem alten Haus im Kolonialstil statt, das mehrere Patios besaß, in denen zahlreiche Künstler ihre Studios hatten. Da waren Maler, Bildhauer, Dichter, Solotänzer – die ganze »Boheme«, die außerhalb der Universität individuell arbeitete, war vertreten. Viele von ihnen stammten aus aristokratischen oder Mittelschichtsfamilien, aber sie setzten sich über die strikten Klassenschranken der zeitgenössischen chilenischen Gesellschaft hinweg.

Für Victor war das alles völlig neu, und er betrachtete es zunächst noch sehr von außen. Er freundete sich zwar mit einigen Mitgliedern der Truppe an, sprach aber niemals über sich. Niemand wußte, wie er lebte oder woher er eigentlich kam. Jeder konnte sehen, daß er sehr arm sein mußte und nicht genug zu essen hatte, aber sein Enthusiasmus schien alle Widrigkeiten zu überwinden.

In Noiswanders äußerst erfolgreicher Saison 1957 am Teatro Talia verkörperte Victor zwei wichtige Rollen: eine in einem Stück zu Ravels *Valses Nobles et Sentimentales,* und eine als gelangweilter, überarbeiteter Bürokrat in *Los Vecinos,* zur Musik der chilenischen Komponistin Leni Alexander. Es folgte eine Tournee durch die südlichen Provinzen, auf der Victor erste Erfahrungen mit dem Publikum außerhalb Santiagos sammelte. Er offenbarte sich jetzt vor seinen Kollegen zum ersten Mal als Volkssänger, denn er sang ihnen während der langen Zugfahrten etwas vor. Er muß sehr glücklich gewesen sein.

Einer seiner Freunde aus der Pantomimentruppe war ein junger Mann aus sehr reicher Familie, Fernando Bordeu. Fernando lud Victor gelegentlich zum Essen ein, schenkte ihm abgelegte Kleidung und lud ihn ein, ihn in der sehr eleganten Wohnung seines Vaters in der Straße Ismael Valdés Vergara zu besuchen, als seine Familie für die »Saison« in Europa weilte. Fernando hatte den Eindruck, daß Victor sehr einsam war. Sein breites Lächeln war wie ein Schutzmechanismus, beinahe eine Maske, um seine privaten Probleme vor anderen zu verbergen. Fernando sagte:»Wenn man ihn von weitem auf der Straße sah, wirkte er geistesabwesend, besorgt und introvertiert, aber wenn er einen dann erkannte, leuchtete ein breites, herzliches Lächeln auf seinem Gesicht auf und er erkundigte sich teilnahmsvoll nach deinem Befinden.«

1955 wurde Fernando von der Theaterschule der Universität von Chile aufgenommen, zu jener Zeit das einzige anerkannte Institut dieser Art. Zu Noiswanders Verärgerung überzeugte Fernando auch Victor, dort vorzusprechen. Im März 1956 trat Victor die Aufnahmeprüfung an. In seiner abgetragenen Kleidung war er sehr nervös und gehemmt. Seine Jacke war zu kurz, aber das Schlimmste war, daß seine Füße in den schweren Stiefeln mit den dicken Sohlen, die eine Nummer zu klein waren, höllisch schmerzten. Er wollte sich dadurch in seiner Improvisation nicht behindern lassen. Also setzte er sich auf den Boden und zog sie vor den Augen der streng blickenden Prüfungskommission, die an einem langen Tisch saß, einfach aus. Er hoffte nur, daß er keine Löcher in den Strümpfen hatte.

Er wußte, daß er noch immer mit dem Akzent der Arbeiterklasse sprach und machte bei der Leseprobe keine sonderlich gute Figur. Aber als es um die Bewegung ging, dann war er ganz in seinem Element. Er wurde in den drei Jahre dauernden Schauspielkurs aufgenommen, und als einem Studenten mit geringen Mitteln gewährte man ihm ein kleines Stipendium. Da seine wirtschaftlichen Probleme so groß waren, schlug man ihn sogar für eine Caritas-Beihilfe vor – eine Hilfseinrichtung für die Dritte Welt, die einmal im Monat kleine Mengen Schmelzkäse und Milchpulver ausgab. Eine Teilzeitbeschäftigung zu finden war aussichtslos.

Wie in allen Schauspielschulen erfolgte die Ausbildung sowohl praktisch als auch theoretisch. Unterrichtseinheiten zu Bewegung und Stimmbildung sowie Schauspielübungen gingen Hand in Hand mit Theaterwissenschaft und der Stanislawski-Methode. Schüleraufführungen fanden statt, und manchmal übernahmen die Schüler kleinere Rollen in den Produktionen der professionellen Schauspieltruppe.

Während jener Zeit besuchten viele begabte Schüler, die später in der Entwicklung des chilenischen Theaters eine wichtige Rolle spielen sollten, die Schauspielschule. Manche kamen aus sehr reichen Familien und waren Pitucos; dann gab es eine größere Anzahl wohlhabender, verheirateter junger Frauen, die von ihrem Hausfrauendasein gelangweilt waren; sowie junge Männer, die mit ihnen flirteten, und andere, die sich politisch engagierten. Ein Schüler mit Victors Vergangenheit war die Ausnahme.

Obwohl Victor als Schauspieler keineswegs der herausragendste Schüler seines Jahrgangs war, respektierte man ihn ob seiner Fähigkeit, hart zu arbeiten sowie seiner Entschlossenheit, seine Schwierigkeiten zu überwinden. In Bewegung allerdings war er brillant, und am Ende des Jahres forderte man ihn auf, bei einem Festival, das die Studenten selbst organisierten, die Rolle eines Bären zu übernehmen, des Helden der *Ballade von Atta Troll*. Er nahm diese Aufgabe so ernst, daß seine Freunde aus Población ihn schon in der Morgendämmerung aufbrechen sahen, und wenn er spät am Abend zurückkehrte, erzählte er ihnen, wie er mehrere Stunden vor seinem Unterricht die Bären im Zoo beobachtet hatte. Da er kein Geld für den Bus hatte, mußte er erst mehrere Kilometer bis zum Zoogelände laufen und dann wieder zurück in die Stadtmitte.

Inzwischen hatte ich den Bewegungsunterricht an der Schule übernommen. Victors Klasse unterrichtete ich erst in ihrem zweiten Jahr. Ich erinnere mich an sie als an einen besonders begabten Haufen und an Victor als den besten von ihnen. Der Unterricht fand morgens um acht Uhr dreißig im Probenraum des Teatro Antonio Vaas statt – einem scheußlichen Kellerraum, den das Tageslicht niemals erreichte und dessen Fußboden gekachelt und unangenehm glatt war. Ich hatte von den Studenten kein großes Engagement erwartet, aber diese Gruppe junger Leute arbeitete voller Begeisterung und Kreativität. Obwohl sie mir gegenüber immer respektvoll blieben, machten sie sich oft auf nette Art über mich lustig, und auf der Abschlußparty führten sie eine köstliche Parodie auf meinen Unterrichtsstil auf. Als Organisator hatte ich sofort Victor im Verdacht. Ich fürchte, für Victor war ich ein dankbares Objekt, denn ich pflegte rhythmische und atmosphärische Geräusche auszustoßen, um die Studenten anzufeuern, während ich selbst herumwirbelte und mehr schwitzte als sie alle zusammen.

Mit wachsendem Selbstvertrauen und zunehmendem Engagement in der Studentenbewegung ging Victor in sein drittes Studienjahr. Es war das Jahr der Präsidentschaftswahl, in der Salvador Allende für die FRAP, eine breite Allianz der Linken, gegen Jorge Alessandri, den Kandidaten der chilenischen Oligarchie, antrat.

Alessandri stärkten die multinationalen Konzerne den Rücken, und es war das erste Mal, daß in Chile kommerzielle Werbemethoden aus den USA im Wahlkampf eingesetzt wurden, eine auf Hochtouren laufende Kampagne, die Millionen von Dollars verschlang. In der Zwischenzeit verbündete sich die Linke, der solche wirtschaftlichen Möglichkeiten fehlten, mit den Massen und rief zu massiven Demonstrationen und Protestmärschen auf. Die wirtschaftliche Zweiteilung Chiles zeichnete sich im politischen Alltag des Landes deutlicher ab als je zuvor. In dieser Wahl erhielt Allende 28,8 Prozent der Stimmen gegenüber Alessandri mit 31,5 Prozent.

Die Kommunistische Partei Chiles, die jahrzehntelang im Verborgenen gearbeitet hatte, weil sie durch ein Gesetz, das als »Ley Maldita« (das verfluchte Gesetz) bekannt wurde, verboten worden war, trat wieder auf den Plan. Für die breite Masse der arbeitenden Bevölkerung, aus der sie ihre Mitglieder und Anhänger rekrutierte, besaß sie ein heldenhaftes Image. Viele Künstler und Intellektuelle teilten diese Ansicht, vor allem aufgrund ihrer Verehrung für Pablo Neruda. Sein *Canto General* war 1950 in Chile heimlich gedruckt worden, und bald gingen Tausende Kopien von Hand zu Hand. Hätte Victor die Población nie verlassen oder hätte er aus einer Mittelschichtfamilie heraus die Künstlerlaufbahn eingeschlagen, wäre er wahrscheinlich nur wenig mit den jungen Kommunisten in Berührung gekommen. Aber seine Herkunft, verbunden mit seinem Engagement in der Kulturbewegung, machte seine Mitarbeit fast unvermeidlich.

Der Einfluß der Linken in der Studentenbewegung wuchs stetig, und in der Theaterschule verlangten die Schüler nach mehr Kontakt mit der Außenwelt. Sie wollten neuartige Festivals organisieren, um bisher unbekannten Bühnenautoren, Künstlern und Produzenten eine Chance zu geben. Außerdem sollten Amateurtheatergruppen in den Gewerkschaften, Schulen und Lehranstalten ins Leben gerufen werden, vor allem in der Provinz.

Vor dem Hintergrund der Wahlkampagne beschäftigte sich Victor erstmals mit den Werken Gorkis, als seine Klasse das *Nachtasyl* aufführte, in dem er die Rolle des Mützenmachers spielte. Daraufhin las er auch andere Stücke Gorkis, vor allem *Die Mutter,* das immer eins seiner Lieblingsbücher blieb. Vielleicht wegen ihrer Begabung für stilvolle Improvisationen wurde seiner Klasse Peter Ustinovs *Die Liebe der vier Obersten* als Stück für die Abschlußprüfung zugeteilt. Victor verkörperte den russischen Obersten, und ich erinnere mich, daß er seine Sache ausgezeichnet machte. Auch insgesamt gesehen war es eine gute Aufführung. Als Bewegungslehrerin dieser Klasse saß auch ich in der Prüfungskommission.

Einer von Victors engsten Freunden in der Schauspielschule war Nelson Villagra, der später einer der besten Schauspieler Chiles wurde. Besonders berühmt wurde er durch seine Rolle in dem Film *Der Schakal von Nahueltoro*. Nelson war ein dunkler, gutaussehender Mann aus einer Familie von Kleinbauern, die im Süden in der Nähe der Stadt Chillán einen kleinen Hof besaßen. Er kam frisch aus der Provinz und fühlte sich von Victor sofort seiner offensichtlichen Herkunft aus der Arbeiterklasse und seines schallenden Lachens wegen angezogen.

Zu jener Zeit schlief Victor überall dort, wo er ein freies Bett fand. Nelson wurde von seiner Familie unterstützt und wohnte in einer Pension im Arbeiterviertel. Beide waren chronisch pleite, und zur Mittagszeit saßen sie gewöhnlich im Park auf dem Cerro Santa Lucia unweit des Zentrums und versuchten, ihren Hunger mit Schwarzbrot und einer Flasche Milch zu stillen. Nur wenn Nelsons Familie ein Freßpaket schickte, konnten sie sich endlich einmal den Bauch vollschlagen und ordentliche »Festgelage« mit Fleisch und Käse veranstalten.

In ihren »Plaudereien nach Tisch« diskutierten sie die Unterschiede zwischen Land- und Stadtleben und kamen überein, in den kommenden Sommerferien Nelsons Eltern auf ihrem Bauernhof zu besuchen, um die »Authentizität des ländlichen Lebens« auf sich wirken zu lassen. Es war ihnen aber auch durchaus bewußt, daß eine Entdeckungsreise in die ländlichen Provinzen Chiles und das Studium der dortigen Bevölkerung wichtig für ihre zukünftige Arbeit am Theater war.

Victor schlug vor, sich zwei Gitarren zu besorgen und als Volksliedduo aufzutreten – damit sie sowohl Vorstellungen geben als auch die Volkslieder von Ñuble, einer Region mit einem großartigen Liederfundus, aufzeichnen könnten. Sein Freund, der lediglich ein paar Akkorde schrammeln konnte, war von dieser Idee sehr angetan.

Inzwischen war Victor wechselnde Beziehungen mit Freundinnen von der Theaterschule und auch eine mit einer älteren Frau, die sehr verliebt in ihn war, eingegangen. Keine davon nahm er sehr ernst. Er fühlte sich ziemlich schuldig, die Gefühle einer Frau nicht in gleicher Weise erwidern zu können. Sein größter Traum war eine eigene Gitarre, und die Frau – nennen wir sie Margarita, denn ich habe ihren Namen nie erfahren – bot wiederholt an, ihm eine zu kaufen. Seine Gefühle wegen dieses großzügigen Geschenks waren ziemlich widersprüchlich, aber die Versuchung war groß.

Er besprach die Angelegenheit mit seinem Freund. Nelson verstand das Problem sofort und drohte Victor, wenn er Margarita nicht sofort wissen lasse, daß er dringend eine Gitarre brauche, werde er, Nelson, es an seiner Stelle tun. Also gingen Nelson, Margarita und Victor eines heißen Nachmittags in die Casa Amarilla, das beste Musikgeschäft im Zentrum von Santiago. Nelson plauderte mit Margarita darüber, daß die Gitarre für seine und Victors Zukunftsplanung unerläßlich sei, und Margarita tat so, als hörte sie zu, aber in Wirklichkeit hatte sie nur Augen für Victor, der jeden Schritt zu zählen schien wie ein wohlerzogenes Kind auf dem Weg zum Bonbonladen.

In der brütenden Januarhitze betraten sie schließlich das Musikgeschäft, und Margarita übernahm die Führung. Sie verlangte die beste Gitarre, die zu haben war. Diese erwies sich als ein Instrument mit gewaltigem, mit Walnußholz furniertem Resonanzkörper, ausladend wie die Hüften einer Frau. Victor nahm sie sanft in die Arme und strich behutsam über die Saiten. Er prüfte Saite für Saite. Das herrliche Stück war perfekt gestimmt. Dann begann er auf seine charakteristische Art und Weise zu spielen: erst sanft und liebevoll, dann fordernd und hart. Jeder konnte sehen, daß er das Instrument bereits in Besitz genommen hatte. Es war Liebe auf den ersten Blick. Victor lächelte... Ruhig hielt er die Gitarre mit den breiten Hüften in den Armen.

Nelson spielte weiter seine Rolle als unverschämter junger Freund. »Ich finde, eine so schöne Gitarre braucht unbedingt einen Koffer, der sie vor Beschädigungen und dem Staub der Landstraße schützt.« Er hatte Erfolg. Die Gitarre sicher in einem schwarzen Koffer verstaut, verließen sie die Casa Amarilla und verabschiedeten sich von Margarita. Sie spendierte ihnen sogar noch ein Taxi zu Nelsons Pension.

Ein paar Tage später trafen sie in der kleinen Stadt El Carmen in der Provinz Ñuble am Fuße der Anden ein. Hier, zwischen sanften, weizenbewachsenen Hügeln, begann ein neues Kapitel in Victors Leben, das ihn als Mensch und Künstler stärken sollte. Es stellte sich bald heraus, daß Nelson nicht einfach den Hof seiner Eltern verlassen und mit Victor durch das Land ziehen konnte, wie sie eigentlich gehofft hatten. Die Ernte stand vor der Tür, und es gab viel zu tun. Also machte sich Victor ohne seinen Freund auf den Weg, aber er war nicht allein...

José, »die Ratte« (der Spitzname spielte auf seinen zynischen Humor und seine Fähigkeit, selbst unter den widrigsten Umständen zu überleben, an), war Mechaniker, den die Leute dafür bezahlten, daß er mit einer Erntemaschine von Hof zu Hof zog. Die von einem Traktor gezogene Maschine wurde während der Erntezeit von den Bauern gemietet.

José war außerdem Troubadour, Volksdichter und, wenn man ihn nicht davon abhielt, Gewohnheitstrinker. Er wurde Victors Gastgeber und Reiseführer. In dieser Gegend war ein ausgebildeter Mechaniker eine privilegierte Person. Beim Mittagessen überließ man ihm das größte und beste Stück Fleisch und las ihm jeden Wunsch von den Augen ab. Er bekam so viel Wein, wie er wollte, solange er sich nicht während der Arbeit betrank – was konnte man mehr verlangen? Und es gab kein besseres Nachtlager als eine Heumiete, in der man Geschichten zum Besten geben und die Sterne zählen konnte.

Zwischen Mitte Januar und Anfang März wurde ein solcher Erntearbeiter durchschnittlich von fünfundzwanzig bis dreißig Bauernhöfen angefordert, und auf jedem Hof fand nach Abschluß der Arbeiten ein großes Erntefest statt. Also half Victor José, »der Ratte«, nicht nur bei der Arbeit, sondern auch beim Essen, Trinken und Feiern, eine gute Grundlage für seine soziologischen und volkskundlichen Studien.

Ab und zu kehrte er auf Nelsons Bauernhof zurück, um die Kleider zu wechseln, dann schloß er sich wieder José an, der seine Maschine auf einen kilometerweit entfernten Hof schleppte. Zunächst legte Victor die weiten Strecken zu Fuß zurück, doch schon bald lernte er reiten, und er fand immer jemanden, der ihm ein Pferd lieh.

Nelson bemerkte sehr wohl, wie sein Freund sich zwischen seinen Besuchen in der »Wäscherei« veränderte. Victor hat sich bewußt dafür entschieden, nur mit den Kleinbauern der Region Freundschaft zu schließen – mit den Großgrundbesitzern wollte er nichts zu tun haben, und tatsächlich wurde er den Landarbeitern physisch und psychisch immer ähnlicher. Nach sechs Wochen Landleben gab es den jungen Mann aus der Stadt, der unmöglich in der Lage war, einen Achtzig-Kilo-Sack zu schultern, und den man damit aufzog, daß er kein Pferd reiten oder eine Weizengarbe binden konnte, nicht mehr.

Nach diesen ersten gemeinsamen Ferien kehrten die beiden Freunde wie zwei Kleinbauern nach Santiago zurück, die das Leben und die Menschen der Stadt mit Mißtrauen betrachteten. Victors Besuche in El Carmen während der folgenden zwei Sommer vertieften seine Verbindung zum ländlichen Leben noch, aber er betrachtete seine Umgebung jetzt auch objektiver. Er hörte auf, die Kleinbauern zu idealisieren und nahm sie als wirkliche Menschen wahr. Außerdem verliebte er sich.

Sie war ein dunkles, mageres Bauernmädchen, ungefähr 17 Jahre alt, mit dem Gesicht einer Maya-Skulptur. Sie blickte scheu unter ihren Augenbrauen hervor, zu lachen schien sie für unhöflich oder sogar unanständig zu halten. Jedesmal, wenn sie es trotzdem tat, errötete sie tief, und Victor brachte sie oft zum Lachen. Es war nur eine flüchtige Beziehung, denn nach seinen dritten Sommerferien kehrte Victor nie wieder nach El Carmen zurück. Ihm blieb nur die Erinnerung und seine Sammlung der dortigen Volkslieder, die ihm seine Bauernfreunde beigebracht hatten.

1957, in seinem zweiten Studienjahr auf der Schauspielschule, begann Victor, das Café São Paulo in der Calle Huérfanos im Zentrum Santiagos zu besuchen. Dieses Café hatte sich zu einem Treffpunkt von Künstlern und Intellektuellen entwickelt, die sich hier am Mittag auf eine Tasse Kaffee zusammenfanden. Hier lernte Victor auch Violeta Parra kennen. Damals war sie nur einem kleinen Kreis von Chilenen bekannt, aber sie war gerade von ihrer ersten Europareise zurückgekehrt, wo sie als Sängerin die Folklore ihres Landes vermutlich zum ersten Mal überhaupt bekannt gemacht hatte. Unter anderem hatte sie für die BBC eine große Anzahl authentischer chilenischer Volkslieder aufgenommen.

Violeta, eine sehr unkonventionelle Frau ohne Sinn für Äußerlichkeiten, kleidete sich so einfach wie eine Kleinbäuerin, und zu einer Zeit, in der andere Frauen toupierte Hochfrisuren oder Perücken trugen, ließ sie ihr Haar lang und oft ungekämmt herabfallen, so wie die Natur es geschaffen hatte. Sie war eine echte Pionierin und hatte Jahre damit verbracht, mit ihren beiden Kindern, Isabel und Angel, über Land zu ziehen, um traditionelles Liedgut zu sammeln. Sie lebte unter den Kleinbauern oder trat in den ärmlichen, heruntergekommenen Zirkussen auf, die in den Sommermonaten auf Wanderschaft gingen. Sie sang in der alten Volkstradition, ungekünstelt und fast monoton, aber ihr Gitarrenspiel und ihre Stimme schienen der Erde selbst zu entspringen.

Victor mischte sich gern unter die Menge, die sich um ihren Tisch im Café scharte. Manchmal brachen sie alle zusammen auf, um einen befreundeten, in der Nähe wohnenden Künstler in seinem Studio zu besuchen, wo Violeta dann für alle riesige Töpfe chilenischer Bohnen kochte. Es gab Wein und jede Menge Diskussionen, Lieder wurden ausgetauscht, Gitarre gespielt und Geschichten erzählt, bis man wieder zur Arbeit gehen mußte.

Zu jener Zeit wohnte Violeta in La Reina, einem Vorort von Santiago in der Nähe der Berge, wo sie einen kleinen Bungalow besaß. Victor war dort ein ständiger Gast. Er ging geradewegs ins Hinterzimmer, um den Nachmittag bei ihr zu verbringen. Violeta interessierte sich für seine Art zu singen und Gitarre zu spielen. Sie ermutigte ihn weiterzumachen und hatte sogar die Idee, er könne zusammen mit ihrem Sohn Angel in der Art der Volksdichter auftreten, die abwechselnd Verse improvisierten, wobei sie einander herausforderten und versuchten, sich gegenseitig auszustechen. Dieser Einfall wurde nie in die Tat umgesetzt, aber die beiden jungen Männer wurden Freunde fürs Leben.

Angel, jünger als Victor und ziemlich aufsässig, war ein unterernährt aussehender junger Mann. Er schimpfte oft über die gebildeten Leute, die, ausgerüstet mit Tonbandgeräten und Notizbüchern, nach La Reina pilgerten, um seiner Mutter zuzuhören und von ihr zu lernen. Er war sein ganzes Leben lang mit ihr umhergezogen und fand das alles ziemlich langweilig, vor allem, weil er während der Feldforschung das schwere Aufnahmegerät schleppen mußte. Er hatte eine Leidenschaft für argentinische Volksmusik, insbesondere für die Lieder von Atahualpa Yupanki, die zu jener Zeit einen ausgesprochen sozialkritischen Inhalt hatten und dessen Gitarrenspiel abwechslungsreicher und subtiler als das der chilenischen Volksmusik war.

Ungefähr zur selben Zeit schloß sich Victor einer anderen Gruppe an, deren Mitglieder in der Schauspielschule bei Patricio und Alfonso Bewegungsunterricht nahmen und das Café São Paulo nur gelegentlich aufsuchten. Sie hatten sich zu einer Folkloregruppe zusammengeschlossen, die als erste einen einheimischen Namen trug, Cuncumé, was auf Mapuche »murmelndes Wasser« bedeutet. Sie wollten nicht solistisch auftreten, sondern einen kollektiven Weg erarbeiten, um Folklore auf die Bühne zu bringen.

Alejandro Rexes, einer der Gründer und Leiter der Gruppe, der später ein enger Freund Victors wurde, erzählte mir: »Wir waren nur ein kleiner Teil einer großen Bewegung von Leuten, die an Wochenenden oder in den Ferien in die ländliche Umgebung Santiagos ausschwärmten, um typisch einheimische Kunsttraditionen und -erzeugnisse aufzuspüren und zu sammeln. Das beschränkte sich nicht nur auf Tanz und Musik, sondern konnte auch ein Tontopf, eine Lampe aus der Kolonialzeit oder eine Redensart, ein Sprichwort, eine bestimmte Sprechweise oder einfach eine Art zu leben sein.«

Cuncumén trat auf Demonstrationen, bei Maifeiern und zu Nerudas Geburtstag in dessen Haus auf. Ihr Publikum bestand zumeist aus einfachen Arbeitern. 1957 nahmen sie ihr erses Album auf, und obwohl Victor kein offizielles Mitglied der Gruppe war, beteiligte er sich mit einer Soloaufnahme eines sehr schönen Liebesliedes, das er aus Ñuble mitgebracht hatte: »Se me ha escapado un suspiro«.

Violeta hatte tiefes Verständnis für Victor, seine Musikalität und sein künstlerisches Talent. »Er ist Chiles Volkssänger Nummer eins«, erzählte sie später ihren Kindern. Im folgenden Jahr komponierte sie speziell für Victor zwei Stücke im typischen Stil chilenischer Weihnachtslieder. »Doña María te ruego« und »Décimas por el nacimiento« wurden zusammen mit anderen Weihnachtsliedern auf einem Album von Cuncumén, das *Villancicos Chilenos* hieß, veröffentlicht.

Im selben Jahr trat Victor Cuncumén als reguläres Mitglied bei, was bedeutete, daß er den Anzug mit der kurzen Jacke und den bunten Ponchos des *huaso,* des Gutsverwalters oder Oberaufsehers, tragen durfte, der ein Pferd und die traditionellen hochhackigen Stiefel mit den riesigen, brutal aussehenden Sporen sein eigen nannte. Diese Stiefel spielten eine wichtige Rolle beim *zapateo* der Tänze im Zentrum Chiles. Es war vor allem Victors Einfluß zuzuschreiben, daß die Gruppe dieses Schuhwerk bald gegen die Ojotas, die groben Sandalen aus Victors Kindheit, eintauschte, so wie sie auch die *gañan,* die Tänze der ärmeren Landarbeiter, in ihr Repertoire aufnahm. Daraus resultierte ein erdverbundener, entspannterer Tanzstil, ohne den Stolz und die Pose des Macho-Cowboys, der aber diejenigen Leute vor den Kopf stieß, die es für eine Verletzung der nationalen Würde hielten, Armut öffentlich auf der Bühne darzustellen.

Victor lernte unzählige Volkstänze aus den verschiedenen Gegenden Chiles, die unterschiedliche Facetten des Volkscharakters widerspiegelten und sehr viel aussagestärker waren als der ewige *cueca* aus der Landesmitte. Sogar die Cuecas unterschieden sich je nach Landstrich, und dies bekanntzumachen war eines von Cuncuméns Zielen, als die Gruppe 1959 eine wichtige Vorstellung im Teatro Antonio Varas gab. Alejandro hatte einen Text verfaßt, in dem er die Lieder und Tänze in Beziehung zueinander setzte, sie aus historischer und geographischer Perspektive beleuchtete und aufzeigte, wie die Unterschiede der gesellschaftlichen Klassen und der verschiedenen Berufe ihren Charakter beeinflußt hatten. Victor nahm sowohl als Schauspieler als auch als Regisseur an der Aufführung teil, und wie Alejandro berichtete, waren sein künstlerisches Feingefühl und seine klare Konzeption maßgeblich für den beträchtlichen Erfolg verantwortlich. Diese Art der Folklore war etwas völlig Neues.

Ich hatte immer das Gefühl, daß die übrigen Mitglieder von Cuncumén konventioneller waren als Victor. Sie nannten ihn den »Wilden«, weil er in einer schwarzen Lederjacke (vermutlich von irgendeinem Freund geerbt) und Jeans herumlief, was damals noch keineswegs üblich war. Victor ärgerte dieser Spitzname, denn obwohl er durchaus rebellisch veranlagt war, lag es nicht in seiner Absicht, nordamerikanische Teenager zu imitieren.

Die einzigen Tage des Jahres, an denen die chilenische Volksmusik allgemein zu ihrem Recht kam, waren der 18. und 19. September, an denen man Chiles Befreiung und Unabhängigkeit von den spanischen Eroberern feierte. Eine Welle des Chauvinismus schlug über dem Land zusammen, und in der allgemeinen Begeisterung wohnten sogar die Reichen und Intellektuellen den traditionellen Cuecas bei. Im Radio spielte man pausenlos schrille Versionen des Nationaltanzes, und kommerzielle Gruppen brachten zusätzlich ein oder zwei sentimentale chilenische Lieder zu Gehör. Das war der »Touristen-Folk«, der die Vorstellung der Großgrundbesitzer vom Landleben wiedergab: blauer Himmel, treue, gutaussehende Cowboys, hübsche Mädchen, keine Probleme, und das alles im schönsten Land der Welt.

In den Parks von Santiago, vor allem im Parque Cousiño, in den Außenbezirken und in jeder Stadt und jedem Dorf feierte man *El Dieciocho,* den Achtzehnten, in langen Reihen primitiver Holzbuden, sogenannten *fondas,* die mit schattenspendenden Zweigen duftender Eukalyptusbäume gedeckt waren. Jede Hütte war mit Tischen, Stühlen, einer Bar und Lautsprechern ausgestattet, aus denen Cuecas, Cumbias, Tangos und Boleros plärrten. Hunderte Papierflaggen hingen in Girlanden von den Dächern; Wein floß in Strömen, man reichte dunkles, mit geröstetem Maismehl und rohem Ei aufgeschäumtes Bier, und dazu gab es *empanadas,* die lateinamerikanische Variante unserer Cornwall-Pastete.

Bis spät in die Nacht lagerten Paare im Freien zwischen den

Überresten hunderter Familienpicknicks, während man im Inneren der Fondas zur Cueca Taschentücher schwenkte, klatschte und stampfte – die Frau zaghaft oder verführerisch hinter ihrem Taschentuch verborgen, ohne ihr tänzerisches Können wirklich zeigen zu können, während der Mann sich spreizte wie ein Hahn, mit den Sporen klirrte und aufstampfte, bis er die Schöne erobert hatte. Dies war jedenfalls das Muster der Cueca aus der Landesmitte, die Art, in der die reichen Huasos tanzten. Weiter im Süden bei den ärmeren Kleinbauern schienen – vielleicht auch wegen des stärkeren indianischen Einflusses – die Geschlechter gleichberechtigter zu sein.

Am ersten Tag der *Fiestas Patrias* ging es noch sehr gesittet zu, und die Feier war friedlich und fröhlich, aber am 19. fand im Parque Cousiño außerdem die jährliche Parade der Streitkräfte statt. Ich wohnte ihr nur einmal bei, und ich erinnere mich nur noch, daß ich über den auffallenden Größenunterschied zwischen den kleinen, plebejischen Rekruten und den hochgewachsenen Offizieren und Kadetten staunte – eine eindrucksvolle Demonstration davon, wie stark sich Mangelernährung im Gegensatz zu Essen im Überfluß über mehrere Generationen hinweg auswirkt.

1958 und '59 baute Violeta ihre eigene Fonda im Parque Cousiño auf, um die sich alle diejenigen Leute scharten, die sich für authentische Folklore interessierten. Es war ein wunderbares Fest. Violeta sang zusammen mit ihren Kindern, Victor solo oder zusammen mit Cuncumén, und noch viele andere trugen ihr Scherflein dazu bei. Man sang und tanzte zwei Tage bis in den frühen Morgen.

Aber all diese folkloristischen Aktivitäten spielten für Victor im Vergleich zum Theater eine untergeordnete Rolle. Die Musik war ein natürlicher Bestandteil seines Lebens, aber eher ein persönliches Steckenpferd, eine Form der Entspannung, als seine wahre Aufgabe. Als er sein Abschlußexamen als Schauspieler bestand, hatte er die erste Stufe seiner Theaterkarriere bereits erklommen, aber das Jahr 1959 sollte eine noch größere Bedeutung in seinem Leben einnehmen.

Unter den eng miteinander befreundeten Studenten aus Victors Klasse war auch ein junger Mann, der Victor viele Jahre lang als Freund und Kollege sehr nahestand. Sein Name war Alejandro Sieveking. Man hielt ihn allgemein für einen vielversprechenden Theaterschriftsteller, von dem schon mehrere Stücke aufgeführt worden waren, allerdings war keines davon ein durchschlagender Erfolg. Er glich einem Gringo: groß, bebrillt, intellektuell, mit schleppender Sprechweise. Seine Herkunft unterschied sich völlig von der Victors, aber sie fühlten sich trotzdem zueinander hingezogen. Sie schienen in vielen Dingen denselben Geschmack zu haben.

Als sich Victors Klasse dem Abschlußexamen näherte, traf die Gruppe zusammen mit Domingo Pinga, dem fortschrittlich eingestellten Direktor der Schule, eine kollektive Entscheidung. Sie wollten verhindern, daß sie als Einzelperson sofort von der professionellen Theatertruppe geschluckt würden. Statt dessen wollten sie ein weiteres Jahr als Gruppe zusammenbleiben und mit Unterstützung der Schauspielschule ein eigenes kleines Ensemble gründen. So konnten sie ihre Arbeit im Team weiterführen und als Schauspieler, Dramaturgen, Bühnenbildner und Regisseure einer experimentellen Gruppe praktische Erfahrungen sammeln, während sie in den kleinen Städten derjenigen Provinzen, die die professionelle, weniger flexible Truppe nie erreichte, nützliche Arbeit leisten konnten.

Das war eine gute und neuartige Idee, aber der Anfang des Jahres gestaltete sich trotzdem nicht sehr glücklich. Sie probten lange Zeit an einem Repertoire, das für ihre Pläne nicht sonderlich geeignet schien: Oscar Wildes *Ernst sein ist alles oder Bunbury* sowie an einem musikalischen Lustspiel namens *Eine raffinierte Affäre,* das Alejandro für das Studentenfestival im September geschrieben hatte.

Bedauerlicherweise kamen sie mit den Proben für das Lustspiel. nicht so recht voran. Das Stück verlangte sechzehn Schauspieler, und da ihre eigene Gruppe inzwischen nur noch acht Personen umfaßte, mußten Studenten aus anderen Kursen einbezogen werden. Da aber die Proben für das Festival freiwillig waren, war es schwierig, alle unter einen Hut zu bekommen. Allmählich wurde allen klar, daß sie nicht rechtzeitig fertig werden würden. Es schien, als hätte die vierte Klasse keinen Beitrag für das Festival, und das war ganz undenkbar. Victor war es, der schließlich sagte: »Das ist einfach lächerlich. Wir müssen etwas unternehmen. Alejandro, warum schreibst du nicht ein kurzes Stück mit nur vier Rollen, das in einem einzigen Zimmer spielt? Ich übernehme die Regie. Ich habe auch schon eine Idee…«

Er schlug Alejandro vor, dem Stück eine Begebenheit zugrundezulegen, die zwei Klassenkameraden von ihnen zugestoßen war: Miriam und Hernán liebten einander, aber sie konnten nicht zusammenkommen. Hernán lebte in einer typischen Studentenbude, und eines Nachts blieb Miriam einfach da… Als sie am nächsten Morgen beim Frühstück saßen, platzte ihre Mutter herein. Die Idee war ganz simpel, aber sie beruhte auf einer aus dem Leben gegriffenen Situation, mit der sich alle identifizieren konnten. Innerhalb einer Woche war das Stück fertig. Sie nannten es *Parecido a la Felicidad,* »So etwas wie Glück«. Die Proben begannen. Sie baten Bélgiaca Castro, eine Schauspielerin der professionellen Truppe, die auch an der Schule lehrte, die Rolle der Mutter zu übernehmen, und sie sagte voller Begeisterung zu. So fand sich ein Team zusammen, das viele Jahre lang miteinander arbeitete, bis Bélgica Alejandro schließlich sogar heiratete.

Victor führte zum ersten Mal bei einer Aufführung Regie. Für eine gründliche intellektuelle Analyse des Stückes war nicht genug Zeit, aber er setzte seinen Instinkt und sein Talent ein, um das Stück mit all seinen Nuancen und Tücken menschlicher Beziehungen auf der Bühne überzeugend umzusetzen. Für sie alle war es eine wunderbare Erfahrung, selbst für die als Schauspielerin erfahrene Bélgica, denn diese Art der Arbeit war ganz neu und regte die Kreativität jedes einzelnen Schauspielers an.

Einen Monat lang probten sie jeden Morgen und Abend mit äußerster Konzentration. Auch Alejandro hatte eine Rolle übernommen und war vor allem mit deren schauspielerischer Gestaltung beschäftigt. Aber er urteilte: »Victor koordinierte alles. Er holte Dinge aus dir heraus, deren Existenz du bis dahin nicht einmal geahnt hattest. Er strahlte eine Gelassenheit aus, die es jedem Schauspieler erlaubte, seine Kreativität in Ruhe zu entwickeln. Er unterdrückte deine eigenen Gefühle nicht. Man merkte gar nicht, daß man vorangetrieben wurde, sondern fühlte sich geführt und geleitet...«

Parecido a la Felicidad wurde rechtzeitig zum Festival fertig. Die erste Vorstellung fand in dem kleinen Teatro Lex statt. Ich war vollkommen überrascht. Es war die erste chilenische Produktion, die ich bis dahin gesehen hatte, die mich nicht wehmütig an London denken ließ. Alles daran – Darstellung, Bühnenbild, Bewegung und Rhythmus – war gelungen, und die menschlichen Beziehungen wurden mit äußerstem Verständnis und Feingefühl in Szene gesetzt. Natürlich war der Erfolg überwältigend. Als der Regisseur des Teatro Experimental vor der Premiere von *Macbeth* plötzlich erkrankte, wurde *Parecido* sogar statt dessen eine Woche lang im Teatro Antonio Varas auf den Spielplan gesetzt. Die Nachricht, daß da in der Theaterszene etwas ganz Neues passierte, verbreitete sich wie ein Lauffeuer, und die Leute standen vor den Kassen Schlange.

Danach beschloß Victor, Regie zu studieren. Obwohl er als Schauspieler einigen Erfolg gehabt hatte, hatte er sich dabei nie richtig wohl gefühlt. Ihm fehlte das Verlangen und der Ehrgeiz, vor Publikum aufzutreten. Vielleicht hatte er sich in der Pantomime heimischer gefühlt. Jedenfalls hoffte er, als Regisseur seiner eigenen Kreativität freieren Lauf lassen zu können.

Im nachhinein finde ich diese Entscheidung sehr mutig, denn sie bedeutete, daß er noch einmal ganz von vorn anfangen mußte. Die Tatsache, daß er drei Jahre an einem Schauspielkurs teilgenommen hatte, und sein unübersehbares Talent brachten ihm keine Vorteile. 1960 schrieb er sich als Student der Regie ein. Glücklicherweise war sein Stundenplan flexibler als im Schauspielstudium. Es ging weniger darum, viel von den Lehrern zu lernen, als darum, wie in einem Hindernislauf ein Projekt nach dem anderen abzuschließen.

Ein paar Monate, bevor *Parecido a la Felicidad* einschlug wie eine Bombe, hatte *Calaucán* Premiere. Victor bewunderte Patricios Arbeit, und seit er mich in *Carmina Burana* die Frau in Rot hatte tanzen sehen, war er auch ein glühender Verehrer von mir. Als er hörte, daß die Rolle der Mutter für mich geschrieben worden war, bat er darum, den Proben beiwohnen zu dürfen, um zu beobachten, auf welche Weise wir arbeiteten und herauszufinden, wie wir uns mit den Mitteln des Tanzes ausdrückten. Während der Proben saß er ganz still da und nahm alles in sich auf, sprach Patricio nur selten an und mich nie. Trotz unserer guten Zusammenarbeit blieb es nicht aus, daß er die Spannungen in unserer Beziehung bemerkte. Einige Monate später waren unsere Probleme allgemein bekannt, und Victor sorgte sich sehr um mich. Wann immer er Carmen, meine Schwägerin, im Theater traf, fragte er sie nach Neuigkeiten über mich aus.

In diesem endlosen, unglücklichen Sommer, in dem ich mein erstes Kind erwartete, besuchte Victor El Carmen zum letzten Mal. Danach brach er mit dem Rest der Truppe zu einer Tournee nach Buenos Aires und Montevideo auf. *Parecido a la Felicidad* war in beiden Städten ein großer Erfolg, ebenso wie später auf einer langen Tournee durch ganz Lateinamerika: Mexiko, Costa Rica, Guatemala, Venezuela, Kolumbien ... und Kuba. Der Sturz Batistas lag erst ein Jahr zurück, und die Revolution in Kuba rüttelte die Menschen in ganz Lateinamerika auf. Man kann sich vorstellen, wie aufregend es für Victor war, das alles mit eigenen Augen zu sehen. Die Gruppe blieb zwei oder drei Wochen und verfolgte die fieberhaften Aktivitäten, die Veränderungen im ganzen Land, die neue Regierungsform. Victor war vielleicht derjenige aus der Gruppe, der sich am meisten für Politik interessierte, und er nahm alles in sich auf, stellte Fragen, schloß Freundschaften und versuchte zu verstehen, was vor sich ging.

Als Manager der Gruppe bot sich Victor und Hernán die Gelegenheit zu einem Interview mit Fidel Castro. Sie mußten in einem kleinen Vorzimmer irgendeines Ministeriums warten, bis Fidel aus einer Versammlung kam. Nach etwa einer Stunde schöpften sie Hoffnung, als sich die Tür öffnete und ein junger Mann in Uniform den Raum betrat. Er sagte sehr freundlich: »Ich muß Ihnen leider mitteilen, daß Fidel Sie heute nicht empfangen kann, weil eine Entscheidung gefällt werden muß, bei der er unabkömmlich ist. Aber wenn ich etwas für Sie tun oder mit Ihnen über irgend etwas diskutieren kann, bin ich gern dazu bereit... Mein Name ist Guevara... Man nennt mich ›Che‹.« Zuerst waren Victor und Hernán enttäuscht, aber dann verbrachten sie geraume Zeit mit diesem unbekannten Genossen, der ihnen viele Fragen über Chile, ihr Leben und ihre Zukunftspläne stellte.

Eines Tages Ende April, nachdem Victor gerade von seinem ersten Besuch in Buenos Aires zurückgekehrt war, traf er hinter der Bühne des Teatro Antonio Varas Patricio, der unruhig auf und ab ging. Victor erkundigte sich nach dem Baby. Patricio stürzte sich förmlich auf ihn und erklärte, er werde jetzt zur Klinik fahren, um sein Kind zum ersten Mal zu sehen, und Victor solle bitte mitkommen. Victor gefiel der Vorschlag... und so kam es, daß er Manuela bereits im Alter von zwei oder drei Tagen kennenlernte. Trotz der Spannung, die über der Szene lag, erinnere ich mich, wie er schüchtern lächelnd in der Tür stand. Und im Laufe jenes Jahres muß er dann gehört haben, daß Patricio mich endgültig verlassen hatte und ich allein und krank war.

3

Wie wir uns kennenlernten

An einem sonnigen Frühlingsmorgen Ende Oktober 1960 spazierte ich auf der Suche nach einem neuen Kleid die Calle Huérfanos entlang. Allmählich erholte ich mich von dem körperlichen und seelischen Zusammenbruch, den die Scheidung von Patricio bei mir ausgelöst hatte, und dieser Einkaufsbummel war einer von zahlreichen Versuchen, meine Stimmung wieder zu heben. Meine Freundinnen hatten versucht, mich aufzuheitern und mein angeknackstes Selbstbewußtsein wieder aufzurichten. Sie hatten mich mit gutgemeinten Ratschlägen geradezu überschüttet: Ich solle mir neue Kleider kaufen, zum Friseur gehen, mir einen »neuen Look« verpassen lassen, mir eine Maniküre gönnen... Alle diese für Frauen jener Zeit typischen Tips zielten darauf ab, meine Attraktivität zu steigern, damit ich mir einen neuen Mann angeln konnte.

Ich versuchte es. Gehorsam ließ ich meine langen Haare abschneiden und modisch frisieren... Ich sah scheußlich aus. Meine kurzen, runden Fingernägel brachen ständig ab. In meinen neuen Kleidern fühlte ich mich unangemessen aufgetakelt, als stünde ich auf der Bühne. Ich hatte nie in das Klischee gepaßt, dem chilenische Frauen sich bereitwillig unterwarfen, um ihre Männer zu erfreuen – nicht wegen irgendwelcher feministischer Grundsätze meinerseits, sondern einfach, weil ich unfähig dazu war. Ich war einfach nicht geschaffen für enge Röcke, hohe Absätze, Handschuhe und Hüte.

Trotzdem war ich an jenem Morgen wild entschlossen, mir

das verführerischste Kleid zu kaufen, das ich finden konnte, da eine Tänzerin der Truppe mich am Abend zu einer Party mit ihren intellektuellen Freunden eingeladen hatte, als Programmpunkt einer ganzen Reihe pseudo-frivoler Aktivitäten. Schließlich erwarb ich ein Kleid; aber ich war mir nicht ganz sicher, ob es wirklich das Richtige war, und trug das Resultat meines Einkaufs in einer eleganten Tüte spazieren. Als ich am Café São Paulo vorbeischlenderte, beschloß ich, eine Tasse Kaffee zu trinken und Ausschau zu halten, ob eine meiner Freundinnen da war, um meine Neuerwerbung zu würdigen.

Ich blickte mich in dem halbdunklen Raum um, aber ich sah kein bekanntes Gesicht außer dem von Victor Jara, der allein an einem Tisch saß und ein Buch las. Er blickte auf und lächelte mich an, dann winkte er mich an seinen Tisch, aber ich grüßte nur steif und setzte mich woanders hin, wobei ich noch einmal einen Blick über die Schulter warf, um sicherzugehen, daß er wirklich mich gemeint hatte. Als ich meinen Kaffee ausgetrunken hatte, stand ich auf und trat wieder hinaus auf die heiße Straße. Victor muß mir gefolgt sein. Er holte mich ein, grüßte freundlich und fragte mich, wie es mir ginge und ob ich schon wieder angefangen hätte zu arbeiten. Er fand bald heraus, daß ich in meiner Tüte ein neues Kleid trug und versuchte mich zu überreden, die elegante Dinnerparty abzusagen und statt dessen mit ihm auszugehen. Ich mußte lachen. Seit ich wieder unverheiratet war, fühlte ich mich nackt und wehrlos, und ich war ziemlich abweisend.

Die sagenhafte Dinnerparty war in jeder Hinsicht eine Katastrophe. Zum ersten und letzten Mal in meinem Leben tanzte ich in einem Nachtklub, und der Abend endete damit, daß ich mich auf meinem Sofa der Annäherungsversuche des äußerst freundlichen, aber ziemlich beschwipsten Mannes erwehren mußte, der mich nach Hause gebracht hatte. Am nächsten Tag schickte er mir Blumen und eine Entschuldigung. Das war mein letzter Ausflug in Santiagos Nachtleben.

Ich mußte jetzt öfter an Victor denken. Ich erinnerte mich

daran, wie er mich in der Klinik angelächelt hatte, daß er mir Blumen mitgebracht hatte, als ich krank war und sich so gefreut hatte, mich auf der Straße zu treffen. Er wirkte so freundlich, und es war so einfach, mit ihm zu reden, aber ich nahm ihn nicht sonderlich ernst. Ich wußte nur, daß er ein begabter Student war und einer anderen, jüngeren Generation angehörte als ich. Ich fühlte mich mit dreißig als alte Frau, die schon eine gescheiterte Ehe und eine Berufslaufbahn hinter sich hatte.

Danach gelang es Victor, ein oder zwei »zufällige« Treffen zu arrangieren, und schließlich fanden wir uns eines Novemberabends in der Open-air-Kunstausstellung am Ufer des Mapocho wieder. Die Ankündigung dieser jährlichen Ausstellung hatte ich schon im letzten Jahr zur Kenntnis genommen, aber ich war so mit meinen eigenen Problemen beschäftigt gewesen, daß ich sie versäumt hatte. Aber jetzt hatte mich Victor mit seiner ansteckenden Begeisterung davon überzeugt, daß sie zu interessant sei, um sie zu verpassen. Die besten Maler und Bildhauer stellten ihre Arbeiten Seite an Seite mit Volkskünstlern, bäuerlichen Kunsthandwerkern und Töpfern vor.

Die Frühlingsnacht war warm, und Menschenmassen umringten die Stände bei dem Versuch, die guten, schlechten und nichtssagenden Gemälde, die Fotos, den Schmuck sowie die kunsthandwerklichen Produkte und Töpferwaren zu betrachten. Da gab es Tische mit bunten Schmetterlingen, Engeln und Blumen, die Bauern aus Rari aus gefärbtem Pferdehaar flochten; dicke, glänzende Tonschweine, Gitarrenspieler und mit zarten, weißen Blumen bemalte Tonfiguren aus Quinchamali; Ponchos und gewebte Decken aus dem Norden und Süden. Die Luft war voller Rauch und dem Duft gebratener Zwiebeln, den Stände, die Empanadas und Rotwein feilboten, verströmten. Kleine, selbstgezimmerte Karren rumpelten mit qualmenden Schornsteinen auf klapprigen Kinderwagenrädern vorbei und verkauften geröstete Erdnüsse, ungewürzt oder mit einer Zuckerkruste überzogen. Der Boden war uneben und staubig. Im flackernden Licht sah ich Violeta Parra auf einem alten Klappstuhl sitzen, umgeben von ihren Arbeiten, Kindern und Musikinstrumenten. Im Schein der nackten Glühbirnen, die an den Bäumen hingen, leuchteten die Farben ihrer Webstücke geradezu visionär. Als wir vorübergingen, grüßte Victor, und sie wechselten ein paar scherzhafte Worte. Ganz in der Nähe spielte jemand Gitarre und sang.

Erst als wir uns von der lärmenden Menge entfernten und unter den hohen Bäumen des Parque Forestal spazierten, nahm Victor meine Hand. Die warme, liebevolle Berührung bezeichnete eine neue Qualität unserer Beziehung.

Zunächst war diese Beziehung unausgewogen. Beide hatten wir Angst, verletzt zu werden. Victor wollte mehr als nur eine flüchtige Liebschaft für mich sein, er war zum ersten Mal in seinem Leben bis über beide Ohren verliebt. Mit seiner Sensibilität für andere Menschen konnte er den Seelenzustand, in dem ich mich befand, genau einschätzen. Er wollte, daß unsere Beziehung sich langsam, aber stetig entwickelte. Er versuchte, mir dabei zu helfen, mich zu entspannen, aufzutauen, mich von der quälenden Erinnerung an meine Vergangenheit zu befreien. Ich war so stachlig wie ein Igel, unbeständig, im einen Moment bereit, mich ihm an den Hals zu werfen, im nächsten kurz davor, ihn endgültig aus meinem Leben zu verbannen. Trotz meines Alters benahm ich mich sehr unreif... aber ganz allmählich begann ich, mich jünger zu fühlen als je zuvor. Ich entdeckte wieder, daß das Leben auch Spaß machen konnte. Tatsächlich hatten wir eine Menge Spaß miteinander.

Es gab so viel, worüber man reden konnte; ganz alltägliche Dinge wie Essen, Bäume, Wolken... oder über menschliche Beziehungen; das Theater; oder über den Tanz und seine Beziehung zum Leben allgemein; die Art, wie Leute etwas berühren, nicht nur einander, sondern auch Dinge, und wie sie sich geben, wie diesem Verhalten die Bedeutung eines Kommunikationsmittels zukommt und es den Charakter der

Menschen verrät – warum stehen zum Beispiel manche Leute auf »Kriegsfuß« mit ihren Schuhen und hinterlassen sie ausgetreten und schäbig, während sich bei anderen Besitzern kaum ihre Form verändert? Wir unterhielten uns darüber, warum man sich vollkommen entspannen muß, um wirklich leicht zu werden, und daß es in der Bewegungskunst keine Regeln gibt, sondern alles relativ ist.

Durch unsere Diskussionen, Victors Fragen und Kommentare konnte ich allmählich viele der Grundsätze in Frage stellen, nach denen ich als Tänzerin auch mein eigenes Leben und meinen Charakter ausgerichtet hatte. Ich fing an, mich selbst besser zu verstehen und mehr Selbstvertrauen zu gewinnen, weniger egozentrisch zu sein und mehr auf den anderen Rücksicht zu nehmen, mich mit ihm zu verständigen...

Victor hatte mich schon seit langer Zeit aus der Ferne verehrt. Er behauptete, er habe sich schon in mich verliebt, als er mich zum ersten Mal tanzen sah. Es mag widersprüchlich scheinen, daß jemand, der sich mit allem Chilenischen so stark identifizierte wie Victor, sich ausgerechnet in eine Gringa verliebte; es könnte auch den Eindruck erwecken, als hätte er sich eher in das romantische Ideal einer Tänzerin verliebt als in eine Frau aus Fleisch und Blut. Aber dem war nicht so. Es ist oft möglich, das innerste Wesen eines Menschen aus der Art seines Tanzes herauszulesen, ohne die Barrieren der Sprache oder fremder Sitten; und für mich war der Tanz die einzige Form, mich unmittelbar auszudrücken.

Victor hatte sich noch niemals einem anderen Menschen ganz geöffnet, nicht einmal seinen besten Freunden, wie zum Beispiel Nelson, dem er nur wenig über seine Herkunft und Kindheit erzählt hatte. Er hatte immer eine Art Schutzwall um sich herum aufgerichtet, und zu der Zeit, als wir uns kennenlernten, hatte das Studentenleben ihn seinen Wurzeln noch stärker entfremdet. Obwohl er stets in engem Kontakt mit seinen Freunden aus der Población blieb, konnten sie ihm nicht den Halt bieten, den er in seiner neuen Umgebung gebraucht hätte. Genau wie ich als Kind und Heranwachsende, lebte auch Victor in zwei verschiedenen Welten, und ich glaube, daß ich der erste Mensch war, der ihm half, sie miteinander zu verbinden.

Er lud mich in das Zimmer ein, das er gemietet hatte, nachdem er auf seiner Tournee durch Kuba und die übrigen lateinamerikanischen Länder etwas Geld hatte sparen können. Er war sehr stolz darauf. Es befand sich in der Calle Valdivia, in einer Bohemegegend in der Nähe des Cerro Santa Lucía, in der es enge, gewundene Gassen statt der sonst üblichen rechtwinkligen Straßenzüge gab. In vielen der alten Gebäude hatten sich Künstler Studios und Arbeitsräume eingerichtet. Victors Zimmer lag am Ende einer schmalen Treppe und war ziemlich groß, aber bis auf ein altes Holzbett völlig leer. Seine restlichen Besitztümer waren in Pappkartons verstaut, die ihn von einer Unterkunft zur nächsten begleitet hatten, aber jetzt nicht nur zerrissen und schäbig, sondern auch halb verbrannt waren, weil ein zu hoch aufgedrehter Paraffinofen früher einmal ein Haus in der Población in Brand gesetzt hatte. Seine Bücher hatte Victor retten können, wenn auch viele von ihnen jetzt verkohlte Ränder aufwiesen. Was mich am meisten berührte, war nicht die Kahlheit des Raumes, sondern daß Victors gesamte Habe so penibel sauber und aufgeräumt war. Seine wenigen Kleidungsstücke hingen ordentlich auf Nägeln an der Wand. Der Huaso-Anzug war ehrenhalber sorgsam in Plastik gehüllt, während die Schuhe und Stiefel darunter in Reih und Glied standen. Bei diesem Besuch stellte mir Victor auch seinen kostbarsten Besitz vor, seine bisher einzige Compañera, die Gitarre, die Margarita ihm gekauft hatte.

Victor war zärtlich, geduldig und witzig... manchmal auch beleidigt und neurotisch, wenn ich ihn verletzt hatte, aber seine schlechte Laune hielt nie sehr lange an. In der ersten Zeit verschwand er einfach, wenn wir uns gestritten hatten, manchmal für eine ganze Reihe von endlosen Tagen, und ich wußte dann, daß er zu seinen Freunden in die Población Nogales geflohen war. Aber meistens war er sehr großzügig. Obwohl ihn die meisten anderen Leute zu jener Zeit als recht reserviert beschrieben, war er zu mir immer offen. Er verbarg nichts. Ich hatte nie das Gefühl, daß sein Lächeln nur eine schützende Maske war. Ich fand es offenherzig und ansteckend fröhlich. Wenn er sich einmal verspätete, stellte ich fest, wie sehr ich emotional schon von ihm abhängig war und fragte mich sogar, ob ich mich schon in ihn verliebt hatte, obwohl ich noch zu sehr auf der Hut war, um diesen Ausdruck zu benutzen.

So verging der Frühling, und der Sommer brach an. An Silvester war Victor auf einer Party eingeladen. Er bat mich, ihn zu begleiten, und so traf ich zum ersten Mal seine Freunde von der Schauspielschule nicht als Lehrerin, sondern als Victors Compañera.

Wenn ich an diese Party denke, fällt mir als erstes Victors Gesang ein. Er wurde von allen Seiten dazu gedrängt, und schließlich ließ er sich überreden. Er sang chilenische Folklore-Lieder, die mir zum größten Teil unbekannt waren, denn er hatte sie auf seinen Reisen nach Ñuble und anderen Landesteilen selbst gesammelt, außerdem sang er argentinische Lieder von Atahualpa Yupanki. Wenn ich nicht schon vorher in Victor verliebt war, so überwand sein Gesang jetzt den Rest meines Widerstandes.

Ich kann nicht behaupten, daß er für mich zu einem anderen Menschen wurde, aber er verwandelte sich, bekam Flügel. Jetzt offenbarte er all seine Wärme, seine Zärtlichkeit, Leidenschaft und seinen Humor. Seine Stimme drückte all das aus und noch dazu eine ungeheure Stärke. Ich sah, wie er seine Gitarre im Arm hielt, die Augen vor Konzentration geschlossen oder quer durch den Raum auf mich zu gerichtet, während er ein Lied nach dem anderen sang. Meine Verteidigungswälle stürzten ein, mein Herz schwoll vor Glück... ich wollte jauchzen und singen. Als es Mitternacht schlug, umarmte Victor mich und wünschte mir liebevoll »Happy New

Years«. Ich wußte, daß dieser Plural kein Fehler war. Es war nur eine nette Art, das auszudrücken, was er meinte.

Bald danach bat mich Victor, mit ihm seine Schwester Maria zu besuchen und Manuela mitzunehmen, die inzwischen trotz meiner Ängste ein prächtiges, dickes, fröhliches Baby von acht Monaten geworden war. Victor ging wundervoll mit ihr um und führte sie anderen gern vor. Aber dies war das erste Mal, daß er eine Freundin von »draußen« in die Población mitnahm, um sie einem Familienmitglied vorzustellen. Also brachen wir drei nach Jotabeche auf. Der Zeitpunkt war mit Bedacht so gewählt, daß wir nicht Juan, Marias Mann, über den Weg laufen würden, der Victor aus dem Haus geworfen hatte, als er sich gegen die Priesterlaufbahn entschied. Die schmutzige Straße, in der auch Victor einst zu Hause gewesen war, war bis auf ein paar Betrunkene menschenleer. Einige lagen auf dem Bürgersteig vor der Bar und warteten darauf, daß sie öffnete, ein anderer klammerte sich an einen Laternenpfahl. Aber Marias Kinder kamen aus dem Haus gelaufen, um Victor um den Hals zu fallen, und Maria folgte ihnen auf dem Fuße.

Aus dem kleinen Landmädchen, das auf seine Geschwister aufpassen mußte, war eine typische chilenische Frau geworden: klein und gedrungen, mit lockigem, schwarzem Haar und den gleichen schönen weißen Zähnen wie Victor. Sie begrüßte mich sehr herzlich. Offensichtlich freute sie sich, ihren Bruder endlich einmal verliebt und glücklich zu sehen. Es war nicht schwer, mit ihr ins Gespräch zu kommen. Von Victor hatte sie schon viel von mir gehört und stellte mir eine Menge Fragen über meine Arbeit. Sie wußte erstaunlich gut über Victors Aktivitäten im Theater und bei Cuncumén Bescheid, obwohl ich nicht glaube, daß sie auch nur einmal in ihrem Leben ein Theater oder ein Konzert besucht hatte.

Inzwischen hatte ich erfolglos versucht, mein volles Trainingsprogramm wiederaufzunehmen, aber meine Wirbelsäule machte noch immer Probleme. Im Januar verkündete mir der Arzt, meine einzige Chance bestünde darin, mich während der Sommerferien »aufzuhängen« – meinen Körper mit Hilfe von Mehl- oder Sandsäcken zu strecken, ein handgefertigtes Korsett um die Hüften und ein Ende des Bettes mit Hilfe von Holzklötzen erhöht, so daß mein Kopf abwärts zeigte. Er verschrieb mir, mindestens einen Monat Tag und Nacht in dieser unbequemen Apparatur zu verharren und nur aufzustehen, um die Toilette aufzusuchen und mich ab und zu flüchtig zu waschen. Es war äußerst schwierig, mit dem Kopf nach unten zu essen, und ich hatte das Gefühl, wie ein Kaugummi immer länger und länger zu werden.

Während die meisten meiner Freunde sich am Strand oder in den Bergen vergnügten, lag ich bewegungsunfähig in der Sommerhitze und blickte auf die alte Zeder vor meinem Fenster oder auf die Seilbahn, die sich den Cerro San Cristóbal hinauf und hinunter schlängelte. Victor besuchte mich oft, leistete mir stundenlang Gesellschaft, munterte mich auf und vermittelte mir das Gefühl, ich sei eine interessante, wertvolle Person, deren Meinung ihm viel bedeutete.

Tagsüber hatte er ziemlich viel Freizeit, denn während der Sommerferien war die Schauspielschule geschlossen, aber jeden Abend probte er intensiv mit Cuncumén. Man hatte ihm die künstlerische Leitung der Gruppe während der Vorbereitung auf eine lange Europatournee angeboten, die im Juni beginnen und vier oder fünf Monate dauern sollte.

Den Gedanken, Victor so lange entbehren zu müssen, fand ich schrecklich. Wegen der bevorstehenden Trennung waren wir beide angespannt, aber ich glaube, wir vertrauten beide darauf, daß unsere Beziehung sie aushalten würde.

Am 30. Mai reiste Victor ab, und ein paar Tage davor organisierten seine Freunde aus der Población Nogales eine Abschiedsparty, zu der auch ich eingeladen war. Ich war so schüchtern oder sogar noch schüchterner, als hätte man mich zum Essen in ein elegantes Landhaus oder zu einem Abend bei Neruda gebeten. Wir bestiegen bis Pila de Ganso den *liebre* oder »Hasen«, einen kleinen Bus, der ein mörderisches Tempo vorlegte, und anschließend einen *micro,* ein älteres, geräumigeres und langsameres Gefährt und fuhren die General Velasquez hinab, vorbei an den Gasometern, Eisenbahnschienen und Kaufhäusern.

Es war Samstagabend, und es wurde langsam dunkel. Die Straßenbeleuchtung war trüb. Wenige Laternenpfähle standen in großen Abständen, und viele hatten ihre Glühbirnen eingebüßt. In der Nähe des verwilderten Grundstücks, kurz bevor die Brücke über den Kanal führte, stiegen wir aus, und ich umklammerte fest Victors Hand, denn das war genau die Art von zweifelhafter Gegend, die bei Dunkelheit zu betreten man mich immer gewarnt hatte. Die einzigen Lichter, die es hier noch gab, waren die Fenster der Eckkneipen oder vielleicht der Schein einer Öllampe im Eingang eines grob zusammengezimmerten Holzhauses. Die Straße war nur teilweise mit großen Katzenkopfsteinen gepflastert, sonst bestand sie aus ungepflastertem, ausgefahrenem Erdboden.

Jetzt hatten wir schon die Población erreicht, und Victor führte mich über das Ödland am Kanalufer zu einem kleinen Haus auf der anderen Seite. Und mit einem Mal war die Welt wieder in Ordnung... Die Morgados – Julio, Humberto, ihre Schwestern und Freundinnen – warteten schon vor der Tür auf uns und winkten uns herein. Das Wohnzimmer war klein, aber man hatte zwei Tische zu einer großen Tafel zusammengerückt. Außerdem gab es noch eine alte Nähmaschine, eine Kommode und an der Wand darüber, auf dem Ehrenplatz, ein großes Hochzeitsfoto von Don Pedro und Doña Lydia. Don Pedro war vor ein paar Monaten gestorben, noch bevor ich ihn kennenlernen konnte.

Man schenkte einen sehr gehaltvollen Obstpunsch und *mistela,* einen von Doña Lydia selbst hergestellten süßen Wein aus. Die Unterhaltung drehte sich um gemeinsame Freunde, wilde Spekulationen über Victors bevorstehende Reise in das ferne, exotische Europa und zunehmend sentimentalere Erinnerungen an frühere Zeiten. Dann wurden die Tische abgedeckt und an die Wand geschoben, um Platz zum Tanzen zu schaffen.

Ich habe nur noch eine verschwommene Erinnerung an dieses Fest, aber das Haus schien zu klein für so viele Leute und kleine Kinder, die so lange spielten, bis sie gegen Morgen in einem der beiden vom Wohnzimmer abgehenden Zimmer erschöpft in den Schlaf sanken. Julio legte einen ziemlich hinterhältigen Humor an den Tag, und die anderen amüsierten sich darüber, aber eigentlich ging es ihm so schlecht, daß er ins Krankenhaus gehört hätte. Er mußte seine Gesundheit vernachlässigen, weil er jetzt für den Lastwagen verantwortlich war, der das Haupteinkommen der Familie sicherte. Hinter all den Scherzen und der fröhlichen Stimmung ahnte man die Probleme des Alltags, aber auch die Großzügigkeit, die dieses Fest mit Speise und Trank für so viele Leute erst möglich gemacht hatte.

Victor zeigte seine Dankbarkeit, indem er sang und alle dazu brachte, in seine Lieder einzustimmen. Dann tanzten alle schon leicht angetrunken Cha-Cha-Cha und Tango… in diesem winzigen Raum mit den an der Wand aufgereihten Holzstühlen und der einen, nackten Glühbirne. Es war das erste und einzige Mal, daß ich Victor je betrunken sah. Ihren Wein abzulehnen, hätte bedeutet, ihre Liebe und Großzügigkeit vor den Kopf zu stoßen, und auf dem Heimweg lief er auf dem Bürgersteig ganz schöne Schlangenlinien.

Dieser erste Besuch in der Población Nogales war sehr wichtig für mich, obwohl ich das damals noch nicht in Worte fassen konnte. An der Tatsache, daß Victor mich dorthin mitgenommen hatte, um seine Welt mit mir zu teilen, konnte ich ermessen, wie sehr er mich liebte. Es war meine Eintrittskarte in eine neue Welt, in der ich fast so herzlich wie eine Schwester empfangen wurde. Jetzt fühlte ich mich nicht mehr so abgeschnitten von den meisten Menschen um mich herum. Jetzt hatte ich eine neue Familie.

Zwei Tage darauf war ich wieder allein. Victor war mit Cuncumén nach Europa abgereist, und ich mußte wieder ins Ballett zurückkehren und mich der Sisyphusarbeit stellen, mein Training nach so langer Pause wiederaufzunehmen. Patricio hatte schon ungeduldig auf meine Genesung gewartet, weil er eine neue Choreographie namens *Surazo* (Südwind) geschrieben hatte, in der ich die Hauptrolle tanzen sollte.

Victor würde die nächsten vier Monate durch Osteuropa reisen. Obwohl ich wußte, daß seine Liebe zu mir tief und aufrichtig war, war ich eine Weile recht unruhig, bis endlich die ersten Briefe eintrafen. Dann aber kamen sie so regelmäßig, waren so liebevoll und amüsant, daß die Trennung leichter zu ertragen war. Ich glaube, auf diese Weise wurde unser Verständnis füreinander nur noch größer.

1. Juli   *Prag*

... Unser erster Auftritt fand in der Nähe der hier in der Gegend berühmten Thermalquellen Bojnice statt. Danach durften wir in einem Swimmingpool mit warmem Quellwasser baden und erhielten von einem Spezialisten eine Massage. Hinterher fühlten wir uns wie neugeboren und nahmen die Einladung zu Essen und Bier mit Freuden an ... bald fingen wir an zu singen, und gegen Ende des Abends tanzten wir alle die typisch slowakischen Tänze, bei denen man sich buchstäblich wie ein Kreisel drehen muß ... Die Slowaken sind uns Chilenen sehr ähnlich: Sie feiern gern, sind fröhlich, überschwenglich und auch ziemlich sentimental. Auf die Tschechen sehen sie herab. Sie finden sie kalt und steif.

Diese Gegend scheint eine reiche folkloristische Tradition zu besitzen. In den slowakischen Städten habe ich herrliche Trachten gesehen. Ich habe Bauersfrauen auf der Straße angesprochen, um ihre Kostüme aus der Nähe zu betrachten und zu fotografieren. Erst sind sie ziemlich verlegen, aber wenn sie merken, daß du keine bösen Absichten hegst, entspannen sie sich und sind sehr entgegenkommend. Wenn sie dir zum Abschied die Hand schütteln, streicheln sie dich, und du spürst ihre Schwielen, denn sie arbeiten ebenso hart auf dem Feld wie die Männer. Ihre Einfachheit und Freundlichkeit ist bewegend... Du weißt, wie sentimental ich bin, und manchmal möchte ich weinen, wenn ich sehe, wie man durch Freundlichkeit und gegenseitiges Verstehen Sprachbarrieren zu überwinden vermag.

Gib Manuelita viele Küsse von mir. Für Dich all meine Liebe und mein Leben...

18. August   *Leningrad*

...Bis jetzt haben wir in jeder Stadt am gleichen Veranstaltungsort vier oder fünf Vorstellungen hintereinander gegeben. Danach machen wir meistens zwei Tage Pause, gehen ins Theater oder auf Besichtigungstouren und ins Museum. Liebste, ich bin ganz begeistert von der Sowjetunion. Ich möchte alles genau kennenlernen, was ich hier Tag für Tag sehe... Es ist viel eindrucksvoller, die Resultate mit eigenen Augen zu sehen, als darüber zu lesen...

Die Neuigkeiten über deine Fortschritte beim Tanzen haben mich sehr glücklich gemacht; ich bewundere und liebe deinen Mut, deine Hartnäckigkeit und Geduld... Ich glaube, bei meiner Rückkehr wirst du mich verändert finden, aber ich bin mir sicher, daß ich dich noch mehr lieben werde als je zuvor...

Was das Leben hier betrifft, versuche ich, alles zu verstehen und auch mich selbst verständlich zu machen. Die Russen können uns eine Menge über das menschliche Zusammenleben lehren. Sie besitzen eine seelische Unerschütterlichkeit, die sie gleichzeitig gelassen, freundlich und stark macht. So wie sie wäre ich auch gern, geleitet von meinen Überzeugungen und Zielen. Ich weiß, das ist nicht einfach...

Die Russen sind phantastisch. Sie fühlen sich uns Ausländern gegenüber nicht überlegen; ganz im Gegenteil, sie fühlen sich durch unser Anderssein angeregt und gehen darauf ein, bis wir uns schließlich alle in die Arme fallen und küssen. Sie sind sehr offen und herzlich. Bis jetzt habe ich noch keinen Russen getroffen, der mit der Eroberung des Weltraums angegeben hätte. Ich habe den Eindruck, daß hier jeder Mensch eine Botschaft des Friedens und der Freundschaft in sich trägt... und dabei spreche ich von ganz gewöhnlichen Leuten, die auf der Straße an einem vorbeilaufen. Hätte ich dieses Gefühl nur bei unseren russischen Begleitern, handelte es sich möglicherweise um bloße Diplomatie, aber auch sie sind genauso einfach und geradeheraus wie die anderen.

Letzte Nacht haben wir Moskau im Schlafwagen verlassen. Wir fuhren die ganze Nacht, bis wir heute morgen um zehn Uhr Leningrad erreichten. Die Reise war lustig, weil es ein Mißverständnis mit den Schlafkojen gab. Außerdem sahen wir bei unserer Ankunft am Moskauer Bahnhof eine riesige Menge von Russen – Männern, Frauen und Kindern –, die auf die Abfahrt des Zuges warteten. Sie hockten und lagen überall herum, schliefen oder aßen Brot mit Tomaten und Salami, lagen dicht gedrängt in den Gängen auf dem Boden... das Bild erinnerte an Flüchtlinge nach einem Luftangriff. Unser Dolmetscher erzählte uns, daß wir uns bald daran gewöhnen würden, denn es sei auf jedem Bahnhof dasselbe. Und als wir in Leningrad ankamen, sahen wir, daß er recht hatte. Die Russen sind begeisterte, Entbehrungen gewöhnte Reisende. Sie fahren nach Moskau, nur um am Abend Lenins Grab zu besichtigen – und dafür nehmen sie zwei Tage Bahnreise in Kauf. Aber sie fahren nicht allein, sie nehmen Kleinkinder, Körbe und alle ihre Verwandten, inklusive der Großmutter mit. In dieser Hinsicht sind sie uns sehr ähnlich...

7. September   *Odessa*

Heute habe ich etwas erlebt, das ich nie vergessen werde. Etwa um neun Uhr abends machte ich einen Spaziergang. Als ich am Strand entlangwanderte, hörte ich plötzlich Applaus. Ich folgte dem Geräusch und entdeckte eine Freiluftbühne, auf der eine Varieté-Vorstellung stattfand. Ich versuchte, eine Karte zu ergattern, aber es war ausverkauft. Da ich neugierig auf das geworden war, was da drinnen vor sich ging, umrundete ich die Außenmauer, bis ich auf eine Gruppe von Leuten stieß, die mit Hilfe von Spiegeln über die Mauer blicken konnten. Als ich weiterging, sah ich einen Baum, in dessen Zweigen wieder andere Leute hockten. Gerade, als ich hinaufsteigen wollte, ging das Licht zur Pause an, und die Leute kletterten hastig nach unten. Ich lief etwas umher, um die Zeit totzuschlagen, und als die Vorstellung wieder begann, kletterte ich zusammen mit fünf Russen auf den Baum. Nachdem wir es uns erst einmal bequem gemacht hatten, sprachen sie mich natürlich wie einen der Ihren auf russisch an, und ich mußte ihnen klarmachen, daß ich sie nicht verstehen konnte. Erst hielten sie das für einen Witz, aber als ihnen klar wurde, daß es mein Ernst war, fragten sie mich, woher ich käme. Mit meinen wenigen russischen Worten erklärte ich ihnen, ich käme aus Chile in Südamerika und sei hier mit einer chilenischen Volksmusikgruppe auf Tournee. Sie waren so überrascht, daß sie in Gelächter ausbrachen und mich beglückwünschten, daß ich, anders als die übrigen Touristen und Ausländer, hier mit ihnen auf dem Baum säße. Sie boten mir den besten Platz an und waren sehr besorgt darum, daß ich das Schauspiel wirklich unter den besten Bedingungen verfolgen konnte. Pausenlos fragten sie mich, ob ich es auch bequem hätte und gut sehen könne, und klopften mir auf die Schulter. Nachdem die Vorstellung zu Ende war, halfen sie mir herunter, und als wir wieder festen Boden unter den Füßen hatten, umarmten sie mich und lachten sich fast kaputt über mich. Wir waren inzwischen gute Freunde geworden. Später fragten sie mich, warum ich als Ausländer nicht einfach hineingegangen sei und es mir bequem gemacht hätte, und bestanden darauf, daß ich als durchreisender Künstler das Recht auf bevorzugte Behandlung hätte. Ich antwortete, daß ich wie alle anderen auch behandelt werden und meine eigene Karte kaufen wollte, und als ich keine mehr erwischt hätte, sei ich eben auf den Baum geklettert. Sie lachten, umarmten mich und riefen »Was für ein guter Kamerad«. Später sah ich zwei von ihnen wieder, Wladimir und Pjotr, und dann trafen wir uns jeden Tag und wurden Freunde. Sie sind beide 35 Jahre alt, verheiratet, einer hat zwei und der andere drei Kinder, und sie arbeiten in einer Traktorenfabrik in Charkow, einer Stadt im Norden der Sowjetunion. Sie verbringen hier ihren Urlaub. Natürlich habe ich sie zu unserer Vorstellung eingeladen, und sie hat ihnen sehr gut gefallen. Das Gefühl, sich trotz aller Schwierigkeiten mit ihnen verständigen zu können, ist einfach wundervoll. Es sind anständige Kerle, selbstsicher, einfach und natürlich. Sie akzeptieren dich so, wie du bist, und behandeln dich wie einen von ihnen. Sie interessierten sich sehr für die Lage in Südamerika und erkundigten sich nach den Lebensbedingungen der chilenischen Arbeiter.

Meine Liebste,

in diesem Augenblick bin ich der glücklichste Mann der Welt, denn heute, an meinem Geburtstag, habe ich das wunderbarste Geschenk überhaupt erhalten: vier Briefe und zwei wunderschöne Fotos von den beiden Menschen, die ich so sehr liebe – Dir und Manuelita... Jetzt, am Abend, habe ich Deine Briefe noch einmal gelesen und bin beunruhigt und niedergeschlagen zugleich.

Zunächst einmal bittest Du mich, Dich nicht zu idealisieren, und sagst, daß Du glaubst, nicht die nötigen menschlichen Qualitäten zu besitzen, um die Compañera eines Kommunisten zu sein; Du erinnerst mich daran, daß Du kein geselliger Mensch bist; Du sagst, Du mißtraust Leuten mit hohen Idealen und fürchtest Dich vor der intellektuellen Einstellung des Kommunismus.

Wie soll ich Dir antworten, damit Du mich nicht falsch verstehst, meine Geliebte? Ich habe nie behauptet, daß ich Dich idealisiere. Ich liebe Dich, und seit ich alle Deine Vorzüge und Schwächen kenne, liebe ich Dich sogar noch mehr als früher. Du darfst nicht glauben, ich sei blind oder stelle Dich auf einen Sockel. Ich liebe Dich mehr mit dem Herzen als mit dem Kopf, und wenn Du ein Teil von mir bist, dann deshalb, weil Du mir alles bedeutest, so wie Du bist. Ich glaube, die Liebe ist das gegenseitige Verständnis zwischen zwei Menschen; jenes »Etwas«, mit Hilfe dessen wir einander im Leben beistehen können. Außerdem liebe ich Dich so sehr, daß es mich glücklich macht, Dich glücklich zu machen, welchen Weg wir auch immer einschlagen werden.

Und das ist der zweite Punkt: Wenn ich den Weg des Kommunismus wähle, warum sollte er sich dann nicht mit meiner Liebe zu Dir vereinbaren lassen? Ich fordere Dich nicht auf, selbst Kommunistin zu werden, Liebste. Das kann ich nicht von Dir verlangen. Man kann niemanden zwingen, auf eine bestimmte Art zu denken, ganz gleich, wie nahe man ihm steht. Ich muß zugeben, daß ich froh bin, daß Du keine Katholikin bist und daß Du durch Deine leidvollen Erfahrungen eine großartige Frau geworden bist, eine echte Freundin und gute Mutter und daß Du trotz Deiner Ernüchterung fähig bist, mich zu lieben. Bitte glaub nicht, daß ich alle Leute verurteile, die keine Kommunisten sind. Wir sind alle Menschen, und ein Kommunist sollte sich dessen vor allem anderen bewußt sein, denn darauf beruhen alle seine Überzeugungen. Alles andere wäre Fatalismus und Überheblichkeit. Hab keine Angst, daß ich mich in eine Art Apostel verwandeln werde – dafür bin ich nicht geschaffen – und auch nicht in einen Fanatiker. Und fürchte nicht, daß ein wahrer Kommunist sich vierundzwanzig Stunden am Tag der Politik widmet und alles andere darüber vergißt. Nein, Liebste, es ist eine Menge zu tun, aber meine Aufgabe wird in meiner Arbeit am Theater liegen.

Was hält Dich denn davon ab, mit mir zusammenzuleben, wo wir doch beide Menschen sind? Ich bin nicht Jesus Christus, und ich werde nicht in die Berge verschwinden, um zu meditieren. Meine Arbeit beginnt und endet in Dir. Das ist mein einziger Wunsch.

Du sagst, Du fürchtest Dich davor, mit Leuten zusammenzuleben, die hohe Ideale haben. Auch ich fürchte mich vor solchen Leuten. Aber was mich angeht, kannst Du nach dem Wenigen, was Du schon über meine Familie und meine Kindheit weißt, sicher sein, daß ich wirkliche Armut kenne. Ich könnte nie in einer Traumwelt leben. Und mein Ideal als Kommunist ist es nur, diejenigen zu unterstützen, die glauben, daß erst die Herrschaft des Volkes das Volk glücklich machen kann. Ich werde versuchen, mich nicht in fixe Ideen zu verrennen und mich immer daran zu erinnern, daß auch unter meinen Füßen sich die Erde dreht, und daß meine Mitmenschen genauso zwei Augen und einen Mund haben wie ich selbst.

Hab keine Angst, Liebste. Das einzige, wovor wir uns fürchten müssen, ist, daß wir nicht fähig sind, einander ins Herz zu blicken und zur Einfachheit zu finden. Sollte es erforderlich sein, sich in einen Intellektuellen zu verwandeln, muß ich zugeben, daß ich dafür nicht distanziert genug ·bin. Du kennst mich und weißt, daß ich kein Verstandesmensch bin. Ich handle nach dem Herzen, nicht nach dem Kopf. Etwas berührt mich innerlich und beginnt dort zu wachsen, bis es sich einen Weg nach draußen sucht. Du kannst mir nicht vorwerfen, ich sei ein kommunistischer Intellektueller, denn dafür halte ich mich noch nicht einmal selbst. Aber etwas hat mich im Innersten tief berührt und schlägt dort Wurzeln. Aufgrund meiner Herkunft kann ich mich in die Probleme und Hoffnungen der Armen hineinversetzen, und gerade weil ich ihre Welt so gut kenne, ist es mir unmöglich zu intellektualisieren. Wenn ich das täte, wäre ich nicht mehr ich selbst. Ich könnte den Morgados, Juanito und all meinen Kindheitsfreunden, meinen Brüdern und meinem Vater nicht mehr gegenübertreten, und ich müßte alles vergessen, was meine Mutter mich gelehrt hat. Ich muß ihnen helfen. Ich muß für sie kämpfen, damit sie für sich selbst sorgen können und eine bessere Welt hoffentlich noch miterleben. Ich glaube fest, daß Du mich in diesem Punkt verstehst und mir dabei helfen kannst, so wie Du es bisher getan hast. Meine Geliebte, erst mit Dir bin ich ein ganzer Mensch, und wenn ich Dich verlassen würde, verlöre ich meine Flügel...

Gegen Ende Oktober 1961 traf Victor wieder in Santiago ein. Mit Geschenken beladen, sprang er in einem neuen grünen Dufflecoat aus dem Flugzeug und schwenkte zur Begrüßung seine Gitarre. Vor lauter Aufregung, Manuelita und mich wiederzusehen, tanzte er fast über die Rollbahn bis zum Flughafengebäude, wo wir auf einer Aussichtsplattform auf ihn warteten.

Obwohl die Tournee lang und anstrengend gewesen war und er körperlich völlig erschöpft gewesen sein mußte, war seine Rückkehr ein großes Fest, das auch Manuela schon bewußt mitbekam. Victor packte seinen Koffer aus wie der Weihnachtsmann persönlich. Diese Szene wiederholte sich noch oft, denn jedesmal, wenn Victor auf Reisen ging, kam er mit wunderschönen und sorgfältig ausgewählten Geschenken für die Menschen, die ihm nahestanden, zurück. Es machte ihm riesigen Spaß, endlich genug Geld zu besitzen, um anderen Menschen etwas geben zu können. Diesmal hatte er Volkskunst, Töpferwaren, handgemachte Stickereien und sogar Musikinstrumente aus allen Winkeln Europas, von Bulgarien bis Usbekistan, mitgebracht.

Er kehrte nicht mehr in sein Zimmer in der Calle Valdivia zurück. Von nun an lebten wir zusammen. Während der langen Monate unserer Trennung hatten wir uns beide weiterentwickelt. Ich auf nicht sehr spektakuläre Art und Weise, aber immerhin war ich wieder ich selbst: Ich konnte tanzen, mit mehr Selbstbewußtsein unterrichten als je zuvor und war mir sicher, daß ich mein Leben in Chile und an Victors Seite verbringen wollte, daß wir uns ein Zuhause schaffen und zusammen mit Manuela eine Familie sein konnten.

Auch Victor hatte sich, wie er mich schon in seinen Briefen gewarnt hatte, verändert. Er war reifer geworden und besaß mehr Selbstvertrauen, weil er seinen Horizont erweitert und seine Fähigkeit zur Kommunikation über den Gesang entdeckt hatte, sowohl als Sänger als auch als Komponist. Obwohl er in seinen Briefen nur am Rande davon erzählt hatte, war er auf der Tournee zum ersten Mal als Solist vor großem Publikum aufgetreten. Auch hatte er ein wunderschönes Lied komponiert, das erste, das auf seinen persönlichen Erfahrungen basierte. Er hatte es für mich geschrieben und wartete voller Ungeduld darauf, es mir vorzusingen. Kaum waren wir in meiner Wohnung angelangt, nahm er die Gitarre aus dem Koffer, setzte sich und fing an:

Meine Taube, ich will dir erzählen,
daß ich einsam bin, daß ich dich liebe,
daß mein Leben verrinnt,
weil du so fern bist.
Mein Täubchen, ich will dich sehen.
»Paloma quiero contarte«

Und so begann unser gemeinsames Leben. Unser erstes Jahr war von der Krankheit und dem Tod der beiden Menschen überschattet, die uns am nächsten standen: Meine Mutter, die zu einem längeren Besuch nach Chile gekommen war, erlitt einen Schlaganfall und starb dort 1963 nach sechsmonatiger Krankheit. Zur selben Zeit diagnostizierte man bei Victors Schwester Maria unheilbaren Krebs und schickte sie aus dem Krankenhaus zum Sterben nach Hause. Beide mußten wir den physischen Verfall von Menschen, die wir liebten, miterleben und uns gleichzeitig damit abfinden, daß damit die letzte Verbindung zu unseren Familien abgebrochen war.

Wie froh war ich, bei alledem Victor an meiner Seite zu haben – und ich glaube, daß er für meine Anwesenheit genauso dankbar war. Er war mir ein ebenso guter Freund wie Ehemann. Gemeinsam mit ihm lernte ich, wie wichtig es war, ganz offen mit einem anderen Menschen reden zu können, alle die Gefühle und Gedanken aussprechen zu können, die, wenn man sie in sich verschließt, anfangen zu gären und sowohl die zwischenmenschlichen Beziehungen als auch das eigene Selbst vergiften.

Victor war ganz anders als ich. Er war von Natur aus ein friedlicher, gewaltloser Mensch, während ich ab und zu eine ordentliche Auseinandersetzung brauchte. Aber er schaffte es immer, meine blinden Wutausbrüche in vernünftige, liebevolle Diskussionen über die ihnen zugrundeliegenden Ursachen zu verwandeln, und oft endeten unsere Meinungsverschiedenheiten in herzlichem Gelächter über das ursprüngliche Problem. Trotzdem verhielt Victor sich mir gegenüber nie überheblich. Es war ihm nur wichtig, daß zwischen uns nichts in eine falsche Richtung lief. Er wußte, daß man an einer guten Beziehung arbeiten muß, und er besaß die natürliche Gabe, sich in andere Menschen einzufühlen, die sich nun in seiner Theaterarbeit so deutlich zeigte – vielleicht kann man es psychologisches Gespür nennen.

Vor allem seiner Anregung hatte ich es zu verdanken, daß ich eine vernünftige und sogar freundschaftliche Beziehung zu Patricio entwickelte, was vor allem für Manuela, aber auch für unsere Zusammenarbeit im Ballett, die Victor hoch einschätzte, außerordentlich wichtig war.

Als meine Mutter ihren Besuch ankündigte, mieteten wir, um ihr mehr Bequemlichkeit zu bieten, ein Haus, das unsere finanziellen Möglichkeiten überstieg. Als wir nach ihrem Tod wieder allein waren, begaben wir uns auf die Suche nach einem dauerhaften Wohnsitz. Schließlich fanden wir ein kleines Haus in einer modernen Wohnanlage, von dem ein Architektenfreund von Victor behauptete, es sei solider gebaut als die meisten Gebäude – ein wichtiger Gesichtspunkt in einer erdbebengefährdeten Gegend. Es bestand aus weiß verputzten Ziegeln mit grünen, hölzernen Fensterläden und stand an einer Ecke eines noch von anderen Häusern umgebenen Gevierts. Betrat man den Innenhof, war man ganz für sich allein, abgeschieden von der Außenwelt. Als wir einzogen, war das Grundstück um das Haus verwahrlost und mit Müll übersät, aber wir säuberten es Zentimeter für Zentimeter und gruben so lange verrostete Büchsen und Metallteile aus, bis wir Bäume und Gras pflanzen konnten.

Mit der Zeit wuchs rings um die Doppelhaushälfte unserer »kleinen Kiste« ein schützender Wald aus hochstämmigem Bambus, Bougainvillea und Glyzinen, die schnell wie Unkraut in die Höhe schossen, dazu ein Mimosenbaum und Büsche aus dem Süden Chiles, Geißblatt, Efeu und Silberbirken. Schwalben bauten ihre Nester unter dem Dachgesims und schossen an Sommerabenden im Sturzflug herab; Kolibris schwirrten wie schillernde Farbflecken umher; und der Queltehue-Vogel flatterte kreischend auf und kündigte Regen an, wenn sich die Berggipfel in Wolken hüllten.

Einer der ersten Bäume, die wir pflanzten, war ein Canelo, der Baum, den die Mapuche als heilig ansehen und der wild in den südlichen Wäldern wächst. Das Absterben eines Canelo ist ein böses Omen, und Victor war sehr beunruhigt, als unsere erste Pflanze einging. Aber wir ersetzten sie unbeirrt, und dieser zweite Versuch gedeiht bis heute mit weitverzweigter Krone und Wurzeln.

Nach und nach nahm das Innere des Hauses ein Aussehen an, das wie eine merkwürdige Mischung unserer beider so unterschiedlicher Lebensgeschichten wirkte. Da fanden sich Relikte aus der Sammlung meines Vaters, die ich, als ich mein Zuhause verließ, mit nach Chile genommen hatte: ein oder zwei alte Möbelstücke, eine afrikanische Trommel, ein Ashanti-Thron. Nur an den allernotwendigsten Möbeln herrschte Mangel. Wir behalfen uns mit Bücherregalen aus alten Kisten oder Holzresten, einem Tisch und einer Kamineinfassung aus alten Eisenbahnschwellen… und an den Wänden hingen Mitbringsel von vielen Reisen: brasilianische Masken, Stickereien aus Taschkent, hölzerne Löffel, Pfeifen, Musikinstrumente und Ponchos.

In den ersten Jahren, bevor sich das Tempo unseres Lebens beschleunigte, war der Sonntag oft ein Tag, der nur uns beiden gehörte. So hatte Victor es am liebsten. Er schätzte sogar die zweifelhaften Resultate meiner Kochkunst und pries sie in den höchsten Tönen, während er selbst die Speisekarte durch Suppen oder andere Köstlichkeiten nach Rezepten, die er bei seiner Mutter auf dem Markt gelernt hatte, ergänzte. Er half mir auch – äußerst unüblich für einen chilenischen Ehemann –

101

tatkräftig und wirkungsvoll beim Saubermachen. Manchmal hängte er auch die Wanddekorationen um. Ständig sah man ihn mit Hammer und Nägeln durch das Haus wandern.

Im Sommer aßen wir meistens draußen, im Schatten des Mimosenbaumes. Die Mittagssonne war unerträglich, die schönste Zeit war zu Sonnenuntergang und am Abend, solange der Steinfußboden der Terrasse die Wärme des Tages noch speicherte. Eine meiner Lieblingsbeschäftigungen war es, den Garten zu wässern. Ich plantschte barfuß herum, freute mich am Anblick der gierig das Wasser aufsaugenden, ausgedörrten Pflanzen und genoß den – in einem trockenen Klima so kostbaren – Geruch von feuchter Erde und nassem Laub, gemischt mit dem Duft des Geißblatts. Vielleicht spielte Victor irgendwo Gitarre, und ich konnte seine Gestalt im Halbdunkel des Hauses erspähen. Danach saßen wir im Garten, beobachteten die Sterne am dunklen, durchscheinenden Himmel über den Berggipfeln oder schaukelten unter den Bäumen in einer Hängematte, die ich aus Brasilien mitgebracht hatte. Wir hatten viel Zeit, miteinander zu sprechen.

Vor diesem glücklichen Hintergrund war es einfach wundervoll zu entdecken, daß ich schwanger war. Wie verschieden von meiner ersten Erfahrung war es, ein Baby gemeinsam mit einem Ehemann und einer Familie zu erwarten. Ich glaube, ich stieg damals einfach aus, ignorierte alle Probleme um mich herum und genoß es, wie ein Ballon anzuschwellen und trotzdem geliebt zu werden. Manuela, inzwischen ein kleines Mädchen von viereinhalb Jahren, war so beeindruckt von Victors Aufregung und Begeisterung am Tag von Amandas Geburt, da sie sich später immer daran erinnerte, wie er ihr die Nachricht überbrachte. Victors Liebe zu Manuela schien nach der Geburt seiner eigenen Tochter sogar noch zu wachsen. Unsere Familie schien gut zusammenzupassen.

Victor hatte Manuela schon in dem Augenblick »adoptiert«, als er Patricio ins Krankenhaus begleitete und sie zum erstenmal sah, aber als sie zu einem lebhaften, sensiblen Kind heranwuchs, kamen sie einander noch näher. Wenn er später bei Interviews nach seiner Familie gefragt wurde, war er immer versucht zu sagen, er habe zwei Töchter. Er konnte Manuela nicht anders behandeln als sein eigenes Kind. Als man ihm die Frage zum ersten Mal stellte, war er überrumpelt, aber später versuchte er, das Thema zu vermeiden, um Patricio nicht zu verletzen.

Für Manuela war es ganz selbstverständlich, zwei Väter zu haben – so lange, bis sie fünf wurde und ein gleichaltriger Junge sie in sämtliche Details der geschlechtlichen Fortpflanzung einweihte. Ein paar Tage lang behandelte sie Victor sehr förmlich und nannte ihn »*Tio*« (Onkel) statt »*Papi*«. Als uns der Grund ihres Verhaltens klar wurde, versicherten wir ihr, daß Victor sie liebte, und überzeugten sie davon, daß es völlig in Ordnung war, wenn sie Victor genau wie Amanda »Papi« nannte, obwohl Patricio ihr leiblicher Vater war.

Victor war ein wunderbarer Vater. Er lernte, Windeln zu wechseln und das kleine Hinterteil zu pudern und war sehr geschickt in Tätigkeiten, die einen festen, aber liebevollen Griff erforderten, wie das Desinfizieren aufgeschürfter Knie, das Herausziehen von Splittern oder das Schneiden von Babynägeln. Er war stolz darauf, daß Amanda uns beiden ähnlich sah und liebte sie abgöttisch, obwohl ihre kräftige Stimme uns in den frühen Morgenstunden um den dringend benötigten Schlaf brachte.

Victors Kollegen und andere Leute, die ihn flüchtig von seiner Arbeit im Theater kannten, sahen ihn als Einzelgänger, sympathisch und warmherzig, aber gleichzeitig durchaus zurückhaltend, als verfüge er über eine innere Welt, ein inneres Glück, das er nicht mit größeren Menschengruppen teilen wollte.

Ich zweifle nicht daran, daß sein Zuhause für Victor, nach den Erfahrungen, die er in seiner Kindheit gemacht hatte, absolut lebensnotwendig war. Er selbst war fähig, so zu lieben, daß ich Raum hatte zu atmen und zu wachsen. Er benutzte mich nie, um sich in mir zu spiegeln, oder unterdrückte mich, damit ich seinem Ideal von mir ähnlicher würde. Aber je länger wir zusammen waren, desto mehr stärkte sein Glück sein Verantwortungsgefühl und trieb ihn dazu, sich noch intensiver für die Dinge einzusetzen, die ihm wichtig waren. Ich glaubte, er hoffte genau wie ich, daß wir eines Tages mehr Zeit füreinander haben würden. Oft sagte er zu mir: »Weißt du überhaupt, was wir für ein Glück haben, einander so sehr zu lieben?«

4

Lieder und Theater

Nach seiner Rückkehr von der langen Europatournee mit Cuncumén arbeitete Victor neun Jahre lang als Mitglied des offiziellen Regieteams von ITUCH, dem Theaterinstitut der Universität von Chile, und selbst das Establishment schätzte ihn als einen der kreativsten und erfolgreichsten jungen Theaterregisseure des Jahrzehnts.

Seine Produktionen reichten von Brechts Lehrstücken bis zu zeitgenössischen britischen und amerikanischen Dramen, aber auch, und das war ihm außerordentlich wichtig, neuen Arbeiten chilenischer Dramatiker. Er erhielt Preise und Einladungen, und nicht nur die chilenischen Kritiker lobten ihn, sondern auch solche aus anderen Ländern Lateinamerikas und sogar aus den Vereinigten Staaten. Er nahm an internationalen Theaterfestivals teil und wurde vom British Council eingeladen, das britische Theater kennenzulernen; er inszenierte sowohl seine eigenen Produktionen als auch die anderer fürs Fernsehen; er wurde als Lehrer an die Schauspielschule der Universität berufen und von den meisten seiner Schüler und Kollegen respektiert, obwohl manche ihn um seinen raschen Erfolg beneideten.

Dies alles begann wenige Tage nach seiner Rückkehr. Ihm blieben nur zwei Monate – der Rest des Studienjahres –, um sich auf seine Abschlußprüfung als Regisseur vorzubereiten. Er wußte sofort, welches Stück er zu diesem Zweck einstudieren würde. Alejandro hatte ihm ein Schauspiel namens

Ánimas de Día Claro geschenkt, das er gerade fertiggestellt hatte, wobei ihm Bélgica als Hauptdarstellerin vorschwebte. Gleich beim ersten Durchlesen verliebte sich Victor in das Stück. Es enthielt so viele Elemente, die ihn faszinierten und ihm die Chance gaben, etwas zu tun, was er sich immer gewünscht hatte: im Theater den Geist der chilenischen Folklore im weitesten Sinne wieder zum Leben zu erwecken.

Durch einen seltsamen Zufall war der Schauplatz von *Ánimas de Día Claro* in Talagante angesiedelt, nicht weit entfernt von Lonquen. Dem Stück lag der Glauben der Kleinbauern an die Magie als Teil ihres Alltags und der weitverbreitete Aberglaube zugrunde, die Geister der Toten ließen sich durch einen unerfüllten Wunsch an die Erde binden. Es spielte in jener von der Macht des Übernatürlichen durchdrungenen Atmosphäre, die Victor als Kind solche Angst eingejagt hatte. Er stellte fest, daß er Volksmusik, Volkstanz und die Sitten und Bräuche der Bauern einsetzen konnte, um eine teils poetische, teils komische Wirkung zu erzeugen, die sowohl eine authentische als auch eine magische, traumartige Qualität besäße.

Alejandro interessierte sich als typischer Vertreter der intellektuellen Mittelschicht sehr für Folklore, und seine Freundschaft mit Victor hatte dieses Interesse noch verstärkt. Er vertraute auf Victors Gespür für Authentizität, das auf dessen eigenen Erfahrungen beruhte. Außerdem lernte er von ihm, diesen traditionellen Ausdrucksformen mit Respekt und Liebe zu begegnen. Beide wollten um jeden Preis die vulgären und überheblichen Karikaturen vermeiden, derer sich andere Theaterleute bedienten: das typische nasebohrende Landmädchen, der typische Kleinbauer, der nicht nur einfach, sondern schlicht dumm ist.

Die Geister von fünf Schwestern besetzen ein abgelegenes, verfallenes Haus, bis ein junger Bauer auftritt, der sie wie gewöhnliche Menschen behandelt und eine Kette von Ereignissen auslöst, die am Ende jeden einzelnen Wunsch erfüllt. Victor schrieb im Programmheft: »Es ist eine einfache Geschichte über die Liebe, echte Liebe, die unerwartet aus den Tiefen des Lebens entspringt und alles verwandelt; so einfach wie eine Gitarre, eine Straße, eine Pappel, eine Blume. Es ist die Geschichte von Menschen, die ihren Humor nie verlieren, auch nicht in den tragischsten Situationen.«

Die Proben mußten sofort mit vollem Einsatz beginnen. Victor arbeitete hauptsächlich mit derselben Methode, die er schon in *Parecido a la Felicidad* benutzt hatte: Er inspirierte und ermutigte die Schauspieler, ihrer eigenen Kreativität freien Lauf zu lassen. Er gab ihnen zahllose Anregungen, die seiner genauen Kenntnis des Landlebens entsprangen und nahm sie mit auf Forschungsreisen nach Talagante, wo sie mit den Frauen aus der Gegend sprechen konnten, besonders mit denen, die die traditionellen bemalten Tonfiguren herstellten. Alle waren zutiefst motiviert und hatten zugleich eine Menge Spaß dabei, diese seltsame, einfühlsame und geistreiche Verflechtung von Realität und Übernatürlichem auf der Bühne entstehen zu lassen. Victor selbst komponierte, arrangierte und zeichnete die Musik mit einigen Musikern von Cuncumén auf.

Das Abschlußexamen fand schließlich im Dezember 1961 im Teatro Camilo Henríquez statt, und obwohl es Hochsommer und Ferienzeit war, verursachte es einigen Wirbel. Eine große Menschenmenge, Kritiker eingeschlossen, sah zu, und das allgemeine Urteil lautete, diese Produktion sei zu gut für eine einmalige Aufführung und sollte in den nächsten offiziellen Spielplan des ITUCH aufgenommen werden.

Ich teilte Victors Freude über den Erfolg der Produktion, und die Truppe, die mit so großem Einsatz gearbeitet hatte, veranstaltete ein großes Fest. Dieses Resultat bestärkte mich in dem Glauben, daß Victor wirklich außergewöhnlich viel Talent und Sensibilität besaß. Das jahrelange Studium schien sich trotz aller Schwierigkeiten und des »Handicaps« seiner Herkunft gelohnt zu haben. Er hatte die höchsten Ehren empfangen, die in seiner Position möglich waren, und man hatte ihm, obwohl das in dem ganzen Trubel fast unterging, eine feste Anstellung als Regisseur am Theaterinstitut der Universität angeboten. Das bedeutete nicht nur ein festes monatliches Einkommen, sondern auch die Möglichkeit, regelmäßig mit professionellen Schauspielern zu arbeiten. In der folgenden Saison sollte er dort *Ánimas de Día Claro* aufführen.

In diesen ersten Jahren war Victor die berufliche Verbindung zu Alejandro und Bélgica sehr wichtig, aber sie waren auch eng miteinander befreundet. Wir verbrachten viele Abende in der Wohnung der Sieveking, diskutierten über Theater oder tauschten den neuesten Klatsch aus. Victor bewunderte Alejandro als Theaterschriftsteller, und Alejandro seinerseits fand, daß niemand seine Arbeiten so gut verstand und umsetzen konnte wie Victor. Mit anderen, altmodischeren oder zu Stereotypen neigenden Regisseuren hatte er schlechte Erfahrungen gemacht.

Ánimas hatte solchen Erfolg, daß es im Repertoire des ITUCH bald zu den Klassikern zählte. Es wurde immer wieder auf den Spielplan gesetzt, auch für Tourneen, fürs Fernsehen oder internationale Festivals, was für die Programmplanung des Instituts ungewöhnlich war. Es war beim Publikum sehr beliebt, und viele Leute besuchten das Stück sogar mehrmals, erstens, weil es eine neue Auffassung vertrat, und zweitens, weil es sehr chilenisch war. Selbst der Theaterkritiker von *El Mercurio*, der Zeitung des »Establishments«, ließ sich zu einem Lob hinreißen:

> Das ITUCH hat hier ein ungewöhnliches Stück entdeckt, und Victor Jara beweist sein hohes Einfühlungsvermögen in den Stoff mit einer zugleich fröhlichen, spontanen und entspannten Produktion. Man hat den Eindruck, daß er den Schauspielern völlige Freiheit gelassen hat, die eine absolute Identifikation der Darsteller mit ihren Rollen erlaubt. Die Truppe hat bemerkenswert viel Spaß an ihrer eigenen Arbeit, und dieser Spaß überträgt sich auch auf das Publikum. Es wird viel gelacht.

Natürlich hatte Victor den Schauspielern nicht »völlige Freiheit« gelassen. Er wußte genau, was er wollte. Aber es gehörte zu seiner Methode, ihnen das Gefühl zu geben, daß sie ihre Entdeckungen allein machten, und er war ein hervorragender Pädagoge.

Eine dieser Wiederaufnahmen fand 1964 auf dem Internationalen Theaterfestival in Atlantida (Uruguay) statt.

Für Victor war das ein wichtiges Ereignis, denn dort hatte er zum ersten Mal Gelegenheit, Arbeiten anderer lateinamerikanischer Regisseure zu sehen: Leute wie Enrique Buenaventura aus Kolumbien, Augusto Boal vom Teatro Arena aus São Paulo und Atahualpa del Cioppo vom berühmten Teatro El Galpón aus Montevideo.

Seltsamerweise traf Victor auf seinem Besuch in Uruguay zum ersten Mal mit Salvador Allende und dessen Frau Horentsia Bussi zusammen, die sich beide für Theater interessierten und die man darum zum ersten Abend der Vorstellungen des chilenischen Theaters eingeladen hatte. Auf dem anschließenden Empfang erwähnte Allende Victor in seiner Rede als begabten Vertreter einer neuen Generation von Regisseuren.

War Allendes Lob Victor bereits wichtig, so war es das Lob Atahualpas, des vielleicht bekanntesten und angesehensten lateinamerikanischen Regisseurs, noch mehr. Atahualpa war schon über 60 Jahre alt, groß, schlank, weißhaarig, hakennasig und mit einer Ausstrahlung, die es unmöglich machte, ihn nicht zu mögen. Er war bereits von *Parecido a la Felicidad*, das er in Buenos Aires gesehen hatte, beeindruckt gewesen. Über Victors Regie bei *Ánimas de Día Claro* schrieb er: »...er zeigte sich nicht länger als vielversprechendes junges Talent, sondern als echter Regisseur, reif und anspruchsvoll, in der Lage, Realität und Poesie miteinander zu verschmelzen.«

Langsam brach die kulturelle Isolation der einzelnen lateinamerikanischen Länder auf. Jedoch war es in Chile noch immer einfacher, Aufführungen europäischer und nordamerikanischer Truppen zu Gesicht zu bekommen als das progressive brasilianische Theater oder die Arbeit von El Galpón, aber 1963 ergriff das ITUCH die Initiative und lud zum ersten Mal einen Regisseur aus einem anderen Teil Lateinamerikas ein, mit dem Ensemble zu arbeiten. Die Wahl fiel auf Atahualpa del Cioppo, dessen Produktion von Brechts *Kaukasischem Kreidekreis* bereits in Montevideo und Buenos Aires Aufsehen erregt hatte.

Vor seinem Besuch in Chile machte Atahualpa zur Bedingung, daß Victor als sein Assistent verpflichtet würde. Er bewunderte Victors Verständnis für das Temperament und Talent jedes einzelnen Mitglieds der Truppe. Für Victor dagegen war dies die einmalige Gelegenheit, mit dem Regisseur zusammenzuarbeiten, den er am meisten bewunderte, und sich außerdem noch mit dem Werk Brechts zu befassen.

In der politischen Situation Chiles war die Entscheidung für ein »marxistisches« Stück, das die bourgeoise Gesellschaft und ihre Wertvorstellungen kritisierte, nicht ohne Brisanz. Seit dem Triumph der kubanischen Revolution hatten die herrschenden Klassen erkannt, daß sie Gefahr liefen, ihre absolute Macht und ihre Privilegien einzubüßen. Auf dem ganzen Kontinent hatten sie sich mit den Multis und der US-Regierung verbündet, um die Ausbreitung marxistischer Ideen zu verhindern. Die sogenannte Allianz für den Fortschritt war eine dieser Initiativen, die von einer Kampagne gegen die Linke in den von der Oligarchie kontrollierten Massenmedien begleitet wurde.

Daher glich die Produktion des *Kaukasischen Kreidekreises* am offiziellen Theater des Landes einem Messerstich in den Rücken der politischen Zensur oder auch einem Durchbruch durch die Mauer der Verbote, je nach Standpunkt. Allende, der bereits als Kandidat der FRAP aufgestellt war – der Vereinigung der Linken anläßlich der bevorstehenden Präsidentenwahlen von 1964 –, nahm bei Atahualpas Ankunft sofort Kontakt zu diesem auf und bot ihm in der angespannten, gespaltenen Atmosphäre, die während der Proben des Stückes herrschte, seine moralische Unterstützung an.

Allende selbst war Zielscheibe einer aufwendigen Kampagne, die die Bevölkerung förmlich einer Gehirnwäsche unterzog. Man behauptete, daß im Falle seiner Wahl chilenische Kinder ihren Eltern gewaltsam weggenommen und nach Kuba geschickt würden, um dort indoktriniert zu werden, während Chile auf der Stelle dem russischen Imperium einverleibt würde. Über Nacht wurde Santiago mit Plakaten zugepflastert, die russische Panzer bei der Eroberung des Präsidentenpalastes zeigten, daneben mitleiderweckende Abbildungen weinender Kinder. Hinter der Kampagne schien so viel Geld zu stecken, daß die Linken überzeugt waren, sie würde vom CIA finanziert. Vielleicht glaubten wir das damals noch nicht so recht. Viele Jahre später war William Colby jedoch gezwungen, vor dem US-Senat zuzugeben, daß der CIA Eduardo Frei drei Millionen Dollar zur Verfügung gestellt hatte, um Allende daran zu hindern, an die Macht zu kommen.

Der Aufruhr, den der *Kaukasische Kreidekreis* verursachte, war so groß, daß die Studentenvereinigung eine Ausstellung und eine öffentliche Diskussion über die Produktion veranstaltete, zu der man Atahualpa, Victor und andere Mitglieder der Truppe einlud. Es war eine äußerst stürmische politische Veranstaltung, und entsprechend aufgeladen war auch die Atmosphäre bei der Premiere. Atahualpa war fest davon überzeugt, daß die eine Hälfte des Publikums verzweifelt auf einen Fehlschlag, die andere auf einen Erfolg hoffte, und zwar beide Parteien aus Gründen, die nichts mit dem Stück selbst zu tun hatten. Nichtsdestotrotz wollte der Schlußapplaus kein Ende nehmen, und wieder waren Salvador Allende und seine Frau unter den Leuten, die sich hinter die Bühne drängten, um dem Ensemble, dem dieser historische Augenblick der chilenischen Theatergeschichte zu verdanken war, zu gratulieren.

In jenem Jahr war es unmöglich, sich aus der Politik herauszuhalten. In eben dieser unschönen Atmosphäre wurde Victor verpflichtet, bei einem Stück, das unverhohlen die Angst der Mittelklasse vor einer Revolution behandelte, Regie zu führen. *Los Invasores* war ein Stück von Egon Wolf, der deutscher Abstammung und eigentlich Ingenieur von Beruf war. Das ITUCH wählte es entsprechend seines Grundsatzes aus, Stücke chilenischer Autoren zur Aufführung zu bringen.

Das Stück selbst war doppeldeutig: der Alptraum einer bourgeoisen Familie, deren Villa von ein paar sehr sympathisch dargestellten Bettlern und Gassenkindern in Beschlag genommen wird. Diese bedrohen den gewohnten Komfort und die Sicherheit der Familie, indem sie einige ungewöhnliche Maßnahmen ergreifen: Sie graben den Garten zu einem Kartoffelfeld um, schmelzen silberne Leuchter ein, um daraus Löffel herzustellen, und verwandeln Museen in Krankenhäuser – ein ziemlich infantiles revolutionäres Programm.

Während der Produktion bahnte sich ein Klassenkonflikt an: Victor hatte vor, so Regie zu führen, daß die Sympathien des Publikums bei den Bettlern lagen, wohingegen Egon die Ängste der Mittelklasse-Bewohner der Villa unterstreichen wollte, mit denen er sich identifizierte. Es kam zum unvermeidlichen Zusammenstoß zwischen Victor und Egon. Victor befürchtete, das Stück könne die Furcht unter den elegant gekleideten Besuchern des Teatro Antonio Varas noch weiter schüren. Egon beschuldigte Victor im stillen, sein Stück ruiniert zu haben. Victor führten diese Diskussionen eines vor Augen: Es war ihm unmöglich, ästhetische Gesichtspunkte von der politischen Situation zu trennen. Er war unfähig, etwas zu tun, was nicht im Einklang mit seiner politischen Überzeugung stand. Vielleicht hätte er die Regie einfach ablehnen sollen.

1965 wurden Victor die zwei wichtigsten Preise als Regisseur des Jahres verliehen: der Caupolicán und der sehr begehrte Kritikerpreis. Ursache dafür war die Aufführung zweier sehr gegensätzlicher Komödien: Die eine war *La Re-*

molienda von Alejandro Sieveking, eher eine robuste Farce und weniger subtil und poetisch als *Ánimas de Día Claro*, die andere Ann Jellicoes *The Knack* (»*La Maña*«); beide führte Victor auf Einladung der unabhängigen Theaterkompanie IC-TUS auf.

Auf einer Reise in den Süden hatten wir im Jahr zuvor Bildmaterial für *La Remolienda* gesammelt. Victor kam beladen mit Fotografien und voller Ideen zurück. Er war entschlossen, sich bei der Darstellung der Kleinbauern nicht der üblichen zum Lachen reizenden, überheblichen Klischees zu bedienen. Hätte ich ihn nicht selbst auf dieser Reise begleitet, hätte ich die Vorstellung absurd gefunden, daß Bauern bei ihrer ersten Begegnung mit einer Glühbirne oder einer befestigten Straße völlig verblüfft sein könnten.

Die Produktion machte allen Beteiligten großen Spaß, und noch während der Proben wurden viele Details eingebaut, die die Schilderung des bäuerlichen Lebens noch authentischer machten. Victor schrieb auch die Musik, brachte den Ensemblemitgliedern die Cueca und andere Volkstänze bei und lehrte sie, den mit Doppeldeutigkeiten und Rätseln durchsetzten speziellen Humor der Bauern zu verstehen.

Trotz seines Erfolgs in der Theaterszene hatte Victor den Kontakt zu seinen Wurzeln nicht verloren. Die Volksmusik war ein unverzichtbarer Teil seines Lebens und die Gitarre seine ständige Begleiterin. In diesen arbeitsreichen Jahren entwickelte er seine Begabung als Komponist und Sänger, die später so wichtig für sein Leben und seine Arbeit werden sollte: die Fähigkeit, über die Musik unmittelbar mit Hunderten, ja Tausenden von Menschen zu kommunizieren, die er durch das Theater niemals erreicht hätte.

Je besser ich Victor kennenlernte, um so bewußter wurde mir, wie grundlegend sein Bedürfnis nach Musik und wie wichtig ihm seine Gitarre war. Ich hätte Grund gehabt, eifersüchtig auf das Instrument zu werden, denn es war für ihn ein echtes

Gegenüber, mit dem er sich austauschte. Er spielte, wenn ihn etwas bedrückte, aber auch, wenn er besonders glücklich war, sowohl wenn er entspannt war als auch wenn er nervös war und Entspannung suchte.

Victor hatte sich nie theoretisch mit Musik befaßt, und er war nicht in der Lage, seine eigenen Lieder niederzuschreiben. Wie die anderen Bauern auch hatte er die Lieder nach dem Gehör gelernt, und seine Spielweise war der Region Ñuble verpflichtet, der Gegend, in der seine Mutter geboren war und in der er mehrere Sommerferien seiner Studentenzeit verbracht hatte. Wenn er komponierte, geschah es intuitiv, allein von seiner eigenen Kreativität geleitet.

Er schien immer zwei oder drei Lieder in sich zu tragen oder, wie er es in einem seiner Briefe geschrieben hat: »Etwas scheint in mir Wurzeln zu schlagen und sucht sich dann einen Weg, ans Licht...« Immer waren seine Taschen voller Zettel, auf die Notizen und Verse gekritzelt waren. Die Ideen flogen ihm zu, während er Bus fuhr oder durch die Straßen lief, beim Mittagessen oder beim Zeitunglesen.

Weil er viel von seiner Intuition ableiten ließ, war es wichtig für ihn, das Resultat vor Publikum auszuprobieren. Ich war da die nächstliegende Person. Sobald er mit einem Lied fertig war, spielte und sang er es mir vor und bat mich um meine Meinung. Ich fungierte als interne Prüfungskommission. So konnte ich sehen, worauf es ihm ankam: Er wollte eine Volksmusik entwickeln, die ihren Charakter nicht verleugnete, sondern eher noch betonte, die ihre Ausdrucksmöglichkeiten erweiterte und die Bedeutung des Textes vervollständigte und unterstrich.

Seine ersten Lieder waren sehr persönlich, fast autobiographisch. Sein neu gefundenes Glück ermöglichte es ihm, einige der Knoten in seinem Inneren zu lösen und seine Gefühle und Gedanken hinsichtlich seiner Mutter, seines Vaters, seiner Armut und der Ängste seiner Kindheit offen auszusprechen. Er schrieb über die Priester, die ihn so eingeschüchtert hatten und die die Leute auf dem Lande mit der Angst vor dem Teufel und der Hölle zu erpressen schienen; er verlieh seinem Glauben Ausdruck, daß die Liebe zwischen den Menschen wichtiger sei als die Religion: »Das einzige, woran ich glaube, ist die Wärme deiner Hand in meiner.«

1962, fast unmittelbar nach seiner Europatournee, leitete Victor die Aufnahmen für ein Volksmusik-Album von Cuncumén. Es hieß *Una Geografía Musical de Chile* und enthielt Lieder aus allen Gegenden des Landes, vom fernen Norden bis zur Insel Chiloé im Süden. Neu an diesem Album war auch, daß Victor zwei seiner eigenen Lieder sang: »Paloma, quiero contarte« und »Canción de minero«.

Cuncumén hatten sich ausschließlich dem Studium und der Aufführung traditioneller Volkslieder und -tänze verschrieben, die sie im ganzen Land sammelten. Wie überall sonst, gab es auch in Chile zwei entgegengesetzte Lehrmeinungen über Folklore. Die einen betrachteten Volksmusik als etwas Statisches, fast wie ein urzeitliches Fossil, das man nur mit anthropologischen Methoden untersuchen und in Museen aufbewahren könne; die anderen, zu denen auch Victor zählte, sahen die Volksmusik als lebendiges, durchaus zeitgenössisches Ausdrucksmittel, das in sich die Fähigkeit zur Entwicklung und Veränderung barg, wenn man die Verbindung zu seinen ursprünglichen Wurzeln nicht zerstörte.

Diese Diskussion dauerte während der ersten Jahre der Sechziger an, führte zu manchen Auseinandersetzungen und manchmal auch zu Verbitterung. Obwohl Victor Cuncumén Ende 1962 verließ, verlor er nie den Kontakt zu der Gruppe und unterstützte sie während der folgenden Jahre bei ihrer Suche nach authentischer Folklore, auch wenn viele Leute diese Bemühungen für altmodisch und unzeitgemäß hielten. Ohne in falschen Dogmatismus zu verfallen, war es Victor wichtig, über die alten Traditionen und die Menschen, die sie schufen, so viel wie möglich zu forschen und zu wissen.

Als sich 1963 Gregorio de la Fuente, der Direktor der Casa

de la Cultura de Ñuñoa, ein Kulturinstitut in einem Vorort Santiagos, mit der Bitte an Victor wandte, eine Schule für Folklore aufzubauen, konnte er diesen Aspekt seiner Arbeit weiterentwickeln. Mit Hilfe von Maruja Espinoza, einem Mitglied von Cuncumén, stellte Victor den Stundenplan zusammen, wobei er selbst die von ihm besonders geliebten Volkstänze lehrte, während Maruja Gitarre unterrichtete. Aus der großen Zahl von begeisterten Studenten bildete sich innerhalb weniger Jahre eine sehr aktive Truppe heraus, die Aufführungen veranstaltete und aus der später mehrere Solisten hervorgingen.

Damals traf man in den Außenbezirken und der ländlichen Umgebung Santiagos noch immer auf zahlreiche Volkssänger. Victor ermutigte die Studenten, an den Wochenenden hinauszuziehen, um die lokalen Volkslieder zu sammeln und zu erlernen, und er schloß sich ihnen selbst an, sobald es seine Zeit erlaubte. Er begleitete auch eine Gruppe von Studenten auf eine Feldforschungsreise in den Norden Chiles, wo wieder ganz andere Musik und Tänze gepflegt wurden.

Wahrscheinlich waren Victors Methoden ziemlich unwissenschaftlich. Er verlangte nicht von den Studenten, vorgedruckte Fragebögen zu benutzen, wie es viele der akademischen Forscher taten, die deshalb oft mit Unverständnis und Ablehnung zu kämpfen hatten. Im Gegensatz dazu versuchte er, den Respekt und die Freundschaft der Landbevölkerung zu gewinnen. Ausgerüstet mit einer Flasche Wein und einer Gitarre verwandelte er die Befragung in einen echten Erfahrungsaustausch. Dabei war diese Arbeit ungeheuer wichtig. In zunehmendem Maße überschwemmten die Produkte der globalen Musikindustrie und der internationalen Plattengesellschaften Lateinamerika, das als zweitklassiger Markt galt, auf dem man die Abfallprodukte der internationalen Plattenindustrie abladen konnte.

Chile war in die Ära der Diskjockeys eingetreten. Um »es zu schaffen«, mußten chilenische Sänger ihre Namen amerikanisieren: aus Patricio Henriquez wurde »Pat Henry«, aus Los Hermanos Carrasco »The Carr Twins« und so weiter. Popstars aus den Vereinigten Staaten trafen, unterstützt von ihren Plattengesellschaften, in Chile ein, und wenn sie blond und gutaussehend waren, hatten sie garantiert Erfolg. Die meisten Radiosender, von den großen Gesellschaften bis hin zu den kleinen Provinzstationen, waren im Besitz kommerzieller Aktiengesellschaften oder reicher Landbesitzer. Nur eine Handvoll von ihnen war offen für den Einfluß der Arbeiterbewegung oder linksgerichteter politischer Parteien. Das bedeutete, daß nichts, was dem Establishment mißfiel, Zugang zu den Massenmedien fand.

Im Nachbarland Argentinien hatte Präsident Perón allerdings ein Gesetz erlassen, das den Radiostationen vorschrieb, mindestens 50 Prozent der Sendezeit mit Musik argentinischer Komponisten oder Volksmusik zu füllen. Das wirkte sich enorm stimulierend auf eine Musikbewegung aus, die auf volkstümliche Musik und typischen Tanzrhythmen basierte und zur Gründung zahlreicher Gruppen wie Los Fronterizos und Los Chalchaleros führte, die eine ganze Bandbreite von authentischer Folklore bis hin zu kommerziellem Pop abdeckten, aber alles deutlich argentinisch geprägt.

Diese Welle argentinischer Musik erreichte auch Chile und stellte fast die ganze Alternative zur importierten, auf englisch gesungenen Popmusik dar. Manches davon war kommerziell und banal, aber immerhin stammte es aus Lateinamerika selbst. Es fiel auf fruchtbaren Boden, nicht zuletzt, weil es in das Programm der Christdemokraten paßte: kostümierte Folklore, ohne den Anflug von Armut und Revolution, Volksmusik für die behäbige Mittelklasse.

In Chile bildeten sich zahlreiche Gruppen, die diesen Stil imitierten. Die berühmteste und erfolgreichste waren Los Cuatro Cuartos, vier aalglatte junge Männer im Abendanzug, und ihr weibliches Äquivalent Las Cuatro Brujas, aufreizende, mit Juwelen behängte Frauen mit rotlackierten Fingernägeln, die Lieder patriotischen oder sentimentalen Inhalts vortrugen, mit überladener Streicheruntermalung und jeder Menge »Boop-a-Doop-a-Doop«. Gegen diese groteske Travestie hatten die echten Lieder aus dem Volk, *Folk*-Songs, kaum eine Chance.

Dennoch lernten immer mehr Leute diese unverfälschte Musik zu schätzen. Sie wurde zum festen Bestandteil linker Demonstrationen, und man hörte sie auf Versammlungen während der Wahlkampagne Allendes. Auf diesem nicht-kommerziellen Sektor gab es eine Menge zu tun. Angel Parra war extra aus Europa nach Chile zurückgekehrt, um an der Präsidentschaftskampagne von 1964 teilzunehmen. Zu diesem Anlaß erneuerten Victor und Angel ihre Freundschaft und riefen eine Zusammenarbeit mit Sängern wie Rolando Alarcón, Patricio Manns, Héctor Pávez und anderen ins Leben, die ebenfalls für Allende warben.

In Europa hatten Angel und Isabel sich ihren Lebensunterhalt gemeinsam mit Violeta als chilenische Folk-Sänger verdient, aber als sie in ihr eigenes Land zurückkehrten, mußten sie feststellen, daß man sie nicht akzeptierte, weil sie fürs Radio und für Auftritte in Restaurants und Nachtclubs, damals die einzigen Orte, an denen Berufsmusiker auftraten, zu »authentisch« waren. Angel sah sich gezwungen, einen Anzug zu kaufen, Isabel ein Abendkleid. Sie traten in einer Sendung, die von einem bekannten Magensalz-Hersteller gesponsert wurde und den unmöglichen Namen *Show Efervescente Yasta* trug, zwischen zwei kommerziellen Liedchen auf. Das Seltsamste daran war, daß sie überhaupt dort auftraten, denn im Gegensatz zu ihrer Kleidung machten sie bei ihrem musikalischen Repertoire keine Konzessionen.

1965, nach der Euphorie und der fieberhaften Aktivität der Präsidentenwahlen, waren Allendes Anhänger ziemlich niedergeschlagen. Nun schien der richtige Zeitpunkt gekommen, die neuen Kontakte, die während der Wahlkampagne unter den Künstlern geschlossen worden waren, auszunutzen, um eine Alternative zu den etabilierten Massenmedien, die inzwischen vor allem von den siegreichen Christdemokraten beherrscht wurden, zu schaffen.

Genau in jenen Tagen eröffnete Angel zusammen mit seiner Schwester Isabel die *Peña de los Parra* in der Carmen 340 – ein altes Haus in einer ziemlich heruntergekommenen Straße, nur ein paar Querstraßen vom Stadtzentrum entfernt. Selbst Angel hatte die wichtige Rolle, die es einst in der Liederbewegung spielen sollte, nicht vorausgesehen, aber es zeigte sich bald, daß dieser Ort ein wichtiges Bedürfnis befriedigte. Angels Idee war simpel: Er wollte eine zwanglose Atmosphäre schaffen, ohne die übliche Zensur und die Fallstricke des Kommerzes, in der sich die Folksänger in Alltagskleidung treffen konnten, um zu singen und Lieder und Ideen auszutauschen – eine Art Künstlerkooperative, wo die Leute einfaches Essen bekommen und chilenische und lateinamerikanische Folkmusik hören.

Auch Victor und ich wurden eingeladen, und eines Abends erschienen wir in der Carmen 340, kurz nachdem die Peña eröffnet worden war. Der Eingang war dunkel und wenig einladend. Wenn man nicht Bescheid wußte, hielt man das Gebäude für ein schäbiges Privathaus. Ein dunkler Flur führte in ein paar kleine Räume voller niedriger Holzbänke und wackliger Tische. Es schien nichts los zu sein. Wir hatten den Fehler begangen, zur offiziellen Öffnungszeit um zehn Uhr zu erscheinen.

Aber ganz hinten, in der Küche, trafen wir auf einen Haufen Leute, die damit beschäftigt waren, Empanadas zu backen und Wein in Gläser zu schenken. Die Oberaufsicht führte Angels Frau Marta, eine große, atemberaubend gutaussehende Person, unterstützt von Frida, einer Freundin von mir. Ich fühlte mich sofort zu Hause und ging ihnen zur Hand. Wenig später trafen weitere Freunde und auch fremdes Publikum ein, und gegen elf Uhr waren die Räume brechend voll. Ich sah viele bekannte Gesichter: Schriftsteller, Intellektuelle, andere Sänger, Leute aus der Universität, Politiker – sogar ein paar Christdemokraten aus dem progressiveren Lager der Partei –, außerdem eine Menge junger Leute, hauptsächlich Studenten. Obwohl das Haus erst vor ein paar Wochen eröffnet worden war, zog es offensichtlich bereits eine große Zahl regelmäßiger Besucher an.

In der stickigen, verräucherten Luft auf eine der unbequemen Holzbänke gequetscht, mußte man schon echten Enthusiasmus besitzen, um die drei oder vier Stunden Musik durchzuhalten. Die Vortragenden saßen auf einem kleinen Holzpodest im Durchgang zwischen zwei Zimmern, den man mittels eines Wanddurchbruchs geschaffen hatte. Die Beleuchtung bestand aus einem kleinen Scheinwerfer. Die Wirkung war durchaus eindrucksvoll, und trotz der zwanglosen Atmosphäre und des Weines spürte man beim Publikum Konzentration und Respekt.

Das feste Team der Peña bestand damals aus Angel und Isabel, Rolando Alarcón, dem ehemaligen musikalischen Lehrer von Cuncumén, der sich vor einiger Zeit in der Folkszene einen eigenen Namen als Komponist gemacht hatte, und Patricio Manns, einem romantisch aussehenden jungen Mann deutscher Abstammung aus dem Süden Chiles, der sowohl Dichter und Schriftsteller als auch Komponist war. Erst kürzlich hatte es ein sehr schönes Lied aus seiner Feder, »Arriba en la cordillea«, in die Charts »geschafft«, so daß er als eine der Attraktionen der Peña galt.

Als ich dort neben Victor saß, waren wir uns darüber einig, daß für uns beide die größte Überraschung des Abends Isabel war. Wir kannten sie schon lange; ich nur flüchtig, denn sie hatte kurze Zeit an der Tanzschule studiert, aber Victor war vor ihrer Europareise eng mit ihr befreundet gewesen. Er wußte, daß sie immer unsicher gewesen war, ob sie genug Talent besaß, und sie war Victor für seine Ermutigung, weiterhin zu singen und auch solo aufzutreten, dankbar gewesen. Vielleicht litt sie unter dem Etikett »Violetas Tochter«, und sie mußte hart darum kämpfen, ihren eigenen Weg zu finden. Aber hier in der Peña beherrschte sie trotz ihrer kleinen Statur das Publikum durch ihre Ausstrahlung und ihre kräftige, leidenschaftliche Stimme.

Angel war ein meisterhafter Gitarrist. Wenn er sang, verschmolz er förmlich mit seinem Instrument, und seine tiefe, ziemlich rauhe Stimme schien mit ihrer eigenen Kraft zu ringen. Er selbst wirkte zu klein und zierlich für derartige Gefühlsausbrüche. Aber wenn Bruder und Schwester im Duett sangen, strahlten sie pure Leidenschaft aus, ihre Stimmen verschmolzen in absolutem Einklang und ergänzten sich gegenseitig ungewöhnlich harmonisch.

Aufgrund der Erfahrungen auf ihren Reisen und der Freundschaften, die sie in anderen Ländern geschlossen hatten, begannen Isabel und Angel, ihr Publikum mit den Liedern anderer lateinamerikanischer Länder vertraut zu machen – den traditionellen Liedern Venezuelas, den politischen Liedern Daniel Vigliettis aus Uruguay, den frühen Liedern von Atahualpa Yupanki. Auch in einem anderen Sinne war die Musik der Peña neu, denn die Parras hatten viele lateinamerikanische Instrumente mitgebracht, mit denen sie die Begleitung ihrer Lieder bereicherten: die *cuatro* aus Venezuela, die *tiple* aus Kolumbien, *quenas, charangos, zampoñas* und *bombos* aus dem Norden Chiles, die in Santiago nahezu unbekannt waren, weil sie ursprünglich aus der Kultur der *altiplano* stammten.

An jenem Abend fungierte Angel als Gastgeber, und plötzlich, in einer Pause, gab er dem Publikum die Anwesenheit »meines Freundes, des bekannten Theaterregisseurs Victor Jara«, bekannt. Er warf Victor seine Gitarre zu und forderte ihn auf zu singen. Diese erste Session war ein Meilenstein in Victors Leben. Er brachte eine Mischung aus eigenen Liedern und wenig bekannten Volksliedern, die er selbst gesammelt hatte, zu Gehör und wurde mit elektrisierter Stille und nachfolgend donnerndem Applaus belohnt. Die nächsten fünf Jahre gehörte er zum festen Inventar der Peña.

Victor hatte Angels Herausforderung akzeptiert, obwohl er wußte, daß derartige Auftritte kaum mit seiner Theaterarbeit zu vereinbaren waren. Es würde sehr anstrengend sein, dreimal in der Woche erst um drei oder vier Uhr morgens ins Bett zu kommen, aber das war ihm die Sache wert. Er fühlte, daß er ein Forum gefunden hatte, das ihn zum Komponieren anregen würde, ein kritisches und einfühlsames Publikum, das wirklich zuhörte, und einen Ort, an dem er seine Gedanken offen aussprechen und mit anderen, die ebenfalls Lieder schreiben wollten und etwas ausdrücken, aussagen sollten, Ideen austauschen konnte. Er wußte, daß er sowohl etwas zu geben als auch noch viel zu lernen hatte.

Der kommerzielle Boom der Folklore hatte inzwischen seinen Höhepunkt erreicht. Im darauffolgenden Jahr war ihr Stern schon wieder im Niedergehen begriffen. Der Sprecher der äußerst erfolgreichen Gruppe Los Paulos erklärte in einem Interview, da der Boom nun einmal vorüber sei, werde seine Gruppe sich einem internationalen Stil zuwenden; der Leiter von Los Cuatros gab das noch befremdlichere Statement ab, um überhaupt zu überleben, müsse die Folklore »international« werden. Victor, Angel und Patricio waren sich einig, daß der Niedergang des kommerziellen Booms die echte Folklore nicht im geringsten betreffe, denn es sei nicht das Ziel der mit ihr befaßten Künstler, in die Hitparaden zu kommen. Es begann eine Ära der musikalischen Spaltung.

Eines der besten Resultate seiner Auftritte in der Peña war, daß Victor seine erste Single aufnehmen konnte: Auf der einen Seite befand sich ein mitreißendes traditionelles Lied aus dem Norden Argentiniens, »La cocinerita«, und auf der anderen »El cigarrito« mit Musik von Victor, das auf Versen beruhte, die er auf seiner ersten Feldforschungsexpedition einem Volksdichter abgelauscht hatte. Für Victor war es ein seltsames Gefühl, plötzlich einen »Hit« gelandet zu haben, den sämtliche Radiostationen spielten. Er wurde mit einem Schlag über die Grenzen der Peña hinaus bekannt, und wir mußten sogar ein großes Showbusiness-Festival in Viña del Mar besuchen, auf dem Victor einen Preis für eine der beliebtesten Platten des Jahres erhielt.

Dieser Platte folgte in raschem Abstand die nächste, mit »Paloma, quiero contarte« auf der einen und einem von Victors humoristischen Folksongs auf der anderen Seite. Letzterer machte sich über die Leidenschaft von »La beata« – einer übermäßig frommen Dame – für einen Priester, dem sie ihre Sünden beichtet, lustig und war mit typisch chilenischen Doppeldeutigkeiten gewürzt. Die Art des Humors ähnelte der Chaucers. Victor hatte das Lied schon monatelang in der Peña gesungen, und das Publikum hatte es als humoristische Einlage gewürdigt, aber jetzt spielte irgendein mißgünstig gesonnener Zeitgenosse das Lied zu einer Stunde im Radio, zu der alle staatlichen Sendestationen landesweit zusammengeschaltet waren.

Das verursachte böses Blut. Plötzlich fand sich Victor im Mittelpunkt eines Skandals wieder. Viele Sender boykottierten das Lied. Dann verlangte das Informationsbüro des Präsidenten, die Platte aus den Läden zu nehmen und das Masterband zu vernichten. Vater Espinoza, Haupt des Franziskanerordens, gab vor der Presse folgende Erklärung ab: »Ich wünsche dieses Lied weder zu hören noch seinen Text zu lesen, aber ich weiß, wovon es handelt. Seine Zensur ist absolut korrekt, denn es ist skandalös. Ich wiederhole die Worte Christi: ›Weh dem, der Zwietracht sät – er wäre besser nie geboren worden.‹«

Victor war über diese Reaktion zugleich amüsiert und verärgert. Natürlich wurde auch er eingehend interviewt und sagte dazu: »Ich hatte keine Ahnung, daß ein absolut authentisches altes Volkslied, das ich selbst aus der Gegend von Concepción mitgebracht habe, eine derartige Reaktion auslösen würde. Die Leute, die einen ironischen und geistreichen Folksong wie diesen als unverschämt und pietätlos verurteilen, verleugnen die Kreativität des einfachen Volkes, auf der unsere gesamte Tradition beruht. Was halten die Kritiker von »La beata« denn von den Liedern Carl Orffs, der Elemente mittelalterlicher Krippenspiele in seiner *Carmina Burana* verwendete? Diese Leute predigen eine unzeitgemäße Moral, die nicht mehr in unser Jahrhundert paßt. Die Kirche selbst entwickelt sich weiter. Auf der ganzen Welt kombiniert die Folklore religiöse mit weltlichen Themen, denn das entspricht der menschlichen Natur. Es ist nicht meine Aufgabe, dieses Material zu entstellen, insbesondere nicht, wenn es wissenschaftlich studiert wird.«

Ohne es zu wollen, hatte der arme Victor die eisernen, prüden Moralvorstellungen des Establishments verletzt. Unser Haus wurde mit Telefonanrufen von Leuten, die Victor beleidigten, und von anderen, die ihn unterstützten, förmlich bombardiert. Natürlich war die Peña überfüllt, weil jeder »La beata« hören wollte. Nur ein einziger Diskjockey schloß sich dem Boykott nicht an, und zwar Ricardo Garcia, vielleicht der bekannteste Vertreter dieser Zunft, der ein paar Jahre zuvor ein ähnliches Lied von Violeta Parra, »El sacristán«, in sein Programm aufgenommen hatte.

Während dieser ersten gemeinsamen Jahre hätte ich leicht in Versuchung geraten können, mich in unserem idyllischen Zuhause einzuigeln und jeden Kontakt zur Außenwelt zu verlieren. Aber dem war nicht so. Im Gegenteil, ich erweiterte meinen Horizont und gewann einen tieferen Einblick in das Leben und den Charakter des chilenischen Volkes, sowohl in der Stadt als auch auf dem Land, als in all den Jahren zuvor.

Nach dem Tod seiner Schwester María hatte Victor außer einer gelegentlichen kurzen Begegnung mit Coca oder einem Besuch bei entfernten Verwandten, Kleinbauern in El Monte, praktisch keinen Kontakt mehr zu seiner Familie. Aber wir pflegten den Kontakt mit vielen seiner Freunde aus Población Nogales und dem Barrio Pila. Als auch sie nach und nach heirateten und Kinder bekamen, waren wir zu Gast auf ihren

Hochzeiten und wurden Paten ihrer Kinder – mehr im Sinne einer gefühlsmäßigen als einer religiösen Beziehung. Aber ihre existentiellen Probleme, wie Arbeitslosigkeit oder miserable Löhne, kaum genug, um davon zu leben, Krankheit oder Obdachlosigkeit, erinnerten uns, falls das überhaupt erforderlich war, ständig daran, wie bitter nötig es war, die Struktur und die Maßstäbe der chilenischen Gesellschaft zu verändern.

Diese ständige Konfrontation mit der Armut, die ihn auf sehr direkte und persönliche Weise betraf, regte Victor zu mehreren thematisch miteinander verwandten Liedern an: die furchtbaren Auswirkungen der Armut auf menschliche Beziehungen, die Macht der Armut, sogar die grundlegende Liebe der Eltern zu ihren Kindern zu zerstören, und die Notwendigkeit, jetzt und für immer »dieses dunkle und bittere Meer« trockenzulegen. Vielleicht hatte Victors erstes Kinderlied »Canción de cuna para un niño vago« etwas mit seinen Gefühlen als werdendem Vater zu tun, denn es war ein Schlaflied. Aber es war nicht für seine eigene Tochter bestimmt...

Auf seinem Weg von den Bergen hin zum Meer fließt der Mapocho durch Santiago. Als schmutziger Wasserlauf voller Abfälle windet er sich durch ein breites, steiniges Bett. Wenn im Frühling der Schnee schmilzt, schwillt er zu einem schlammigen, reißenden Strom an, aber während der langen, trockenen Sommermonate verkümmert er zu einem Rinnsal. Dann schlugen ganze Banden von vielleicht 6 bis 14 Jahre alten Kindern mit den Gesichtern alter Männer und Frauen ihr Lager unter den Brücken auf, vor allem in der Nähe des Zentralmarktes, wo die Obst- und Gemüsehändler verdorbene Waren über die Uferböschung warfen. Nachts suchten sie Wärme bei einem Rudel von Straßenkötern, das ihnen Gesellschaft leistete.

Der Mond schwimmt im Wasser
durch die Stadt,
und unter der Brücke
träumt ein Kind vom Fliegen

Eingesperrt von der Stadt,
wie in einem metallenen Käfig,
... das Kind wird alt,
hat nie erfahren, wie man spielt.

Wie viele streunen wie du,
heimatlos durch die Nacht?
Wer Geld hat, dem fällt es leicht,
Liebe zu zeigen,
doch bitter sind die Tage
an denen es keine gibt
»Canción de cuna para un niño vago«

Die Mehrzahl von Victors Freunden in der Población unterstützte instinktiv die kommunistischen oder sozialistischen Parteien und stimmte für Allende, aber in den frühen Sechzigern waren nur wenige von ihnen politisch aktiv. Soweit ich es beurteilen kann, nahm der durchschnittliche Bewohner der Barackensiedlungen sein Elend passiv als gegeben hin. Wer aktiv war, dem mußte es schon etwas bessergehen, und damals gehörten die Aktivisten meist den Christdemokraten an. Victor führte hitzige Diskussionen mit seinem Freund David, den er noch aus seiner Zeit bei der Acción Católica kannte. David war mittlerweile ein Anhänger von Eduardo Frei und warb bei der Präsidentenwahl von 1964 für ihn. Er war davon überzeugt, daß eine christdemokratische Regierung fundamentale Verbesserungen mit sich bringen würde, die allen Bürgern bessere Chancen einräumten.

Auch viele Frauen glaubten, die Christdemokraten würden ihre Lebensbedingungen verbessern, weil sie »gute« Menschen seien. Damals zogen christdemokratische Aktivisten durch die Poblaciones und gründeten Nachbarschaftsräte und Mütterzentren. Vielleicht hatte ich gewisse Vorurteile, aber mir schien es immer, als brächte man den Frauen hauptsächlich bei, hübsche Lampenschirme und Filztiere anzufertigen, damit sie in sauberen Schürzen Preise entgegennahmen oder der Gattin des Bürgermeisters vorgestellt werden konnten... leere Gesten, wenn man bedachte, daß ihre Kinder gezwungen waren, auf der Straße betteln zu gehen.

Victor konnte sehr wütend werden und sich mit den Frauen seiner Freunde streiten: »Mit Wohltätigkeit ist euch nicht geholfen! Ihr habt ein *Recht* auf eine anständige Behausung, auf einen Arzt in Reichweite, auf eine gute Ausbildung für eure Kinder! Was nützt euch der schönste Lampenschirm, wenn ihr kein Haus habt, um ihn aufzuhängen?«

Nicht nur mein soziales Umfeld in Santiago trug dazu bei, daß ich allmählich andere Ansichten entwickelte. Eine neue Errungenschaft, nämlich die Anschaffung einer *citroneta,* eine Ente, erlaubte uns, als Familie gemeinsam das Umland zu entdecken. Diese Reisen, manchmal Hunderte von Kilometern weit, auf denen wir ganz andere Menschen kennenlernten als auf unseren Ballettourneen und entlegene Städte und Dörfer besuchten, in denen die Zeit seit hundert Jahren stillzustehen schien, vermittelten mir das Gefühl, daß ich endlich in Chile Wurzeln schlug.

An den Sonntagen machten wir Ausflüge mit Amanda und Manuela, entweder in die Berge oder in die flache Talebene. Victors Lieder handelten von den Leuten, die wir auf diesen Fahrten trafen, Lieder, die die Arbeit, die Probleme und Hoffnungen der Kleinbauern schilderten.

Mehmals besuchten wir auch Lonquen, das sich seit Victors Weggang kaum verändert hatte. Eine Familie von Kleinbauern, Inquilinos der Familie Ruíz-Tagle, wohnte inzwischen im Haus seiner Kindheit, Schweine und Hühner scharrten auf dem mit Stroh bedeckten Lehmboden der Küche. Victor nahm uns mit auf den Hügel, zeigte uns den Fußabdruck des Teufels, und wir besuchten einige alte Bekannte. Einer von ihnen war ein uralter Mann, der vor seiner Holzhütte saß, wo er wie eh und je die Peitschen mit Lederriemen und die Lassos flocht, für die er im Umkreis von vielen Kilometern berühmt war. Aus dieser Begegnung entstand ein Lied:

> Seine Hände waren so alt,
> und doch so kraftvoll beim Flechten,
> gingen rauh und zugleich zärtlich
> mit der Tierhaut um.
> Wie eine Schlange um den Nußbaum
> wand sich das geflochtene Lasso,
> und in jedem Riemen die Spuren
> seines Lebens und seiner Arbeit.
> Wieviel Zeit spricht aus seinen Händen,
> aus seinem gelassenen Blick?
> Niemand, der sagt: »Es reicht,
> du brauchst nicht mehr zu arbeiten!«
> *»El lazo«*

Wir unternahmen auch längere Reisen in den Süden auf der Chile wie ein Längengrad von Norden nach Süden durchziehenden Lebensader des Landes, der Panamericana. Sie begann als prächtige Schnellstraße, nahm dann aber bald Ähnlichkeit mit einer holprigen Nebenstraße an, voller Schlaglöcher und überraschender Umleitungen. Südlich von Chillán fing eine völlig andere Landschaft an. Statt der typischen schnurgeraden Reihen von Pappeln und Weiden, die die Ufer der Bewässerungskanäle säumten, wuchsen dort Pinien, Eichen und eine andere, üppigere Vegetation. Die Flüsse wurden tiefer und breiter, und sogar der Himmel war anders, durchsetzt von dicken Wolken, die Regenschauer brachten.

Auf einer solchen Reise durchquerten wir das Weizenanbaugebiet von Traigen und fuhren weiter, bis wir Temuco erreichten. Wir verließen die Hauptstraße und bogen nach Osten in Richtung der Kordilleren auf eine steinige Landstraße voller Schlaglöcher ab. Kilometerlang sahen wir keinen Menschen. Wir fuhren durch fruchtbares Weideland und Kornfelder, gelegentlich passierten wir die hohen schmiedeeisernen Gitter eines Latifundio oder fuhren an einem hölzernen Ochsenkarren vorbei, auf dem ein tief in Gedanken versunkener Bauer unbeweglich hinter dem ins Joch gespannten Ochsen saß. Auch daraus entstand eines von Victors Liedern, »El carretero«.

Spätnachmittags erreichten wir Cunco, das Marktzentrum der Gegend. Es bestand aus der typischen Ansammlung von mit abgerundeten älteren Holzbalken verkleideten Hütten, mit winzigen Fenstern und steilen Dächern, um den sintflutartigen Regenfällen des Südens standzuhalten. Viele der Hütten standen auf Stelzen über dem zähen Schlamm, der sich auf den unbefestigten, grasbewachsenen Straßen bildete. Die *pensión* für die Reisenden entpuppte sich als karge Hütte mit drei Räumen und Pfosten vor der Tür, um Pferde daran anzubinden. Das durchgelegene Bett war mit sauberen Laken und alten handgewebten Decken ausgestattet, aber der Fußboden war zentimeterdick mit getrocknetem Schlamm bedeckt, und in der Luft hing ein klammer Geruch. Aber den stärksten Eindruck hinterließ bei mir die absolute Stille. Keine Schritte, kein Verkehr, nur der Geruch nach regenfeuchten Pflanzen und schweigsame Menschen, die deinen Blick zwar erwiderten, dich aber nicht grüßten; Männer und Frauen mit wettergegerbten Gesichtern und schweren Gewändern, deren Schritte vom Schmutz der Straßen verschluckt wurden.

Die Präsidentenwahlen von 1964 standen unmittelbar bevor. Schon unterwegs hatten wir am Straßenrand vereinzelte Plakate für Alessandri oder Frei und noch seltener einen unbeholfenen, handgemalten Zettel für Allende gesehen. Von außen betrachtet machte das eher den Eindruck eines lange unterdrückten Aufbegehrens nach viel zu vielen Jahren des Schweigens als einer organisierten politischen Bauernbewegung. Die Landbesitzer und ihre Anhänger waren offensiver organisiert und sogar bewaffnet, weil sie sich durch Freis Versprechen, eine Landreform durchzuführen, bedroht fühlten. Reiter versammelten sich vor dem Laden in Cunco, Aufseher aus den benachbarten Latifundios, die feindselig dreinblickten und sich gebärdeten, als wären sie die wahren Herrscher dieses Ortes. In diesem entlegenen, verschlafenen Städtchen hätte ein Kleinbauer schon außerordentlich mutig sein müssen, um gegen den Großgrundbesitzer aufzubegehren.

Wir fuhren weiter nach Süden zum Calafquén-See, der den meisten Touristen noch unbekannt war. Dort entschieden wir uns, der Uferstraße nach Coñaripe an der Spitze des Sees zu folgen, da diese Straße im Sommer als gut passierbar galt. Das war sie auch, allerdings wurde sie stellenweise von erstarrten Lavaströmen unterbrochen. Zu unserer Linken erblickten wir den makellosen schneebedeckten Kegel des großen, schlummernden Vulkans Villarica.

Der Weg schien endlos, und es war ein heißer, schwüler Tag. Man hatte das Gefühl, ein Sturm sei im Anzug. Außer uns war kein Mensch auf der Straße, und wir sahen auch keine Anzeichen von Besiedlung, bis wir, gerade als wir einen breiteren Lavastrom überquerten, der große Felsbrocken mitgerissen hatte, ein kleines Holzhaus erblickten. Kinder spielten vor der Tür, eine Frau wusch in einem hölzernen Trog Wäsche, und ein paar Ziegen kletterten auf den schwarzen Felsen herum. Wir hielten an, um uns zu erkundigen, wie weit es noch nach Coñaripe sei, und die Frau brachte uns etwas Wasser. Wir machten ein Foto von der ganzen Familie, die sich vor ihrer Hütte neben der Lava aufstellte. Die meisten Familienmitglieder sahen indianisch aus: dunkelhäutig und schwarzhaarig, bis auf ein barfüßiges Mädchen in einem zerlumpten Kleid, dessen Vater ein deutscher Siedler gewesen sein mußte, denn es war blond und blauäugig. Der Name des Mädchens war Prosperina.

Coñaripe entpuppte sich als winzige Siedlung, von allen Seiten durch den See, die Ausläufer der Vulkane und einen undurchdringlichen Wald eingeschlossen, der die Lebensgrundlage der Bewohner darstellte. Eine primitive Sägemühle zerschnitt die Stämme hundertjähriger Bäume. Die meisten Einwohner waren Mapuche, und viele lebten noch außerhalb des Dorfes in ihren Rucas. Hungrig wie wir waren, trafen wir schließlich am Ende des Dorfes eine Frau, die gerade das Essen für die Arbeiter aus der Sägemühle kochte. Während wir aßen, erzählte sie uns von ihrem Sohn, der in die Stadt gezogen war, um Arbeit zu suchen. Sie hatte seit zwei Jahren nichts mehr von ihm gehört, aber sie war sehr stolz auf ihn und zeigte uns seine Gemälde von Pflanzen und Vögeln, von denen einige auf Holztafeln angefertigt worden waren. Wir unterhielten uns lange mit ihr – beziehungsweise Victor redete, und ich hörte zu –, und als wir schließlich aufbrachen, war es fast schon dunkel. Plötzlich nahm sie eines der Bilder von der Wand und drückte es Victor in die Hand. Es abzulehnen war unmöglich. Wir umarmten sie, bedankten und verabschiedeten uns.

Wir verbrachten die Nacht in Lican Ray, einer kleinen Stadt am anderen Ende des Sees, und planten, am nächsten Tag die Heimreise anzutreten. In der Nacht brach der erwartete Sturm los, und es regnete so stark, wie es nur im Süden regnen kann. Am nächsten Morgen um neun hatte sich der Weg zur Hauptstraße, der sich einen steilen Hügel hinaufwand, in einen Wasserfall verwandelt. Weil wir wußten, daß diese Gegend im Winter völlig von der Außenwelt abgeschnitten und nur noch per Boot zu erreichen war, entschlossen wir uns trotzdem, einen Versuch zur Abfahrt zu unternehmen, bevor es noch schlimmer wurde. Mit Hilfe einiger Dorfbewohner schoben wir die Citroneta im Zickzack den Hügel hinauf. Wir wurden naß bis auf die Haut, und der Regen lief uns in Strömen über das Gesicht. Wir dachten, wir würden es niemals schaffen.

Aber der Entschluß abzufahren war unser Glück, denn nur ein paar Tage später und noch bevor die Straße wieder frei wurde, brach mitten in der Nacht der große Vulkan aus. Eine gewaltige Welle kochendheißer Lava und Felsbrocken wälzte sich über seine Flanke und riß die kleine Stadt Coñaripe mit sich in den See. Man hat nie genau feststellen können, wie viele Einwohner dabei ums Leben kamen, obwohl die Gegend zum Katastrophengebiet erklärt und internationale Hilfe gewährleistet wurde. Wir fanden weder heraus, was aus Prosperina und ihrer Familie geworden war, noch ob die großzügige Frau, die uns das Gemälde ihres Sohnes geschenkt hatte, noch am Leben war.

Auf einer anderen Reise machten wir am Lanalhue-See in der Provinz Arauco halt. Im letzten Jahrhundert hatten deutsche Siedler die Gegend erschlossen. Ihre Nachkommen bewirtschafteten noch heute das grüne, spärlich besiedelte Land, und auch die Pensión, in der wir abstiegen, gehörte einem deutschen Ehepaar – einfachen, gastfreundlichen Leuten, die sich hier einen ruhigen Zufluchtsort geschaffen hatten, ohne die Wildnis aus Pflanzen und Bäumen am Seeufer zu zerstören.

Allerdings war Lanalhue, wie andere Gegenden im Süden Chiles auch, während des Krieges zum Zentrum der Aktivitäten der örtlichen Nazipartei geworden, nachdem einige der alteingesessenen Siedlerfamilien ihre politischen Sympathien offenbart hatten. Jeden Sommer führten dort faschistische Jugendgruppen in einer abgelegenen Bucht ihre Sommerlager durch, die auf paramilitärisches Training spezialisiert waren. Unter der scheinbar ruhigen Oberfläche schlummerte die Gewalt.

Wir freundeten uns mit einigen Einwohnern an, die einen Jeep besaßen, und sie schlugen uns vor, einen Ausflug rund um den See zu unternehmen. Wir sollten die hohen Hügel, die sich bis zum Ufer erstreckten, umfahren, bis wir das dahinter liegende Indianerterritorium erreichten, in dem sich mehrere

Siedlungen befanden. Dort trafen wir Angelita Huenumán. Für mich wurde sie zu einem Symbol, für Victor zu einer Freundin, die er wiedertreffen sollte, als einige Jahre vergangen waren und die historischen Ereignisse die Menschen enger zusammenrücken ließen. Ihre Holzhütte stand inmitten eines sonst unbesiedelten Gebietes. Als wir uns ihr, Victor mit Amanda auf den Schultern, zu Fuß näherten, weil der Jeep es nicht näher heran schaffte, rannte uns ein wütend kläffender Hund entgegen. Seit Victor als Kind ins Hinterteil gebissen worden war, fürchtete er sich vor fremden Hunden, und erschrak erst heftig, aber dann sahen wir eine kleine, sehr aufrecht gehende Frau mit langem, schwarzem Haar aus der Hütte treten und auf uns zukommen. Sie war in einen gewebten, dunkelblauen Überrock gehüllt, der von einer verzierten Metallbrosche zusammengehalten wurde, und strahlte eine stille Würde aus. Ihr Gesicht mit den hohen Wangenknochen schien alterslos, aber ich schätze, sie muß damals um die 40 gewesen sein. Sie begrüßte uns und bot Amanda einen kleinen, ziemlich verschrumpelten Apfel an, den sie aus den Tiefen ihrer Tasche zutage förderte.

Ich glaube, selbst Victor war von ihrer außergewöhnlichen Ausstrahlung etwas eingeschüchtert, aber er überwand seine Hemmungen und sprach sie ganz natürlich an. Sie bot an, uns herumzuführen, und wir erfuhren, daß sie hier mit ihrem Sohn wohnte, der nur wenig älter als Amanda war, und daß sie ihr kleines Anwesen allein bewirtschaftete und Schweine, Hühner und Schafe hielt. Victor fragte sie, ob sie ihre Wolle selbst spinne und webe. Sie lächelte und winkte uns ins Innere der Hütte. Als sie die Tür öffnete, war es zuerst stockdunkel, aber sie stieß einen hölzernen Fensterladen auf, und ein Sonnenstrahl fiel auf das Rot, Grün, Rosa und Gelb einer halbfertigen Decke auf einem primitiven Holzwebstuhl, deren lebhafte Farben den ganzen winzigen Raum erleuchteten. Uns blieb für einen Augenblick die Luft weg und wir fragten, wie lange sie zur Herstellung einer solch wunderschönen Decke brauche. Sie erzählte uns, sie habe nur während der Wintermonate Zeit dafür, wenn die Ernte unter Dach und Fach sei. Nur dann konnte sie die Wolle spinnen, färben und weben. War eine Decke fertig, lud sie sich das Webstück auf den Rücken und wanderte über den Berg ins nächste Dorf auf den Markt, wo sie es an den Meistbietenden verkaufte. Victor bot ihr jeden Preis, wenn sie die fertige Decke zu unseren Freunden brächte. Als wir sie verließen, drehten wir uns noch einmal um und sahen, wie sie uns nachschaute. Sie hob die Hand zum Gruß, eine einsame Gestalt in der Weite und Stille des menschenleeren Landes. Während der nächsten paar Tage saß Victor endlose Stunden am Ufer des Lanalhue-Sees und blickte stumm aufs Wasser... ein Lied für Angelita war das Ergebnis:

Im Tal von Pocuno,
vom Meereswind gepeitscht,
dort, wo der Regen das Moos tränkt,
lebt Angelita Huenumán.

Von fünf Hunden bewacht
und einem von der Liebe gebliebenen Sohn,
dreht sich die Welt um sie herum,
so einfach wie ihr kleines Stück Land.

Das rote Blut der Copihue-Blume
strömt in ihren Huenumán-Adern,
und im Licht am Fenster
Webt Angelita ihr Leben.

Ihre Hände tanzen am Faden
wie die Flügel eines kleinen Vogels,
sie webt eine Blume, so wundersam,
daß du ihren Duft riechen kannst.

Angelita, in deinen Mustern
verwebst du die Zeit, die Tränen und den Schweiß,
dort finden sich die namenlosen Hände
meines schöpferischen Volkes.

Nach monatelanger Arbeit
sucht die herrliche Decke einen Käufer,
und wie ein Vogel im Käfig
singt sie für den höchsten Bieter.

Zwischen den Eichen und dem Schilfgras,
zwischen Haselstrauch und Stechginster
mitten im Duft der wilden Fuchsien,
lebt Angelita Huenumán.
»Angelita Huenumán«

Diese Begegnung hatte zwei Konsequenzen. Die eine war, daß
Angelita sich an uns erinnerte, als die Decke fertig war, und
das wunderschöne Stück im Frühling in unserem Haus in Santiago eintraf; die andere, daß Victor Angelita in Santiago wie-
dersah, wo sie an einer Frauenkundgebung teilnahm. Sie
freute sich sehr über das Lied, das Victor für sie geschrieben
hatte ... aber das ereignete sich erst 1972.

5

Mitte der sechziger Jahre

Die Jahre Mitte der Sechziger waren eine schlechte Zeit für die Linke in Chile. Die Arbeiterschaft, insbesondere die Frauen, hatte zu großen Teilen für Eduardo Frei gestimmt. Mit dem Slogan »Revolution in Freiheit« hatte er in seiner Wahlkampagne eine Vielzahl allgemeiner Reformen versprochen, darunter mehr und bessere Wohnungen, Maßnahmen gegen die grassierende Inflation sowie wirtschaftliche und landwirtschaftliche Reformen. Frei hatte außerdem die »Chilenisierung« der Kupferminen versprochen, ein Programm, das in der Praxis die Zahlung von vielen Millionen Dollar an die amerikanischen Bergbaugesellschaften im Gegenzug für 51 Prozent der Eigentumsanteile, allerdings verbunden mit nur wenig effektiver Kontrolle, nach sich zog. Die US-Regierung sah Frei als Schutz vor einer echten Revolution. Vielen einfachen Menschen schien er eine wirkliche Alternative zur verrufenen rechten Oligarchie zu bieten, die das Land schon seit so vielen Jahren regierte.

Die Aussicht auf einen verbesserten Lebensstandard für die arbeitende Bevölkerung erwies sich rasch als leeres Versprechen. Nachdem die Polizei 1965 zur Niederschlagung eines Streiks in El Salvador, einer Stadt im Norden, eingesetzt worden war – wobei Bergleute und ihre Frauen, die in einem Gewerkschaftshaus Schutz gesucht hatten, getötet wurden –, war offensichtlich, welche Interessen Frei bediente. Angesichts der rechten Opposition, die sich gut verschanzt hatte

und nach wie vor sehr mächtig war, verliefen alle anderen ver-
sprochenen Maßnahmen im Sande.

Ungefähr zu jener Zeit fiel mir ein neues Wort auf, das ich
in mein ständig wachsendes Wörterbuch chilenischer Aus-
drücke wie etwa *pituco, roto, gringo* und dergleichen aufnahm. Es handelte sich um das Wort »*momio*«, das sich
strenggenommen auf die ägyptischen »Mumien« bezog. Ich
hatte den Ausdruck immer mit einer Figur aus einem Theaterstück von Raúl Ruíz assoziiert, bei dem Victor einige Zeit
zuvor Regie geführt hatte: einem uralten Grundbesitzer, der
in seinem Rollstuhl bereits zu verwesen schien und von einem
nicht minder hinfälligen Diener versorgt wurde. Ständig rief
er mit quengelnder Stimme nach seinem Fernglas und spähte
damit über das Publikum wie über seine ausgedehnten Ländereien hinweg – ein Symbol der vermodernden und dabei erstarrten Oligarchie, die eifersüchtig über ihr Land und ihre
Privilegien wacht. *Momio* wurde rasch zur beliebten Bezeichnung für jeden, der reaktionäre Ansichten vertrat.

Damals wurde Victors Motivation zu singen und zu komponieren immer weniger intim und persönlich. Die Haupt-
quelle seiner Lieder wurde ein starkes Gefühl der Liebe und
der Identifikation mit den unterprivilegierten Menschen von
Chile, sowohl die in den Städten als auch diejenigen auf dem
Lande. Es entsprang einem tief empfundenen Bewußtsein für
die Ungerechtigkeiten der Gesellschaft und deren Ursachen,
und einer Entschlossenheit, diese Ungerechtigkeiten angesichts der allgemeinen Gleichgültigkeit und der Zensur anzu-
prangern... und außerdem dem Bedürfnis, etwas daran zu
verändern. In diesem Sinne waren Victors Lieder »politisch«,
in jenen frühen Jahren jedoch auf nur sehr indirekte Weise.
Als ihn ein Journalist fragte, weshalb er, womöglich auf Ko-
sten seiner Theaterarbeit, seiner Singerei soviel Zeit widmete,
antwortete er:

Das, was ich rings um mich herum sehe, bewegt mich immer mehr... die Armut meines eigenen Landes, die Armut Lateinamerikas und anderer Länder der Welt. Ich habe mit eigenen Augen Gedenkstätten für die Juden in Warschau gesehen, die durch die Bombe ausgelöste Panik, die Zerrüttung, die der Krieg bei den Menschen und ihren Nachkommen anrichtet... Ich habe aber auch gesehen, was die Liebe auszurichten vermag, was die Kraft eines glücklichen Menschen alles erreichen kann. Aufgrund dessen wünsche ich mir nichts so sehr wie Frieden, ich brauche das Holz und die Saiten meiner Gitarre, um meiner Traurigkeit oder meiner Heiterkeit Luft zu machen, einen Reim, der das Herz wie eine Wunde öffnet, einen Vers, der uns allen dabei hilft, von unserem eigenen Nabel aufzuschauen und die Welt mit neuen Augen zu sehen.

Ich selbst war keine unerfahrene Gringa mehr. Mit meiner fortschreitenden Chilenisierung streifte ich auch viele Ansichten und Vorurteile ab, die ich noch bei meiner Ankunft diesem Land gegenüber gehegt hatte. Ich spürte nicht mehr diesen unüberbrückbaren Abgrund zwischen mir und den Allerärmsten, die in den Barackensiedlungen und städtischen Slums hausten. Inzwischen waren viele von ihnen Freunde und gute Bekannte geworden. Ich begriff nicht nur viel besser, wie sie wirklich lebten, sondern fühlte mich auch, ohne sie zu idealisieren, in ihrer Gesellschaft viel wohler als in den Kreisen unserer Mittelschichtsnachbarn.

Als Victor und ich zusammenzogen, machte ich mir seines politischen Engagements wegen zuerst Sorgen. Schließlich war ich schon einmal mit einem Kommunisten verheiratet gewesen. Ich konnte einfach nicht verstehen, weshalb so viele Künstler in Chile, so viele unserer Freunde, unbedingt Mitglieder »der Partei« sein wollten. Inzwischen war mir klarer geworden, wo meine Sympathien lagen, auch wenn ich spürte, daß ich niemals eine *militante*, ein Mitglied irgendeiner Partei werden konnte. Die Hingabe, die Victor von sich selbst verlangte, war etwas, wozu ich, das wußte ich genau, niemals fähig sein würde. Abgesehen davon war meine berufliche Arbeit mehr als aufreibend und füllte meinen Tag von früh bis spät aus. Meine politische Karriere, wenn man überhaupt davon reden konnte, spiegelte sich im Laufe der Jahre in meiner Karriere.

Ich war nach und nach so sehr zu einem Teil dessen, was da vor sich ging, geworden, daß die meisten meiner Kollegen, so glaube ich wenigstens, vergessen hatten, daß ich Ausländerin war, zumal man in Chile ohnehin alle möglichen europäischen Namen antrifft. Ich sprach fließend spanisch mit chilenischem Akzent, und mein Englisch rostete über die Jahre ziemlich ein, sogar so sehr, daß es mir schwerfiel und geradezu unnatürlich vorkam, mit Manuela und Amanda englisch zu reden. Es stand ganz und gar außer Frage, daß Victor und ich uns in der knappen Zeit, die wir gemeinsam verbringen konnten, auf englisch unterhielten, und so brachte ich die beiden Mädchen, wohl auch um mein etwas schlechtes Gewissen zu beruhigen, zu zusätzlichen Englischstunden ins British Institute. Keine von ihnen war sich ihrer Verbindung zu Großbritannien besonders bewußt, und Freunde in der britischen Gemeinde Santiagos, die sich die meiste Zeit über im Country Club aufhielt und dort Golf spielte, hatte ich auch nicht.

1964, vor Amandas Geburt, hatte ich beschlossen, beim Nationalballett aufzuhören. Je mehr der internationale Ruhm der Truppe stieg, desto umfassender und zeitraubender wurde die Arbeit mit ihr. Abgesehen davon, daß wir viel Zeit außerhalb Chiles in anderen lateinamerikanischen Ländern verbrachten, war noch eine ausgedehnte Tournee durch die Vereinigten Staaten geplant. Ich hielt den Zeitpunkt für gekommen, meiner Familie mehr Zeit zu widmen.

Die Entscheidung wurde mir nicht nur dadurch leichter gemacht, daß ich mich in meinem Privatleben sehr glücklich fühlte, sondern auch, weil ich mit der künstlerischen Richtung des Balletts nicht mehr einverstanden war. Meiner Meinung nach hatte die Stärke der Gruppe stets in ihrem modernen Repertoire gelegen, dem die Arbeit von Patricio einen zunehmend lateinamerikanischen Brennpunkt verlieh. Es war eine homogene, keine hierarchische Truppe, in der sämtliche Mitglieder die Möglichkeit besaßen, ihr individuelles Talent zu entfalten. Uthoff hatte das Chilenische Nationalballett mit großem Können entlang dieser Richtlinien geleitet und es aus dem Nichts in ein Ensemble verwandelt, das in anderen lateinamerikanischen Ländern immer wieder als vorbildhaft eingeladen wurde. Als wir in dem gewaltigen Teatro Coón in Buenos Aires tanzten – einem noch größeren und imposanteren Opernhaus als der Covent Garden in London –, bildeten sich schon Tage zuvor lange Kartenschlangen um das ganze Gebäude.

Innerhalb des Ensembles gab es jedoch eine Gruppe von Tänzern, die ihren Ehrgeiz allein daran setzten, das klassische Repertoire – *Schwanensee*, *Nußknacker* und dergleichen – aufzuführen und klassische Tänzer zu werden, und wenn auch nur drittklassige. Mit der Ankunft eines neuen Ballettmeisters aus den Vereinigten Staaten verschärfte sich die Situation, bis Uthoff schließlich zur Kündigung gezwungen wurde. Zu diesem Zeitpunkt hatte ich das Ensemble glücklicherweise bereits verlassen, blieb jedoch als vollzeitbeschäftigte Lehrerin an der Tanzschule der Universität tätig.

Wie in allen Lebensbereichen in Chile während jener Jahre spielten sogar bei diesen scheinbar rein beruflichen Problemen politische Untertöne mit hinein. In unserer verfeinerten Kunstwelt schien sich die im Land herrschende Polarisierung in zwei gegnerischen Lagern widerzuspiegeln: Diejenigen, die fanden, das Ensemble solle sich klassischer Stoffe annehmen, waren eher *momio*, wohingegen jene, die die moderne Linie mit neuen, im Land geborenen Choreographen und einer echten lateinamerikanischen Tanzbewegung weiterentwickeln wollten, politisch links standen. Nach dem *coup d'état* im Ballettbereich wurde auch Patricio gezwungen, seinen Posten als stellvertretender Regisseur aufzugeben, und das alles aus rein politischen Gründen.

Mein Freund Alfonso hatte das Ballett bereits einige Zeit vorher verlassen, und nun überzeugte er mich davon, ihm dabei zu helfen, im Casa de la Cultura de Ñuñoa ein Tanzzentrum in Eigeninitiative auf die Beine zu stellen. Die Idee war für mich um so verlockender, da Victor dort gerade angefangen hatte, im Bereich Folklore zu arbeiten. Der Schritt weg von der abgekapselten Welt der Universität war eine Erleichterung, wie ein frischer Wind. Die Fakultät hatte sich zu einem unangenehmen Ort voller Intrigen und interner Spannungen entwickelt. Die Flut der Bewerber für die neue Schule in Ñuñoa war ein Anzeichen für die vielen, noch unentdeckten Talente, die es überall im Überfluß gab.

Die Arbeit mit Amateuren machte mir großen Spaß und öffnete mir die Augen für die Möglichkeit, Tanz als Entspannung zu erleben, ein Feld, das in Chile beinahe völlig unentwickelt war. Ich investierte sehr viel Energie in die Arbeit in Ñuñoa. Gemeinsam mit Alfonso, der über eine echte Begabung für den Unterricht mit Kindern verfügte, stellten wir eine Amateurgruppe auf die Beine, die in der Lage war, einfache Darbietungen im Freien aufzuführen. Wenn ich ein Talent als Choreographin hatte, dann bestand es darin, Tänze zu entwickeln, die nicht allzuviel technische Schwierigkeiten bargen und dabei den Schülern Freude am Auftreten vermittelten, ohne das Publikum über Gebühr zu quälen.

Zwei Jahre später sah ich mich gezwungen, eine weitere Entscheidung zu treffen, diesmal zwischen meiner Arbeit bei der Ausbildung professioneller Tänzer an der Universität und der wunderbar gedeihenden kleinen Gruppe in Ñuñoa. Wenn meine Wahl so ausfiel, daß ich mich auf letztere konzentrieren wollte, dann lag es daran, daß ich es leid war, zu einer Art von Fabrik zu gehören, die Kinder in bereits vorgefertigte Formen preßte. Seit Uthoffs Abschied hatte man mit wachsendem Nachdruck daran gearbeitet, kleine Mädchen in klassische Ballerinas zu verwandeln, und meine Arbeit als Ausbilderin beschränkte sich darauf, so etwas wie eine moderne Soße über sie zu gießen und zu versuchen, ihren sich rasch verengenden Horizont offenzuhalten. Das entsprach nicht gerade einer Situation, in der ich mich besonders wohl fühlte.

Es schien wie ein unbesonnener Schritt, sich aus dem mütterlichen Schoß der Universität zu verabschieden, auf das sichere Monatsgehalt und eine spätere Pension zu verzichten, doch Victor und ich hatten lange darüber gesprochen, und er bekräftigte mich in meiner Entscheidung. Wir würden es schon irgendwie schaffen. Finanzielle Erwägungen schienen zu keinem Zeitpunkt der Hauptfaktor in unserem Leben gewesen zu sein. Und natürlich hegte Victor große Sympathien für jeden Versuch, den Tanz einem größeren Kreis von Menschen zugänglich zu machen. Er selbst tanzte leidenschaftlich gern, und manchmal besuchte er meinen Unterricht.

1967 verlegten Alfonso und ich unsere Gruppe ins Kulturinstitut von Las Condes, das über mehr Möglichkeiten und sogar über ein kleines Theater verfügte. Weder dort noch zuvor in Ñuñoa beanspruchten wir ernsthaft für uns, für die ringsum ansässige Bevölkerung zu arbeiten, schon gar nicht, »den Massen den Tanz zu bringen«. Damals gab es keine Organisationen, die ein solches Projekt möglich gemacht hätten. Beide Vorstädte lagen im Herzen des Barrio alto, und obwohl wir in einigen nahe gelegenen Arbeitervierteln den einen oder anderen Open-air-Auftritt absolvierten, kamen unsere Schüler aus ganz Santiago, und die meisten von ihnen stammten aus vergleichsweise wohlhabenden Familien. Unser Verdienst lag, so glaube ich, darin, der eher verdummenden Atmosphäre der Universität entkommen zu sein. Mit der Zeit bauten Alfonso und ich nicht nur ein Amateurensemble auf, sondern auch einen Tanz-Workshop, in dem neue Choreographen die Chance zum Experimentieren hatten.

Es war befriedigend zu sehen, wie viele unserer ehemaligen

Kollegen vom Nationalballett aus ihre Zusammenarbeit anboten, sowohl als Choreographen als auch als Gastkünstler, bis wir 1969 eine Truppe mit eigenem Repertoire zusammenhatten, den Taller de Danza de Las Condes – eine vielleicht sehr uneinheitliche Truppe, die jedoch von unbändigem Enthusiasmus zusammengehalten wurde. Viele ausgezeichnete Musiker, Komponisten und Bühnenbildner arbeiteten mit uns zusammen, unter ihnen Sergio Ortega, ein wichtiger Komponist sinfonischer Musik und Universitätsdozent, der eigens die Musik zu *Orbita*, einem Ballett von mir, schrieb, während fünf oder sechs aufblühende Choreographen, die später größere Produktionen mit dem Nationalballett verwirklichten, ihre erste Chance bei uns erhielten. Es war ermutigend, mitzuerleben, was man in einer informellen Atmosphäre allein mit dem guten Willen und der Freude vieler gemeinsam arbeitender Menschen so alles erreichen konnte.

Daß ich während jener Jahre überhaupt arbeiten konnte, verdanke ich der Anwesenheit von Mónica in unserem Hause, die sich mit mir die Hausarbeit und die Betreuung der Kinder teilte. Fast alle Frauen der chilenischen Mittelschicht verdankten ihre »Emanzipation« anderen, weniger vom Glück begünstigten Frauen, die die typischen »Frauenarbeiten« wie putzen, kochen, waschen, nähen und sogar die Kinderversorgung übernahmen, während wir, ihre Arbeitgeberinnen, unseren Berufen nachgingen. Oft genug führten sie ein wahres Sklavendasein mit knapp bemessener Freizeit, wohnten in winzigen Zimmern in den Wohnungen anderer Leute und waren von früh morgens bis spät abends den Launen der *patrona* ausgesetzt.

Ich hoffe, meine Beziehung zu Mónica unterschied sich vom typischen Verhältnis zwischen Arbeitgeberin und Dienstmädchen. Sie war ein hübsches Mädchen aus einer großen Bauernfamilie und kam kurz nach Amandas Geburt zu uns. Sie blieb neun Jahre in unserem Haus und war eher Freundin als Dienerin, eine Person, auf die ich mich auch in Notfällen absolut verlassen konnte. Die meisten Frauen, die Stellen als Hausangestellte annahmen, waren des Lesens und Schreibens unkundig, oder doch so gut wie; Mónica hatte sogar die Realschule abgeschlossen, und wir ermutigten sie dazu, ihre Ausbildung fortzusetzen. Sie besuchte einen Frisierkurs, der ihr später einmal vielleicht die Möglichkeit verschaffte, eine Tätigkeit außerhalb der häuslichen Hilfsdienste auszuüben.

Obwohl sie den Kurs erfolgreich abschloß, entschied sie sich letztendlich doch dafür, bei uns zu bleiben. In ihrer Zeit bei uns brachte sie ein Kind zur Welt, heiratete aber nicht, und ihre Tochter Carola wuchs als Familienmitglied auf und ging, als es soweit war, in die gleiche Schule wie Manuela und Amanda. Ich spürte zu keiner Zeit große Gewissensbisse, weil ich Mónicas Hilfe in Anspruch nahm – nicht nur, weil es völlig »normal« war, sondern weil sie über genug Unabhängigkeit verfügte, um ein eigenes Leben zu führen, und ich glaube, sie war bei uns relativ glücklich. Trotzdem, rückblickend verstehe ich eher, daß die Tatsache, daß sie sich so an uns klammerte, wohl auch das Symptom eines perversen Systems war, das nicht nur finanzielle, sondern ebenso emotionale Abhängigkeiten produziert.

Seit seiner Eröffnung 1965 hatte sich die Peña de los Parra in der Carmen 340 nicht nur als originelles und wichtiges Zentrum einer neuen Art von Liedbewegung etabliert, sondern auch als selbstverständlicher Treffpunkt für Leute mit linksgerichteten Ansichten. Sie erwarb sich den Ruf, voller Revolutionäre zu stecken, angefangen von Marxisten bis hin zu einer neuen Sorte linker Christen. Die Peña war ein Ort, an dem die meisten jungen Männer zum Zeichen der Solidarität mit der kubanischen Revolution Bärte trugen.

Mit der Zeit wurden einige Wände eingerissen, um den ursprünglich zur Verfügung stehenden Platz zu vergrößern, und die übriggebliebenen Wände wurden mit Graffiti überzogen, die, hätte man sie im trüben Kerzenlicht nur entziffern können, ein schriftliches Zeugnis von der Bandbreite der Unterstützung für die Peña ablegten, ebenso wie von den politischen Meinungen der Zuhörerschaft und der vielen verschiedenen Besucher, die aus ganz Lateinamerika und später aus der ganzen Welt dorthin kamen.

Nachdem die rechte Regierung andere lateinamerikanische Länder unterdrückte, wurde die Peña ein Zufluchtsort für Sänger aus Brasilien, Uruguay und Argentinien. Ich kann mich sogar an eine Delegation vietnamesischer Frauen erinnern, die die Peña besuchte; zerbrechlich und schön sahen sie aus, aber jede von ihnen hatte im Kriegseinsatz mehrere Medaillen gewonnen. Die Peña wurde zu einem Ort, an dem Kunsthandwerker und Kunsthandwerkerinnen ihre Arbeit zeigen und verkaufen konnten, eine Art Dauerausstellung von Volkskunst.

Die Wände des Restaurants im hinteren Teil waren mit Violetas Wandteppichen und Postern von Liederfestivals in Kuba behängt. Die Speisekarte hatte sich vergrößert und bot inzwischen auch *anticuchos* und *mate con malicia*, selbstgebackenes Brot und *pebre*. Während der Stunden, die ich mich dort aufhielt, machte ich mich mit der Zeit recht geschickt in der Küche nützlich. In jenen frühen Jahren begleitete ich Victor oft dorthin, doch sobald wir ankamen, verschwand er in einem kleinen Schuppen auf der Rückseite des Innenhöfchens, wo er sich einschloß, um noch ein wenig Gitarre zu spielen und sich einzustimmen, denn während der Woche hatte er nicht viel Zeit zum Üben. Vor seinem Auftritt war er immer ziemlich unkommunikativ, sehr konzentriert und redete mit niemandem. Erst hinterher entspannte er sich und wurde gesellig.

Die Peña wurde immer voller. Für gewöhnlich warteten Leute im Flur darauf, daß jemand herauskam und Platz machte. Eine derartige Menschenansammlung auf einem Fleck bewirkte aber auch, daß es im Winter nie kalt wurde, obwohl es gelegentlich durch die schlecht schließenden Türen und Fenster der anderen Zimmer eisig zog und pfiff. Die Leute hielten sich warm, indem sie sich über einem *brasero* – einer offenen Schale voller brennender Holzkohle – aneinanderschmiegten, sich in dicke Ponchos eingemummelt die Füße wärmten und Mate tranken.

Nachdem er gesungen hatte, wartete Victor normalerweise, bis die Peña beendet war und alle Künstler in einem improvisierten großen Finale gemeinsam sangen und spielten. Manchmal kamen sie dabei so in Fahrt, daß sie, nachdem das Publikum schon lange nach Hause gegangen war, die ganze Nacht weitermusizierten.

Obwohl die Peña immer mehr zu einem musikalischen Treffpunkt wurde, hatte sie nicht viel mit der Außenwelt zu tun. Sie hatte keine Verbindungen zur Arbeiterbewegung oder überhaupt zur Arbeiterklasse, obwohl ihre Schlüsselfiguren ausnahmslos aus dieser Schicht stammten und sich dessen sehr wohl bewußt waren. Sie war und blieb ein Forschungslabor mit einem kleinen, eher elitären Publikum. Nichtsdestoweniger bot sie den Künstlern die Gelegenheit, zusammenzuarbeiten und Gedanken auszutauschen, und in diesem Sinne schuf dieses Labor das Milieu, in dem eine neue musikalische Bewegung gedeihen konnte, die sich bewußt auf lateinamerikanische Tradition berief.

Als Violeta aus Europa zurückkehrte, fand sie diese Initiative ihrer Kinder bereits als florierende und wohletablierte Einrichtung vor. Obwohl sie 1965, nach ihrer Rückkehr, dort auch gemeinsam mit ihnen sang, plante sie bereits ein eigenes Projekt, das sie schon lange mit sich herumgetragen hatte. Endlich erhielt sie vom Bezirksrat von La Reina, eines weiter draußen gelegenen Stadtteils Santiagos, in dem sie auch wohnte, die Erlaubnis und die Unterstützung zur Aufstellung eines Zirkuszeltes, das sie in ihr eigenes Kulturzentrum mit Folklore, Kunsthandwerk und volkstümlicher Kunst verwandelte. Das Zirkuszelt zog ein anderes Publikum als die Carmen 340 an. Es war sehr abgelegen, und wir gingen nur ein paarmal hin. Ich erinnere mich, daß wir Violeta einmal antrafen, als sie in der Küche geschäftig über einem primitiven offenen Herd hantierte und alles für den Abend vorbereitete. Ein anderes Mal besuchten wir sie anläßlich der Fiestas Patrias, und alle Folkloresänger scharten sich instinktiv um Violeta. Doch das Zelt war enorm groß und kalt, und es fehlte die Intimität der Peña. Selbst der Name und der Ruf Violeta Parras reichten nicht aus, um es zu füllen.

Obgleich sie Mitte der Sechziger eine wichtige Persönlichkeit war und die Jahre, die sie mit ihrer Forschungsarbeit verbracht hatte, als beispielhaft galten, besaß Violeta einen eigenwilligen und schwierigen Charakter. Erst 1966, kurz vor ihrem Tod, erkannte die jüngere Komponistengeneration die volle Bedeutung ihrer Person und ihrer Kreativität. Ich erinnere mich, wie ich eines Abends noch spät in der Peña saß und Ángel die soeben veröffentlichte Schallplatte mit ihren neuesten Liedern spielte, als wir »Gracias a la vida« zum ersten Mal hörten. Victor war zu Tränen gerührt. Wenige Monate später, am 5. Februar 1967, beging Violeta Selbstmord, allein in ihrem Zirkuszelt. Erst dann wurde ihr nach und nach die allgemeine Anerkennung zuteil, die sie verdient hatte.

V. sagte später: »Solange sie lebte, konnte keiner von uns sagen, Violeta sei eine Künstlerin des Volkes. Wir haben sie sogar kritisiert. Aber die Zeit und das Volk selbst werden Notiz von ihr nehmen. Sie verbrachte die besten Jahre ihres Lebens unter ihnen – den Landarbeitern, Bergleuten, Fischern, Handwerkern, bei den Andenbewohnern im Norden, den Inselbewohnern von Chiloé im Süden. Sie lebte mit ihnen, teilte ihr Leben, ihre Haut, ihr Fleisch und Blut. Nur auf diese Weise hat Violeta Lieder wie ›¿Qué dirá el Santo Padre?‹ oder ›Al centro de la injusticia‹ und viele andere schaffen können, die in der Geschichte unseres Landes als die Geburt eines neuen Liedguts vermerkt bleiben werden...«

Das Konzept der Peña de los Parra griff um sich wie ein Buschfeuer. 1967 gab es überall Peñas. Einige von ihnen waren reguläre Aufführungsorte wie das etablierte Chile Ríe y Canta von René Largo Farias, andere einmalige Benefizveranstaltungen für die Sache der Linken, aber die meisten fanden in den Studentenverbänden an den Universitäten statt, und eine der ersten und wichtigsten von ihnen war die an der Staatlichen Technischen Universität.

Victor wurde ständig dorthin eingeladen und konnte einfach nie nein sagen. Eine Peña mußte wirklich mit seiner Theaterarbeit kollidieren, damit er absagte, was mich manchmal ziemlich sauer machte. Am Wochenende mußte er bald zwei oder drei am gleichen Abend aufsuchen, und die letzte zog sich immer bis in die frühen Morgenstunden hinein.

An einem Wochenende im Winter 1966 war Victor bei einer Peña in Valparaíso. Er hatte gerade aufgehört zu singen und wollte gehen, hielt bereits zwischen den Tischen die Gitarre winkend über den Kopf, als sich einer aus einer lautstarken Truppe junger Leute erhob, ihm zuwinkte und ihn einlud, sich ihrer Gruppe anzuschließen. Er erkannte Eduardo Carrasco, dessen Bruder Julio und ihren Freund Julio Numhauser, drei bärtige junge Männer, die häufig in der Peña de los Parra verkehrten und kurz zuvor eine eigene Gruppe mit dem ungewöhnlichen Namen Quilapayún gegründet hatten. Sie wurden von Ángel betreut, und an jenem Abend feierten sie ihren ersten Erfolg beim »Chile Multiple«, einem Songfestival für Amateure im nahe gelegenen Viña del Mar.

Sie wollten Victor einladen, in der Peña der Technischen Universität zu singen. Victor erklärte sich dazu bereit und blieb noch schwatzend und trinkend bis in die Morgenstunden bei ihnen sitzen, bis ihn schließlich Eduardo zwischen allerlei Scherzen und Gelächter fragte, ob er nicht ihr künstlerischer Leiter werden wolle. Obwohl er daran zweifelte, die Probentermine in seinen ohnehin schon überfüllten Terminplan quetschen zu können, zeigte sich Victor an dem Vorschlag interessiert... »Es muß an der Atmosphäre in der Gruppe gelegen haben, an der Offenheit und Kameradschaft«, erzählte Eduardo viel später, »denn es lag auf der Hand, daß wir musikalisch noch nicht sonderlich viel zu bieten hatten.«

Obwohl keiner von ihnen Musiker war – Eduardo zum Beispiel studierte Philosophie –, hatten sie beschlossen, eine Musikgruppe zu gründen, um den Trend, der sich in der Peña abzeichnete, durch den Einsatz einheimischer Instrumente weiterzuentwickeln. Sie wollten ein stärkeres Image als die traditionelle Folkloregruppe wie Cuncumén, und ein authentischeres als die kommerziellen »Neofolk«-Ensembles. Sie suchten nach einem einheimischen Namen mit einem kräftigen, maskulinen Rhythmus – die Betonung auf der letzten Silbe – und kamen letztendlich auf »Quilapayún«, was in der Sprache der Mapuche »drei Bärte« bedeutete. Sowohl Ángel als auch Victor meinten, der Name sei sowohl im Klang als auch von der Aussprache her für die Leute nicht gerade einprägsam, und es gab eine ziemlich hitzige Diskussion darüber. Doch die Zeit hat ihnen recht gegeben.

Während der nächsten drei Jahre, bis 1969, arbeitete Victor als künstlerischer Leiter von Quilapayún. Zu Anfang probten sie spät am Abend, nachdem Victors Unterricht beendet war, in der Casa de la Cultura de Ñuñoa, um einen Paraffinofen gekauert in einem kalten Saal, in dem wir tagsüber unseren Tanzunterricht abhielten.

Als erstes mußte er ihnen beibringen, ernsthaft zu arbeiten, denn eine ihrer Haupteigenschaften bestand darin, ständig zu kichern und sich über alles lustig zu machen – und zwar in einem Maße, daß er bei jeder Probe eine Pause zum Quatschmachen einräumen mußte, damit sie sich in der restlichen Zeit wirklich konzentrieren konnten. Er arbeitete nicht einfach nur wie ein Musiker mit ihnen, sondern auch als Theaterregisseur. Er half ihnen dabei, sich mit dem, was sie sangen, zu identifizieren und eine Atmosphäre zu schaffen, in der das Wesen eines jeden Liedes in der Haltung und den Bewegungen der einzelnen Gruppenmitglieder sowie durch die Musik und die Stimmen zum Ausdruck kam. Diese Arbeitsmethode gab Quilapayún eine eindringliche Qualität und Bühnenpräsenz, die noch durch ihre männlich kräftigen Stimmen und ihre dramatische äußerliche Erscheinung mit Bärten und schwarzen Ponchos unterstrichen wurde – ein Bild, das, wie es Eduardo ausdrückte, »maskulin, aber nicht *machista*« war. Mit ihrer Jugend und ihrer entschlossenen Art schienen sie die Anstrengung für eine gemeinsame Sache zu personifizieren. Was sie darboten, war etwas Neues und schien auf gewisse Weise den Zeitgeist zu verkörpern.

Mit Quilapayún versuchte Victor die Ausdrucksmöglichkeiten der volkstümlichen Musik zu erkunden, ohne dabei ihren traditionellen Charakter durch »schmückende« Arrangements wie bei den Neofolkgruppen vom Schlage Los Cuatro Cuartos zu verzerren und zu zerstören. Sie bemühten sich um die Vervielfältigung von Klängen, nicht nur, was die Stimmen anging, sondern auch, indem sie die unterschiedlichsten einheimischen Instrumente zu erlernen versuchten und einsetzten. Es war für alle ein Abenteuer, bei dem er ihnen beibrachte, die ursprüngliche Qualität der traditionellen Musik eher zu betonen denn zu unterdrücken, sich gleichzeitig jedoch die Freiheit zu nehmen, sie weiterzuentwickeln.

Natürlich sah Victor seine Aufgabe als künstlerischer Leiter nicht darin, der Gruppe seine eigenen Vorstellungen aufzudrücken. Er brachte ihnen einiges über Folklore bei, aber er arbeitete mit denselben Methoden, die eine kollektive Kreativität stimulierten, die er auch sonst bei seiner Theaterarbeit einsetzte. »Deshalb war unsere Arbeit damals so fruchtbar«, erzählte mir Eduardo. »Die Gruppe fand ihren eigenen Stil und wurde dabei auf höchstem künstlerischem Niveau angeleitet. Zusammen mit Victor machten wir Entdeckungen, die im Vergleich zu dem, was damals musikalisch sonst so passierte, ziemlich gewagt waren. Victor hatte ein sehr feines Gespür für Mehrstimmigkeit und setzte Akkorde ein, die sonst niemand benutzte, ganz spontan und instinktiv.«

Da sie so gut wie unbekannt war, hatte die Gruppe immer noch keinen Ort, an dem sie auftreten konnte. Nachdem man die ganze Woche über geprobt hatte, machten sich Quila, ihre Freundinnen, Victor und ich samstagabends mit einer Karawane uralter Citronetas auf die Suche nach einem Publikum. Manchmal wußte jemand etwas von einer Peña, die in einer der Studentenvereinigungen abgehalten wurde, und schon brausten wir los. Nach der Ankunft fanden Verhandlungen mit den Organisatoren statt. Normalerweise lautete die Antwort ja, denn die meisten Peñas waren zeitlich unbegrenzt, und so wurden die Instrumente ausgeladen, und die lange Warterei begann, während eine lange Reihe von Sängern und Gruppen die Bühne betrat und wieder verließ. Aber wenn Quilapayún endlich singen durfte, gewann die Gruppe für gewöhnlich eine ganze Schar neuer Fans hinzu.

In jenen Tagen schneiten ohne Unterlaß Einladungen zu Auftritten ins Haus, und so zeigte sich Victor eines Tages von einem Brief auf geprägtem Briefpapier höchst beeindruckt, der ein lateinamerikanisches Songfestival in der Stadt Victoria im Süden des Landes ankündigte und seine sowie die Teilnahme von Quilapayún erbat. Das Festival sei, was damals höchst ungewöhnlich war, vom Stadtrat gefördert und hörte sich sowohl wichtig als auch interessant an. Nach heftigem Druck von seiten Victors erkärte sich Quilapayún dazu bereit, einen bereits zugesagten Auftritt in Valdivia abzusagen, woraufhin die Organisatoren dieser Veranstaltung die Hände über dem Kopf zusammenschlugen und schworen, die Gruppe nie wieder in ihre Stadt einzuladen, was auch tatsächlich der Fall war. Da man sich nun einmal dazu entschlossen hatte, nach Victoria zu reisen, warteten alle ungeduldig auf Neuigkeiten von den dortigen Organisatoren.

Schließlich traf ein Brief ein, in dem es hieß, gewisse Geldprobleme seien aufgetaucht, ob die Künstler vielleicht selbst für ihre Bahnkarten aufkommen könnten. Victors Laune war deutlich gesunken, als er den Zug für die lange Reise nach Süden bestieg; die Gruppe bedauerte ihre Entscheidung bereits und gab ihm die Schuld für alles. Als der Zug schließlich vierzehn Stunden später schnaufend im Bahnhof von Victoria einlief, hielten alle Ausschau nach den Menschenmengen, die anläßlich des Festivals dort zusammenlaufen müßten. Doch der hölzerne Bahnsteig war wie ausgestorben. Sie stiegen aus, luden ihre Instrumente aus und wußten nicht, was jetzt geschehen sollte, als sie einen kleinen Jungen auf sich zukommen sahen.

»Victor Jara?« fragte er höflich. »Vielen Dank, daß Sie gekommen sind. Ich bin Schüler der Klasse IV B, der Organisatoren des lateinamerikanischen Songfestivals. Würden Sie mir bitte folgen?«

Jetzt fingen ihre Probleme erst richtig an. Das Festival fand in der Aula der dortigen Klosterschule statt, wo ein Häuflein Nonnen für die Tonanlage verantwortlich war. Als Quilapayún Violetas Lied »Qué dirá el Santo Padre?« (»Was würde wohl der Heilige Vater sagen?«) anstimmte, waren die Nonnen so schockiert, daß sie jedesmal, wenn der Refrain mit dieser Textzeile wiederholt wurde, die Mikrophone abschalteten und Quilapayún die Worte ohne Ton »flüstern« mußten.

Am Ende des langen Programms – tatsächlich waren auch andere Sänger und Gruppen eingeladen – wurden sie alle in ein paar Citronetas gepackt und wieder zum Bahnhof verfrachtet. Es war ein kalter und regnerischer Abend mitten im Winter, und ihre Gastgeber hatten es eilig, nach Hause zu kommen. Da standen sie nun abermals auf dem hölzernen Bahnsteig, umgeben von ihren Instrumenten – um kurz darauf festzustellen, daß der Zug sechs Stunden Verspätung hatte, was dort unten nicht unbedingt selten vorkommt. In diesem Augenblick war Victor nicht gerade die beliebteste Person Chiles.

Womöglich war dieser eher komische Zwischenfall ein Symptom für die wachsenden Reibereien zwischen Victor und Quilapayún. Zumindest traten Differenzen in ihren Einstellungen zutage. Allein hätte Victor sich wahrscheinlich gut in Victoria amüsiert, denn er bewunderte den unternehmerischen Geist, der hinter der Organisation einer solchen Veranstaltung in einem kleinen Provinzstädtchen steckte, und tatsächlich kehrte er im folgenden Jahr dorthin zurück, um auch den zweiten Anlauf tatkräftig zu unterstützen.

Obwohl die Gruppe Victor oft bei seinen Liedern begleitete und sie auch bei vielen Konzerten gemeinsam auftraten, wollte er niemals als Bandmitglied einsteigen. Mit der Zeit jedoch drängte Eduardo darauf, daß Victor seine Soloprojekte aufgeben und reguläres Mitglied von Quilapayún werden sollte. Er lehnte ab und sah sich plötzlich mit herber Kritik konfrontiert, die ihn beschuldigte, nur an seinem individuellen Ruhm interessiert zu sein. Schlimmer noch, er wurde damit aufgezogen, daß er sich permanent darüber bewußt war, als Sohn kleiner Landarbeiter geboren und in einem städtischen Slum groß geworden zu sein, man kritisierte, daß er sich stets zu seiner familiären Herkunft bekannte und sein ganzes Tun darauf gründete.

Diese Situation zwang Victor dazu, die Motivation für seine Singerei zu hinterfragen. Er war verletzt, kam von den Proben und Diskussionen mit Quilapayún aufgebracht zurück und wollte alles mit mir besprechen. Er war sehr selbstkritisch, doch er erkannte auch die Faktoren, die ihn unweigerlich von der Gruppe distanzierten. Obwohl er nur ein paar Jahre älter als die meisten von ihnen war, verfügte er über wesentlich mehr an Lebenserfahrung. Sie waren alle Universitätsstudenten aus wohlbehüteten Familien, deren politische Gesinnung von intellektueller Überzeugung herrührte, und nicht aus der unmittelbaren Erfahrung. Er empfand es als äußerst schwierig, diese Kluft zu überbrücken.

Victors Talent als Komponist und Musiker war grundlegend individueller Natur, selbst wenn er es in den Dienst der Sache, an die er glaubte, stellte. Doch er war sich dessen bewußt und lehrte Quilapayún ihr kollektives Image zu pflegen – eine ausgewogene Vielseitigkeit –, da er erkannte, daß die Gruppe in jenen Tagen des beginnenden Massenkampfes eine Wirkung entfalten konnte, die weit über die eines einzelnen Sängers hinausging.

In der Zwischenzeit taten sich Victor durch seine Arbeit als Theaterregisseur andere Möglichkeiten auf. Seine Erfolge mit *The Knack* und *La Remolienda* führten zu einer Einladung des British Council, einige Zeit in Großbritannien zu verbringen und sich die dortigen Theaterensembles und Schauspielschulen anzusehen. Es war Ende Januar 1968, als ich Amanda und Manuela der Obhut Alfonsos, Patricios und Mónicas überließ und zum Kennedy Airport flog, wo Victor nach einer Tournee mit dem ITUCH durch die Vereinigten Staaten auf mich wartete.

Ich erinnere mich noch gut, wie glücklich ich war, als ich ihn auf einer Rolltreppe nach unten fahren sah, während ich auf einer anderen hinaufglitt. Aus welchem Grund auch immer hätten wir uns beinahe verpaßt, und Victors Gesicht explodierte förmlich in sein vor weißen Zähnen strahlendes Lächeln, als er mich erblickte. Er trug seinen unvermeidlichen khakigrünen Dufflecoat, den gleichen, den er von seiner ersten Reise nach Europa mitgebracht hatte, dazu eine Seemannsschirmmütze aus dem gleichen Stoff, und im Arm hielt er seine Gitarre in einem brandneuen Koffer.

La Remolienda war der große Erfolg auf der Tournee durch die spanischsprechenden Gemeinden an der Westküste und in New York gewesen, doch in den Unis von Berkeley und der UCLA hatte Victor die eigenartige und interessante Erfahrung gemacht, mittels seiner Musik mit einem aus Hippies bestehenden Publikum zu kommunizieren, das auf Ravi Shankar abfuhr und Gras rauchte. Er versuchte, ihnen etwas über die Probleme Lateinamerikas zu erzählen und empfand seine Zuhörer als durchaus mitfühlend und verständnisvoll. Der Vietnamkrieg befand sich damals auf seinem Höhepunkt, und viele von ihnen protestierten gegen die Einberufung. Sie hatten ihren eigenen Kampf auszufechten. Victor hatte den Eindruck, daß sie politisch sehr naiv waren, und niemals eine Revolution auf den Weg bringen würden, nicht einmal eine »Revolution der Blumen« – dafür würden schon die Drogen sorgen, die das, was vielleicht die mächtige Bewegung einer Rebellion hätte werden können, entschärften.

Obwohl es damals noch nichts Vergleichbares in Chile gab, war Victor von den nackten Füßen, den langen Haaren sowie dem Mangel an Sauberkeit und der Hemmungslosigkeit nicht schockiert. »Die Hippies kommen mir wie eine ganz normale und gerechtfertigte Reaktion auf diese unheimlich hygienische und mechanisierte Welt vor…«, hatte er mir bereits in einem Brief geschrieben. »Die Menschen in Amerika sind in einer Art Plastikkäfig gefangen, der sie erdrückt.«

Einige Tage später wurden wir in London, nachdem wir meine alte Wirkungsstätte des Ballets Jooss in Essen aufgesucht hatten, von strömendem Regen empfangen. Für mich war der Besuch vor allem ein emotionales Erlebnis, war ich doch seit 1958 nicht mehr dort gewesen. Es war eigenartig, nach London zu kommen und kein Zuhause zu haben, eine ausländische Touristin zu sein, der es schwerfiel, englisch zu denken und zu sprechen – ganz abgesehen von dem verblüffenden Wandel der Atmosphäre, der sich in den zehn Jahren meiner Abwesenheit vollzogen hatte. Es war Victors erster Besuch, und er brannte darauf, die in Chile vorherrschenden Klischees über England und die Engländer loszuwerden – und das Land der Beatles kennenzulernen.

Für uns war der Aufenthalt wie eine Hochzeitsreise, eine der wenigen Gelegenheiten, in denen wir einige Zeit ohne berufliche, politische oder familiäre Verpflichtung miteinander verbringen konnten. Sorglos ließen wir uns treiben, staunten Bauklötze über das Stadtleben und gingen Hand in Hand durch das »Swinging London«. Es war schockierend, nach der Armut und der Abgeschiedenheit in Chile mitten in eine hochentwickelte Verbrauchergesellschaft geraten zu sein, die in Wohlstand und Überfluß schwelgte. Das Sperrfeuer der Reklame und des Farbfernsehens, das mit Live-Reportagen aus jedem Winkel der Erde (mit Ausnahme, wie es schien, von Chile) berichtete, die verschwenderischen Schaufensterdekorationen und die plärrende Musik machten uns ganz schwindlig, ebenso die Flora und Fauna der Earls Court Road, wo wir wohnten, und der Carnaby Street, die damals gerade den Höhepunkt ihrer Blüte erlebte.

Das alles führte uns erbarmungslos vor Augen, wie beschränkt unsere Sicht der Welt aufgrund der miserablen Mediensituation in Chile doch war: dort, wo die linksgerichtete Presse zu arm war, um sich in das internationale Nachrichtennetz einzuklinken, und wo man, wollte man überhaupt internationale Nachrichten erfahren, auf den rechten *El Mercurio* zurückgreifen mußte, bei dem es stets galt, die objektiven Fakten hinter den propagandistischen Reportagen herauszufiltern. Hier in England wurde man dagegen geradezu mit Nachrichten bombardiert.

Damit verbunden war unser Bewußtsein für die sexuelle Befreiung, die in Europa stattgefunden hatte, und die in Lateinamerika so bitter nottat. Wir waren aus einer prüden Gesellschaft gekommen, die es nicht nur für nötig befand, ein Lied wie »La Beata« zu zensieren, sondern in der der Machokult sogar von ansonsten progressiven Leuten als gegeben und unabänderbar angesehen wurde. Sowohl Victor als auch ich favorisierten eine wirkliche Gleichheit zwischen den Geschlechtern. Ein Mann sollte, um akzeptiert zu werden, nicht ständig seine Männlichkeit unter Beweis stellen müssen, und eine Frau darf nicht ihre gesamten Fähigkeiten verkümmern lassen, indem sie ihn bedient und auch sonst permanent für ihn verfügbar ist.

Nachdem wir einen Monat lang viel ins Theater gegangen waren und zusammen die Stätten meiner Kindheit, die Victor unbedingt sehen wollte, aufgesucht hatten, neigte sich unser gemeinsamer Urlaub dem Ende zu. Victor mußte seinen Pflichten beim British Council nachkommen, und ich mußte nach Chile zurück, wo meine Arbeit auf mich wartete. Seit einiger Zeit war ich unruhig geworden und wollte nach Hause. Obwohl wir von den Mädchen nur gute Nachrichten hatten, war ich in Sorge und hatte mehrere Alpträume, in denen, warum auch immer, Diabetes eine Rolle spielte. Als ich in Santiago eintraf, erwartete mich eine herzliche Begrüßung... das Haus war mit Blumen geschmückt, der Garten und die Berge sahen herrlich aus. Ich war erleichtert, wieder bei meinen Töchtern zu sein und nahm mir vor, sie nie wieder allein zu lassen.

Während der folgenden drei Monate war es Victor möglich, bei den Proben der unterschiedlichsten Produktionen mehrerer Ensembles zuzusehen: der Worthing Repertory Company, des Richmond Theatre, des Arts Laboratory und der Royal Shakespeare Company in Stratford-upon-Avon. Außerdem schaute er sich alle Vorstellungen an, für die ihm Zeit blieb, und besuchte mehrere Schauspielschulen.

Wie wahrscheinlich alle Lateinamerikaner zu jener Zeit litt er ein wenig darunter, mit der völligen Ignoranz seinem Land gegenüber konfrontiert zu werden. Er erzählte mir von seiner Ankunft im Worthing Rep. Es war sein erster Vortrag, und er war sehr nervös. »Eine der Schauspielerinnen sagte zu mir: ›Freut mich, Sie kennenzulernen, Sie sehen so zivilisiert aus!‹ Ich hätte auch wütend darüber werden können, doch ich mußte lachen. Die Leute denken, Lateinamerika sei geheimnisvoll, nichts als Dschungel, Voodoo und Kannibalen. Als ich ihnen berichtete, daß Pinters Werke in Chile sehr wohl bekannt seien, fragte mich einer der Schauspieler, ob sie in Übersetzung aufgeführt würden. ›Selbstverständlich‹, erwiderte ich, ›bei uns spricht man Spanisch.‹ Daraufhin lachte er affektiert und rief aus: ›Oh, wie köstlich! Pinter auf spanisch!‹ ›Auch nicht köstlicher als Tschechow auf englisch‹, konterte ich.«

... Manchmal denke ich, es muß schwerer sein, in einem Land zu leben, in dem einem durch die Medien die Welt zu Füßen liegt, mit derartig »aufschlußreicher« und »unparteiischer« Information, als in einem Land wie unserem, wo alles viel nichtssagender und beschränkter ist, und die Nachrichten von dem Land, das uns beherrscht, manipuliert werden. Wenigstens fühlt man sich von der Nutzlosigkeit seiner Existenz nicht so erschlagen. Anders kann ich mir diese Generation junger Leute nicht erklären, die vor sich selbst davonzulaufen versucht, mit Drogen oder indem sie Selbstmord begehen, um die einzige Wahrheit, nämlich am Leben zu sein, im Tod zu finden. Ständig hat man das Gefühl, mit dem Rücken an die Wand gepreßt zu werden: mit dem Einschußloch im Hals von Martin Luther King, mit dem Anblick seiner neben ihm weinenden Witwe, mit der Bombardierung von Vietnam, dem Untergang eines Schiffes mit nur wenigen Überlebenden, der Premiere eines neuen Films von Tony Richardson, der Farbe des diese Woche angesagten Lippenstifts oder dem neuesten Hundekuchen. Man hat weder Zeit zu wählen, noch über seine Wahl nachzudenken. Wer nicht sofort handelt, bleibt hoffnungslos zurück. Es scheint, daß keiner sich traut, er selbst zu sein. Alle haben Angst vor der Einsamkeit, und gerade deshalb ist jeder inmitten einer Menge einsamer Menschen allein ... Abgesehen von der Tatsache, von den Vereinigten Staaten abhängig zu sein und einiger anderer Mißstände, ist Chile zumindest ein Ort, an dem Brot noch Brot und Erde noch Erde ist; ein Ort, an dem man sich selbst und andere Leute mit Hilfe eines Kompasses finden kann, nämlich dem des echten, des unverfälschten Lebens. Hoffentlich werden sie uns nie »zivilisieren«. Ich ziehe es vor, wie es ist – roh, offen und wild.

Trotz seines professionellen Interesses an allem, was er zu sehen bekam, brannte Victor darauf, zu seiner Arbeit in seinem eigenen Land zurückzukehren, wo es soviel zu tun gab. Er warf sich vor, wie ein Müßiggänger herumzusitzen, während die ganze Welt offensichtlich kurz davor war, in die Luft zu fliegen.

Unsere Trennung wurde durch einen lang anhaltenden Poststreik in Chile erschwert, der unsere Kommunikation unterbrach. Zu diesem Zeitpunkt fand ich heraus, daß Amanda an Diabetes litt. Ich sage, »ich fand es heraus«, denn ihre Symptome waren geradezu klassisch, und ich war es, die unserem Hausarzt vorschlug, ihre Blutwerte zu untersuchen. In Chile galt diese Krankheit bei einem so kleinen Kind – sie war erst dreieinhalb Jahre alt – als ungewöhnlich, doch später erfuhr ich, daß viele Kinder aus Arbeiterfamilien an Unterernährung oder im Koma starben, bevor die Krankheit diagnostiziert wurde oder eine Behandlung in die Wege geleitet werden konnte.

Mir fiel es schwer zu glauben, daß sich meine Alpträume als prophetisch erwiesen hatten. Der Schock war schrecklich. Ich glaubte, daß Amanda, und damit wir alle, damit jede Chance auf Glück verloren habe. Während jener ersten Tage ging ich wie in Trance umher, lernte, wie man Insulinspritzen setzte und überlegte mir die ganze Zeit, wie ich Victor die schlechten Nachrichten beibringen sollte. Zweifellos bedeutete es, daß Amandas und mein Leben von nun an von einer unausweichlichen Routine bestimmt sein würden, und daß ich ab sofort strikte Prioritäten zu setzen hatte.

Es kostete mich allergrößte Überwindung, einen Brief zu schreiben, den ich sofort einwarf, sobald der Streik beendet war. In der Zwischenzeit hatte ich mehrere Briefe von Victor erhalten, die Freunde mitgebracht hatten, und so wußte ich, daß er sich gerade in Stratford-upon-Avon aufhielt. Dort, auf dem Bett seiner englischen »Studentenbude«, schrieb er ein Lied, das eines seiner berühmtesten werden sollte. »Te recuerdo, Amanda« entstand nicht als direkte Reaktion auf die Nachricht von der Krankheit seiner Tochter, sondern weil er sich in einer sehr sensiblen Phase hinsichtlich familiärer Bindungen und der Wichtigkeit der Liebe befand. Das Lied war eine Mischung aus Vergangenheit und Zukunft, mit jenem seltsamen Gespür für Prophezeiung, das einigen von Victors Liedern zu eigen ist. Die Leute fragen, ob es ein Lied für seine Mutter oder für seine Tochter sei. Ich glaube, es war auf keine der beiden direkt bezogen, obwohl es sowohl das Lächeln seiner Mutter als auch das Versprechen der Jugend seiner Tochter enthält:

Ich erinnere mich an dich, Amanda,
die Straßen waren naß,
und du ranntest zur Fabrik,
in der Manuel arbeitete.
Mit deinem breiten Lächeln,
dem Regen im Haar,
es zählte sonst gar nichts,
nur sehen wolltest du ihn.

Nur fünf Minuten,
dein ganzes Leben in fünf Minuten.
Die Sirene heult,
Zeit, wieder an die Arbeit zu gehen.
Und überall, wo du gehst,
fängt alles zu leuchten an,
diese fünf Minuten,
haben dich zum Erblühen gebracht.

Und er ging zum Kämpfen in die Berge.
Er hatte nie einer Fliege etwas zuleide getan,
und in fünf Minuten,
war alles ausgelöscht.
Die Sirene heult,
Zeit, wieder an die Arbeit zu gehen.
Viele kehren nicht mehr zurück,
unter ihnen auch Manuel…

In diesem Augenblick war Victor glücklich darüber, sich in der herzlichen Atmosphäre der Royal Shakespeare Company aufzuhalten, wo er sich die Proben zu *Dr. Faustus* ansah. Er hatte mit vielen Schauspielern Freundschaft geschlossen und begleitete sie täglich zu den Proben und auch zu ihren Abstechern in den Dirty Duck, den Pub um die Ecke. Alan Howard, dem auffiel, daß er plötzlich so still und gedankenverloren war, erkundigte sich, was mit ihm los sei. Als ihm Victor von Amanda erzählte, konnte ihn Alan hinsichtlich der Krankheit, die er aus persönlicher Erfahrung kannte, beruhigen. Er erzählte ihm, daß es, auch wenn sie noch immer unheilbar war, durchaus möglich war, ein absolut normales Leben damit zu führen, und daß sie durch das familiäre Erbgut weitergegeben würde.

Victor war ihm für diese Hilfe und sein Mitgefühl sehr dankbar, und als er mir schrieb, schaffte er es sogar, mir Mut zu machen und schwor, sich nie wieder so lange von uns zu trennen. »Unser Zuhause muß gedeihen, mit uns darin, uns und unseren Kindern, mit all unseren Fehlern, Tugenden und Schwächen, aber *gemeinsam*, jeder von uns vollkommen ein Teil der anderen, damit unsere kleinen Töchter keine Angst vor der Zukunft haben müssen, damit wir die Chance haben, unser Glück so lange wie möglich zu leben, indem wir unser Bestes geben, aber ohne uns jemals wieder voneinander zu trennen.«

6

Gesang als Waffe

Ende der Sechziger waren Victors Lieder nicht mehr autobiographisch, sondern drehten sich vielmehr, auch wenn sie oft von einzelnen Menschen handelten, um allgemeine Probleme, Aufgaben und Ziele, die die Völker Lateinamerikas angingen. Eines der ersten und vielleicht augenfälligsten Beispiele dafür ist wohl »El aperecido«, ein Lied, das er Anfang 1967 komponierte. Es wurde im März des gleichen Jahres als Single veröffentlicht und trug die Widmung »Für E. (Ch.) G.«– eine explizite Erwähnung von Ernesto »Che« Guevara war nicht möglich, denn die Schallplatte wurde von Odeon herausgebracht, dem chilenischen Gegenstück zur EMI.

Nach Fidel Castros Rede, in der er Che Guevaras Abreise aus Kuba verkündet hatte, fragten sich alle, in welchem Teil Lateinamerikas er wohl für die Befreiung der Unterdrückten kämpfte, und ständig machten neue Spekulationen die Runde. Er schien überall und nirgends zu sein, wie eine Art revolutionäres Phantom, schon damals eine fast mythische Figur, die ihren unerbittlichen und mächtigen Feinden, die ihr auf den Fersen waren, immer wieder entwischte... Genau das versuchte Victor in diesem Lied mit seinem treibenden, galoppierenden Rhythmus auszudrücken: die Vorstellung von Jägern und Gejagten, »den Adler mit den goldenen Klauen«, die Feinde, die einen Preis auf seinen Kopf ausgesetzt haben und ihn am Ende töten werden. Nur wenige Monate später erreichte uns die Nachricht von Ches Tod in Bolivien.

Im Gegensatz zu anderen lateinamerikanischen Ländern, in denen sich viele Leute – unter ihnen auch Victor – von der Guerillabewegung inspiriert fühlten, wurden derlei Kampfstrategien von der traditionellen Linken Chiles, den Kommunisten und den Sozialisten, nicht übernommen. Da die Arbeiterbewegung in Chile die größte und am besten organisierte ganz Lateinamerikas war, konnten sie auf jahrzehntelange Erfahrungen mit der Organisation einer Massenbewegung zurückgreifen und sahen keine Notwendigkeit, ihre Methoden zu ändern.

Da die Arbeiterklasse in Chile so gut organisiert war und sich ihrem Kampf inzwischen sowohl Studenten als auch Landarbeiter angeschlossen hatten, schien es möglich, im Rahmen einer parlamentarischen Demokratie einen revolutionären Umschwung durchzusetzen. Überall fanden intensive Diskussionen und Auseinandersetzungen hinsichtlich der *vias* – der Wege zum Sozialismus – statt, sogar zwischen der Kommunistischen und der Sozialistischen Partei eine Debatte, die durch den Trikontinentalkongreß in Kuba stimuliert worden war, an dem Salvador Allende als Senatspräsident Chiles teilgenommen hatte.

Victor wurde von der Kommunistischen Partei kritisiert, zu jenem Zeitpunkt Che Guevara ein Lied gewidmet zu haben, obwohl das Lied selbst weniger ein Ruf zu den Waffen als ein Ausdruck der Bewunderung für Ches Heroismus und eine Denunziation der Methoden der USA zum Schutz ihrer Interessen in Lateinamerika war. Victor war zwar grundsätzlich ein sehr friedfertiger Mann, der jede Art von Gewalttätigkeit ablehnte, aber er war auch sehr empfindlich gegenüber der alltäglichen Gewalt der Unterdrückung und der Armut. Ich weiß, daß er die Möglichkeit nicht ausschloß, daß es eines Tages erforderlich sein könnte, zu den Waffen zu greifen, um dieser Gewalt ein Ende zu setzen.

In einem anderen Lied aus dem gleichen Zeitraum, das Victor nicht selbst sang, sondern für Quilapayún arrangierte, spiegelt sich ein anderer Aspekt dieses Problems. »El soldado« (»Der Soldat«) spricht ein grundlegendes Thema an, dem, obwohl man darüber sprach, niemals gebührend Rechnung getragen worden war. Das Lied kommt einem heute eigenartig prophetisch vor:

> Soldat, schieß nicht auf mich,
> erschieß mich nicht, Soldat!
> Wer hat dir diese Medaillen an die Brust geheftet?
> Wie viele Leben haben sie gekostet?
> Ich weiß, daß deine Hand zittert,
> töte mich nicht,
> ich bin dein Bruder.

Seit dem Beginn des Kalten Krieges hatte das Pentagon immer engere Verbindungen mit den Streitkräften Lateinamerikas geknüpft, deren Selbstverständnis als nationaler Verteidigungsapparat einer neuen Vorstellung von nationaler Sicherheit gewichen war, die als neuen Feind den rebellischen Aufrührer, den vermuteten Agenten des internationalen Kommunismus definierte. Die von den Vereinigten Staaten gelieferten Waffenarsenale bestanden immer mehr aus Anti-Aufruhrwaffen: Straßenkampfausrüstung, Panzerkampfwagen, Handfeuerwaffen. Chiles Polizeispezialtruppe trainierte das Zerschlagen von Demonstrationen, die Grupo Movil verdankte ihre Methoden und ihre Ausrüstung den USA, ebenso wie die Waffen, die 1965 eingesetzt wurden, um chilenische Bergleute und ihre Frauen in El Salvador zu töten, eine »Beihilfe aus den USA« gewesen waren.

In Panama und an anderen Orten Lateinamerikas wurden Lager eingerichtet, in denen Offiziere und Unteroffiziere aus den Armeen und den Polizeikräften des gesamten Kontinents mit dem Konzept des »inneren Friedens« indoktriniert wurden. Dort brachte man ihnen bei, gegen ihre eigenen Landsleute zu kämpfen, gegen inländische Rebellion, Revolution und Dissidententum. Ein Konzept, das sich entschieden von der simplen patriotischen Doktrin unterschied, die noch Victor zu Zeiten seines Militärdienstes eingetrichtert worden war. Er hatte nichts besonders Anstößiges an der Vorstellung gefunden, die Grenzen seines eigenen Landes zu verteidigen. Der neue Ansatz hingegen war etwas anderes und weitaus Unheilvolleres.

In Guatemala, in der Schweinebucht und in Brasilien hatten bereits militärische Interventionen stattgefunden. Die Dominikanische Republik war 1965 praktisch von der US-Marine besetzt worden, und US-Spezialeinheiten wie die Black Berets und die Green Berets wurden überall als Militärberater und Vernehmungsoffiziere eingesetzt. Nichtdestotrotz hielt sich die Illusion, die chilenischen Streitkräfte seien apolitisch und würden die Verfassung und die rechtmäßig gewählte Regierung des Landes schützen.

Die politischen Parteien untersuchten die Klassenstruktur innerhalb der Streitkräfte und kamen zu dem Ergebnis, daß die Offiziere aus den oberen und mittleren Schichten stammten, wohingegen die niederen Ränge – mithin die Mehrheit – aus der Masse der Arbeiter und Kleinbauern eingezogen wurden. Was die Macht der psychologischen Indoktrination und die Effektivität militärischer Disziplin anging, unterlagen sie jedoch einer schwerwiegenden Fehleinschätzung.

Victors erstes Lied mit choralem Charakter, ebenfalls für Quilapayún komponiert, zeugte von seinem Bewußtsein dafür, daß es höchste Zeit war, sich für das Kommende zu wappnen. In »Somos pájaros libres« (»Wir sind freie Vögel«) drängt er: »Brüder, es ist schon zu spät, laßt uns zu den Berggipfeln fliegen!« Für Victor war es so, als hätte die Zeit angefangen, sich zu beschleunigen.

Inzwischen erwies sich als sichtbarste Facette im Kampf der US-Politik gegen die Revolution in Chile in den sechziger Jahren die Verstärkung der kulturellen Invasion. Die Massenmedien propagierten den »American Way of Life«, die Kioske waren mit billigen amerikanischen Comics zugepflastert; aus den Radios quoll amerikanische Popmusik, im Fernsehen liefen amerikanische Seifenopern, in den Kinos zweitklassige Hollywood-Ware… und aufgrund der wichtigen Rolle, die das Radio in ihrem Leben spielte, waren die ärmsten und am meisten benachteiligten Leute vielleicht am anfälligsten für diese Propaganda.

Eines von Victors Liedern, 1969 geschrieben, personifiziert dieses Problem. »Quién mató a Carmencita?« (»Wer tötete Carmencita?«) fußte auf der wahren Geschichte eines jungen Mädchens, das unter dem Einfluß von Drogen Selbstmord begangen hatte. Es hatte in demselben ärmlichen Landkreis gewohnt, in dem auch Victor aufgewachsen war.

In ihrem besten, frischgebügelten Kleid ging sie
zitternd vor Verzweiflung, und ihre Tränen rannen.
Von ferne Hundejaulen und Autohupen,
der Park war dunkel und die Stadt schlief.
Kaum fünfzehn Jahre und ihr Leben vertan,
die Wohnung erdrückte und die Schule langweilte sie,
nur beim Schlangestehen vor den Radiosendern
pochte ihr Herz,
die Götzen des Alltags blendeten ihre Augen.
Die kaltblütigen Händler der Träume,
die fett und reich an der Jugend werden,
hatten ihre Sehnsüchte verborgen und sie mit Lügen
durchsiebt,
Glück, Liebe und Phantasie auf Flaschen gezogen.

Sie entfloh,
Carmencita starb,
mit einer blutenden Rose auf den Schläfen
brach sie auf, ihre letzte Illusion zu finden.

Sie verstand nicht, daß ihr Geist vergiftet wurde
durch falsche Träume, die ihr nicht gehörten,
eine Welt aus Marihuana und privaten Swimming
Pools,
»Flieg mit Braniff International ins Glück!«
Ihre Welt war ein schäbiges Arbeiterviertel,
triste Straßen, voller Streit und Geschrei,
zu Hause alles eng und gedrängt, die Arbeit in der
Küche.
Während sie im Sterben lag, bereicherten sich andere.
»Aus unbekannter Ursache« stand in der Zeitung.

Der Begriff »Protestsong« war damals in aller Munde. Doch
obwohl Victor oft als Protestsänger bezeichnet wurde, verdankte die Liedbewegung in Chile der durch die Musikindustrie der Vereinigten Staaten importierten kommerzialisierten
Version des Protestsongs nur wenig. Man bewunderte Pete
Seeger, Malvina Reynolds und andere, die sich gegen den Vietnamkrieg engagierten, doch die chilenische Liedbewegung
per se wurzelte tief in ihrer eigenen kulturellen Tradition und
beschäftigte sich mit ihren eigenen Problemen. Ungefähr zu
jener Zeit äußerte sich Victor folgendermaßen:

Die kulturelle Invasion ist wie ein dicht belaubter Baum,
der uns daran hindert, unsere eigene Sonne, unseren Himmel und unsere Sterne zu sehen. Um wieder den Himmel
über unseren Köpfen sehen zu können, besteht unsere
Aufgabe deshalb darin, diesen Baum an seiner Wurzel zu
fällen. Der US-Imperialismus ist sich der Magie der Kommunikation durch Musik sehr wohl bewußt und besteht
darauf, unsere jungen Leute mit allem möglichen kommerziellen Quatsch auf Linie zu bringen. Mit professio-
nellem Know-how haben sie bestimmte Maßnahmen getroffen: zunächst die Kommerzialisierung der sogenannten
»Protestmusik«; dann die Schaffung eigener »Idole« der

Protestmusik, die den gleichen Regeln gehorchen und unter den gleichen Beschränkungen leiden wie die anderen Idole der konsumorientierten Musikindustrie – sie halten sich eine Weile und verschwinden dann wieder. Solange sie angesagt sind, bedient man sich ihrer, um den angeborenen rebellischen Geist der jungen Leute zu neutralisieren. Die Bezeichnung »Protestsong« hat keine Bedeutung mehr, denn sie ist uneindeutig und ist mißbraucht worden. Ich ziehe die Bezeichnung »revolutionäres Lied« vor.

Tatsächlich schien das politische Klima in Chile eine Revolution zu verlangen. Die Unzufriedenheit mit der Regierung Frei wuchs rapide. Innerhalb des progressiven Flügels der Christlich Demokratischen Partei gab es zunehmend Anzeichen von Kritik an der Politik ihrer Parteispitze.

Ein äußerliches Zeichen für diese Unzufriedenheit war der Ruf nach einer Universitätsreform, der 1967 am reaktionärsten und elitärsten aller »Lehrstühle«, der Katholischen Universität von Santiago, laut wurde.

Obwohl es zu Anfang kaum mehr war als ein Ausdruck der studentischen Forderung nach größerem Mitspracherecht innerhalb eines autoritären Systems, wurde die Sache rasch politisiert. Es war eine kritische Zeit für die Universitäten. Die starken Jugendbewegungen der späten sechziger Jahre waren auch in Chile zu spüren, und wenn auch die Revolution der Frisuren, der Mode und des sexuellen Verhaltens recht spät ankam, so war dafür der Einfluß der realen Revolution Kubas wesentlich stärker und direkter.

Zu Beginn des Universitätsjahres, im März 1968, hatte sich die Reformbewegung bis in die Universität von Chile ausgebreitet. Das Gebäude des Fachbereichs Musik und darstellende Künste, unseres Fachbereichs, wurde als eines von vielen Universitätsgebäuden von Studenten und Dozenten, die einen Wandel forderten, besetzt. Im Mai wurden Solidaritätsprogramme mit den Studenten in Paris und anderen Universitäten auf der ganzen Welt ausgetauscht, doch das, was in Chile stattfand, unterschied sich, wie ich glaube, von der Situation in anderen Ländern. Im Gegensatz zu Frankreich, wo die Kommunistische Partei und die Gewerkschaftsbewegung Abstand zur Studentenrevolte hielt, waren in Chile die Anführer der Reform sowohl in der Universität von Chile als auch in der Technischen Universität Kommunisten, nicht nur unter den Studenten, sondern auch unter den Akademikern.

Sie drängten darauf, die Universitäten den Kindern der Fabrik- und Landarbeiter zu eröffnen, doch obwohl nicht alle damit übereinstimmten und die Meinungen dazu, wie grundlegend die Reform zu sein hatte, unterschiedlich waren, wurde die Bewegung doch – mit Ausnahme der reaktionärsten Kräfte des Landes – von einem allgemeinen Konsens getragen. Die meisten Leute waren sich darüber einig, daß demokratischere Strukturen benötigt wurden und daß die Universitäten nicht Erfüllungshilfen des *status quo* sein, sondern ihre kritische Haltung gebenüber der Gesellschaft beibehalten sollten. Obwohl die Universitäten Chiles in Lateinamerika großes Ansehen genossen, erfüllten sie doch keinesfalls die Bedürfnisse des Landes. Lehre und Forschungsprogramme waren mehr und mehr von ausländischen Subventionen abhängig und so angelegt worden, daß sie den Interessen der multinationalen Unternehmen und der US-Regierung entsprachen. Es lag auf der Hand, daß hier eine Veränderung nottat, und daß den Problemen und Bedürfnissen Chiles Vorrang eingeräumt werden mußte.

Es war eine Zeit großer Turbulenzen und Aufregung, in die Victor sofort nach seiner Rückkehr aus England gestürzt wurde. Er selbst sowie alle Mitglieder von Quilapayún und Inti-Illimani waren direkt davon betroffen, denn sie alle waren mit dem universitären Leben verbunden, entweder als Studenten oder, wie in Victors Fall, als Dozent an der Theaterschule und als Regisseur an der ITUCH. Sie nahmen alle aktiv an den Versammlungen, Planungssitzungen und Straßendemonstrationen teil, aber auch, indem sie in den Peñas sangen, die überall in den Studentenverbänden und Fakultäten wie Pilze aus dem Boden schossen. Als Künstler wurden sie automatisch mit der Reformbewegung identifiziert.

Ihre Lieder wurden bei öffentlichen Demos gesungen, an denen sie selbst teilnahmen und bei denen sie von Überfallkommandos mit Wasserwerfern und Tränengas attackiert wurden. Aus diesen Erfahrungen resultierte ein Lied, das Victor gemeinsam mit Quilapayún sang: »Movil Oil Special«, ein Titel, der auf den Namen der Spezialeinheiten abspielte und ihn mit dem einer bestimmten, in Chile sehr stark vertretenen multinationalen Firma in Verbindung brachte. Er entwickelte sich zu einem der bekannten Reformlieder und wurde später mit den Hintergrundgeräuschen einer Studentendemonstration inklusive dumpfen Tränengasexplosionen auf Schallplatte aufgenommen. Die Liedbewegung hatte angefangen, aus der eher privaten Atmosphäre der Peñas herauszutreten und sich einer Massenbewegung anzuschließen, die immer weiter anzuschwellen und sie mit sich zu reißen schien. Victor erlebte, daß seine Lieder zu einem Teil des tagtäglichen Kampfs wurden.

Im Oktober war der Kampf an der Universität von Chile gewonnen. Wahlen wurden angekündigt, bei denen die Ämter neu vergeben werden sollten. Der Fachbereich, der den ganzen Winter über von Studenten und Dozenten besetzt worden war, machte sich radikal verändert an die Arbeit. Nur ein kleines Zeichen für den Wandel war die Tatsache, daß im Dezember jenes Jahres ein Vortrag Victors zusammen mit Quilapayún in den offiziellen Spielplan chilenischer Musik unter der Schirmherrschaft des Instituto de Extensión Musical der Universität aufgenommen wurde.

In der Studentenschaft hatte die Liedbewegung ein Massenpublikum gefunden. Nun sollte ein sogar noch wichtigerer Schritt in ihrer Entwicklung stattfinden, der ein Ergebnis des besonderen sozialen und kulturellen Klimas war, das damals in Chile herrschte, und mehr noch aus der Tatsache resultierte, daß die Arbeiterbewegung seit jeher die Tradition, kulturelle Aktivitäten zu fördern, aufrechterhalten hatte. Anfang des Jahrhunderts half der Gründungsvater der Bewegung, Luis Emilio Recabarren, bei der Bildung von Arbeitertheatergruppen und setzte sich für Gedicht- und Liedervorträge bei ihren Zusammenkünften ein. Die Tradition hatte sich erhalten: politische Versammlungen, Gewerkschaftstreffen und Kundgebungen beinhalten seitdem stets künstlerische Programmpunkte irgendeiner Art.

Der Aufschwung im Kampf um soziale Veränderungen, der in den späten Sechzigern einsetzte, und die neuen Verbindungen, die nach der Universitätsreform zwischen Studenten und Gewerkschaftsbewegungen entstanden, ermöglichten Victor, Quilapayún und anderen in der Liedbewegung involvierten Künstlern, die Arbeiter und Kleinbauern als Publikum hinzuzugewinnen. Indem sie die ihnen feindlich gesinnten Medien einfach ignorierten, erreichten sie die Menschen, mit denen sie eigentlich in Kontakt zu treten wünschten.

1969 kam Victor ständig Einladungen von Gewerkschaftsorganisationen nach. Die Anlässe variierten: Es konnte sich um eine Feier, einen Geburtstag, die Unterstützung eines Streiks oder einfach nur um die Freude an einem musikalischen Vortrag handeln. Die Arbeiter der großen Zementfabrik El Melón beispielsweise waren daran gewöhnt, Sänger, die in den »Top Ten« vertreten waren, zu ihrer alljährlichen Feier einzuladen. In diesem Jahr luden die Organisatoren in einer recht gewagten Aktion Victor ein, der Quilapayún mitbrachte. Ihr überwältigender Erfolg überraschte alle, denn selbst damals zweifelten die Leute daran, ob diese Art von nichtkommerzieller, chilenisch klingender Musik ohne elektrische Gitarre populär werden könnte.

Es war eines der ersten in einer langen Folge von Konzerten im ganzen Land. Sie sangen in großen Städten und an abgelegenen Orten, von den Ölfeldern der Tierra del Fuegos bis zu den Minen in der Wüste im Norden. Ausgehend von den Peñas war diese neue Art von Musik Teil einer sozialen und politischen Bewegung, die sie in ihr Innerstes aufnahm. Die Musik hatte eine Funktion als Waffe im revolutionären Kampf erhalten. Wie Victor es ausdrückte: »Ein Künstler muß ein authentischer Schöpfer und von daher in jeder Hinsicht ein Revolutionär sein… so gefährlich wie ein Guerillakämpfer, allein auf Grund seiner gewaltigen Fähigkeiten zur Kommunikation.«

Am Sonntag, dem 9. März 1969, griffen um 7 Uhr morgens auf Befehl des Innenministers Edmundo Pérez Zúcovic und unter dem Kommando von Jorge Pérez, des amtierenden Gouverneurs der Provinz Llanquihue, zweihundertundfünfzig bewaffnete Polizisten eine Gruppe von einundneunzig Landarbeiterfamilien an, die einen Flecken Brachland namens Pampa Irigoin besetzt hatten, ungefähr zwei Meilen vom Zentrum der Stadt Puerto Montt entfernt.

Als sich die Polizei der Ansiedlung näherte, löste sie das von den Kleinbauern installierte Alarmsystem aus. Das Rasseln der am Stacheldraht befestigten Blechdosen weckte die schlafenden Familien. Die Frauen verständigten sich rufend untereinander, zerrten noch halb schlafende Kinder aus den improvisierten Unterkünften und sammelten eilig ihre Säuglinge ein. Die Landarbeiter rannten hin und her, versuchten einen Ausweg aus dem Polizeikordon zu finden. Einige griffen in der Absicht, Widerstand zu leisten, ihre Arbeitsgeräte – Spaten, Hacken, was ihnen gerade in die Hände kam –, andere versuchten, die Nachbarsiedlung Manuel Rodriguez zu erreichen, wo sie Unterschlupf zu finden hofften. Doch die Polizei hatte Pampa Irigoin bereits umstellt. Sie warfen Tränengasgranaten hinein, dann eröffneten sie das Feuer aus Maschinenpistolen. Viele Männer und Frauen gingen verwundet zu Boden, und die Polizisten setzten die primitiven Hütten, die ihr Zuhause gewesen waren, in Brand. Sieben Landarbeiter wurden getötet, und ein neun Monate altes Baby erstickte im Tränengas. Sechzig Menschen wurden verwundet, die meisten von ihnen in Brust und Bauch, denn die Polizei, die es darauf angelegt hatte, zu töten, schoß wahllos in die unbewaffnete Menge hinein.

Die Landarbeiter, die ausnahmslos obdachlos und von denen die meisten ohne Arbeit waren, hatten das Land, das der Familie Irigoin gehörte, fünf Tage zuvor besetzt. Der südliche Herbstregen hatte bereits eingesetzt und den Flecken in ein Schlammfeld verwandelt. Die improvisierten Hütten hatten kaum Schutz vor dem Regen geboten, aber sie waren die einzigen Dächer gewesen, unter denen die Arbeiter Unterschlupf finden konnten. Sie waren es leid gewesen, noch länger auf das Recht, besser als Tiere leben zu dürfen, zu warten. Sie hatten darauf gehofft, daß die Behörden durch die Landbesetzung auf ihre Notlage zumindest aufmerksam würden. Doch die Antwort von Pérez Zúcovic hatte darin bestanden, die Polizei anzuweisen, »ihre Pflicht zu erfüllen« und die Arbeiter gewaltsam von der Brache zu vertreiben, falls nötig unter Einsatz von Schußwaffen.

Pérez Zúcovic war ein wohlhabender Geschäftsmann, der dem rechten Flügel der Christlich Demokratischen Partei angehörte. Er war für die Grupo Movil und alle anderen Unterdrückungsinstrumente der Polizei verantwortlich, die bereits bei zahllosen Gelegenheiten gegen Demonstranten, streikende Arbeiter sowie ihre Familien und gegen Studenten eingesetzt worden waren. Bereits vor dem Massaker von Puerto Montt galt er als eine der unbeliebtesten politischen Persönlichkeiten jener Zeit.

Als Victor davon in den Zeitungen las, war er sehr bestürzt und aufgebracht, geradeso, als hätte die Polizei seine eigene Familie angegriffen und niedergemacht. Sofort nahm er seine Gitarre zur Hand und machte sich daran, ein Anklagelied gegen Pérez Zúcovic zu komponieren, in dem er ihn als Symbol für die verzerrten Werte der Gesellschaft, in der wir lebten, darstellte.

Der allgemeine Aufschrei, der durch das Massaker von Puerto Montt hervorgerufen wurde, entzündete eine ohnehin angespannte politische Situation im Land, und in den darauffolgenden Tagen ereigneten sich in Santiago gewalttätige Zusammenstöße zwischen demonstrierenden Studenten und der Polizei, meist in der direkten Umgebung des Gebäudes unseres Fachbereichs und des nahe gelegenen Gebäudes der Politik- und Sozialwissenschaften. Der Dachverband der Studentenschaft und die Gewerkschaften riefen für Donnerstag, den 13. März, zu einer großen Protestdemonstration auf der Avenida Bulnes auf, einem breiten Boulevard, der vom Präsidentenpalast La Moneda direkt nach Süden führte.

Mehrere Sprecher und Künstler standen auf dem Podium, um ihre Verurteilung des schrecklichen Verbrechens sowie ihr Mitgefühl mit den Witwen und Müttern der Opfer kundzutun, die nach dem Massenbegräbnis ihrer Angehörigen gleich aus dem Süden nach Santiago gekommen waren. Eine überwältigende Menschenmenge, vielleicht einhunderttausend Leute, füllte die breite Straße auf einer Länge von mehreren Häuserblocks.

Zu diesem Anlaß sang Victor sein Lied »Preguntas por Puerto Montt« (»Fragen zu Puerto Montt«) zum ersten Mal in der Öffentlichkeit. Ich stand hinter der Bühne und konnte ihn von dort aus sehen. Energisch und breitbeinig stand er da und sang, als hinge sein Leben davon ab, vor einem Gesichtermeer, das sich erst in der Ferne in der heraufziehenden Abenddämmerung verlor, einem Meer, das bei seinen letzten Tönen mit einem Gebrüll angestauter Gefühle antwortete.

In den darauffolgenden Wochen wurde Victor überall, wo wir auftauchten, darum gebeten, dieses Lied vorzutragen. Es nahm allmählich ein eigenes politisches Leben an, und es dauerte nicht lange, bis Victor den ersten Hinweis auf persönliche Konsequenzen erhalten sollte. Eines Abends wartete ich im Stadtzentrum vor dem Fakultätsgebäude auf ihn. Ich saß in der Citroneta und hatte den Motor laufen und sah ihn durch die Glastüren des Haupteingangs kommen, unverwechselbar mit seinem wie ein Heiligenschein abstehenden schwarzen Lockenhaar und der unkonventionellen Kleidung. Aus dem Augenwinkel bemerkte ich eine Gruppe junger Männer, die aus dem gegenüberliegenden Hauptquartier der Nationalpartei herauskamen, und mir fiel auf, daß sie auf Victor zeigten. Einer von ihnen war besonders groß und trug einen breitschultrigen, von einem Gürtel zusammengehaltenen Kamelhaarmantel. Alle hatten sie glattes, nach hinten gekämmtes Haar und trugen Anzüge – die Uniform der Momiocs. Mit einem Mal überquerten sie die Straße und umringten Victor. Ich sah ihre erhobenen Fäuste und rief ihm aus dem Auto heraus etwas zu. Er schob sie zur Seite und schaffte es, sich ins Auto zu setzen, während ich sofort Gas gab und losfuhr. Es war nur ein beiläufiger Zwischenfall, aber es war der erste von vielen. Sie hatten gedroht, daß sie ihn »erwischen« würden, wenn er weiterhin subversive Lieder sänge.

Ein paar Monate später erhielt Victor eine Einladung für einen Vortrag im Colegio San Jorge, einer der bekanntesten und teuersten höheren Jugendschulen im Barrio alto. Er sollte an einer Woche von Debatten und kulturellen Aktivitäten teilnehmen, in der man sich hauptsächlich mit den traditionellen Werten innerhalb des chilenischen Ausbildungssystems befassen wollte. Zunächst wollte Victor instinktiv ablehnen, weil er, wie er sich selbst eingestand, Vorurteile gegen ein solches Publikum hegte, doch dann wurde ihm klar, daß es sich um eine Herausforderung handelte, die man nicht so einfach ignorieren durfte.

Er schlug vor, seinen Vortrag gemeinsam mit einem Dichter zu gestalten, einem seiner Freunde namens Jaime Gomez, und anschließend genug Zeit für eine Diskussion mit den Schülern einzuplanen. Victor und Jaime fanden sich am 8. Juli gegen zwei Uhr nachmittags an der Schule ein, wo sie erfuhren, daß der Vortrag in den größeren Versammlungssaal einer benachbarten Mädchenschule verlegt worden sei. Als sie dort

175

eintrafen, hatten sich bereits an die achthundert Schüler eingefunden, und Victor hatte den Eindruck einer recht merkwürdigen Atmosphäre. Vor dem Gebäude standen Gruppen von Schülern herum, die ihnen schweigend beim Betreten des Saales zuschauten, und er hatte den Eindruck, sie seien ihnen irgendwie feindlich gesinnt. Schließlich hatte er diesbezüglich schon einige Erfahrungen gesammelt.

Er ermahnte sich, nicht paranoid zu sein und schlug den Organisatoren vor, daß Jaime und er sich lieber unten im Saal im Publikum aufhalten würden, als isoliert oben auf der Bühne zu sitzen, um eine Atmosphäre der direkteren Kommunikation zu schaffen. Man riet ihnen jedoch nachdrücklich davon ab, und so gaben Jaime und Victor, vielleicht zu ihrem großen Glück, nach und bestiegen die Bühne. Lieder und Gedichte wechselten sich ab. Sie fingen gemäßigt an, der Applaus nach jeder Nummer war normal. Victor hatte kein besonderes Programm vorbereitet. Bei solchen Gelegenheiten verließ er sich lieber auf sein Gespür für das Publikum, das ihm das jeweilig nächste Lied einflüsterte. Er wollte sie kennenlernen und ihre Reaktionen auf ein Lied wie »El arado« ausloten, das von den sehr aktuellen Problemen der Kleinbauern handelte, oder auf »Te recuerdo Amanda«, ein Liebeslied mit einem Subtext. Er war aufrichtig an ihren Ansichten interessiert und keinesfalls auf höflichen Applaus oder hitzige Reaktionen aus.

Er spürte, wie die Atmosphäre immer angespannter wurde und sich eine Polarisierung zwischen einer Gruppierung und einer anderen herausbildete. Die Schüler ließen allmählich ihre wirklichen Gefühle heraus, indem einige laut applaudierten, andere buhten und dazwischenriefen, bis auf der Empore ein Gerangel ausbrach. Dort oben herrschte ein ziemlicher Tumult, also unterbrach Victor seinen Vortrag und bat um Ruhe, damit er fortfahren könne, wobei er darauf hinwies, daß anschließend eine Diskussion darüber stattfände. Daraufhin wurden von der Empore Beschimpfungen heruntergeschrien.

»El aparecido« wurde gegen den Lärm um sich greifender

Streitereien angesungen, und wieder bat er um Vernunft anstelle von Gewalt, was ihm als Antwort Rufe wie »Kommunist«, »Subversiver« und eine ganze Reihe unflätiger Beleidigungen einbrachte. Das brachte ihn erst recht auf, und so stimmte er umgehend ein Lied an, das seinen damaligen Gefühlen am heftigsten Ausdruck verlieh: »Preguntas por Puerto Montt«. Noch während er sang, traf ihn ein großer, mit viel Kraft von der Empore geworfener Stein auf die Brust und prallte von seiner Gitarre ab. Dann prasselte ein Steinregen auf die Bühne herab, Jaime wurde am Kopf gestreift. Als eine Gruppe von Schülern mit der unverkennbaren Absicht, die Bühne zu erstürmen, den Mittelgang nach vorne gerannt kam, erhob sich Victor. Andere Schüler bildeten rasch einen Schutzwall um die Künstler und versuchten die anderen davon abzuhalten, auf die Bühne zu klettern. Victor und Jaime wurden von den Veranstaltern, die sich beschämt für die Vorfälle entschuldigten, hastig durch eine Hintertür hinausgeschoben.

Draußen hatten sich bereits mehrere aggressive Schülergruppen eingefunden, so daß man Victor zu seiner Citroneta bringen mußte. Als er und Jaime davonfuhren, kam ein großer Wagen aus einer Seitenstraße herausgeschossen und krachte gegen ihren Kotflügel, was ihnen in Form einer großen Beule und einem scheppernden Geräusch eine bleibende Erinnerung an diesen Nachmittag verschaffte. Erst nachdem er die Bühne verlassen hatte, erfuhr Victor, daß der jüngere Sohn von Pérez Zúcovic Schüler dieser Schule und an jenem Tag die Schlüsselfigur einer Gegendemonstration ultrarechter Elemente gewesen war.

Der Vorfall erregte mehrere Tage lang großes Aufsehen in der Presse und hatte einige Folgen. Die Elternvereinigung von St. George's reagierte mit einer Erklärung, die es auf die erste Seite von El Mercurio schaffte, in der sie gegen »durch marxistische Infiltration provozierte Zwischenfälle« an der Schule protestierten. Victor wurde als »sogenannter Künstler« verhöhnt, sie beschwerten sich darüber, daß ihre Söhne einer Gehirnwäsche durch marxistische Philosophie ausgesetzt worden seien und verlangten die Entlassung des Sozialkundelehrers, der für die Aktionswoche verantwortlich zeichnete. Der Rektor hielt jedoch mit einer energischen Verteidigung des pädagogischen Konzepts der Schule dagegen und informierte die Eltern darüber, daß es ihnen, sollten sie damit nicht einverstanden sein, jederzeit freistehe, ihre Söhne abzumelden.

Victor wurde bewußt, was er zu erwarten hatte, falls er weiterhin in seinen Liedern das ausdrückte, was ihn so sehr zu sagen drängte, aber es besteht kein Zweifel daran, daß sein Engagement und seine Entschlossenheit dadurch eher gefestigt als geschwächt wurden. Statt vor der Gewalt zurückzuweichen, machte er einen weiteren Schritt nach vorne und sah den Risiken offen ins Auge.

Mitte 1969 befand sich die ganze Welt in einem Stadium der Erwartung, denn es sollte nicht mehr lange dauern, bis der erste Mensch den Mond betrat. In Chile jedoch brodelte die Nation vor sozialen und politischen Konflikten. Die Zeitungen waren voll von Berichten über gewalttätige Ausschreitungen, insbesondere jene, die der linksgerichteten MIR zugeschrieben wurden, die dem Beispiel der Tupamaros in Uruguay folgte. Kaum Erwähnung fand die bewaffnete und organisierte Aggression der Großgrundbesitzer, die nach wie vor entschlossen waren, die Durchführung des durch die Regierung Frei beschlossenen, sehr bescheidenen Programms zur Landreform zu vereiteln. Sie errichteten Straßensperren entlang der in Nord-Südrichtung verlaufenden Hauptschnellstraße, an denen sie Landarbeiter drangsalierten und gelegentlich auch erschossen – Taten, für die sie niemals vor Gericht gestellt wurden. Es gab wohlbegründete Gerüchte, nach denen sie einen Beamten des Landwirtschaftsministeriums kastriert und später einen zweiten, Hérnan Mery, ermordet hätten. Zu den Rädelsführern dieser Aktivitäten gehörte der Pituco, den ich kurz nach meiner Ankunft in Chile kennengelernt hatte, derjenige, der mich im Morgenmantel durch die Felder verfolgt hatte, um sich für seine Ausfälle gegen die Kommunisten zu entschuldigen.

Aber diese extremen Gewaltakte schienen beinahe irrelevant im Vergleich zu dem an allen Ecken und Enden massiven Aufwallen sozialer Unruhen. Ein neuer, machtvoller Faktor innerhalb dieses Gärstoffes waren das wachsende Bewußtsein und die Einmischung der jüngeren Generation. Nicht nur Studenten, auch Oberschüler stürzten sich in politische Aktivitäten, und sämtliche politische Parteien, die linken wie die rechten, bildeten starke und ständig wachsende Jugendorganisationen. Vielleicht als ein Ergebnis davon und der sich ausbreitenden Liedbewegung hatten die Jungkommunisten 1968 den mutigen Schritt gewagt und eine alternative Schallplattenfirma gegründet: La Discoteca del Cantar Popular, oder DICAP, wie sie für gewöhnlich genannt wurde. Obwohl noch niemals zuvor etwas dergleichen in Chile versucht worden war, schien es die logische Weiterentwicklung der Vorrangstellung, die die Kommunisten kulturellen Aktivitäten seit jeher zugesprochen hatten. Alles hatte mit der Veröffentlichung von *Por Vietnam,* einem Versuchsballon, seinen Anfang genommen. Es handelte sich um eine Langspielplatte mit internationalen politischen Liedern, interpretiert von Quilapayún, ein Album, das nicht die geringste Chance gehabt hätte, von einer kommerziellen Firma veröffentlicht zu werden.

Victors *Pongo en tus Manos Abiertas* (»In deine offenen Hände«) erschien im Juni 1969, war das zweite Album auf dem neuen Label. Lieder wie »Preguntas por Puerot Montt«, »Te recuerdo Amanda« oder »Movil Oil Special« hätten niemals die Hürde der politischen Zensur nehmen können. Das Lied, das der LP seinen Titel verschaffte, war Luis Emilio Recabarren, dem Gründer der chilenischen Arbeiterbewegung gewidmet, und auf der gleichen Platte war auch Daniel Viglettis Lied für Camilo Torres zu finden, den revolutionären Priester, der als Teilnehmer des Guerillakrieges in Kolumbien getötet worden war.

Nach dem Erfolg dieser ersten beiden Alben folgte eine Flut weiterer Produktionen, die DICAP innerhalb der darauffolgenden fünf Jahre in ein florierendes Unternehmen verwandeln sollten, was der Liedbewegung eine solide Basis verschaffte und neue Kanäle schuf, über die ein Massenpublikum zu erreichen war.

Zur Zeit der Veröffentlichung von *Pongo en tus Manos Abiertas* und kurz nach seinem Besuch im St. George's College bereitete sich Victor auf die Teilnahme an einem Festival vor, das sich für die Entwicklung der Liedbewegung von historischer Wichtigkeit erweisen sollte. Es kam auf Initiative von Ricardo Garcia zustande, eines Diskjockeys, der schon immer Interesse an Volksmusik gezeigt hatte und über genügend Voraussicht verfügte, um zu erkennen, daß sich im Bereich der populären Musik ein merkwürdiges Phänomen ereignete, als hätten die Massenmedien, trotz all ihrer manipulativen Macht, völlig den Kontakt zum öffentlichen Geschmack verloren.

Das Erste Festival des Neuen Chilenischen Liedes, wie es sich nannte, wurde von der neu eingerichteten *Vice-Rectoria de Communicaciones* der Katholischen Universität gesponsert. Es wurde allgemein als Auslotung der gegenwärtigen Situation der chilenischen populären Popmusik angesehen, mit Diskussionsrunden zwischen Komponisten, Plattenproduzenten und Vertretern der Massenmedien. Außerdem sollte ein Wettbewerb zwischen zwölf eingeladenen Komponisten abgehalten werden, deren Lieder von einer berufenen Jury beurteilt werden würden.

Daß das Festival nicht notgedrungen linkslastig war, zeigte sich schon daran, daß als Ehrengäste Los Huasos Quincheros eingeladen waren, eine der »traditionellsten« Gruppen, die gerade ihr zweiunddreißigjähriges Gründungsjubiläum feierte, und an der Entscheidung, Quilapayún aufgrund ihres »politischen« Repertoires auszuschließen.

Obwohl das Festival wie ein konventioneller Wettbewerb organisiert war, entwickelte sich keine Rivalität zwischen den teilnehmenden Komponisten, sondern vielmehr zwischen zwei unterschiedlichen Konzepten des chilenischen Liedguts: der neuen Musik mit kritischen, dem revolutionären Wandel verpflichteten Songs, und den »apolitischen« Lieder, die den Eindruck vermittelten, als bedürfe es keinerlei Veränderung. Es war die erste musikalische Konfrontation.

Zieht man den apolitischen Charakter des Festivals und die Art der Berichterstattung in den Medien in Betracht, hätte Victor für seinen Beitrag einen sicheren Song wählen können. Aber das lag ihm nun mal nicht. Er stürzte sich kopfüber in die Herausforderung der Veranstaltung, indem er ein Lied komponierte, das *El Mercurio* später »explosiv« nennen sollte. »La plegaria a un labrador« war ein Aufruf an die Landarbeiter, an jene, die den Boden mit ihren Händen bestellten und die Früchte der Erde produzierten, sich ihren Brüdern im Kampf für eine gerechte Gesellschaft anzuschließen. Seine Form, die an das Vaterunser erinnerte, spiegelte Victors – was ihre Poesie und ihre humanistischen Werte anging – neuerwachtes Interesse an der Bibel wider; zu einer Zeit, in der sich die Verständigung zwischen progressiven Katholiken und Marxisten in Lateinamerika vertiefte.

> Erhebe dich und blicke empor zu den Bergen,
> Quelle des Windes, der Sonne, des Wassers,
> du, der du den Lauf der Flüsse lenkst,
> du, der du mit dem Saatgut den Flug deiner Seele säst,
> erhebe dich,
> und schau auf deine Hände,
> reiche sie deinem Bruder, damit du erstarken kannst.
> Gemeinsam werden wir gehen, vereint durch unser Blut,
> heute ist der Tag, an dem wir die Zukunft gestalten.

Erlöse uns von dem, der uns beherrscht im Elend,
dein Königreich der Gerechtigkeit und der Gleichheit
komme.
Blase, wie der Wind über die wilden Blumen am Berg-
paß bläst,
reinige, wie das Feuer, den Lauf meines Gewehrs.
Endlich geschehe Dein Wille hier auf Erden,
gib uns die Kraft und deinen Mut zum Kämpfen.

Erhebe dich,
und schau auf deine Hände,
reiche sie deinem Bruder,
damit du erstarken kannst.
Gemeinsem werden wir gehen, vereint durch unser
Blut,
Jetzt und in der Stunde unseres Todes.

AMEN.

Obwohl Quilapayún offiziell vom Wettstreit ausgeschlossen waren, lud Victor sie als seine Begleitgruppe ein, überzeugt davon, daß »La plegaria« von einer breiter angelegten Darbietung profitierte. Bei der Entwicklung der Musik arbeitete er besonders eng mit Patricio Castillo zusammen, dem jüngsten Gruppenmitglied, und das war zugleich der Beginn einer fruchtbaren Zusammenarbeit, die sogar dann noch anhielt, nachdem Patricio Quilapayún verließ und eigentlich bis an Victors Lebensende dauerte.

Am frühen Abend des Festivaltags trafen die Mitglieder von Quilapayún einer nach dem anderen zu einer letzten Probe in unserem Haus ein. Die Begeisterung war so groß, daß Carlitos am Ende des Durchlaufs plötzlich eine Improvisation aus Trommeln begann und laut aufheulend eine Art Anrufung der Götter ausstieß. Die anderen fielen mit allen möglichen Percussion-Instrumenten ein, bis so etwas wie eine Vodoo-Zeremonie tobte, und alle in Ekstase tanzten und sangen.

Jener Abend war der erste von vielen, an denen Victor im Estadio Chiles sang, diesem riesigen, baufälligen Gebäude inmitten des nicht weit vom Hauptbahnhof gelegenen Stadtviertels, in dem er aufgewachsen war. Die Veranstaltung fand in einer Basketball-Halle statt, an deren Ende die Bühne aufgebaut war. Die Halle wurde normalerweise von einem proletarischen Publikum besucht, und anläßlich des Festivals vermischten sich die Einheimischen mit Arbeitern, Studenten, Intellektuellen aus der Mittelschicht und Büroangestellten, also beinahe ein kompletter Querschnitt durch die Bevölkerung.

Der Augenblick kam, an dem ich Victor alleine und unter einer Kordel hindurchtauchen lassen mußte, die die Bühne von den Zuschauern trennte. Wie immer vor einem Auftritt war Victor nervös und in sich gekehrt. Die Jury hatte bereits in der ersten Reihe Platz genommen, raschelte mit Zetteln herum und gab sich wichtig. Fernando Castillo Velasco, der Rektor der Katholischen Universität, sprach ein paar Worte und erläuterte, daß ihre Sponsorentätigkeit für dieses Festival der populären Musik im Geiste der Reformbewegung stehe. Dann übernahm Ricardo Garcia, und das Festival hatte begonnen.

Es ist nicht leicht, sich an die Gefühle dieses Abends zu erinnern, ohne sie mit den späteren Ereignissen zu vermengen, aber es besteht kein Zweifel, daß ein Gefühl der Feierlichkeit in der Luft lag. Arbeiter und Studenten genossen die Gelegenheit, en masse ihre Anerkennung und Zuneigung für ihre eigenen Künstler zu zeigen – für diejenigen, die das ausdrückten, was sie hören wollten.

Isabel sang Violeta, dann Ángel, Rolando Alarcón, Patricio Manns, Richard Rojas, Victor und Quilapayún, Inti-Illimani… Sie alle wurden nacheinander so begeistert gefeiert, daß die Halle gesprengt zu werden drohte, aber es war kein persönlicher Triumph für die Künstler selbst, und ich bin sicher, daß keiner von ihnen es so auslegte. Es war vielmehr ein Sieg für eine sehr umfassende soziale Bewegung, die sich ihres eigenen kulturellen Ausdrucks, der zu jener Zeit allmählich Anerkennung gewann, bewußt wurde und sich ihrer eigenen Identität versicherte.

Am Ende konnte sich die Jury nicht einstimmig auf ein Urteil einigen, sondern kam zu dem Schluß, den Preis zwischen »La plegaria« und »La Chilenera« aufzuteilen, einem flotten Lied von Richard Rojas um eine Heldin im Kampf um die Unabhängigkeit von Spanien, dargeboten im Rhythmus einer *sirilla,* zu der das Publikum mit den Füßen stampfen konnte.

Als ich mich in die Schlange derer einreihte, die sich um Richard und Victor drängte, um sie zu umarmen und zu beglückwünschen, spürte ich, daß etwas Wichtiges geschehen war. Unser Leben hatte einen Wendepunkt erreicht, und obwohl wir uns noch genauso sehr wie zuvor liebten, waren wir unwiderruflich Teil eines Prozesses geworden, der größer war als wir selbst, einer Vielheit, die für eine gemeinsame Sache arbeitete. Die Inspiration von »La plegaria a un labrador« gehörte in diese Zeit des Optimismus und des Engagements.

Das Jahr, das auf das Erste Festival des Neuen Chilenischen Liedes folgte, war ein entscheidendes für unser Leben, ebenso wie es entscheidend für Chile war. Die gewaltige Breitenwirkung der Liedbewegung hatte die Medien endlich dazu gezwungen, von ihr Notiz zu nehmen. Victor fand sich mit einem Mal als prominenter Komponist wieder. Er wurde ausführlich von der Presse interviewt, seine Lieder wurden nach und nach im Radio gespielt, und zum ersten Mal wurden ihm Fernsehauftritte angeboten. Es war ein Durchbruch für die ganze Liedbewegung, der die Reichweite von Victors Arbeit enorm vergrößerte.

Es gab jedoch auch weniger angenehme Konsequenzen. Die sensationslüsterne rechtsgerichtete Presse fing an, sich auf Victor einzuschießen und ließ keine Gelegenheit aus, ihn anzugreifen und lächerlich zu machen. Auch politische Reaktionen hatten jetzt eine direkte Auswirkung auf seine Arbeit. In der Casa de la Cultura de Ñuñoa funktionierte die Folkloreakademie inzwischen perfekt. Victor und Maruja Espinoza hatten drei Studentengruppen, die lernten und forschten, das Bühnenensemble hatte bei zahlreichen Auftritten im Viertel und darüber hinaus Bekanntschaft und Prestige erlangt, neue Solisten und sogar Komponisten taten sich hervor. Doch es gab eine neue Bürgermeisterin in Ñuñoa, Balbina Vera, auf die Victors Anwesenheit wie ein rotes Tuch wirkte. Sie war der Überzeugung, die Casa de la Cultura sei eine Brutstätte der Roten und ihrer politischen Agitatoren, und sie war fest entschlossen, der Sache ein Ende zu bereiten. Daß die Mehrheit der Schüler und Lehrer linke Ansichten hatten, stimmte natürlich, aber daß sie ihre Unterrichtszeit zu politischen Versammlungen nutzten, stimmte nicht, was sogar die konservativsten unter den Studenten bezeugten. Wie auch immer, Balbina Vera hatte beschlossen, den Autor von »Preguntas por Puerto Montt« und »La plegaria a un labrador« loszuwerden und forderte Victors Kündigung.

Das Kollegium reagierte einmütig mit der Erklärung, wenn Victor kündige, würden sie alle kündigen und die Bürgermeisterin würde somit ohne Lehrpersonal dastehen. Ihre Reaktion darauf bestand darin, die Casa de la Cultura einfach zu schließen, als »in Neuorganisation begriffen« zu bezeichnen und somit die fruchtbarste und lebendigste Periode ihrer Geschichte zu beenden.

Trotz der wachsenden Rolle, die die Musik in Victors Leben zu spielen begann, hatte er die ganze Zeit über seine Arbeit als Theaterregisseur fortgesetzt, sowohl beim ITUCH an der Universität als auch bei einer Reihe unabhängiger Ensembles. Nach der Rückkehr aus England stürzte er sich in eine Aufführung von Joe Ortons Entertaining Mr. Sloane mit der Compañía de los Cuatro, die ein großer Erfolg wurde. Zum Zeitpunkt seiner Entlassung bei der Casa de la Cultura war er mit einer Produktion beschäftigt, die seine letzte am Theaterinstitut werden sollte. Ich hatte schon oft Proben von Victors Stücken beigewohnt, aber diesmal hatte ich die Gelegenheit, mit ihm gemeinsam zu arbeiten, sowohl als Choreographin als auch bei der Vorbereitung der Darsteller auf die besonderen körperlichen Anforderungen des Stücks.

Vietrock war das Produkt eines Workshops für Dramatiker am Open Theater in New York, die abschließende Version eines kollektiven Werkes über den Vietnamkrieg, geschrieben und herausgebracht von Megan Terry. Der Krieg befand sich fast auf seinem Höhepunkt, und nach den schrecklichen Bombardements der Städte im Norden und dem Einsatz von Napalm gegen die Zivilbevölkerung wurden die Nachrichten, Bilder und Filmberichte aus Vietnam immer entsetzlicher. Victor war sehr froh über die Gelegenheit, bei einem Stück Regie zu führen, das dem Ausdruck seiner Gefühle zu diesem Thema keine Grenzen setzte.

Als Theaterstück stellte *Vietrock* eine kollektive Improvisation ohne logische Struktur dar. Statt dessen vermittelte es dem Zuschauer eine globale Version von Geburt, Leben, Leiden und Tod der Kriegsteilnehmer.

Obwohl ich als Choreographin genannt war, benötigte Victor in dieser Hinsicht nur wenig Hilfe, denn er verfügte über ein außergewöhnliches Gespür für Bewegung, für den Raum und den Rhythmus, und meine hauptsächliche und unentbehrliche Aufgabe bestand darin, die Schauspieler für die Proben vorzubereiten. Dazu gehörte mehr, als sie nur körperlich in die richtige Verfassung zu bringen. Sie mußten in ein Stadium kinetischer Sensibilität versetzt werden, aus dem heraus sie in der Lage waren, viel mehr zu tun, als sie sich selbst zutrauen würden – ein Stadium der Entspannung und des Sich-überlassens an die körperlichen Anforderungen ihrer Vorstellungskraft, indem sie sich von ihren normalen Hemmungen lösen. Sie mußten bereit sein, sich selbst herumzuschleudern, mitten in der Luft zu explodieren, sich auf dem Bauch zu winden, zu laufen, über den Boden zu rollen, zu springen und sich gemeinsam in Hubschrauber, Blumen oder Detonationen zu verwandeln. Aus naheliegenden Gründen hatte Victor eine Truppe vornehmlich junger Schauspieler und Schauspielerinnen engagiert, doch selbst die reiferen Ensemblemitglieder warfen sich mit großem Enthusiasmus in die Produktion, die ihnen Dinge abforderte, die sie noch nie zuvor erlebt hatten.

Wir vertieften uns in dokumentarisches Material – was in Chile nicht gerade einfach zu besorgen war –, nicht nur über den Krieg, sondern auch was die Reaktionen und Haltungen dazu in den USA betraf. Es war unmöglich, sich nicht mit dem vietnamesischen Volk zu identifizieren, das gegen einen mächtigen Aggressor für die eigene Befreiung kämpfte. Victor schrieb:

... Vietrock kann nicht »so wie in den USA gesehen« reproduziert werden. In dieser Hinsicht ist keine Kopie möglich. Die Autorin stößt nicht tiefer in die Materie vor als bis zu einem ziemlich primitiven Pazifismus nordamerikanischen Zuschnitts. Sie nimmt den Imperialismus ihres Landes nicht mit den gleichen Augen wahr, mit denen wir Chilenen und Lateinamerikaner ihn sehen. Die Handlung des Stücks ist sehr frei umrissen, und die Haltung, die wir dazu einnehmen, ist eine der Bewertung, der Kritik und der Mißbilligung des Imperialismus. Wir sind keine Nordamerikaner, und es gibt keinen Grund, weshalb wir die verzerrte Sichtweise der Autorin teilen sollten. Offensichtlich gibt es progressive Nordamerikaner, die sich nicht von ihrer verqueren – und im Grund imperialistischen – Sichtweite auf die Dritte Welt lösen können. Aber der Wert des Theaterstückes besteht darin, daß es eine Darstellung des Krieges ist, in dem jeden Tag Tausende und Abertausende Vietnamesen bei der Verteidigung ihres Landes gegen die Invasoren aus dem Pentagon getötet werden. Und es ist viel mehr als das, es ist ebenso das Drama eines Großteils des amerikanischen Volkes, von Müttern, von Soldaten,

die in einen Krieg geschickt werden, der nichts mit ihnen zu tun hat.

Ich hatte Victor immer als Regisseur bewundert, ziemlich objektiv, wie ich glaube. Nun hatte ich die Gelegenheit, ihn während der langwierigen Probenarbeit zu beobachten. Ich wurde Zeugin seiner Fähigkeit, Leute aus sich herauszulocken, sie unauffällig zu führen, ruhig, aber bestimmt zu motivieren, ihnen nur selten etwas aufzuzwingen, ohne je dabei die Beherrschung zu verlieren. Traten Konflikte zwischen den Schauspielern zutage, ging er immer sehr beherrscht damit um und ließ nie den eigenen Stolz und den eigenen Ärger miteinfließen. Manchmal warf ich ihm vor, ein »Buddha« zu sein, denn je beunruhigter und wütender ihn ein Problem machte, desto besonnener und ruhiger wurde er. Die Schauspieler arbeiteten mit großem Eifer mit ihm, und mit dem Gefühl, sich für eine gemeinsame Aufgabe ins Zeug zu legen.

Vietrock war in vielerlei Hinsicht ein Produkt der Universitätsreform, die auch das Theaterinstitut infiziert hatte. Nach 1968 war Victor selbst in den neuen Vorstandsrat gewählt worden, wo er sich tatkräftig in die Diskussionen über die Neuorganisation einschaltete und dabei radikale Veränderungen hinsichtlich der Arbeitsmethoden und des Curriculums vorschlug. Nach seinem Englandbesuch hielt er es für sinnvoller, als Repertoiretheater mit mobilen Produktionen zu funktionieren. Er war enthusiastisch, was die Möglichkeiten zu Neuerungen und damit die Möglichkeit, ein größeres Publikum zu erreichen, anging, gleichzeitig war er ob des schleppenden Tempos, der konservativen Haltung vieler seiner Kollegen und der endlosen Versammlungen und theoretischen Diskussionen, die die Reform hervorbrachte, ungeduldig.

Er hatte den Eindruck, die Zeit laufe davon, und daß er persönlich der Sache – die er für wichtiger als seine eigene Karriere hielt – mehr nützen könne, wenn er mehr Gelegenheiten hätte, aus Santiago herauszukommen, mit seiner Gitarre herumzureisen und sich im Land zu bewegen – was unmöglich war, wenn er im Teatro Antonio Varas für eine größere Produktion verantwortlich war. Er wollte die Möglichkeiten der Kommunikation durch volkstümliche Lieder und Musik weiter erkunden und damit das Potential dieser Arbeit im Kampf für einen revolutionären Wandel.

Keiner von uns sah es als unwiderrufliche Entscheidung an. Victor steckte noch immer voller Ideen und Vorstellungen davon, was er im Theater erreichen wollte. Aber zu jenem Zeitpunkt war es wichtiger, mit der Musik und seinen Liedern zu arbeiten. Er fühlte sich eingeschränkt, jedes Wochenende an Santiago gefesselt zu sein und dort zu predigen, wo ohnehin schon alle katholisch waren.

Zum gleichen Zeitpunkt, an dem Victor beschloß, der Universität von Chile den Rücken zu kehren, reizte es mich, zu ihr zurückzukehren. Die Reform hatte der neuen Tanzabteilung, zu der sowohl die Schule als auch das Ballettensemble gehörten, zu radikalen Veränderungen verholfen, und Patricio war zu ihrem neuen Direktor gewählt worden. Eine Studentendelegation besuchte mich, um mich zur Rückkehr an die Tanzschule zu bewegen, auch wenn es nur auf Teilzeitbasis sei. Ich hatte den Eindruck, daß es unter der neuen Leitung und mit der Flexibilität, die die Reform mit sich gebracht hatte, einfacher sein würde als zuvor, an der Universität zu arbeiten, und so nahm ich die Einladung an.

Kurz darauf wurde der Zuschuß gestrichen, den wir von der Bezirksverwaltung von Las Condes für unseren Taller de Danza, einen choreographischen Workshop, erhalten hatten. Man nannte uns keine Gründe dafür, aber ich vermute, daß ein Teil unserer Arbeit für den Geschmack einiger Bezirksräte zu links gefärbt war. Wie auch immer, innerhalb der Gruppe herrschte ein Geist vor, der es unmöglich machte, einfach aufzuhören und alles, was wir gemeinsam geschaffen hatten, aufzugeben, und so nahmen wir dankbar an, als uns die neue Abteilung Tanz an der Universität einen Übungsraum sowie die

Nutzung von Tonbandgeräten und anderer grundlegender Utensilien anbot.

Wir beschlossen einstimmig, den Namen der Gruppe in Ballet Popular umzuändern, als Ausdruck dafür, welche Rolle wir zu spielen gedachten, nämlich den Tanz aus den konventionellen Theatern herauszuholen und in die Gemeinden zu tragen. Bislang hatten sich unsere Aktivitäten auf das Barrio alto der Hauptstadt beschränkt, doch unser Ziel bestand darin, die Freude, tänzerische Darbietungen zu genießen, auf das größtmögliche Publikum auszudehnen, und auch das nur als Vorspiel seiner eigenen aktiven Teilnahme an der Erfahrung des Tanzes. Wir hofften, daß diese Vorstellung in Erfüllung gehen würde, sobald Chile von einer Volksherrschaft regiert würde.

Der vielleicht einzige negative Faktor dabei war, daß mein Freund Alfonso uns bei dieser Entwicklung unserer Arbeit nicht mehr begleitete. Er hatte sich schon immer eher für die Arbeit mit kleinen Kindern interessiert und war deshalb nicht sehr tief in den Workshop involviert, und doch kam es mir symptomatisch dafür vor, wie die politische Situation anfing, sogar die besten Freunde zu trennen. Es schien, als müsse jeder für sich Partei nehmen.

Die Kampagne für die Präsidentschaftswahl im September 1970 kam bereits mehr als zwölf Monate vorher in Schwung. Zu jenem Zeitpunkt hatten sowohl die rechtsgerichtete Nationalpartei als auch die Christdemokraten ihre Kandidaten benannt, Jorge Alessandri beziehungsweise Radomiro Tomic. Die neue Allianz aus Marxisten, Christen, Sozialdemokraten und progressiven Unabhängigen, die sich *Unidad Popular,* die Volkseinheit nannte, brauchte länger für ihre Entscheidung.

Immerhin konnte sich die Unidad Popular auf ein Basisprogramm mit vierzig Maßnahmen zur Umwandlung der Wirtschaft und zur Beendigung der eklatantesten Ungerechtigkeiten in der Gesellschaft einigen. Die Nationalisierung der

Bodenschätze Chiles, insbesondere der im US-Besitz befindlichen Kupferminen, die Verstaatlichung der Banken und der wichtigsten Monopolindustrien wurde mit anderen durchgreifenden Maßnahmen wie einem täglichen kostenlosen halben Liter Milch pro Kind kombiniert – wobei letzteres garantierte, daß kein chilenisches Kind mehr geistige Behinderungen aufgrund von Mangelernährung erleiden mußte. Dazu kamen freie medizinische Versorgung, Erziehung und angemessene Wohnungen. Chile sollte eine unabhängige Außenpolitik betreiben sowie seine diplomatischen Beziehungen zu Kuba erneuern.

Dieses Programm stellte für die Macht und den Einfluß der Vereinigten Staaten eine echte Herausforderung dar. Es räumte den Interessen der Mehrheit des chilenischen Volkes den Vorrang vor denen der Multis und der Oligarchie ein – ein sozialistisches und, im besten Sinne des Wortes, patriotisches Programm.

Während die Diskussionen um die Führung anhielten, wurden wir im Oktober 1969 von einem militärischen Putschversuch überrascht. Ich sage überrascht, weil niemals, während all der Jahre, die ich in Chile gelebt hatte, etwas ähnliches geschehen war. Ich wußte, daß es in der Geschichte Chiles militärische Machtübernahmen wie die von General Ibañez in den 1930ern gegeben hatte, aber seither hatte der Respekt für die Verfassung als grundsätzlicher Bestandteil der militärischen Tradition gegolten, etwas, das Chile von vielen anderen lateinamerikanischen Staaten unterschied. Der Putschversuch war jedoch eine sehr ernstzunehmende Angelegenheit, inszeniert von einer ultrarechten Fraktion aus den Reihen der Armee unter der Führung von General Viaux.

Innerhalb von vierundzwanzig Stunden hatte die Gewerkschaft den Generalstreik ausgerufen. Die Central Unica de Trabajadores (CUT), Chiles Gewerkschaftsverband, der bis zu diesem Zeitpunkt permanent in der Auseinandersetzung mit der repressiven und verheerenden Politik von Präsident

Eduardo Frei aktiv war, rief nun seine gesamte Mitgliedschaft dazu auf, die verfassungsmäßig gewählte Regierung zu schützen. Das Land wurde völlig lahmgelegt und der Staatsstreich abgewehrt, und das vor allem durch die zahlenmäßige Präsenz und das politische Bewußtsein der chilenischen Arbeiter.

Mitte Januar 1970 kamen die Kräfte der Unidad Popular zu einer Einigung, und Dr. Salvador Allende von der Sozialistischen Partei wurde zum Präsidentschaftskandidaten der Koalition ernannt. An einem warmen Sommerabend versammelte sich eine unübersehbare Menge in der Avenida Bulnes, um die Nominierung Allendes zu feiern und seine Wahlkampagne in Gang zu bringen.

Wie gewöhnlich war, zusätzlich zu den Reden aller Parteivorsitzenden aus dem Spektrum der Unidad Popular, ein kulturelles Programm fester Bestandteil der Veranstaltung. Dazu gehörten Auftritte vieler bekannter Künstler und Gruppen, die die Kampagne unterstützten. Selbstverständlich war Victor dort, doch für uns Tänzer war es ganz besonders symbolisch, denn es war die erste öffentliche Darbietung des Ballet Popular unter seinem neuen Namen. Wir fanden, daß es ein guter Einstieg sei. Es blieben nur noch acht Monate, um das chilenische Volk angesichts des Sperrfeuers der rechten Propaganda zu überzeugen und zu mobilisieren. Die anderen Kandidaten hatten einen Vorsprung von mehreren Monaten.

In diesem Sommer, im Februar 1970, am Vorabend einer Periode intensiver Aktivitäten für uns beide, gönnten wir uns einen gemeinsamen Familienurlaub. Es sollte unser letzter werden. Vielleicht haben sich deshalb Contulmo, der Lanalhue-See und die Pensión Jost am Ufer des Sees so tief in meine Erinnerung eingegraben, aber bestimmt auch, weil wir dort sehr glücklich gewesen sind: glücklich als Familie, glücklich als Paar und glücklich, weil wir zum zweiten Mal in diese unglaublich schöne und unberührte Region Chiles gekommen waren, in der wir so wertvolle Freunde wie Angelita Huenumán gefunden hatten.

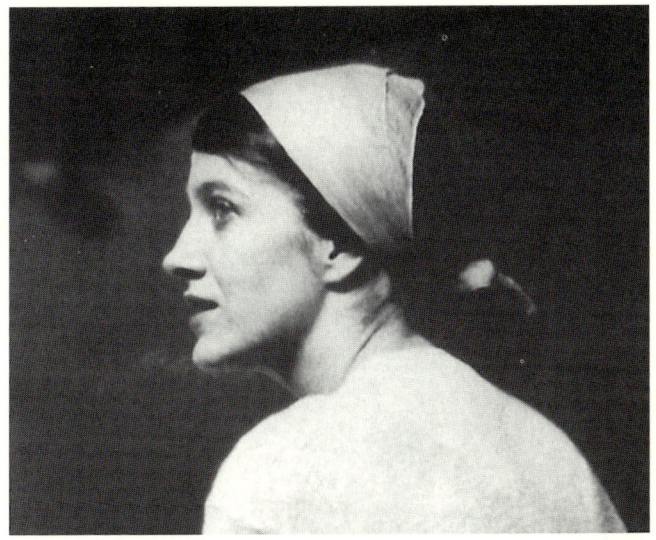

Joan Jara während einer Pause bei den Proben zu Surazo

Violeta Parra

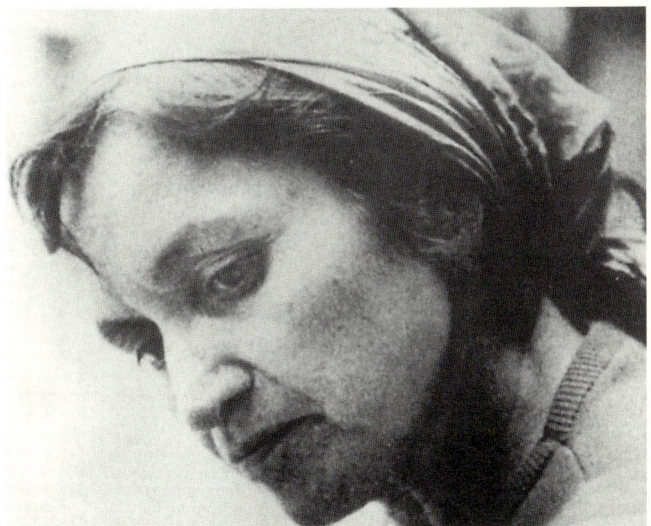

1961 auf Tournee: Victor Jara tanzt eine sajuriana mit Silvia Urbina

1968 in Stratford-upon-Avon anläß-lich der Feierlichkei-ten zu Shakespeares Geburtstag

Victor singt bei der Kundgebung zum 1. Mai 1967 (Foto: Patricio Guzman)

Eduardo Carrasco begleitet Victor bei seinem Auftritt mit der bombo (Foto: Patricio Guzman)

*Mit der Gruppe Quilapayún beim »Ersten Festival des neuen chileni-
schen Liedes« im Juli 1968*

*Urlaub in
Lanalhue 1969*

1970 singt Victor bei Wahlveranstaltungen für Salvador Allende

Salvador Allende mit seinem Freund Pablo Neruda

Victor in einem der vielen Slums in den Vorstädten von Santiago, die er aus seiner Kindheit nur allzu gut kennt

Regen und Kälte im Winter machen das Leben für die Bewohner der Hütten noch härter

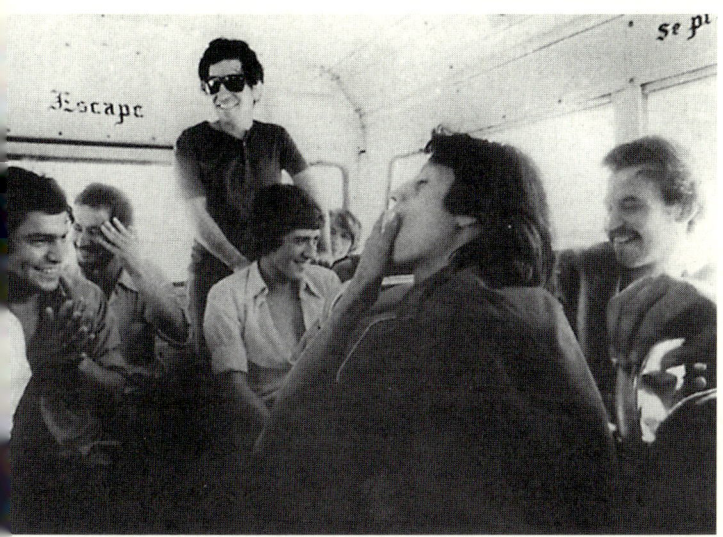

Auf Reisen mit der Gruppe Inti-Illimani während der Kampagne für die Parlamentswahlen im Jahr 1973

Ein Auftritt von Inti-Illimani vor Arbeitern

1973 in Peru, vor der Kulisse der Ruinen von Macchu Picchu. Eines der letzten Fotos von Victor (Foto: Mariano Sanchez Macedo)

Wir entdeckten Pflanzen wieder neu, die entlang des See-
ufers wuchsen, entdeckten die Ruhe des Wassers, den endlosen Himmel, Spaziergänge über die Hügel, die Erhabenheit
des Urwaldes von Nahuelbuta mit seinen tausend Jahre alten
Bäumen, die sich über unseren Köpfen zu einer verschwom-
menen Vegetationskathedrale erhoben... es war ein Moment
der Erholung, bevor wir uns in den Mahlstrom stürzten.

Unsere Familie hatte nicht gerade wenige Sorgen, darunter
auch solche finanzieller Art. Victor litt unter inneren Konflikten hinsichtlich der Verantwortung seiner Familie gegenüber und der Sache, für die er zu kämpfen als notwendig er-
achtete... manchmal schienen sich die beiden Bereiche nur
schwer unter einen Hut bringen zu lassen, obwohl wir beide
wußten, daß sie letztendlich ein und dasselbe waren... und
außerdem war ich auch noch da, um meinen Beitrag zur Verantwortung zu leisten. Amanda war inzwischen fünf Jahre alt
und ein ziemlich traurig wirkendes kleines Mädchen, doch bekamen wir ihre Krankheit nach und nach besser in den Griff,
und auch sie selbst gewöhnte sich an die leidige Routine. Manuela war schon neun, machte sich gut in der Schule, war jedoch eher scheu und nicht sehr selbstsicher. Ich fürchte, ihr
fehlte etwas von der Aufmerksamkeit und Zuwendung, die
Amandas Blutzucker für sich in Anspruch nahm; ständig
schienen wir uns darauf zu konzentrieren.

Victor hätte liebend gern mehr Zeit mit uns verbracht,
mehr Gelegenheit gehabt, sich mit Manuela zu unterhalten,
mit Amanda zu spielen und aktiver an ihrer Entwicklung teilzunehmen, doch wir alle sahen diesen unmenschlichen Akti-
vitätsdruck, der ihn von uns trennte, als zeitlich begrenzt an
und waren überzeugt davon, daß es nicht immer so bleiben
würde. Seit seiner Rückkehr aus England litt Victor an einer
inneren Angst, uns verlassen zu müssen; Alpträume quälten
ihn, die mit der Zeit schlimmer wurden und regelmäßiger auftraten, und aus denen er stets schweißgebadet oder weinend
aufwachte, als litte er Höllenqualen.

Mitte Februar kehrten wir wieder in die sengende Hitze Santiagos zurück, bereit zum Kampf. Man kann sich nicht so einfach vorstellen, was eine Präsidentschaftswahl für Chile bedeutet. Das Land hatte bereits zwei davon erlebt, doch diese hier übertraf sie alle an Heftigkeit, Dauer und dem Ausmaß an Polarisation. Sie infiltrierte jeden Winkel des Landes, jeden Lebensaspekt, jeden Arbeits- und Ausbildungsplatz, jedes Viertel, jede Wohnung. Familien konnten auseinanderbrechen, Leute ihre Anstellung verlieren und eine neue finden, sich mit ihren Freunden zerstreiten, ganz neue Freundeskreise gewinnen, man war förmlich gezwungen, sich bei einer ganzen Reihe grundlegender Themen zu entscheiden und war im allgemeinen einem pausenlosen Bombardement entgegengesetzter Meinungen ausgesetzt.

Die Struktur der Unidad Popular mit ihrer breiten Basis in der Arbeiterklasse, unter den Kleinbauern und der Mehrheit der jungen Leute des Landes sowie mit ihrem Mangel an wirtschaftlicher Macht, machte ihre Wahlkampagne im wesentlichen von der Mobilisierung der Massen abhängig. Tausende örtlicher Wahlkomitees wurden gegründet – die Comités de la Unidad Popular oder CUPS –, die für die gewaltige Vielfalt von Basis-Aktivitäten verantwortlich waren, die während der langen Monate des Wahlkampfes und auch danach im ganzen Land stattfanden.

Jedes Viertel, jedes Büro, jede Fabrik, Universität und Schule hatte ihr eigenes CUP. Manchmal sogar mehr als eins. In La Faena beispielsweise, einer sehr armen Barackensiedlung am Stadtrand von Santiago, gab es achtunddreißig davon – so viele Anhänger der Unidad Popolar, daß beinahe jede Straße ihr eigenes Komitee gebildet hatte. In unserer Straße gab es nur eins, das mußte noch halb geheimgehalten werden.

Auch die meisten Gewerbe und akademischen Berufe hatten ihr eigenes CUP. Maler, Folkloristen und Tänzer arbeiteten vielleicht zum ersten Mal überhaupt auf koordinierte

Weise zusammen. In einem Interview erzählte Victor von seiner Arbeit:

> Am wichtigsten war unser Wunsch, miteinander zu arbeiten, unsere Anstrengungen zur Durchsetzung einer Volksherrschaft zu vereinen. Dieses gemeinsame Ziel führte dazu, daß sich Künstler aus unterschiedlichen Bereichen kennenlernten. Künstler sind daran gewöhnt, allein zu arbeiten, ihre Sorgen sind die Sorgen einzelner, die höchstens mit jemandem im Atelier besprochen werden. Doch jetzt haben sich, wie noch niemals zuvor, Künstler mit der gleichen politischen Überzeugung zusammengefunden, und dieser persönliche Kontakt, sich als Freunde in einem gemeinsamen Kampf zu kennen, wird von abstrakten Malern, modernen Tänzern und Forschern unverfälschter Folklore gleichermaßen erfahren, genau wie von jenen, die revolutionäre Lieder singen. Wir haben gespürt, daß wir als Menschen gemeinsam hart arbeiten können – für etwas, das zuvor nur ein Gedanke, eine Idee, ein Traum gewesen ist, jetzt jedoch Wirklichkeit geworden ist, eine mächtige Handlungskraft.

Geboren aus der Notwendigkeit, den Einflüssen der selbstverständlich heftig gegen die Unidad Popular gerichteten Medien entgegenzuwirken, war inzwischen eine neue Form von Volkskunst entstanden. Es fing ganz bescheiden mit hastig auf leere Mauern gekritzelten Slogans und Symbolen an. In der Hektik des rasch voranschreitenden Wahlkampfs war Schnelligkeit von größter Bedeutung, denn jeder, der Graffiti für die Unidad Popular malte, lief Gefahr, von rechten Banden angegriffen oder von der Polizei festgenommen zu werden. So bildeten sich im ganzen Land Wandbemalungs-Teams oder *brigadas*. Die erste und berühmteste von ihnen war die von den Jungkommunisten gegründete Brigada Ramona Parra oder »BRP«, wie sie ihre Gemälde signierten. Bald darauf verfügten alle Parteien der Unidad Popular über ihre eigenen Brigaden.

Die jungen Leute machten sich grüppchenweise des Nachts mit farbbeklecksten Overalls und Schutzhelmen bekleidet auf den Weg, manchmal zu Fuß, doch meist mit einem alten Lieferwagen oder einem anderen Transportmittel, das ihnen eine rasche Flucht ermöglichte. Sie waren Meister darin, rasch von ihren Fahrzeugen abzuspringen und sich im Notfall auch außen daran festzuhalten. Während einer von ihnen, der *loro,* Schmiere stand, führte ein Anführer, derjenige, der am besten malen konnte, die Umrisse des Slogans auf einer vorher ausgesuchten Wand aus, und jedes Mitglied des Teams hatte einen bestimmten Abschnitt auszumalen.

So konnten in einer Nacht mehrere Wände bemalt werden, doch die Parolen mußten immer wieder erneuert werden, da sie von ihren Rivalen regelmäßig durchgestrichen oder übermalt wurden. Eine große Schlacht wurde um die Vorherrschaft über die besten und markantesten Stellen geführt, und es war schön, einige der Villen des Barrio alto unter den nächtlichen Besuchen leiden zu sehen, nach denen ihre Grundstücksmauern für Allende warben.

Am Ende errang die Unidad Popular mit ihren gewaltigen Ressourcen an Menschen bei der Schlacht um die Häuserwände von Santiago und der anderen Städte Chiles den Sieg. Es entwickelte sich sogar ein ausgeklügeltes Verfahren, mit dem sowohl bei Bildern als auch bei Parolen die dicken Umrißlinien mit leuchtenden Farben ausgefüllt wurden – eine völlig neue visuelle Ausdrucksweise für die Ziele und Wünsche des Volkes. Es war eine neue, auf der Schrift basierende Kunstform, mit kühner, reduzierter Linienführung und Farbgebung, geboren aus der Notwendigkeit, große Mauerflächen möglichst rasch zu bemalen.

Auch die Mitglieder des Ballet Popular stellten sich in den Dienst des Wahlkampfs. Dazu gehörten Hunderte von Auftritten in ganz Santiago und dem Umland. Zuerst wußten wir nicht, wie wir die Barriere der Unwirklichkeit und Idealisierung überwinden sollten, die die Tänzer gemeinhin vom Publikum trennte und es den Leuten unmöglich machte, zu erkennen, daß sie selbst daran teilnehmen konnten. Es war eine Periode, in der der Trend im Modernen Tanz eher in Richtung Abstraktion ging, hin zu mehr Bewegung um der Bewegung willen, so daß wir in unseren Versuchen, die Realität und das Alltagsleben als Quellen der von uns geschaffenen Tänze zu benutzen, wohl eher als altmodisch hätten angesehen werden können. Wir waren uns jedoch sicher, daß es in dem Zusammenhang, in dem wir arbeiteten, die richtige Methode war. Und unser Publikum gab uns darin recht.

Durch Versuch und Irrtum fanden wir heraus, wie wir unseren Auftritt unter allen möglichen Bedingungen und Gegebenheiten durchführen konnten. Wenn wir dabei womöglich einige unserer professionellen Ansprüche opferten, so machten wir in diesem Prozeß doch die Erfahrung, daß es die Sache wert war. Auf sandigem Untergrund und unter freiem Himmel in einer Barackensiedlung zu tanzen, auf der versengten Erde eines sommerlichen Fußballplatzes, inmitten begeistert mitmachender Kinder und Hunde, in der Beengtheit einer Holzhütte, die als örtliches Mütterzentrum diente, oder in einer Kirche, auf einem – was am schlimmsten war – wackligen, improvisierten Podium, und dann wieder auf einer riesigen, offenen Bühne bei einer politischen Demonstration vor einem Publikum von vielleicht einer halben Million Leute: unsere Choreographien mußten elastisch sein, sowohl dehnbar als auch schrumpffähig.

Die Temperaturen variierten zwischen bitterkalt und unerträglich heiß. Die Kostüme mußten soweit es ging der Alltagskleidung entsprechen, dazu robust und haltbar sein. Wir mußten bereit sein, in Schuhen oder barfuß zu tanzen, je nach Beschaffenheit des Bodens. Zu Anfang machten wir einige unglückliche Erfahrungen, als das Publikum beim Anblick von Mädchen und Männern in Strumpfhosen haltlos kichern mußte und sich nicht mehr auf den Tanz konzentrieren konnte. Danach beließen wir es bei Hosen und Trainingsanzügen.

Was die Begleitmusik anging, wußten wir, daß wir mit dem Einsatz von Liedern und Instrumentalstücken von Victor und anderen Komponisten der neuen chilenischen Liedbewegung schon halb gewonnen hatten. Die Sympathie der Zuschauer war uns sofort sicher, und so integrierten wir unsere Arbeit gewissermaßen in die ihre. Eine meiner Choreographien, die während des Wahlkampfs beinahe so etwas wie das Erkennungszeichen des Ballet Popular wurde und die wir Venceremos nannten, basierte auf einem Instrumentalstück von Victor. Um bei den großen Demonstrationen aus der Ferne nicht wie Zwerge auszusehen, wurde die Gestalt der Tänzer durch grelle Farben und lange Banner, die wir zur Darstellung von Freudenfeuern, gemeinsamem Wäschewaschen und anderen Symbolen benutzten, vergrößert. Das Stück wurde mit viel Vitalität und großem Optimismus getanzt und lebte von den intensiven Gemeinschaftsgefühlen. Die Darbietung bot einer Reihe bekannter Tänzer die Gelegenheit, ihre Unterstützung für die Unidad Popular auf einfache und effektive Weise auszudrücken. Das Publikum schien sie sehr zu mögen.

Die besten Erfahrungen machten wir, wenn wir Kommentare einholen und uns mit den Zuschauern austauschen konnten, wenn wir versuchten, auf die Fragen zum Tanz einzugehen, die meist von jungen Leuten kamen, die so etwas zum ersten Mal sahen. Ich beobachtete während des Auftritts immer die Gesichter der Leute, um jede ihrer Reaktionen mitzubekommen... die müden, eingefallenen Frauengesicher, so viele von ihnen zahnlos und frühzeitig gealtert, die mit der Musik und der Bewegung aufleuchteten; die Kinder, zerlumpt und unterernährt, die voller Freude klatschten und hüpften, und sogar abgebrühte Jugendliche, die sich nach der Aufführung um uns herumdrückten und sich schließlich erkundigten, wie sie tanzen lernen konnten.

Allmählich wurde uns klar, wie dringend nötig es war, kulturelle Aktivitäten in den Poblaciones ins Leben zu rufen – ein Bedürfnis, das dem nach besserer Ernährung, Unterkunft und Zugang zu medizinischer Versorgung ebenbürtig war. Wir versprachen, nach Möglichkeit zurückzukommen, daß wir ihnen Lehrer schicken würden, da im Falle eines Wahlsiegs der Unidad Popular mehr Möglichkeiten für derlei Anstrengungen geschaffen würden. Doch oft hörten wir einige Zeit nach unserem ersten Besuch von den Bewohnern der Población, und manchmal teilten sie uns mit, daß sie, ohne auf Hilfe zu warten, einfach selbst eine Gruppe gebildet und sich eine eigene Choreographie ausgedacht haben... ob wir nicht vorbeikommen und unsere Meinung dazu sagen könnten.

Victor begleitete uns nur gelegentlich und nahm dann an der Aufführung teil, sang und erzählte zwischen den verschiedenen Tänzen. Er hatte eine so wunderbare Art, mit den Leuten zu reden, sie zu einer Reaktion oder zur Äußerung ihrer eigenen Probleme zu bringen, oder einfach nur mit ihnen zu flachsen. Er schien das, was er sagen wollte, immer mit sehr einfachen Worten vermitteln zu können, dabei sehr direkt und nachhaltig, und immer wieder den Brückenschlag zu seinen Liedern zu finden. Er setzte sich für gewöhnlich auf eine Ecke des Bühnenrands – falls es so etwas überhaupt gab – und unterhielt sich mit den Kindern, die sich immer in der ersten Reihe in die Nähe der Künstler drängten. Innerhalb kürzester Zeit brachte Victor sie zum Klatschen und Singen, und manchmal schaffte er es sogar, sie zum Tanzen zu bewegen.

Bei diesen sehr intimen Auftritten gelang es uns auch, uns tatsächlich auf die Leute, die da vor uns saßen, zu konzentrieren. Es wäre ein leichtes gewesen, an dem, was wir da taten, zu verzweifeln und es angesichts der elementaren Bedürfnisse dieser Leute als sinnlos oder irrelevant abzutun, doch unser Publikum reagierte so herzlich und begeistert, daß wir erkannten, daß wir ihm tatsächlich etwas geben konnten, und wenn es in diesem Moment nur der Ausdruck von Solidarität war. Unsere beste Art zu kämpfen bestand darin, alles in unserer Macht Stehende zu tun, um den Sieg eines Präsidenten zu gewährleisten, der die Vernachlässigten und Unterprivilegierten zu den Protagonisten der Geschichte machen würde.

Die Gewalt, die jene Monate vergiftete, ging viel eher von der Rechten als von der Linken aus. Die Unidad Popular schien stolz auf ihre friedlichen Demonstrationen zu sein, diszipliniert, temperamentvoll, aber friedlich. Selbst die MIR verhielt sich ruhig und spielte mit dem Gedanken, ebenfalls, wenn auch nur halbherzig, Salvador Allende zu unterstützen.

Die Faschisten unterhielten sowohl in den Städten als auch in den ländlichen Gegenden paramilitärische Truppen, die über die Berge Waffen aus Argentinien ins Land schmuggelten. Die Regierung Frei war sich unschlüssig darüber, ob sie die einflußreichen Grundbesitzer zur Rechenschaft ziehen sollte. Es gab Massendemonstrationen gegen die anhaltende Gewalt, und in einer von ihnen wurde Miguel-Angel Aquilera getötet. Miguel-Angel war erst achtzehn. Er gehörte zur Brigada Ramona Parra und hatte, dem Aufruf seiner Gewerkschaft folgend, an einer Demonstration teilgenommen. Er stand friedlich mit seinen Arbeitskollegen an einer Ecke der Plaza Tropezón, als er von einem Polizisten in Zivil, der sich unter die Menge gemischt hatte, erschossen wurde.

Dieses Verbrechen entflammte die ohnehin schon angeheizte politische Atmosphäre. Die Beerdigung wurde zu einem Marsch, an dem Hunderttausende teilnahmen und den gesamten Boulevard, der zum Friedhof führte, überfluteten, erfüllt von Zorn und einem Revolutionswillen, der durch diesen unnötigen Tod eher verstärkt als geschwächt worden war. Für Miguel-Angel Aquilera schrieb Victor das Lied »El alma llena de banderas« »Unsere Herzen sind voller Fahnen«, das sehr genau jenen Geist einfängt und das Gefühl widerspiegelt, einen historischen Kampf zu kämpfen, bei dem man sich sogar mit dem Tod konfrontiert sah.

Das Lied war Victors Beitrag zum Zweiten Festival des Neuen Chilenischen Liedes, das kurz vor den Wahlen im August 1970 stattfand. Die Stimmung des Festivals unterschied sich von der des Vorjahres, die politische Toleranz war verschwunden. Jeder Künstler, von dem man wußte, daß er einen anderen Kandidaten als Allende unterstützte, wurde von der Bühne gepfiffen.

Mittlerweile bestand kein Zweifel mehr daran, daß der »Sound« der Unidad Popular der der einheimischen Instrumente war, die Inti-Illimani und Quilapayún mit soviel Ausdauer wieder bekannt gemacht hatten. Aber ebenso dringend brauchte man ein Marschlied für den Wahlkampf, und so wurde »Venceremos« geboren. Man bat Sergio Ortega darum, die Musik zu schreiben, und in dieser ersten Wahlkampfversion stammte der Text von Victor.

Alles mußte in wahnwitziger Eile geschehen. Ich war beim Aufnahmetermin dabei, spät in der Nacht in einem Kellerstudio. Musiker aus verschiedenen Gruppen nahmen daran teil und begleiteten Victor beim Refrain. DICAP fiel die Aufgabe zu, die Schallplatte blitzartig zu produzieren und herauszubringen, damit das Lied bei den Märschen der Unidad Popular eingesetzt werden konnte. Als der Wahltermin näherrückte, konnten riesige Menschenmengen zumindest den Refrain singen. Später wurde der Text umgeschrieben, das Lied wurde zur »Hymne« der Unidad Popular.

Für jemanden, der nie an einer dieser Massendemonstrationen teilgenommen hat, die praktisch jedesmal die gesamte Innenstadt von Santiago füllten, ist es schwer, sich vorzustellen, wie das damals gewesen ist. Die Demonstrationen spielten eine sehr wichtige Rolle im politischen Prozeß, vielleicht eine zu wichtige. Alle waren von den Teilnehmerzahlen wie besessen. Ständig wurden Leute gezählt, am Arbeitsplatz, im Wohnviertel, an den Universitäten und bei großen und kleinen Versammlungen. Es gab unserer Moral gewaltigen Auftrieb, wenn wir sahen, daß die Anhänger der Unidad Popular größere Menschenmengen auf die Beine brachten, als die regierende Christdemokratische Partei. Die Rechte zeigte sich nie massenhaft auf der Straße. Ihre Schlagkraft lag auf anderen Gebieten, die wir, wie ich glaube, auf sehr naive Weise unterschätzten. Wenn sie sich zeigten, dann in kleinen Gruppen, und um Gewalt auszuüben oder zu provozieren.

Wichtiger jedoch als das bloße Köpfezählen war die Erfahrung, einander zu sehen und zu berühren, die körperliche Anwesenheit so vieler Leute zu spüren, von denen wir wußten, daß sie alle Compañeros waren. Wir konnten gemeinsam rufen, und wenn wir die Alameda oder die elegante Avenida Providencia entlangmarschierten, empfanden wir die Befriedigung, den Momios zeigen zu können, wie viele wir waren. Es war alles sehr aufregend und auch sehr primitiv, und bei jedem Demonstrationsaufruf, selbst wenn er nach einem harten Arbeitstag erfolgte, waren wir alle wieder da. Sich zu zeigen war Ehrensache, um die Teilnehmerzahlen ansteigen zu lassen.

7

Die Türen öffnen sich

4. September 1970

Der Wahltag, endlich… Seit vierundzwanzig Stunden ist der Wahlkampf vorbei. Jetzt herrscht eine unnatürliche Stille, wie eine Sturmflaute. Die letzte eindrucksvolle Demonstration der Unidad Popular noch frisch im Gedächtnis, ist es unmöglich, nicht optimistisch zu sein. Es war die größte, fröhlichste und kämpferischste von allen, und sie erstreckte sich über die ganze Alameda, von der Plaza Italia vorbei am Cerro Santa Lucía bis hinunter zum Hauptbahnhof. Manche behaupten, es haben an die 800 000 Menschen daran teilgenommen, und ich zweifle nicht daran. Es war unglaublich, all diese Leute »Venceremos« singen zu hören.

Die Leute gehen früh zur Wahl; unsere Nachbarn sind schon längst wieder zurück. Die meisten von ihnen gehen in Las Condes wählen, doch Victor muß in den Ersten Bezirk in der Stadtmitte, weil er an seiner Arbeitsstätte registriert ist. Monica ist auch wählen gegangen, und ich bin mit den Kindern allein hier, mit Manuela, Amanda und Monicas Tochter Carola. Ich bin die einzige, die keine Stimme abzugeben hat, denn als hier lebende Ausländerin darf ich zwar an bezirklichen, nicht aber an nationalen Wahlen teilnehmen. Ich sage mir, falls Allende wirklich gewählt wird, unterziehe ich mich dem bürokratischen Aufwand und nehme die chilenische Staatsbürgerschaft an.

Alles ist still, obwohl es ein so entscheidender Tag ist. Aber so ist es in Chile immer an Wahltagen. Nach den vielen Demonstrationen, der Gewalt und dem Durcheinander des Wahlkampfs findet die Wahl selbst auf ruhige und geordnete Weise statt... Alles hängt davon ab, was heute geschieht. Gewinnt Alessandri, so bedeutet das das Ende all unserer Hoffnungen. Gewinnt Tomic, wird sich nichts verändern. Es fällt schwer zu glauben, daß Allende nach so vielen Versuchen wirklich zum Präsidenten gewählt wird. Falls ja, dann erhält das chilenische Volk seine eigene Regierung, und die Arbeiter, die Unterprivilegierten, die Rotos kommen an die Macht...

Ich muß das Mittagessen für die Kinder zubereiten. Vor den Wahllokalen haben sich garantiert lange Schlangen gebildet. Es kann noch ewig dauern, bis Victor zurückkommt.

Ich könnte es nicht ertragen, heute abend das triumphierende Hupen der Autos unserer Nachbarn zu hören. Es ist immer schrecklich, wenn die Rechte eine Wahl gewinnt. Dann kurven sie alle mit ihren Limousinen durch die Straßen, rasen wild hupend herum und brüllen allen, die nicht mitjubeln, Beleidigungen zu. In letzter Zeit ist die Atmosphäre in unserer Gegend ziemlich feindselig geworden. Manuela, die in diesen Dingen sehr feinfühlig ist, hat es sogar unter den Kindern bemerkt. Zwar gibt es in der Nachbarschaft noch ein paar andere Anhänger der Unidad Popular, doch sie verhalten sich ruhig und versuchen, nicht groß aufzufallen. Das läßt sich bei uns nicht bewerkstelligen. Nicht viele Leute in diesem Viertel wagen es, ein Plakat für Allende ins Fenster zu hängen, obwohl es jede Menge für Alessandri und Tomic gibt. Wie ich inzwischen weiß, ist unser Familienarzt Tomic-Anhänger. Aber er ist uns deshalb nicht feindlich gesinnt. Im Gegenteil, er ist sehr freundlich und kommt oft in die Peña.

Doch jetzt höre ich das Brummen der Citroneta... Victor ist da. Es kommt mir komisch vor, daß er nichts anderes zu tun hat, als nach Hause zu kommen und abzuwarten. Unglaublich, daß wir alle einmal gemeinsam Tee trinken können. Es ist eine Qual, vor dem Radio zu sitzen. Ein Sprecher des Innenministeriums verliest die ersten Ergebnisse. Ich bin nervös, kann nicht stillsitzen, doch Victor hat sich in einem Lehnsessel vor dem Kaminfeuer im Wohnzimmer niedergelassen, neben sich das Radio. Er hält Bleistift und Papier in der Hand und versucht, die durchgegebenen Resultate mitzuschreiben. Zuerst kommen sie sehr spärlich herein... es gibt noch keine Computer... sie fangen damit an, die Auszählungen einzelner Wahltische, die nach Geschlechtern getrennt sind, bekanntzugeben, so daß man das unterschiedliche Wahlverhalten von Männern und Frauen leicht ablesen kann. Sogar jetzt neigen die Frauen eher dazu, konservativ zu wählen... Die Frauentische, deren Ergebnisse sie durchgeben, scheinen in der Mehrheit Tomic den Vorzug zu geben, aber es sind Ergebnisse aus Santiago... vielleicht sieht es später anders aus, wenn nach und nach die Stimmen aus dem Norden hereinkommen.

Es ist schon dunkel. Victor hat vergessen, das Licht anzumachen; ihm ist nicht einmal aufgefallen, daß er im Dunkeln sitzt. Offensichtlich hat er den Plan aufgegeben, alles mitzuschreiben. Ich sitze neben ihm auf dem Boden und lege meinen Kopf auf seine Knie. Er streichelt mir zärtlich über das Haar und sagt: »Mamita, was um alles in der Welt sollen wir tun, wenn Alessandri gewinnt?« Und dann, nach einer Pause: »Und was um alles in der Welt werden *sie* tun, falls Allende gewinnt?«

Diese schreckliche amtliche Stimme dröhnt immer weiter und gibt jetzt die Wahlergebnisse aus dem ganzen Land bekannt. Man kann unmöglich sagen, wer gewinnen wird. Offensichtlich ist es ein Kopf-an-Kopf-Rennen, vielleicht aber kontrolliert die Regierung auch die Reihenfolge, in der die Ergebnisse verlesen werden. Trotzdem scheint Allende immer noch gut abzuschneiden. Jeder Sieg für Alessandri läßt uns erschauern, aber vielleicht halten wir mit. Bislang scheint es ziemlich ausgeglichen zu sein, und die Resultate aus dem Norden liegen immer noch nicht vollständig vor. Sie *müssen* dort mehrheitlich für Allende abgestimmt haben.

Das Telefon klingelt. Ein Freund von Victor ist dran, der ihm mitteilt, Allende habe so gut wie gewonnen, was nicht ganz mit dem übereinzustimmen scheint, was wir im Radio hören. Wir blicken uns an, und ich stoße vor lauter Aufregung einen Schrei aus und fange an, auf und ab zu hüpfen. Bis jetzt hatten wir nicht gewagt zu hoffen. Monica ist zurückgekommen. Sie teilt unsere Aufregung. Ein gutes Zeichen: Aus der Nachbarschaft sind keinerlei Feiergeräusche zu hören.

Wir wechseln den Radiosender, um herauszufinden, ob einer der anderen Kommentatoren die Nachricht eines definitiven Siegs für Allende bestätigt. Zumindest der Beamte aus dem Ministerium hat nichts dergleichen verlauten lassen... Die Kinder sind inzwischen im Bett. Wir können die Spannung nicht länger ertragen und beschließen, hinauszugehen. Victors Freund hat berichtet, vor dem FECH, dem alten, baufälligen Gebäude des Studentischen Dachverbands auf der Alameda, gegenüber des Cerro Santa Lucia, versammelten sich viele Anhänger der Unidad Popular. Monica hütet das Haus.

Als wir in die Nacht hinaustreten, sehen wir, daß in keinem der Häuser ringsum Licht brennt. Unsere Canasta spielenden Nachbarn sind wohl schon zu Bett gegangen. Das Geräusch der anspringenden Citroneta kommt uns sehr laut und auffällig vor. Wir sind weit und breit die einzigen Menschen. Ich bekomme eine Gänsehaut. Normalerweise rennen die Leute an Wahlabenden von einem Haus zum anderen. Victor stößt aus unserer Einfahrt zurück, fährt den üblichen Bogen, um aus unserem Hof herauszukommen, weicht dem Baum aus, gegen den ich schon des öfteren gestoßen bin, und dann brausen wir los. Irgendwo bellt ein Schäferhund, und Don Juan, der an der Ecke Wache steht, hebt die Hand zum Gruß, als wir vorbeifahren. Er ist ein kräftiger, rätselhafter ehemaliger Polizist, der mehrere Häuser als Nachtwächter kontrolliert. Wir sind uns nicht sicher, ob er ein Freund ist oder nicht, aber mit Sicherheit weiß er über alles Bescheid, was in der Nachbarschaft vor sich geht.

Niemand ist auf der Straße. Die ganze Avenida Colón hinunter sind alle Häuser dunkel, die Fensterläden fest verschlossen. Sogar die Scheinwerfer in den weitläufigen Gärten sind ausgeschaltet, obwohl es noch nicht sehr spät ist. Auf der Alameda herrscht ein wenig Verkehr, aber doch, ja, vor dem FECH-Gebäude hat sich eine große Menschenmenge versammelt. Wir parken die Citroneta hinter dem Gebäude, und ich folge Victor, der sich einen Weg durch die Meute bahnt. Viele Leute erkennen ihn, klopfen ihm im Vorübergehen auf den Rücken und reißen Witze über das mögliche Wahlergebnis. Niemand scheint mit letzter Gewißheit zu wissen, was vor sich geht, doch es herrscht eine gedämpfte festliche Stimmung.

Die Leute, die die Tür bewachen, öffnen sie für Victor, und plötzlich sind wir im Innern des Gebäudes. Eine düstere, schlecht beleuchtete Treppe, links und rechts Zimmer voller unordentlicher Aktenschränke und abgestoßener Möbel. Es hat den Anschein, als seien alle bekannten Gesichter der Unidad Popular hier versammelt: die Führer der einzelnen Parteien, Senatoren, Abgeordnete, Künstler. Sie stehen in Grüppchen herum und diskutieren ruhig, oder sitzen auf der Treppe und warten auf die Bestätigung der Kommunisten, Lucho Corvalán, Volodia Teitelboim, und dann erst sehe ich, daß Salvador Allende selbst anwesend ist.

Ich denke daran, wie oft und über wie viele Jahre hinweg sie immer wieder auf Wahlergebnisse gewartet haben, wie viele Jahre lang sie Wahlkämpfe geführt und auf einen Sieg des Volkes gehofft haben. Viele kommen aus der Arbeiterklasse, sind durch ein Leben unaufhörlicher Auseinandersetzungen gealtert. Andere sind noch jung... Von draußen hört man jetzt die ständig wachsende Menschenmenge, Parolen werden gerufen.

Um fünf nach zwölf trifft die Nachricht ein: Salvador Allende hat die Präsidentschaftswahl gewonnen, und der *Jefe de Plaza* – das heißt, der mit dem Ablauf der Wahl in der Hauptstadt betraute Armeechef – hat der Unidad Popular die Erlaubnis erteilt, eine öffentliche Verlautbarung abzugeben. Die Leute sind schon da. Die Feiern sind bereits im Gange. Die Alameda ist abermals überfüllt. Überall klettern Leute auf Straßenlaternen, Bäume und Geländer, sie bevölkern den Hügel gegenüber, in der Hoffnung, einen Blick auf Allende zu erhaschen, wenn er seine Ansprache hält.

Drinnen sieht man nur Freude, Umarmungen, Tränen. Ich werde förmlich mitgerissen, überall umarmen und drücken sich die Leute, drängelt und schiebt man sich näher an Allende heran, um ihm zu gratulieren. Dann bin ich an der Reihe. Ich umarme ihn, wie ich finde, völlig hemmungslos und viel zu heftig, aber er sagt zu mir: »Drück mich fester, Compañera! Jetzt ist nicht der richtige Zeitpunkt, zurückhaltend zu sein!«

Einige Minuten später tritt Allende auf den winzigen Balkon des FECH-Gebäudes hinaus, um als Präsident Chiles zu sprechen. Es ist ein kleiner, unbefestigt aussehender Balkon – Allende hat kaum Platz zum Stehen… jemand hat von irgendwoher ein Mikrofon aufgestellt, kein besonders gutes… die Menge tobt und skandiert: »Allende! A-jen-de! A-jen-de!« Die Leute tanzen auf der Straße, halten sich an den Händen, bilden Ketten, Kreise, zünden Freudenfeuer an… die breiten Straßen im Zentrum der Stadt sind plötzlich voll mit Pferden und Karren, die aus den Barackensiedlungen ringsum gekommen sind, vollgepackt mit Menschen, die ebenfalls mitfeiern wollen.

Victor und ich halten es nicht länger in dem Gebäude aus und eilen hinaus auf die Straße, um uns unter die Menge zu mischen. Spontane Prozessionen mit improvisierten Fackeln bilden sich… mit einem Mal marschieren wir alle die Alameda entlang, auf La Moneda zu, den Präsidentenpalast.

Plötzlich kommt uns ein Kontingent Soldaten in gepanzerten Fahrzeugen entgegen. Es kommt einem wie ein Omen vor, eine Drohung, doch sie fahren einfach an uns vorbei, nur einige von ihnen gestikulieren etwas von den Lastwagen herunter.

In der Menschenmenge sehen wir viele junge Christdemokraten mit ihren Fahnen. Sie sind gekommen, um der Unidad Popular ihre Glückwünsche zu überbringen und ihre Unterstützung anzubieten... Wir sind nicht betrunken, aber über allem liegt ein Hauch von Unwirklichkeit, es ist wie in einem Traum. Wann haben wir jemals die Bewohner aus den Barackensiedlungen mit ihren zerlumpten, barfüßigen Kindern so mitten in der Stadt feiern sehen? Ab und zu treffen wir einen Bekannten, wieder Umarmungen... Das wird noch die ganze Nacht so weitergehen... Aber wir müssen nach Hause. Vielleicht wartet Monica auf die neuesten Nachrichten.

Auch auf dem Heimweg ist östlich der Plaza Italia in den Wohngebieten in Richtung der Berge alles still. Wir haben die ausgelassene Atmosphäre hinter uns gelassen, hier sind wir allein. Ich frage mich, was hinter den geschlossenen Fensterläden der Villen vor sich geht. Als wir in unsere menschenleere Straße einbiegen, frage ich mich, mit welchen Gesichtern uns die Nachbarn am nächsten Morgen begrüßen werden... ob sie uns überhaupt noch grüßen. Wir werden es morgen sehen.

Wir sind glücklich, aber auch besorgt. Werden die Faschisten und die CIA Allende wirklich die Macht übernehmen lassen? Nach all den Gewaltausbrüchen in den vergangenen Monaten wissen wir, daß es nicht leicht werden wird... Diese Soldaten auf der Straße... waren das Freunde oder Feinde? Mit dem Gefühl, daß sich die ganze Welt langsam auf den Kopf stellt, schlüpfen wir ins Bett.

Am Morgen nach der Wahl wurde unser Glücksgefühl durch das Wissen gedämpft, daß die rechtsgerichteten Kräfte in

Chile vor nichts zurückschrecken würden, um Allende an der Machtübernahme zu hindern. Fiestas Patrias, der Tag der Unabhängigkeit, schien in diesem September irgendwie anders zu sein. Die meisten der einfachen Leute, die ihr traditionelles Familienpicknick im Parque Cousiño abhielten und in den Fondas die Coueca tanzten, schienen zu spüren, daß der Anlaß ein besonders feierlicher war, daß sie Chiles zweite Unabhängigkeit feierten – diesmal nicht vom spanischen Imperium, sondern von den Multis und der Oligarchie.

Dem Militär wurde bei seiner traditionellen Parade am 19. September mit besonderer Inbrunst zugejubelt. Die hinter den größeren und schlankeren Berufsoffizieren marschierenden kleinen, stämmigen Rekruten schienen Compañeros zu sein, junge Männer aus Arbeiter- und Bauernfamilien, die mit Sicherheit Anhänger der Unidad Popular waren.

Der Oberbefehlshaber, General René Schneider, hielt eine Rede, in der er seine Unterstützung des demokratischen Prozesses erklärte und die Rolle der Streitkräfte als Stütze der Verfassung definierte. Die Schneider-Doktrin, wie sie später einmal genannt werden sollte, war das Haupthindernis für diejenigen, die es auf einen Militärputsch angelegt hatten – eine durchaus reelle Gefahr in der zweimonatigen Periode zwischen dem Wahlsieg und dem Tag, an dem Allende Eduardo Frei offiziell als Präsident ablösen würde.

Die letzte Auszählung hatte 36,3 Prozent für Allende, 34,9 Prozent für Alessandri und 27,4 Prozent für Tomic ergeben. Der chilenischen Verfassung zufolge muß der Kongreß, sollte der Gewinner einer Wahl, wie so oft, nicht die absolute Mehrheit der Stimmen auf sich vereinen können, das Ergebnis bestätigen. Theoretisch konnte er auch den Zweitbesten zum Präsidenten ernennen. Also setzte eine Reihe taktischer Manöver ein, um den Kongreß, in dem die Christdemokraten das Zünglein an der Waage bildeten, zum Bruch mit der Tradition und der Ernennung von Jorge Alessandri anstelle von Salvador Allende zum Präsidenten zu bewegen.

Der erste Schritt war die Ausübung wirtschaftlichen Drucks: eine hausgemachte Panik an der Börse, die massive Kapitalentnahme aus Banken und Bausparkassen, die Stillegung privater Gewerbe, deren Eigentümer nach Miami oder Ecuador »geflohen« waren, Schwarzmarktspekulationen mit Lebensmitteln und Dollars sowie das Hamstern von Nahrungsmitteln und anderer lebensnotwendiger Waren, um künstliche Verknappungen zu schaffen. Auf den wenigen Mauern, die die Rechten während des Wahlkampfes bemalt hatten, hatten sie »Allende = Chaos« versprochen. Jetzt waren sie fest entschlossen, ihre Prophezeiung wahr werden zu lassen.

Viele der größeren Villen im Barrio alto standen zum Verkauf. Der Hausrat wurde verhökert, während sich die Eigentümer über die Grausamkeit des Schicksals beklagten. Kleine Gruppen von Frauen in schicker Trauerkleidung demonstrierten im Stadtzentrum, wedelten mit schwarzen Taschentüchern und schrien: »Rettet uns vor dem Kommunismus!« Sie konnten einem unmöglich leid tun. Niemand tat ihnen etwas an, niemand zwang sie dazu, das Land zu verlassen. Über Nacht verschwand das Toilettenpapier aus den Geschäften. Das war Jorge Alessandris Beitrag zur allgemeinen Lage; als Eigentümer der Papelera de Puente Alto besaß er das Monopol der Papierproduktion des Landes. Die Bedrohung des Sozialismus bedeutete, daß wir uns mit altem Zeitungspapier behelfen mußten.

Diese Aktionen waren jedoch nur die Spitze des Eisbergs. Darunter wurden komplexere Intrigen ausgebrütet. Alessandri hofierte die Christdemokraten und versprach ihnen, wenn sie im Kongreß für ihn stimmten, das Amt des Präsidenten sofort niederzulegen und den Weg für eine neue Wahl freizumachen. In dieser sei Frei wieder berechtigt, sich aufstellen zu lassen, und wenn er von seiner Partei anstelle von Tomic aufgestellt würde, könne er auf die Stimmen einer vereinten Opposition zählen und Allende besiegen. Diese Vorstellung muß der Christlich Demokratischen Partei gefallen haben, und nicht zuletzt Frei selbst.

Die Wochen zwischen der Wahl und der Abstimmung im Kongreß waren dermaßen mit politischen Spannungen belastet, daß es einem schwerfiel, sich auf die Arbeit an der Universität zu konzentrieren. Die Kräfte der Unidad Popular und der Gewerkschaftsbewegung mußten ständig auf der Hut sein, um Bestrebungen zum Sturz der Verfassung zu verhindern. Oft wurde man zu Versammlungen und Demonstrationen aufgerufen, um zu zeigen, daß die Leute es sich nicht gefallen ließen, um einen Wahlsieg betrogen zu werden, der bei einem fairen und demokratischen Wettbewerb errungen wurde. Mehr als einmal wurde der Unterricht abgebrochen, und Dozenten, Studenten und Hilfspersonal marschierten zur Plaza de la Constitución, wo man sich mit anderen Gewerkschaftern aus ganz Santiago versammelte. Die Wahl mußte durch ständige Mobilisierung verteidigt werden. Chiles Oligarchie duldete die Demokratie nur, solange sie selbst der Gewinner war.

Santiago war voll mit ausländischen Journalisten. Zum ersten Mal hatten wir das Gefühl, die Welt schaue auf Chile – vielleicht fanden die Menschen in Europa jetzt endlich heraus, wo Chile auf der Landkarte lag. Allendes Sieg zeigte bereits Auswirkungen auf das restliche Lateinamerika, und die Möglichkeit, Sozialismus und Unabhängigkeit mittels friedlicher Maßnahmen zu erreichen, bescherte allen anderen Massenbewegungen neue Hoffnung.

Inmitten dieser Aufregung mußte Victor ausgerechnet nach Übersee reisen. Nur widerstrebend verließ er das Land, denn er wollte nicht fehlen, wenn in seiner Heimat so viel passierte. Er war zu einem Internationalen Kunstfestival nach Berlin eingeladen worden, eher in seiner Eigenschaft als Theaterregisseur denn als Sänger. Dazu kamen Einladungen, in der Tschechoslowakei, in Kolumbien, Venezuela und Peru zu singen. Als er mich am Flugplatz zum Abschied küßte, bedauerte er, Amandas sechsten Geburtstag zu versäumen, doch er schwor, bis zum 24. Oktober zurückzusein, dem Tag, an dem der Kongreß Allende als Präsidenten bestätigen sollte.

Victors Herz und Gedanken weilten bei dieser Reise so sehr in Chile, daß er die Gelegenheit vielleicht nicht so sehr wie sonst zu neuen Eindrücken und Erfahrungen nutzte. Er war sehr überrascht und bewegt, als er sein eigenes Lied »Preguntas por Puerto Montt« von einem Duo deutscher Sänger auf spanisch gesungen hörte, während er allein in seinem Hotelzimmer in Ost-Berlin saß.

Inzwischen nahm das Drama in der Heimat seinen Fortgang. Es hieß, massenweise CIA-Agenten strömten ins Land. Eine Verschwörung zur Ermordung Allendes wurde aufgedeckt, und die Polizei schien eigenartig langsam zu reagieren, was das Vorgehen gegen rechte Terroristen anbelangte. Innerhalb der Christlich-demokratischen Partei gewann der linke Flügel die Oberhand und gab bekannt, daß sie bei der Abstimmung im Kongreß ihre Stimme zugunsten Allendes abgeben würde.

Aber am Morgen des 22. Oktober, nur zwei Tage vor der entscheidenden Wahl, wurde General René Schneider bei einem Versuch, ihn zu kidnappen, schwer verwundet. Auf der Fahrt von seiner Wohnung in der Calle Martin de Zamora ins Zentrum Santiagos wurde sein Wagen von drei anderen eingekeilt. Als er seinen Revolver zog, um sich zu verteidigen, wurde auf ihn geschossen. Es sah ganz so aus, als wären seine Beinahe-Entführer, eine Gruppe rechter Terroristen aus dem gleichen faschistischen Umfeld wie General Viaux, entweder in Panik geraten oder als hätten sie ihre Anweisungen überschritten. Ohne Zweifel war General Schneider denjenigen im Weg, die einen militärischen Staatsstreich planten. Dieser Angriff bewirkte jedoch nur das Gegenteil des gewünschten Effekts.

Victor, der sich noch in Peru aufhielt, erfuhr die Nachricht in der typisch verzerrten Version, die den Eindruck vermittelte, die Linke sei dafür verantwortlich, und daß der Anschlag einzig und allein der Wahl Allendes zuzuschreiben sei. Er kürzte seine Tournee ab und nahm den ersten verfügbaren Flug nach Hause, wo er am Morgen des 24. Oktobers ankam, gerade rechtzeitig genug, um zu erfahren, daß der Kongreß Salvador Allende tatsächlich als Präsident Chiles bestätigt hatte.

General Schneider lag jedoch im Krankenhaus von Santiago und kämpfte um sein Leben; die Bestürzung und die Sorge um ihn waren so groß, daß nach der Wahlbestätigung keine Feiern veranstaltet wurden. Eine landesweite Nachtwache begleitete den Oberbefehlshaber bis zu seinem Tod am 26. Oktober. Er erhielt ein Staatsbegräbnis als Held des Volkes, doch wenn man Alessandri und Frei unter den offiziellen Trauergästen zusammen mit Allende hinter dem Sarg hergehen sah, fragte man sich schon, was wirklich in ihnen vorging und ob sie nicht selbst in die Entführungsintrige verwickelt waren. General Carlos Prats, der neuernannte Oberbefehlshaber, erklärte seine Treue zur Schneider-Doktrin und seine Loyalität gegenüber dem demokratisch gewählten Präsidenten.

Die Kongreßabstimmung war von dieser Tragödie überschattet gewesen, doch am 3. November, dem Tag, an dem Allende offiziell sein Amt übernahm und in den Regierungspalast La Moneda einzog, war Santiago der Schauplatz der unglaublichsten kulturellen Feierlichkeiten, die Chile je erlebt hatte. Auf zwölf Bühnen unter freiem Himmel, die an unterschiedlichen Punkten des Stadtzentrums aufgebaut waren, führten sämtliche wichtige Kulturgruppen und Einzelkünstler in ausgelassener Atmosphäre ein Nonstop-Programm auf. Diesmal nahmen nicht nur die politischen Anhänger daran teil, sondern auch Institutionen wie das Sinfonieorchester, das Philharmonische Orchester, das Nationalballett, das Ensemble des Theaterinstituts sowie Dichter, Chöre, Komiker, Operetten, Clowns, Popsänger, Folkloregruppen und selbstverständlich die Künstler der Neuen Chilenischen Liedbewegung.

Es war ein wunderbares Ereignis: Festlich gestimmte Menschenmengen füllten die ganze Innenstadt. Die Straßen waren für den Verkehr gesperrt, überall schlenderten gaffende und lauschende Massen von Kindern und Erwachsenen in der Frühlingsluft hin und her. Überall erklang Musik, dazu der Geruch von Empanadas, gerösteten Erdnüssen und der Rauch von Grills, und dazwischen brandete donnernder Applaus von einer Bühne zur anderen.

Zum ersten Mal trat das Ballet Popular im gleichen Programm mit dem Nationalballett auf der größten Bühne der Plaza de la Constitución auf, wo auch Victor sang. Viele unserer Ballettkollegen, die nicht für die Unidad Popular gestimmt hatten und noch nie bei einer Demonstration aufgetreten waren, wurden von der freudigen, volkstümlichen Feierlichkeit angesteckt, und selbst die reaktionärsten unter ihnen trauten sich nicht, sich über ein derartig aufmerksames und dankbares Publikum zu beschweren. Ich erinnere mich daran, daß, als Victor auf die Bühne kam und seine Lieder »unserem Compañero Presidente« widmete, Allende plötzlich auf der gegenüberliegenden Seite des Platzes auf dem Balkon im ersten Stock des Moneda-Palastes erschien und ihm über die Menschenmenge einen Gruß zuwinkte. Es war eine noch nie dagewesene Feier für eine neue Art von Präsident. Die Leute hatten das Gefühl, als seien sie an seiner Seite in La Moneda eingezogen.

Von diesem Augenblick an sollte unser Leben ständig vom politischen Milieu gefärbt sein, untrennbar verbunden mit den tagtäglichen Geschehnissen. Wenn es für die Unidad Popular gut lief, waren wir glücklich, wenn es schlecht lief, waren wir persönlich davon betroffen – so groß war das politische Empfinden und das Gefühl, Teil einer wichtigen Bewegung zu sein.

Vieles von der Arbeit, die Victor und ich oft mit wenig Aussicht auf Erfolg, ohne jede Unterstützung und manchmal fast

215

subversiv in unterschiedlichen Bereichen geleistet hatten, war mit einem Mal Teil der offiziellen Politik geworden. Es war, als spränge eine Tür, gegen die man die ganze Zeit angerannt war, plötzlich auf, und man stünde auf der anderen Seite, taumelnd noch, aber endlich frei. Es war herrlich, aber man mußte sich auch erst ein wenig daran gewöhnen.

Zuerst ergab sich in Victors Liedermacherei eine vorübergehende Pause. Nach einer so langen Zeit des Protests und der Anprangerung war es in gewisser Weise beunruhigend, einen wirklichen Grund zum Feiern und so viele konstruktive Aufgaben durchzuführen zu haben. Er konnte nicht wie eine Maschine unbeirrt weitermachen und einen positiven Agitationssong nach dem anderen produzieren. Er mußte sich ein wenig Zeit gönnen, um sich an die neuen Bedingungen zu gewöhnen, die neue Atmosphäre absorbieren. Doch sobald er wieder in die Gänge kam und allmählich in die neue Situation eintauchte, strömten die Lieder nur so aus ihm heraus.

Sein nächstes Album, das im April 1971 von DICAP veröffentlicht wurde, nannte er *El Derecho de Vivir en Paz* (»Das Recht, in Frieden zu leben«), ein Titel, der seinen Gefühlen hinsichtlich der Situation, in der wir lebten, Ausdruck verlieh, obwohl das Lied, dem er entnommen ist, Ho Chi Minh und dem vietnamesischen Volk gewidmet und schon zu der Zeit geschrieben worden war, als er *Vietrock* produzierte.

An der Produktion des Albums waren viele Leute beteiligt: Angel Parra, Inti-Illimani, Patricio Castillo ebenso wie Celso Garrido Lecca, ein hervorragender Komponist, der an der Fakultät unterrichtete, und sogar eine Popgruppe namens Los Blops, die Victor bei zwei Songs mit elektrischen Gitarren und einem Synthesizer begleiteten – ein Experiment zur »Invasion der kulturellen Invasion«. Es war eine Zeit, in der alle glücklich darüber waren, gemeinsam arbeiten zu können, ein Geist, der weder kommerziell noch von Wettbewerbsdruck geprägt war. Man ermutigte und kritisierte einander, ohne sich um relativen Status oder Wichtigkeit zu scheren.

Zur gleichen Zeit schwärmten Tausende von Studenten in den Sommerferien hinaus aufs Land, um bei der Ernte zu helfen oder sich an der Kampagne zur Beseitigung des Analphabetentums zu beteiligen. Das Ballet Popular und viele andere Künstler reisten in einem »Kulturzug« auf der Nord-Süd-Strecke der Eisenbahn und ihren Nebenstrecken, wo man mit einem Programm aus Theater, Tanz, Ausstellungen, Konzerten und Workshops in kleinen Dörfern und großen Städten Station machte.

Wir hatten Kabinettsminister aus der Arbeiterklasse; wir hatten die Auflösung der Mobilen Einheiten gefeiert – ihre Wasserwerfer waren zur Ergänzung der Wasservorräte in die Poblaciones gebracht worden; die Verteilung von kostenloser Milch an alle im Wachstum begriffenen Kinder war angelaufen, was, wie wir hofften, die Mangelernährung beenden würde. Viele Kinder und sogar Erwachsene hatten einen freien Tag und sahen zum ersten Mal im Leben das Meer, weil die Regierung an der langen Küste Chiles an einigen der herrlichen Strände primitive, aber angemessene Ferienlager für Arbeiter errichten ließ. Wir waren voller Optimismus und davon überzeugt, alles erreichen zu können. Die Opposition schien sich verkrochen zu haben.

Ich erinnere mich an einen Satz aus jener Zeit, der die Stimmung sehr gut ausdrückt. In einer Rede bei einer Massenversammlung sagte jemand, ich glaube, es war Luis Corvalán, der Anführer der Kommunistischen Partei Chiles: »Das Haus gehört euch…«, womit er meinte, daß die Zeit endlich gekommen war, in der die große Masse der arbeitenden Bevölkerung Besitz von ihrem eigenen Land und Verantwortung dafür übernahm und sich daran erfreute. Victor malte beim Zuhören ein sehr kunstvolles Bildchen auf einen Zettel. Auch den Spruch schrieb er sich auf, weil er ihm so gut gefiel.

Noch etwas aus dieser Zeit, das unser aller Gefühle ausdrückte: ein Bilderwitz, in dem ein Roto zum anderen sagt: »Sogar der Smog kommt einem jetzt herrlich vor.« Ein anderer Bilderwitz zeigt zwei sich unterhaltende Pitucos: »Dann erschießen sie uns also nicht?« – »Nein, viel schlimmer – sie lassen uns arbeiten!«

Sie sind weniger als Symptome einer »kommunistischen Repression« oder eines überbordenden Parteidenkens zu werten, sondern eher als Zeichen dafür, daß das Volk, das so lange unterdrückt gewesen und, wenn überhaupt, auf dem Pfad überzogener Bescheidenheit gewandelt war, von seinem Führungsrecht überzeugt werden mußte. Einem Recht, das es sich durch demokratische Wahlen erstritten hatte.

Eines von Victors neuen Liedern, »Abre tu ventana« (»Öffne dein Fenster«), das sich an eine Frau aus den Vorstadtsiedlungen wendet, veranschaulicht diese Vorstellung:

> Öffne dein Fenster, laß die Sonne
> Licht in jeden Winkel deines Hauses bringen.
> Schau hinaus – unser Leben ist nicht dazu da,
> in Dunkelheit und Traurigkeit getränkt zu sein.
> Sieh doch, Maria,
> Geboren werden, aufwachsen und sich verlieben reicht nicht aus,
> um das wirkliche Glück zu finden…
> Das Schlimmste ist überstanden,
> jetzt sind deine Augen voller Licht, deine Hände voller Honig…

Auch andere Lieder waren von einem Geist des Glücks und des Optimismus erfüllt. Nicht, weil sie »auf Parteilinie« lagen oder etwas in der Art. Es war das, was er und so viele andere tatsächlich fühlten. Victor schrieb: »Ich wäre am liebsten zehn Leute, um bei all dem, was jetzt zu tun ist, zehnmal soviel verrichten zu können. Wir haben diese wunderbare Chance, eine sozialistische Gesellschaft mit friedlichen Mitteln zu schaffen, und wir dürfen uns dabei nicht verzetteln… Die Welt schaut auf uns, um zu sehen, ob das möglich ist.«

»BRP«, ein Lied mit Musik von Ceso und einem Text von Victor, entstand als Tribut an die Malbridagen, die sich während des Wahlkampfes gebildet hatten und sich von der Pinselei einfacher politischer Parolen zur Schöpfung kunstvoller und schöner Wandgemälde entwickelt hatten. Manchmal halfen ihnen berühmte Maler wie Roberto Matta. Die Anwohner beteiligten sich an den Diskussionen über den Inhalt und sogar an der Malaktion selbst. In ganz Chile erblühten triste Mauern und Wände in den Poblaciones, entlang der Uferbefestigung des Mapocho, neben Fabriktoren und in den Provinzstädten mit farbenfrohen Symbolen, die sich auf das tägliche Arbeitsleben und das Programm der Unidad Popular bezogen: Weizenähren, Kupferstangen, Mütter mit Säuglingen, Grubenarbeiter mit Helmen, Tauben, Sterne, Gitarren. Die gleiche Technik wurde eingesetzt und weiterentwickelt, indem man die Formen mit dicken schwarzen Linien vorgab und sie mit einfachen, leuchtenden Farben ausmalte – eine Technik, die beinahe zur Grundlage einer visuellen Sprache wurde, weil sie die Malerei des Volkes berücksichtigte.

Mir war es unmöglich, einige meiner Tanzschüler nicht zu bedauern, die schon morgens erschöpft an der Stange hingen, weil es ihnen nach einer langen Nacht, in der sie eine Wand bemalt hatten, sowohl an Energie als auch an Konzentration mangelte. Das betraf insbesondere César, den Anführer einer Bridage und einer der Design-Pioniere dieser besonderen Form von Straßenkunst. Er erklärte mir, daß die Ausmaße der Mauern den Akt der Malerei eher zum Tanz werden lasse, weil der ganze Körper eingesetzt werden müsse, um den Pinsel zu schwingen. Da dabei stets ungefähr ein Dutzend Leute, koordiniert in Gleichklang und Kontrapunkt, in der Gruppe zusammenarbeiteten, weise die Entstehung eines Wandgemäldes viele Gemeinsamkeiten mit einer Choreographie auf.

»Ni chicha ni limona« (»Weder das eine noch das andere«) war ein sehr zeitkritisches Lied, das so beliebt wurde, daß es das chilenisches Gegenstück zu den Top Ten wurde. Es machte sich über Leute lustig, die sich abwartend verhielten, Angst davor hatten, sich für die Unidad Popular zu engagieren, und es wandte sich gegen rechten Terror und Volksverhetzung. Vor allem aber zielte es auf die Christdemokraten, die gezwungen waren, sich dieser wichtigen Entscheidung zu stellen. (Die Angelegenheit war höchst heikel: Die Unidad Popular befand sich sowohl im Senat als auch im Abgeordnetenhaus in der Minderheit, und die Christdemokraten hielten das Gleichgewicht der Macht; parlamentarische Wahlen fielen nicht mit Präsidentschaftswahlen zusammen, und die nächste Gelegenheit, die Machtverhältnisse in der Legislative zu verändern, bestand erst im März 1973.) Victors überschwengliche Stimme erfüllte den Äther genau in diesem Moment. Sein einprägsamer Refrain beschuldigte die Leute, sich »wischi-waschi« zu verhalten und forderte sie auf, sich ihm anzuschließen, »wo die Kartoffeln anbrennen« – was in Chile ungefähr soviel bedeutete wie »wo die Dinge wirklich passieren«. Die Leute liebten das Lied und stimmten überall in den Refrain ein. Wir fragten uns ständig, ob es tatsächlich jemanden dazu bewegte, anders abzustimmen. Wie auch immer, die Kommunalwahlen im April ergaben einen deutlichen Linksruck im ganzen Land, und die Unidad Popular ging mit einer absoluten Mehrheit daraus hervor.

Im Sommer unternahmen Victor und ich gemeinsam den Versuch, Malvina Reynolds »Little Boxes« zu übersetzen – ein Lied, das ihn reizte, seitdem er es in der Version von Pete Seeger gehört hatte. Victor fertigte eine chilenische Version davon an (»Las casitas del barrio alto«), in der die eher sanfte Satire auf das Leben in den Reihenhäusern auf den Hügeln von San Francisco wesentlich bissiger auf das Barrio alto von Santiago umgemünzt wurde. Er fügte eine zusätzliche Strophe hinzu, die den Leuten das Lachen im Halse stecken bleiben ließ, und die sich auf die rechtsextremen Gangster in ihren Austin Minis bezog, die es sich zum Sport machten, Generäle umzubringen. Der bissige Text bildete einen düsteren

Kontrast zu der fröhlichen Polkamelodie. Später äußerte sich Malvina mit großer Anerkennung über die »politische Überhöhung« ihres Liedes. Victor reizte die Rechte und benutzte dazu den Humor als Waffe.

Victor kümmerte sich immer sehr um das visuelle Erscheinungsbild seiner Langspielplatten. Die Hülle mußte das widerspiegeln, was er mit seinen Liedern zu transportieren versuchte. Manchmal beauftragte er eigens Fotografen, damit sie in diesem Sinne Aufnahmen machten. Er wählte ein Foto, auf dem von der Arbeit zerrissene Hände eines Bauern zu sehen waren für *Pongo en tus Manos Abiertas;* für *Canto Libre* bestand er für die Außenhülle auf der Nahaufnahme einer verwitterten, mit einem Vorhängeschloß versehenen Tür, und wenn man die Hülle aufklappte, schien eine fliegende Taube daraus emporzusteigen.

Für *El Derecho de Vivir en Paz* wollte er den Eindruck weiten Raumes und leuchtender Farben. Er fand die Tuschezeichnung eines galoppierenden, ausgelassenen Pferdes, das ein Gefühl von Freude und Freiheit vermitteln sollte. Das Album wurde dank der enormen Popularität der Neuen Chilenischen Liedbewegung und der konsequenten Expansion von DICAP sowie seiner Organisations- und Werbekapazität im großen Stil veröffentlicht. Es war eigenartig, sich auf der Straße Plakaten mit Victor darauf gegenüberzusehen, die ein Konzert ankündigten. Ein Theaterregisseur ist eine wesentlich anonymere Person.

Ungefähr zu jener Zeit wurde Victor darum gebeten, neue Erkennungsmelodien für die Überleitungen zwischen den Programmen des landesweiten Fernsehkanals zu komponieren, die endlich die fade Fahrstuhlmusik ablösen sollten, die seit Anbeginn des Senders in Gebrauch war. Obwohl wahrscheinlich nur sehr wenige Leute davon erfuhren, stammte von 1971 bis zum 10. September 1973 die Instrumentalmusik, die jedem Zuschauer von Kanal 7 vertraut war, von Victor. Außerdem komponierte er Melodien für eine Zeichentrickserie mit einer beliebten Hundefigur namens Tevito, die den Wetterbericht verkündete und Programmansagen machte. Victor hatte viel Spaß damit. Er dachte sich kurze Variationen des gleichen Themas aus, verwendete verschiedene Instrumente, Klänge und Rhythmen, um jedem Auftritt einen speziellen Charakter zu verleihen.

Bei allen diesen Aufnahmen und seinen Instrumentalstücken arbeitete Victor mit unterschiedlichen Musikern zusammen, vor allem aber mit Inti-Illimani und mit Patricio Castillo, der Quilapayún inzwischen verlassen hatte. Die erste Melodie, die Victor für Kanal 7 komponierte, wurde später als Single unter dem Titel »Charagua« veröffentlicht und war das erste mit einheimischen Instrumenten eingespielte Musikstück, das die Top Ten erreichte. Es wurde so bekannt und beliebt, daß einmal, als Inti-Illimani es bei einem Auftritt an einem abgelegenen Ort in der Wüste im Norden aufführten, die Leute dachten, es handele sich um Betrug und die Schallplatte würde heimlich über Lautsprecher abgespielt. Es fiel ihnen schwer zu glauben, daß eine so wichtige Gruppe, die in der Hitparade war, tatsächlich bei ihnen auftrat.

Victors Verhältnis zu Inti war ungezwungen, aber doch eng und sehr freundschaftlich. Er bewunderte ihr musikalisches Talent und ihre Leistung bei der Erkundung der traditionellen Musik des Altiplano ungemein und schätzte sie auch sehr als Freunde. Es war unmöglich, sie nicht zu mögen. Sie waren ausnahmslos Studenten der Technischen Universität und Anfang Zwanzig, bis auf den Jüngsten, »Loro« Salinas, der noch ein Teenager war. Später wurde er der musikalische Leiter der Gruppe und machte unterdessen erste Experimente mit eigenen Kompositionen.

Auch Victor war durch den rasch expandierenden Fachbereich Kunst und Kommunikation wieder mit der Technischen Universität in Verbindung geraten. Seit seiner Kündigung als Theaterregisseur an der Universität von Chile war unser Einkommen sehr unregelmäßig geworden, doch er wollte es vermeiden, von seiner Musik abhängig zu sein. Die Technische Universität bot die ideale Lösung: Zusammen mit anderen Künstlern und Gruppen wie Isabel Parra, Quilapayún, Inti-Illimani und Cuncumén sollte Victor ein bescheidenes Monatseinkommen beziehen, wofür er im Gegenzug zum umfangreichen kulturellen Erweiterungsprogramm der Universität mit ihren Zweigstellen und Instituten im ganzen Land sowie ihrem Radionetz beitragen sollte.

Im Gegensatz zu den anderen chilenischen Universitäten verfügte die UTE – die Staatliche Technische Universität – über gewisse traditionelle Kontakte zur Arbeiterklasse und der Gewerkschaftsbewegung. Seit den Reformen der späten 1960er hatte sie große Anstrengungen unternommen, ihre Kurse auch den Söhnen und Töchtern der Kleinbauern- und Arbeiterfamilien zugänglich zu machen. Sie hatte angefangen, sich zu dezentralisieren und im ganzen Land Zweigstellen zu eröffnen. Die Universität selbst führte eine Kampagne zur Bekämpfung des Analphabetentums bei Erwachsenen durch, indem sie ganze Brigaden von Studenten als Lehrer aussandte. Darüber hinaus reagierte sie in Kooperation mit der Gewerkschaftsbewegung auf spezielle örtliche Bedürfnisse – Fahr- und Reparaturkurse für Traktoristen, technische Kurse im Bereich Landwirtschaft und Forstwesen, Erste Hilfe für das Personal ländlicher Gesundheitseinrichtungen, dazu stellte man im kulturellen Bereich Lehrer für Folklore, Theater und viele andere Aktivitäten zur Verfügung. Die weitblickende Unterstützung, die die Universität durch den Fachbereich für Kommunikation vielen chilenischen Künstlern zuteil werden ließ, half ihnen, ihre Arbeit zu rationalisieren und ermöglichte ihnen wiederum, die vielen spontanen Initiativen der arbeitenden Bevölkerung im ganzen Land zu unterstützen.

Mit der Technischen Universität auf der einen und seiner Arbeit für die DICAP auf der anderen Seite verfügte Victor nun über eine solide Basis, von der aus er in den kommenden drei Jahren seine Arbeit entwickeln und ausbauen konnte.

Was zuvor das Ergebnis individueller Anstrengung, Improvisation, Glück und schierer Willenskraft gewesen war, konsolidierte sich jetzt im Rahmen fester Strukturen und Organisationen.

Inmitten des geschäftigen Treibens des kommunalen Wahlkampfs und der Proben und Aufnahmen für *El Derecho de Vivir en Paz* fand eine der größten Feten in unserem Haus statt, an die ich mich erinnern kann. Es galt, die Fertigstellung eines Werkstatt-Studios zu feiern, das wir im Garten errichtet hatten, weil es im Haus nie ausreichend Platz zum Proben gab. Obwohl es nicht aus Adobe, sondern aus weißgetünchten Backsteinen gebaut war, sah es bis hin zu den traditionellen welligen Lehmziegeln, die wir gerettet hatten, als in der Nähe einige alte Häuser abgerissen worden waren, in etwa so wie Victorias Elternhaus in Lonquen aus. Von nun an sollte es ein Ort ständiger tänzerischer und musikalischer Aktivitäten sein.

Alle jungen Männer von Inti-Illimani mitsamt ihren Freundinnen kamen zur Party; das ganze Ballet Popular, soeben von seiner langen Tournee mit dem Zug durch den Süden zurück; Mata und Angel und die anderen aus der Peña; Patricio und Schüler aus den Tanz- und Theaterschulen, insgesamt viele Leute, die singen und Gitarre spielen konnten... und es wurde auch getanzt. Wir grillten im Garten Fleisch über dem Holzkohlenfeuer, aßen Maiskolben und Melonen, tranken Wein... Es war eine funkelnde Sternennacht, wie man sie nur in Chile erleben kann. Dazu die Vorfreude auf soviel wunderbare Arbeit, die es zu erledigen galt, ein Meer unerschöpflicher Möglichkeiten... Wir hatten jede Menge zu feiern.

Inzwischen hatte sich der Kreis meiner Beziehung zur Universität von Chile geschlossen. Nachdem ich mich 1964 vom Ballett und 1966 von der Tanzschule verabschiedet und anschließend ohne Kontakt zur Fakultät drei Jahre in Ñuñoa und

Las Condes gearbeitet hatte, war ich 1969, nach den großen Veränderungen der Reformbewegung, wieder dorthin zurückgekehrt.

Es war mir dadurch möglich geworden, daß Amanda gerade in den Kindergarten des Liceo Experimental Manuel de Salas gekommen war, wo sie den Großteil des Tages in der gleichen Schule wie Manuela verbrachte. Schon mit fünf Jahren war sie ein sehr vernünftiges kleines Mädchen und hatte sich relativ gut an ihre Spritzen und ihre Diät gewöhnt. Manuela war eine dünne Neunjährige, die vielleicht zuviel Verantwortung für Amanda übernommen hatte. Doch sie hatte auch ihren eigenen großen Freundeskreis... und Monica meisterte den Haushalt.

Wir hatten Glück, daß wir die Mädchen in einer der nettesten Schulen von Santiago untergebracht hatten. Es war, wie der Name schon sagt, eine experimentelle Schule, die zur Universität von Chile gehörte und in enger Verbindung mit dem Pedagógico, dem Lehrerseminar, stand. Die Lehrmethoden waren dort moderner als an den meisten staatlichen Schulen, und die Atmosphäre war weniger elitär und *pituco* als an den privaten Schulen, die die ausländischen Kolonien unterhielten. Wie auch immer, wenn es einen gewissen Snobismus an der Manuel de Salas gab, dann war er intellektueller Natur, denn es war nicht einfach, an diese Schule zu gelangen, doch sie hatte den zusätzlichen großen Vorteil, kostenlos zu sein. Der Großteil der Eltern war berufstätig, Künstler und Intellektuelle, also eher fortschrittlich orientiert.

Bei meiner Rückkehr zum Institut sah ich mich begeisterten Studenten und jeder Menge Verantwortung hinsichtlich der Durchführung eines experimentellen Projekts gegenüber. Es ging um die Ausbildung von Tanzlehrern, die in den Gemeinden arbeiten und dort wiederum Kinder und Amateure unterrichten sollten. Das Projekt nahm einen wichtigen Stellenwert im neuen Programm der Fachabteilung Tanz ein, genoß die volle Unterstützung der Fakultät und war Teil eines neuen kulturellen Abkommens zwischen der Universität von Chile und dem Gewerkschaftsverband CUT.

Die Arbeiter begnügten sich nicht mehr damit, Tänzen und Theaterstücken einfach zuzuschauen. Sie fanden, sie hätten ein Recht darauf, diese Erfahrungen selbst zu machen, ihre eigenen Stücke und Choreographien zu schaffen. Wir waren noch nicht soweit, um auf die enorme Nachfrage nach Lehrern für Amateurgruppen zu reagieren, aber meine Arbeit zielte genau darauf ab, und zwar mittels eines Spezialkurses für ältere Studenten, die bereits über Tanzerfahrungen verfügten.

In der Tanzschule sah inzwischen vieles anders aus. Ganz allgemein studierten dort jetzt mehr junge Erwachsene, sogar mehr junge Männer, die oft von einem Auftritt des Ballet Popular inspiriert worden waren und gemerkt hatten, daß Tänzer durchaus in der Lage waren, einen Bezug zur Gesellschaft herzustellen. Die kleinen Mädchen, die zu Ballerinas gedrillt wurden, gab es immer noch – sie hatten mittlerweile sogar eine Lehrerin vom Bolschoi-Theater, doch der Schwerpunkt lag jetzt darauf, die gesellschaftliche Basis des Tanzes im ganzen Land auszuweiten. Der erste Schritt bestand darin, gute Amateurlehrer auszubilden. Der zweite, in Arbeitervierteln Tanzschulen»ableger« für Kinder und junge Leute einzurichten, die später vielleicht einmal eine tänzerische Karriere einschlagen würden.

Ich fand heraus, daß die Konzepte, die ich in meiner eigenen Tanzausbildung bei Sigurd Leeder gelernt hatte, die beste Anleitung waren, um ein System von Amateur-Gemeindetanz zu entwickeln, das an die Leute und die Umgebung, in der wir arbeiteten, angepaßt war. Es war wichtig, neben der Tanzerfahrung auch körperliches Training zu vermitteln, und sehr oft sahen wir uns mit den Folgen der Unterernährung konfrontiert. Wir erkannten die Notwendigkeit, unsere Arbeit mit den neuen »Polikliniken« zu koordinieren, die in vielen Poblaciones entstanden. Die Bedingungen waren oft alles andere als ideal und gelegentlich unter herkömmlichen Gesichtspunkten fast unmöglich. Betonfußböden, kalte und zugige Räume, wacklige Dielen, nicht genug Platz oder viel zu viel... Wir mußten auf alles vorbereitet sein, genau wie bei den Aufführungen des Ballet Popular.

Die Tanzschule war jetzt meine Hauptbeschäftigung, obwohl ich gelegentlich auch weiter mit dem Ballet Popular zusammenarbeitete. Letzteres spielte immer noch eine wichtige Rolle, weil es nach wie vor mobiler als das größere Nationalballett war und auch an kleineren Veranstaltungsorten auftreten konnte. Nach und nach wurde seine Arbeit jedoch in das offizielle Programm der Tanzabteilung integriert, da das Hauptaugenmerk des Tanzes sich mehr auf Massenbeteiligung richtete, sowohl innerhalb unseres Fachbereichs als auch in der 1969 gegründeten Tanzschule des Erziehungsministeriums.

Ein Programm namens »Kunst für alle« brachte regelmäßige Aufführungen von Ballett, Orchestermusik, Folklore, Theater, Dichtkunst und Pantomime in die weiter außerhalb gelegenen Arbeiterbezirke Santiagos, entweder in einem Zirkuszelt oder auf einer großen, mobilen Open-air-Bühne. Einige Leute kritisierten diese Politik als paternalistisch, weil sie Künstler, Instrumente und Ausrüstung wie einen *deus ex machina* auf eine Población niedergehen ließ, um dann plötzlich nach einigen Tagen wieder zu verschwinden, nicht mehr als eine flüchtige Erfahrung zurücklassend. Vielleicht stimmte das sogar, aber es war zumindest ein Anfang, und es wurde von längerfristigen Programmen begleitet, wie etwa dem, an dem ich beteiligt war und von dem man sich wirkliche Teilnahme versprach.

Auch das Nationalballett hatte damit begonnen, sehr viele Auftritte und von Vorträgen begleitete Vorführungen für Schulkinder und Studenten zu veranstalten und sich so einem breiteren Publikum zu öffnen. Zum ersten Mal überhaupt reiste man in den tiefen Süden, nach Coyaique, Punta Arenas und Aysen, Orte, die noch nie zuvor ein Ballettensemble gesehen hatten.

Auch in der Fakultät hatte sich die Atmosphäre verändert. Die ziemlich rigiden, autoritären Strukturen hatten einer demokratischen Organisation Platz gemacht, die mehr Gelegenheit zur Mitbestimmung gab. Ein Gefühl der Kameradschaft verband die Solotänzer mit dem Jungen, der den Lift bediente und der Frau, deren Aufgabe es war, die Fußböden zu putzen; es verband Studenten und Dozenten jenseits des Stundenplans ihrer Kurse, und ein neuer Geist von Austausch und Verständnis schien überall aufzukommen. Unter der Regierung der Unidad Popular wurde der Geist der Reformbewegung durch ein neues Gesellschaftskonzept und die Rolle, die die Universität darin spielte, noch verstärkt. Die Fakultät war eine hochpolitisierte Gemeinde, in der jeder eine Aufgabe zu erfüllen hatte.

Der neue Geist wurde während des ersten Winters auf die Probe gestellt. An einem Abend im Juni, dem kältesten Monat des Jahres, ballten sich schwarze Wolken über den Kordilleren zusammen, und in der Nacht brach ein schlimmes Unwetter mit heftigen Stürmen und sintflutartigen Regengüssen los. Während wir in unserem warmen Bett lagen und dem Klappern der hölzernen Fensterläden lauschten, wußten wir, daß in den Poblaciones die behelfsmäßigen Dächer von ihren improvisierten Hütten abgehoben wurden, daß ganze Familien dem Wind und dem Regen ausgeliefert sein mußten und das wenige, das sie besaßen, an das Unwetter verloren. Wenn der Mapocho über die Ufer trat, liefen sie Gefahr, von der Flut weggespült zu werden. In jedem Winter spielte sich das gleiche ab – Säuglinge starben vor Kälte oder an Lungenentzündung, doch die Bedingungen blieben immer gleich, und, abgesehen von einigen wohltätigen Gaben, zumeist Ramsch und ein paar Decken, wurden keine drastischen Maßnahmen ergriffen, um den Opfern zu helfen und dafür zu sorgen, daß dergleichen nicht wieder passierte.

Jetzt hingegen, unter einer Volksregierung, mußte eine andere Reaktion erfolgen. Und so war es auch. Staatliche Organisationen, Gewerkschaften und sogar die Universitäten wurden mobilisiert, um den Opfern des Unwetters, das weite Gebiete betroffen und viele Armensiedlungen verwüstet hatte, sofortige Hilfe zukommen zu lassen. Die Rettungsarbeiten wurden aufeinander abgestimmt, so daß jede Fakultät für ein bestimmtes Gebiet verantwortlich war. Die Studenten der Technischen Universität verfügten über viele Kenntnisse, die bei der Errichtung von Notunterkünften, der Wasserversorgung, der Kanalisation und so weiter unentbehrlich waren, aber sogar Musiker und Tänzer konnten ihre unfachmännische Hilfe und ihre Muskelkraft anbieten.

Am nächsten Tag geschah das, was immer geschah, wenn sich die Wolken nach dem Sturm verzogen und die mit frischem Schnee bedeckten Kordilleren wieder freigaben: Eine schneidende Kälte senkte sich auf Santiago. Alle Fahrzeuge der Fakultät wurden mobilisiert, um Vorräte an Paraffin und Lebensmitteln sowie Rettungsteams in die Población von Renca zu transportieren, aber es stellte sich bald heraus, daß man nur mit Jeeps weiterkam. Tiefliegendes Land und unbefestigte Straßen hatten sich in knietiefen Schlamm verwandelt, durch den man noch nicht einmal zu Fuß vorwärts kam. Die heftigen Böen hatten viele Familien obdachlos gemacht, die nun in dem einzigen größeren und solider gebauten Gebäude der Gemeinde, nämlich der Kirche, Unterschlupf suchten. Säuglinge und Kleinkinder, spärlich bekleidet und barfuß, schwebten in akuter Gefahr, ernsthaft krank zu werden.

Es bedurfte einer rigoroseren Lösung, und man beschloß, die Kinder ins Fakultätsgebäude zu evakuieren und die großen Ballettstudios als Schlafsäle herzurichten. Das unter dem Gesichtspunkt der Gesundheit, ja des Lebens der Kinder, logisch erscheinende Unternehmen war trotzdem beispiellos und völlig revolutionär.

Es wurde von einer wunderbaren Frau organisiert und beseelt, die uns allen ein Vorbild war. Quena war vielleicht der Prototyp jener sehr kleinen, aber nicht unbedeutenden Anzahl von Menschen aus aristokratischen Familien, die sich für die revolutionären Veränderungen in Chile einsetzten. Sie war eine gutaussehende, meistens ungeschminkte Frau mit gelegentlich rauhen sprachlichen Umgangsformen, die stets in einem Parka und alten Hosen herumwatete. In ihrer Jugend hatte sie einige Zeit als Landmädchen auf einem Bauernhof in den Cotswolds verbracht und war dann durch die Welt gereist, hatte sich dabei ihren eigenen Lebensunterhalt verdient und ihre Herkunft verleugnet. Nun arbeitete sie als Verwaltungskraft im Fachbereich Tanz und entpuppte sich in diesem Notfall als das Herz und die Seele unserer Rettungsaktion.

Sie brachte uns alle dazu, sogar die Widerwilligen und Faulen, etwas Nützliches zu tun. Die weltentrückte Sphäre des Balletts wurde von zerlumpten, heulenden Kindern in Beschlag genommen, die noch nie zuvor ein normales Bad oder eine Toilette gesehen hatten. Viele waren an der Ruhr erkrankt. Sie waren unterernährt, schmutzig und durch die Trennung von ihren Familien verängstigt, doch ihre Lebensgeister erholten sich nach etwas warmem Essen rasch wieder.

Es war das erste Mal, daß die reale Tragödie der Armut unsere komfortable, privilegierte Welt berührte, und ich bin sicher, daß es für viele Tänzer eine wichtige Erfahrung war. Auch wenn wir uns dessen schon früher politisch und sozial bewußt gewesen waren und des öfteren an Sammlungen alter Kleider und Decken »für die Armen« teilgenommen hatten, so war es doch nicht dasselbe, wie sich akut um diese kleinen Wesen zu kümmern, sie so ausgehungert essen und, nachdem die verfilzten Haarsträhnen gewaschen und nach Läusen durchkämmt worden waren, in schöne Kinder verwandelt zu sehen.

Einen der Säuglinge, die in die Fakultät gebracht worden waren, machte Victor zum Thema eines seiner Lieder. Luchin war ernsthaft an Rippenfellentzündung erkrankt und mußte ständig umsorgt werden, Tag und Nacht. Quena hatte ihn bei einem ihrer vielen Besuche in der Población gefunden, ein schmutziges, kleines, in Lumpen gehülltes Bündel, das auf dem schlammigen Boden einer Hütte lag, in der der Junge mit seiner vielköpfigen Familie wohnte. Ein Pferd, der einzige wertvolle Besitz der Familie und die Quelle ihres ungesicherten Lebensunterhalts, teilte sich den Raum mit ihnen. Luchin war fast ein Jahr alt, aber winzig für sein Alter. Bevor man ihn seiner Familie zurückgeben konnte, verging eine lange Genesungszeit, und so nahmen ihn Victor und ich mit nach Hause, wo wir uns einige Wochen um ihn kümmerten, bis ihn Quena später mit dem Einverständnis seiner Eltern adoptierte.

Zerbrechlich wie ein Drachen über den Dächern von
Barrancas,
spielte der kleine Luchin,
die Hände blau vor Kälte,
mit seinem Ball aus Lumpen,
der Katze und dem Hund …
Und das Pferd schaute zu.

Seine Augen überlaufende grüne Teiche,
sein kurzes Leben lang auf dem Boden gekrochen,
den kleinen nackten Po im Dreck.

Das Pferd war nur ein Spielzeug für ihn,
in diesem winzigen Raum,
und es schien ganz so, als sei das Pferd damit einverstanden,
mit dem Ball aus Lumpen,
der Katze und dem Hund,
und Luchin näßte durch.

Wenn es Kinder wie Luchin gibt,
die Erde und Würmer essen,
dann laßt uns ihre Käfige weit aufreißen,
damit sie wie Vögel davonfliegen können,
mit dem Ball aus Lumpen,
der Katze und dem Hund,
und auch mit dem Pferd.

»Luchin«

Die Rettungsaktion war mit der Evakuierung der Kinder nicht beendet. Sobald es das Wetter zuließ, wurden freiwillige Arbeitstrupps gebildet, in denen Studenten, Lehrer und Künstler sich mit den Bewohnern der Población zusammentaten und mit dem von der Regierung zur Verfügung gestellten Material die Straßen ausbesserten und hölzerne Notunterkünfte errichteten; Paläste im Vergleich zu jenen, die vorher existiert hatten, denn sie waren immerhin mit einem richtigen Fußboden ausgestattet.

Natürlich waren das lediglich Notmaßnahmen – und die Población würde später komplett wiederaufgebaut werden –, aber sie wurden mit viel Elan und einem Gefühl der Kameradschaft anstelle von Almosen durchgeführt; auch die Frauen der Problación selbst zogen Kraft daraus, daß sie ihre Probleme mit Hilfe der Unterstützung, die ihnen die Regierung hinsichtlich der Gesundheitsfürsorge, Unterkunft, Transport und Erziehung zukommen lassen konnte, gemeinsam lösten.

Diese Vorkommnisse fielen mit einer sehr festlichen Atmosphäre im ganzen Land zusammen. Der 11. Juli 1971 wurde »Tag der Nationalen Würde« genannt, um Chiles Verstaatlichung der Kupferminen zu feiern. Es war der Tag, an dem das chilenische Volk von den Multis seine Bodenschätze übernahm, die dem Land beinahe dreiviertel seiner Exporteinkünfte einbrachten. Es war ein staatlicher Feiertag, so etwas wie ein zweites Fiestas Patrias. Die Maßnahme war so populär, daß sogar die rechte Nationalpartei nicht wagte, im Kongreß dagegen zu stimmen, und so ging sie einstimmig durch.

Es war eine gute Zeit. Politische Unstimmigkeiten wurden vergessen, die Leute vom Enthusiasmus mitgerissen. Cuecas und andere Lieder wurden zur Feier des Tages komponiert. Allende besuchte die Bergbaustadt Rancagua, das Hauptquartier der Braden Copper Company, und wurde dort von einer riesigen festlichen Demonstration begrüßt – obwohl, wie so oft in Chile, ein bedrohlicher Erdstoß mit dem Zentrum Valparaiso die Feierlichkeiten trübte.

Die neuen, flexibleren Bedingungen der Fakultät hatten ein wunderbares Tanzprojekt ermöglicht, an dem auch Victor beteiligt war. So wurde er mit seinem unvermeidlichen grünen Dufflecoat und der Kapitänsmütze auch im Fachbereich Tanz zu einer bekannten Figur. Die Idee war nicht neu. Schon Anfang der Sechziger hatte sich Patricio mit der Bitte an Victor gewandt, die Grundmelodien für ein Ballett zu komponieren, das auf einer allgemeinen Legende basierte, die auch in der chilenischen Volksmythologie vorkam: die Geschichte des jungen Bauern, der sieben Taten vollbringen muß, um die Heldin – Jungfrau, Prinzessin, was auch immer –, die von einem schrecklichen Untier gefangengehalten wird – in diesem Fall in einem tiefen Brunnen – zu retten.

Für *Los Siete Estados* oder »Die sieben Stufen« hatte Patricio diese Geschichte als Symbol für den Freiheitskampf des chilenischen Volkes benutzt, der sich in sieben Stufen oder Szenen entwickelt: in den Bergwerken, in den Städten, auf dem Land, in der Wüste, und so weiter. Zuerst hatte Patricio vorgeschlagen, Victor solle komplett für die Musik verantwortlich sein, weil er einen absolut authentischen Folklorecharakter haben wollte, doch Victor hatte im Bewußtsein um seine eigenen Grenzen abgelehnt. Trotzdem komponierte er viele Melodien und Lieder, die anschließend von Celso Garrido Lecca überarbeitet und in enger Zusammenarbeit mit

Victor zu der komplexen musikalischen Struktur, die das Ballett verlangte, weiterentwickelt wurden.

Ohne es zu wollen, war Victor mehr und mehr in den Bereich der Komposition gerutscht. Er begann, sein musikalisches Analphabetentum zu bedauern, spürte andererseits aber auch, daß es unmöglich war, noch einmal ganz von vorne anzufangen, und daß er durch ein konventionelles Musikstudium womöglich seinen Instinkt einbüßte und überhaupt nichts mehr komponieren könne. Jedenfalls war er davon überzeugt, daß er seine folkloristische Authentizität verlöre. Deshalb war er sehr glücklich über die Gelegenheit, mit Celso zusammenzuarbeiten, von dem er so viel auf eine sehr direkte und praxisorientierte Art lernen konnte. Er freute sich wie ein Kind, als er all die Möglichkeiten kennenlernte, mit Hilfe derer er seine einfachen Themen durch elektronische Bearbeitung bearbeiten und weiterentwickeln konnte.

Los Siete Estados war ein großes, abendfüllendes Werk und erforderte die Beteiligung vieler Menschen: Victor in seiner Eigenschaft als Komponist und Ausführender auf der Bühne; Inti-Illimani, die zu den musikalischen Arrangements beitrugen und ebenfalls auf der Bühne zu sehen waren; Celso als Hauptkomponist der Musik; Mitglieder des Sinfonieorchesters und natürlich das gesamte Nationalballett. Über allem waltete der Autor und Choreograph Patricio als Regisseur.

Ich ging oft nach oben, um mir die Proben anzusehen. Nach dem, was ich von der Choreographie zu sehen bekam und von der Musik, nachdem sie fertiggestellt war, hörte, war ich überzeugt davon, daß es so etwas wie ein Meisterwerk würde, die beste Arbeit, die Patricio jemals abgeliefert hatte. Und die Musik war eine ziemlich neuartige Synthese. Die Premiere sollte im Oktober 1973 sein.

Alles, was ich über die Jahre der Unidad Popular schreibe, ist subjektiv, persönlich gefärbt und nicht wiederzuerkennen von Leuten, die eine andere Weltsicht hatten. Ich entschuldige mich nicht dafür. Es ist Victors Wahrheit, und es ist meine Wahrheit. Und die Wahrheit ist etwas, wofür man kämpfen muß, wie wir in jenen Jahren schmerzlich erfahren mußten.

Die enorme wirtschaftliche Macht der Opposition garantierte ihnen die Oberhand in den Massenmedien, egal welche kleinen Siege die Unidad Popular auch erringen mochte – etwa die Eröffnung eines Radiosenders, der der CUT verbunden war, oder die Einsetzung eines neuen Direktors des Staatlichen Fernsehsenders. Letzteres war wichtig, denn die meisten der dort tätigen Produktionsleiter waren 1969 bei der Einrichtung des Senders von den Christdemokraten eingesetzt worden. Sogar die bescheidene Invasion der Massenmedien durch die Neue Chilenische Liedbewegung, im Zug ihrer ungebrochenen Beliebtheit, war wichtig, doch alles in allem neigte sich die Waagschale doch sehr stark zugunsten der Opposition, die ihre Macht ohne jeden Skrupel ausübte.

All die Jahrzehnte unter rechten Regierungen hatte sich die Linke als permanenter Agitator gegen das Establishment aufgeführt, zu für gewöhnlich friedlichen Streiks und Demonstrationen aufgerufen, einen radikalen Ansatz vorangetrieben und, wie ich vermute, ihre Propagandamaschine bis zur Erschöpfung ihrer chronisch unzureichenden Mittel eingesetzt. Doch das waren Flitzebogen gewesen im Vergleich zu den fetten Kanonen, die die Opposition, mit der Unterstützung großzügiger Hilfsgelder aus dem Ausland, jetzt zum Einsatz brachte.

Die Zeitung *El Mercurio* beispielsweise erhielt Hunderttausende von Dollar von der CIA, um ihre Propagandakampagne gegen die Regierung Allende weiterführen zu können. Es war unglaublich und machte einen rasend, wenn man Tag für Tag miterleben mußte, wie nicht nur Tatsachen verdreht wurden, um die öffentliche Meinung zu beeinflussen, sondern wie Ereignisse durch Lügen und falsche Gerüchte geradezu heraufbeschworen wurden. So war es beispielsweise sehr einfach, Verknappungen zu produzieren. Ich erinnere mich an eine Sache, als eine Tageszeitung – ich glaube, es war *La Tribuna* – auf der ersten Seite gleich unter der Schlagzeile von einer sofortigen und unbefristeten Verknappung von Zahnpasta berichtete. Zu diesem Zeitpunkt waren die Läden voll mit Zahnpasta, aber natürlich rannten die Leute, insbesondere die betuchteren, sofort los und kauften irrwitzige Mengen davon ein, woraufhin Zahnpasta unvermeidlich vom freien Markt verschwand. Das gleiche geschah mit Zigaretten, Waschmitteln, Nescafé. Das Ganze wurde dadurch noch begünstigt, daß die Leute mehr Geld zur Verfügung hatten. Durch solche Maßnahmen der Schaffung künstlicher Verknappungen, die dann zu tatsächlichen wurden, schürte man Hamsterkäufe und Spekulation, und förderte die Entstehung eines Schwarzmarktes.

In Chile gab es kein rechtswirksames Gesetz gegen üble Nachrede, keinen echten Schutz gegen Verleumdung. Man konnte plumpe Lügen über jemanden erfinden und verbreiten, ohne mit Strafverfolgung rechnen zu müssen. Jede bekannte Persönlichkeit der Linken war solchen Angriffen ausgesetzt, und Victor bildete keine Ausnahme. Seit dem Zwischenfall im Colegio San Jorge hatten einige der rechtsgerichteten Zeitungen immer wieder abfällige Kommentare und kleine Artikel über Victor gedruckt, in denen sie Adjektive verwendeten, die andeuteten, er sei homosexuell, eine Beschuldigung, die in einer durch und durch *machista* geprägten Gesellschaft von jedem als schlimmste Beleidigung überhaupt verstanden wurde. Obwohl es uns letztendlich nicht sehr viel ausmachte, war es doch unangenehm, insbesondere, da die Artikel für gewöhnlich von einer Flut obszöner und drohender Telefonanrufe begleitet waren. Ich versuchte, ihn immer davon zu überzeugen, es als Kompliment anzusehen. Ihre Reaktion bewies, daß er sie dort traf, wo es ihnen wehtat.

Eines Morgens, wir saßen gerade beim Frühstück, kam ein Freund, der nicht weit von uns wohnte, vorbei und brachte die Neuigkeit mit, Victor stünde in den Schlagzeilen. Auf der Titelseite von *La Tribuna* – in unseren Augen ein aufrührerisches Schmierenblatt, für andere das Sprachrohr der Nationalpartei – prangte eine fette Schlagzeile mit der Meldung, Victor sei bei einer nächtlichen Homosexuellen-Party mit kleinen Jungs aufgeflogen, als er gerade »eine perverse Cueca tanzte«. Er war angeblich verhaftet und in Polizeigewahrsam genommen worden. Das war aber noch nicht das Ende der Geschichte. Sie wurde freudig von *La Prensa,* der christdemokratischen Zeitung, aufgenommen, ebenso von UPI, die sie an alle internationalen Agenturen weiterleitete und mit der Nachricht verzierte, Victor sei aus der Kommunistischen Partei ausgeschlossen worden. Bei der ganzen Angelegenheit mußte es sich um die Rache der Rechten für Lieder wie »Las casitas del barrio alto« und »Ni chicha ni limona« gehandelt haben.

Es hätte eigentlich lustig sein können, hätten wir nicht gewußt, daß bei jeder Verleumdung, und sei sie noch so falsch, immer ein bißchen kleben bleibt. Damals war es zum Verrücktwerden, denn es gab keine rechtlichen Gegenmittel. Victor konnte sich nur wehren, indem er in die Offensive ging und eine öffentliche Erklärung abgab und einige Verse im Stil der Folkloredichter schrieb. Seine Erwiderung wurde in den linken Zeitungen veröffentlicht, aber von denen, die sich die Geschichte ausgedacht hatten, selbstverständlich ignoriert. Er erhielt viele aufmunternde Briefe von Einzelpersonen, Organisationen und Einrichtungen, darunter auch der Kommunistischen Partei und dem Theaterinstitut der Universität von Chile. Der ganze Zwischenfall wirft ein Schlaglicht darauf, wie sehr die reaktionären Kräfte Victor haßten und wie weit sie gingen, um ihn in Mißkredit zu bringen. Victors Erklärung lautete wie folgt:

Ich bin, und gedenke es auch zu bleiben, aus freien Stücken Mitglied der Kommunistischen Partei Chiles, des Erzfeindes der reaktionären Kräfte im Land und deswegen von ihnen wohlgehaßt. Deshalb bin ich darauf vorbereitet, Schikanen und persönliche Angriffe zu erleiden, die wesentlich schlimmer sind als die ungerechtfertigten Beleidigungen, mit denen die Sprachrohre der reaktionären Verschwörung, *La Tribuna* und *La Prensa,* auf mich eindreschen.

Ich verstehe die Verzweiflung, die aufgrund der politischen Isolation, in der sie sich befinden, und aufgrund des Neides, den sie gegenüber dem monolithischen Charakter meiner Partei empfinden müssen, diejenigen befallen haben muß, die diese Zeitungen repräsentieren. Um meiner Partei zu schaden, greifen sie darauf zurück, den Ruf eines ihrer bekanntesten Sänger zu diskreditieren. Wenn sie mich für so wichtig halten, dann liegt das, wie ich vermute, daran, daß die Lieder, die auf jene zielen, die Generäle ermorden, und auf jene, die sich in dieser so wichtigen Entwicklungsphase unseres Landes zaudernd verhalten, mehr Wirkung gezeigt haben, als ich in aller Bescheidenheit erwartet hatte.

Ihr wißt sehr genau, daß die wachsende Isolation, in der ihr euch befindet, aus eurem stetigen Verrat am chilenischen Volk resultiert. Eure Angriffe auf meine Person, die zugleich ein Angriff auf die Kommunistische Partei und die Unidad Popular sind, regen mich jedenfalls nur dazu an, mehr solcher Lieder zu schreiben.

In den Versen, die darauf folgten, sprach Victor von einer »einhändigen« Christdemokratischen Partei und einer »tattrigen« Nationalpartei, die einander das Kinn hochzuhalten versuchen, während sie allmählich im Dreck versinken. Es war ein anschauliches, vielleicht vulgäres Bild, die Verhältnisse auszudrücken. Die Christdemokraten hatten ihren linken Flügel verloren, der sich aus Ungeduld und Abneigung gegen die Verschwörungspolitik ihrer Parteiführung, die mit der Nationalpartei und sogar mit den Faschisten gemeinsame

Sache machte, der Unidad Popular angeschlossen hatte. Die Nationalpartei selbst hatte ihre Wahlstützen verloren und beschränkte sich nun darauf, mit allen zur Verfügung stehenden Mitteln die Macht zu behalten.

Wir befanden uns auf der Schwelle einer Offensive von Straßengewalt und Terrorismus, begleitet von einer konzertierten Kampagne, die Chaos und eine Atmosphäre des Hasses hervorrufen sollte, in der die rechten Medien eine entscheidende Rolle spielten. All jene, die die Regierung unterstützten, waren über das Ausmaß bestürzt und erzürnt, in dem es der Opposition möglich war, falsche Informationen zu veröffentlichen, Gewalt und zivilen Ungehorsam anzuzetteln sowie eine entstellte Version der Situation und der Absichten der Regierung zu verbreiten. Die Freiheit der Presse ist ein wichtiges Gut, aber, wie Allende es ausdrückte, es handelte sich hier »nicht um Freiheit, sondern um Zügellosigkeit«. Trotzdem zögerte er, die Meinungsfreiheit einzuschränken, und nur ein- oder zweimal wurde etwas gegen die Medien unternommen, wie etwa die ein- oder zweitägige Schließung eines Radiosenders, der zum Bürgerkrieg aufgerufen und die Streitkräfte zur Meuterei aufgefordert hatte.

Obwohl während Allendes Regierungszeit beinahe zuviel Meinungsfreiheit bestand, unbestrittenermaßen mehr als jemals zuvor, hielt das die Rechten nicht davon ab, eine internationale Kampagne zu starten, in der sie verkündeten, sie würden unterdrückt und die Pressefreiheit in Chile sei bedroht. Victor hatte auf seinen Auslands-Reisen selbst gesehen, welches verzerrte Bild über das internationale Nachrichtennetz von den Vorgängen in Chile verbreitet wurde.

Als Reaktion darauf wurden die Künstler der Neuen Chilenischen Liedbewegung nun aufgerufen, eine internationale Rolle zu spielen, sowohl in Lateinamerika als auch in Europa, wo sie als Repräsentanten des Chile Allendes, als »kulturelle Botschafter« ihres Landes dabei helfen sollten, der Propagandakampagne gegen die Unidad Popular entgegenzuwirken.

Quilapayún und Isabel Parra hatten zu der Zeit, als Allende das Präsidentenamt übernahm, in dieser Eigenschaft eine ausgedehnte Tournee durch Europa unternommen; Inti-Illimani waren in Ecuador aufgetreten, wo sie gebraucht wurden, um den Einfluß und die Falschinformationen der aus Chile »geflüchteten« Momios, von denen sich viele dort niedergelassen hatten, zu neutralisieren.

Im November 1971 brach Victor zu einer langen Konzerttournee durch Lateinamerika auf; nicht, um sich selbst als Sänger zu fördern, sondern um sein Land zu repräsentieren. Er sang, er leitete seine Lieder ein und erzählte von Chile, überall, wo er spielte: in großen Konzerthallen, im Radio und Fernsehen, bei Gewerkschaftsversammlungen und in Universitäten. Er bereiste den ganzen Kontinent, von Mexiko bis Buenos Aires.

Das bewegendste Erlebnis der ganzen Tournee war typischerweise für ihn, wie er mir in aller Ausführlichkeit in seinen Briefen schilderte, als er in Costa Rica in einem winzigen Flugzeug von San José in den Dschungel an der Küste gebracht wurde, um dort ein Konzert für die Arbeiter einer Bananenplantage der United Fruit Company zu geben. Dort sang er auf einer Bühne unter freiem Himmel in Sichtweite der Verwaltungsgebäude – für Victor eines der Symbole der US-Ausbeutung –, und er sang für eine Menge schwarzer Arbeiter, die seine Lieder mit einer derartigen Begeisterung aufnahmen, daß das Konzert in ekstatischen gegenseitigen Solidaritätsbekundungen endete, viele Arbeiter auf die Bühne kletterten, um mit ihm zu singen und ihn dann auf den Schultern durch die jubelnde Menge zu tragen, die »Viva Chile!« und »Viva la Unidad Popular!« skandierte.

In Venezuela, einem angeblich demokratischen Land, war Victor bei seinem Auftritt in der Universität von Caracas von den anwesenden mit Maschinenpistolen bewaffneten Soldaten schockiert. Zu jener Zeit galt in Chile die Autonomie der Universitäten, und das eigentlich seit ihrer Gründung, als fundamental, und jedesmal, wenn die Polizei auch nur versuchte, auf Universitätsgelände vorzudringen, gab es einen öffentlichen Aufschrei. Aber auch in Caracas endete der Auftritt, trotz der Militärpräsenz, in einer Solidaritätsdemonstration für Chile und der vom Publikum stehend gesungenen Nationalhymne Venezuelas. Es war ein Anzeichen dafür, was die Unidad Popular für die jungen Leute Lateinamerikas bedeutete, und im weiteren Verlauf der Tournee bot sich in jedem Land das gleiche Bild: gewaltiger Publikumsandrang, Sympathiedemonstrationen und der Geist eines kämpferischen Optimismus.

Victor kehrte kurz vor Weihnachten nach Hause zurück, völlig erschöpft, aber sehr glücklich. Er fühlte sich durch all diese Erfahrungen und die vielen Freunde, die er gewonnen hatte, bereichert und bestärkt. Die Tournee war sowohl ein politischer als auch künstlerischer Erfolg gewesen, er hatte Türen für andere chilenische Sänger und Gruppen aufgestoßen, die die gleiche Reise durch Lateinamerika unternehmen wollten. Die Neue Chilenische Liedbewegung breitete sich über den ganzen Kontinent aus, verband sich mit ähnlichen Bewegungen in jedem Land und beeinflußte sie nachhaltig.

8

»Wo die Kartoffeln anbrennen«

Während Victor außer Landes war, kam Fidel Castro zu einem einmonatigen Besuch nach Chile. Es war der erste Besuch, den er seit der kubanischen Revolution einem anderen lateinamerikanischen Land abstattete, und es wurde ihm ein ungeheurer Empfang bereitet. Festlich gestimmte Menschenmengen säumten die ganze Strecke vom Flughafen bis zur Stadtmitte. Alle wollten ihn kennenlernen. Er bereiste fast jeden Winkel des Landes, meist in der Begleitung von Salvador Allende, unterhielt sich bei einer Vielzahl von Veranstaltungen, die eher politischen Massendiskussions-Workshops als offiziellen Auftritten eines Staatsbesuchers glichen, mit Arbeitern und Bauern, Studenten und Barackenbewohnern. Einige dieser Diskussionen entwickelten sich völlig aus dem Stegreif, immer dann, wenn Fidel beschloß, einen spontanen Zwischenstop in einem abgelegenen Dörfchen einzulegen oder bei einem Basketballspiel mitzumachen.

Die Opposition schäumte vor Wut und war fest entschlossen, eine Gegenoffensive zu starten, zu der sie sich nun stark genug fühlten, nachdem sie sich inzwischen von der Demoralisierung, unter der sie seit der Wahl gelitten hatten, erholt hatten. Sie wählten die gleiche Taktik, die mit großem Erfolg 1964 in Brasilien zum Einsatz gekommen war, als der Sturz Präsident Goularts vorbereitet wurde: die Mobilisierung der Frauen aus der Mittel- und Oberschicht, die man zu Protestmärschen gegen die Regierung auf die Straße schickte.

Die erste dieser Aktionen fand statt, während Fidel noch im Land war, und wurde, wie in Brasilien, unter dem Namen »Kochtopfmarsch« bekannt. Um den Hunger, den die sozialistische Regierung angeblich über sie gebracht hatte, zu symbolisieren, hatten alle Frauen leere Kochtöpfe dabei, auf die sie mit Holzlöffeln wie auf Trommeln schlugen. Der Marsch war gut vorbereitet. Die müßigen, Canasta spielenden Damen der Cocktailkränzchen aus dem Barrio alto hatten endlich eine Beschäftigung gefunden. In unserem Viertel war die Geschäftigkeit deutlich zu spüren. Aus Frauen waren politische Agitatoren geworden, die von einem Haus zum anderen rannten und sich an Straßenecken versammelten. Sie organisierten Telefonketten, bei denen sie alle Nachbarinnen zum Mitmachen aufforderten. Wie wir durch den Buschfunk der Dienstmädchen und der Kinder wußten, boten sie sogar ihren Bediensteten einen freien Abend und Geld für einen Restaurantbesuch und für einen Kinogang an, wenn sie sich ihren Arbeitgebern anschlossen. Gerüchte besagten, daß sogar eigens für diesen Zweck neue kleine Kochtöpfe gekauft wurden.

Bei Kundgebungen der Unidad Popular kamen die Menschenmassen zu Fuß, in Bussen oder in Pferdekarren zusammen. Aber am Tag des Kochtopfmarsches waren alle Straßen, die vom Barrio alto ins Stadtzentrum führten, mit glänzenden Autos verstopft. Diese gutgekleideten, wohlgenährten Frauen, deren Kühlschränke wahrscheinlich bis obenhin mit gehorteten Lebensmitteln voll waren und von denen so manche wahrscheinlich zum ersten Mal in ihrem Leben einen Kochtopf in der Hand hielt, waren von der Angst getrieben, ihr privilegiertes Wohlstandsleben zu verlieren, doch allein ihr Anblick war widerlich, eigentlich beleidigend für jene Frauen, die hatten zusehen müssen, wie ihre Kinder auf Grund mangelhafter und schlechter Ernährung verkümmert und verkrüppelt aufgewachsen waren und die wirklich wußten, was Hunger bedeutete.

An den Rändern des Zuges, angeblich, um die Frauen zu beschützen, standen die Reihen der paramilitärischen Brigaden von Patria y Libertad »Vaterland und Freiheit«, Chiles größter faschistischer Organisation. Bewaffnet mit Stöcken, Steinen und Steinschleudern legten sie es darauf an, im Stadtzentrum einen Krawall zu inszenieren, der darauf abzielte, »Polizeiaktionen gegen wehrlose Frauen« zu provozieren. Die rechte Presse hatte einen großen Tag.

Die Schlacht um die Unterstützung der Frauen war in den kommenden Monaten ständig Thema. In Chile gab es kaum nennenswerte feministische Aktivitäten, trotz der Arbeit früher weiblicher Pioniere, die das männliche Monopol auf die Berufstätigkeit gebrochen hatten. Frauen schienen in der Politik eher eine aktive Rolle als Angehörige ihrer Klasse als ihres Geschlechts zu spielen, obwohl sie sich gemeinhin auf die Probleme und Bereiche spezialisierten, die als Frauenbelange angesehen wurden. Bei Wahlen hatten die Frauen für gewöhnlich konservativer als die Männer abgestimmt, was, da die Stimmen getrennt ausgezählt wurden, leicht zu erkennen war. Die Opposition zählte nur darauf, die Herzen der Frauen zu gewinnen. Es geschah allerdings das Gegenteil. Tatsächlich stieg der Anteil der weiblichen Stimmen für Allende zwischen 1970 und 1973.

Das war eigentlich nicht sehr verwunderlich, da es der Mehrzahl der Frauen unter der Regierung Allende besserging als jemals zuvor. Trotz der Erschwernisse durch die Hamsterkäufe, den lukrativen Schwarzmarkt und, später, durch Schwierigkeiten bei der Verteilung, die von denjenigen hervorgerufen wurden, die das Transportsystem besaßen und kontrollierten, setzte bei den Ärmsten eine spürbare Verbesserung des Lebensstandards ein. Die Bettler, die, solange ich mich erinnern kann, zum Stadtbild von Santiago gehört hatten – Mütter mit Säuglingen auf dem Arm, die an Haustüren klopften und um einen Kanten Brot baten, Kinder, die in den Bussen sangen und unter Brücken schliefen –, sie waren so gut wie verschwunden, weil die Löhne der Männer höher waren und sie ihre Familien zum ersten Mal wirklich ernähren konnten.

Die Arbeitslosigkeit wurde drastisch reduziert und Frauen dazu ermutigt, arbeiten zu gehen, sich Jobs in Fabriken zu suchen. In den verstaatlichten Betrieben richtete man mit viel Aufwand Kinderkrippen ein, ebenso Kantinen, in denen warme Mahlzeiten ausgegeben wurden. Es gab sogar eine probeweise Neuerung, bei der arbeitende Frauen warmes Essen aus der Kantine abholen und zum Abendessen für die Familie mit nach Hause nehmen konnten. Für eine arbeitssuchende Frau mit einem kleinen Kind bestand nun nicht mehr die einzige Möglichkeit darin, Hausmädchen zu werden. Tatsächlich wurde es immer schwieriger, ein Hausmädchen zu finden, zumindest in Santiago; außerdem gründeten sie ihre eigene Gewerkschaft, um für bessere Löhne und Bedingungen zu kämpfen.

Die Textilindustrie, die traditionell einen großen Anteil Frauen beschäftigte, gehörte zu den ersten, die verstaatlicht wurden, was dazu führte, daß einige der ersten Arbeiterdirektoren Frauen waren. Victor wurde zur Feier der Verstaatlichung von Chiles größter Textilfabrik eingeladen, bei der die Privatfahne der Multimillionärsfamilie Yarur eingeholt wurde. Selbstverständlich mußte ein solch feierlicher Akt von einem Volkslied begleitet werden.

Bis zu diesem Zeitpunkt hatten die Arbeiter und Arbeiterinnen den Yarurs bei der Einstellung absolute Ergebenheit schwören müssen, die Hand auf einen Menschenschädel gelegt, der eigens zu diesem Zweck dort aufbewahrt wurde. Inzwischen wurde die Fabrik von den Leuten geleitet, die darin arbeiteten, und sie gehörte dem ganzen Land, weshalb die Flagge Chiles über dem Dach wehte. Natürlich komponierte Victor zu diesem Anlaß ein Lied, das er dort vortrug. Es hieß »Wie sich die Zeiten verändern«. Er unterhielt sich mit den Arbeiterinnen darüber, wie sie sich jetzt fühlten. Sie erzählten ihm, daß es völlig anders sei, ihre Arbeit als ihren Beitrag zur Revolution und als vaterländische Pflicht zu verstehen, die Produktion zu erhöhen und stolz darauf zu sein, als wie zuvor für den Profit privater Eigentümer ausgebeutet zu werden.

Mir fiel diese Veränderung in der Haltung von Frauen auf, die ich schon seit Jahren kannte. Rosita beispielsweise, eine Frau, die in unserer Nachbarschaft die Wäsche machte, mußte, beladen mit riesigen Wäschebündeln, einem Säugling im Arm und einem anderen Kind an der Hand, mit mindestens zwei verschiedenen Buslinien kilometerweit durch Santiago fahren. In der Zwischenzeit streunten ihre älteren Kinder in der weit entfernten Población von San Miguel auf der Straße herum. Ihr Ehemann war normalerweise arbeitslos und trank viel. Eine typische Geschichte. Wie Victors Mutter war auch sie die Hauptstütze der Familie und arbeitete unzählige Stunden, um sie vor dem Verhungern zu bewahren. Ich habe sie mehrere Male zu Hause besucht – die typischen Besuche einer Patrona aus der Mittelschicht – und dabei alte Matratzen oder ein Paraffinöfchen mitgenommen, die wir nicht mehr brauchten. Es war eine der ärmsten Poblaciónes, mit sehr dicht beieinander stehenden, notdürftig zusammengezimmerten Holzhütten, unasphaltierten Straßen und einem Wasserhahn für jeweils zehn Häuser. Rosita hatte kein Ziel im Leben, auch keines für ihre Kinder; sie hatte sich beinahe schon damit abgefunden, daß sie einige Jahre später zu Gaunern und Taschendieben werden würden. Eine andere Perspektive gab es nicht. Ihr eigenes Leben war ein nicht endenwollender Kreislauf der Plackerei, gerade ausreichend, um das Minimum zum Überleben zusammenzukratzen. Wie so viele chilenische Frauen aus der Arbeiterklasse, hatte sie schon früh sämtliche Zähne verloren und sah wesentlich älter als Anfang Vierzig aus.

Wir verloren sie eine Zeitlang aus den Augen, doch 1972 traf ich sie wieder. Sie wohnte noch im gleichen Viertel, aber sie hatte sich sehr verändert. In ihrer Umgebung hatte sich kein Wunder ereignet, außer daß das Haus sauberer und in viel besserem Zustand war, Wasser und Kanalisation ordentlich verlegt waren. Es war Rosita selbst, die sich verwandelt hatte. Sie arbeitete aktiv und geschäftig in den kommunalen Organisationen und hatte das Gefühl, sowohl für ihre Gemeinde als auch für ihre Familie ihren Beitrag zu leisten. Als sie mich statt »Señora« mit »Compañera Juanita« anredete, war das nicht nur ein großes persönliches Kompliment für mich, es drückte auch ihre veränderte Haltung dem Leben und der Gesellschaft gegenüber aus. Es war ein Zeichen für ein neugefundenes Selbstvertrauen. Sie war begierig darauf, einen Auftritt des Ballet Popular in ihrem Viertel zu organisieren und anschließend Tanzkurse für die jungen Leute in ihrem Gemeindezentrum anzubieten. Statt über Hemden und Bettlaken unterhielten wir uns darüber, und es lag in meiner Verantwortung, ihren Vorschlag aufzugreifen.

In den Kreisen der Unidad Popular gab es zweifellos ein Bewußtsein für die Notwendigkeit, Frauen mehr in die Gemeinde, die Arbeitswelt und in die Politik zu integrieren. Wir hatten weibliche Kabinettsminister – es war ein besonders schöner Moment, als Mireya Baltra zur Arbeitsministerin ernannt wurde –, wir hatten weibliche Senatoren und Abgeordnete. Aber das war eigentlich für sich genommen nichts Neues. Seit langem schon hatte es in Chile in einigen Spitzenpositionen Frauen gegeben, besonders solche Frauen, die andere Frauen dafür bezahlten, die unvermeidlichen »Frauenarbeiten« zu erledigen.

Aber sogar unter einer sozialistischen Regierung hielten sich die tief verinnerlichten Geschlechterrollen. Eine Aktivistin, die eine Sitzung leitete, mußte selbstverständlich nach Hause eilen, um ihrem Mann das Abendessen zu kochen. Wenn er nach Hause kam, erwartete er, daß es auf dem Tisch und die Frau parat stand, auch wenn er selbst Sozialist war und an die Rechte der Frauen glaubte. Eine Regierungskampagne, die die Leute überzeugen wollte, anstelle von knappem

Fleisch mehr Fisch zu essen, der billig und im Überfluß vorhanden war, wurde von Fotos lanciert, auf denen Frauen zu sehen waren, die mit Begeisterung in den Straßen Fisch fritierten. Das Bild, das damit präsentiert wurde, war das von treuen Ehefrauen, die an der Seite ihrer Ehemänner die Aufgaben verrichteten, für die sie geschaffen waren.

Damals hatten wir keine Einwände dagegen. Die Frauen waren eher froh darüber, das Gefühl zu haben, einen nützlichen Beitrag zur Revolution leisten zu können, und Frauenorganisationen waren bereits dabei, eine wichtige Rolle im Kampf gegen den Schwarzmarkt und bei der Einrichtung alternativer Verteilungssysteme zu spielen. Wir waren Compañeras und nahmen, Seite an Seite mit den Männern, im Kampf unseren Platz ein... Wir hatten die gleichen Feinde.

Victors und mein Biorhythmus, oder zumindest unsere Tagesabläufe, waren ständig versetzt. Ich gehöre zu diesen schrecklichen Menschen, die morgens noch vor sieben Uhr frisch und munter aufwachen und sofort loslegen können. Vermutlich kommt das davon, wenn man jahrelang schon frühmorgens im Unterricht Leben in träge Schüler pumpen muß, bevor der eigene Arbeitstag als Tänzerin beginnt. Im Gegensatz dazu war Victor, obwohl er sehr früh aufstehen konnte, selbst wenn er erst um drei Uhr morgens ins Bett gekommen war, bis zum späten Vormittag noch nicht so richtig bei Bewußtsein. Unsere Auseinandersetzungen fanden immer morgens statt, und diese Unterhaltungen hörten sich dann etwa so an:

ICH *(Nachdem ich schon seit zwei Stunden wach bin und Manuela bereits zur Schule gebracht habe... Sehr rücksichtsvoll.)* Papi, ich muß in ungefähr zehn Minuten los. *(Was nicht ganz der Wahrheit entspricht. Da ich wußte, was auf mich zukam, log ich an dieser Stelle immer etwas.)* Kommst du mit? *(Mit dem Bus in die Stadtmitte zu fahren, hieß, mindestens*

*eine halbe Stunde an der Haltestelle zu warten und dann
womöglich noch den ganzen Weg selbstmörderisch an der
Außenseite zu hängen.)*
VICTOR *(Er ist eben erst nach unten gewankt, ißt sein Frühstück – immer eine Tasse Tee und ein gekochtes Ei – und
schaut verdrossen in die Zeitung.)* Äääh!
ICH *(Nachdem sich acht Minuten lang nichts gerührt hat,
etwas lauter und mit mehr Nachdruck.)* VICTOR! Ich muß
jetzt los, oder soll ich zu spät zum Unterricht kommen?
VICTOR *(Der anscheinend allmählich begreift, was ich da
sage.)* Aaaaaah… Warte auf mich, Mamita… Ich bin gleich
soweit.
ICH Na gut, aber BEEIL DICH! Ich laß schon mal den Wagen
an. *(Was immer eine ziemliche Prozedur ist.)*
*(Victor erscheint in seinem grünen Frotteebademantel und
verschwindet nach oben… Ich höre, wie er ins Bad geht…
dort herumhantiert… Wasser plätschert… lautes Singen…)*
ICH *(Zehn Minuten später, im Auto, lasse wütend den Motor
aufheulen und brülle zum Badfenster hoch.)* VICTOR; ICH
FAHRE JETZT SOFORT LOS. DU WEISST DOCH, DASS ICH
ZUM UNTERRICHT NICHT ZU SPÄT KOMMEN DARF. HERRJE,
BEEIL DICH DOCH!

Bis zu diesem Punkt ist die Situation absolut voraussehbar.
Das Ende variiert, je nach Victors Laune… und je nachdem,
ob ich wirklich schon so spät dran bin, wie ich behauptet
habe.

Manchmal kam Victor nach einer erträglichen Verzögerung
herausgestampft, setzte sich mürrisch und schweigend auf
den Fahrersitz und ließ seine Wut auf der Fahrt in die Stadt
am Auto aus, während ich auf dem Beifahrersitz gründlich be-
reute, ihn so angeschrien zu haben. Er ließ mich immer ohne
ein Wort zu sagen am Institut raus und brauste zu einem
seiner Termine davon. Manchmal ertönte auch nur ein wü-
tendes Brüllen aus dem Bad, das mir mitteilte, verdammt noch

mal ohne ihn loszufahren. Manchmal kam es auch vor, obwohl nur sehr selten, denn ich wollte wirklich, daß er mit mir fuhr, daß ich Wort hielt und ohne ihn davonknatterte, wobei ich sehr wohl wußte, daß er zu seiner Verabredung, Probe oder was auch immer zu spät kam. Bei einem der wenigen Male, als ich das tat, knallte ich mit dem Auto gegen den Baum in unserer Einfahrt; bei einer anderen Gelegenheit hätte ich beinahe den Einstellplatz mitgenommen, was nur bezeugt, daß ich wirklich sauer war.

Aber was auch immer am Morgen geschah, gegen Mittag tauchte Victor immer in der Tanzschule auf – manchmal traf ich ihn, wie er grinsend auf mich wartete, wenn ich aus meinem Unterricht kam –, oder er rief mich an und erkundigte sich, wie es mir ging. Unsere Auseinandersetzungen hielten nie lange an und drehten sich für gewöhnlich um absolut belanglose Dinge.

Leider war ich am Ende des Tages ebenso maulfaul wie Victor zum Frühstück. Er hingegen sprudelte über vor Leben, konnte bis um zwei Uhr morgens singen oder sich unterhalten, während ich halb im Koma lag und mein Bewußtsein sich darauf beschränkte, mich davor zu bewahren, auf der Stelle einzuschlafen.

War ich jedoch zu Hause im Bett, lag ich natürlich wach, bis ich das Tuckern des Autos vor dem Haus und den wunderbaren Klang von Victors Schlüssel in der Haustür hörte. Dann lauschte ich immer, wie er in die Küche ging und nachsah, ob es irgendwo noch etwas zu essen gab, den Kopf in den Kühlschrank steckte und dann die Treppe heraufkam. In der Annahme, ich schliefe bereits, kam er immer ganz leise herein, aber sobald ich mich rührte, fing er an, mir von seinem Auftritt oder der Versammlung sämtliche Neuigkeiten und den neuesten Klatsch zu erzählen. Ich konnte mich erst entspannen, wenn ich die Wärme seines Körpers spürte, nachdem er sich neben mich gelegt und mich umarmt hatte. Dann wußte ich, daß er heil und gesund zurückgekommen war.

Abgesehen von einer bohrenden, ständigen Angst um Victor, hatte ich allen Grund, glücklich zu sein. Wir hatten unsere liebevolle Beziehung über die Jahre gerettet, und jetzt wurde sie durch das Gefühl bereichert, daß jeder von uns seinen Platz innerhalb einer gemeinsamen Sache gefunden hatte. Wir waren nicht nur Mann und Frau, sondern auch Compañeros.

Ich nahm an seiner Arbeit teil, zumindest gefühlsmäßig, gelegentlich auch direkter oder als kritische Betrachterin. Ich hatte ihm durch schlechte Zeiten geholfen, und er hatte mir immer mit liebevoller Unterstützung zur Seite gestanden, wenn ich seine Hilfe brauchte. Er respektierte meine Arbeitstermine und erwartete nie, daß ich ihn bediente, obwohl er immer begeistert war, wenn ich ihm ein Essen kochte oder Zeit fand, ihn bei einer seiner beruflichen Expeditionen zu begleiten, so daß ich vermute, er hätte es lieber gesehen, wenn ich ihm eine traditionellere Frau gewesen wäre.

Das schlimmste an jenen Jahren war, daß es nie genug Zeit zum Reden zu geben schien. Victor eilte ständig von einer Verpflichtung zur anderen, und wenn ich mich mit ihm unterhalten wollte, mußte ich mich gewöhnlich in der Reihe der Leute hintenanstellen, die darauf warteten, ihn um etwas zu bitten. Natürlich sorgte das für Reibungen in unserer Beziehung, doch sobald wir es schafften, in aller Ruhe ein wenig Zeit miteinander zu verbringen, klärte sich alles rasch wieder auf. Ich freute mich immer auf eine Zeit, in der wir einfach ein wenig mehr Freizeit haben würden.

Unser Haus war zu einem betriebsamen Ort geworden, meistens voller Leute in unterschiedlichen Altersstufen. Die Kinder in Chile schienen entweder draußen oder in den Häusern von anderen zu wohnen, aber immer in ziemlich großen Gruppen, die wie Bienenschwärme über das eine oder andere Haus herfielen, Gruppen, die die politische Rivalität und sogar den Haß ihrer Eltern aufzuheben schienen. Manuela und Amanda hatten jeweils ihre eigene Gruppe von Freunden.

Auch die Werkstatt im Garten war ständig belegt und von

Musikgruppen oder Tanz-Workshops als Proberaum genutzt. Tee und Kaffee gaben den Leuten Kraft, und manchmal aßen alle nach den Arbeitssitzungen *onces* (wörtlich übersetzt: *Elfchen,* also zweites Frühstück), diese besondere chilenische Sitte, am Nachmittag zu essen, was aber keinerlei Ähnlichkeit mit »Nachmittagstee« hatte. Riesige Tassen mit warmer Milch, von einer starken Infusion zu lange gezogenen Tees eingefärbt, Brötchen, die, wenn sie mehr als ein paar Stunden alt waren, getoastet wurden, dazu Butter, Käse, zerquetschte Avocados oder dickes, süßes Quittengelee.

Falls Victor kurz zuvor auf dem Markt gewesen war, mochte es auch *arrollado* geben – pikante Scheibchen aus Schweinefleisch mit Chili und jeder Menge Knoblauch. Victors hauptsächlicher Beitrag zum Haushalt bestand darin, einmal in der Woche, meistens samstags, früh aufzustehen und zum Vega, dem Obst- und Gemüsemarkt zu gehen. Das machte ihm großen Spaß und er fühlte sich dort wirklich zu Hause. Die Atmosphäre war die gleiche wie damals, als er noch ein kleiner Junge war und seiner Mutter in ihrem Restaurant am Bahnhofsmarkt half. Er war dort Stammkunde und kannte sämtliche Standbetreiber. Anschließend kehrte er immer vollbeladen mit seinen Lieblingslebensmitteln nach Hause zurück... *porotos granados,* frische Gartenbohnen, die auf chilenische Art gekocht wurden, mit Mais, Kürbis und einem Hauch frischem Basilikum; Ziegenkäse; riesige Tomaten für Tomaten- und Zwiebelsalat; *corvina,* ein an Heilbutt erinnernder Fisch aus dem Pazifik, sehr schmackhaft und eines der wenigen Gerichte, die ich richtig zubereiten gelernt hatte; dazu je nach Jahreszeit all das herrliche Obst, das in Chile so billig ist: Trauben, Melonen, alle möglichen Sorten Pfirsiche und Nektarinen, Kirschen groß wie Taubeneier, Aprikosen, Zimtäpfel...

Victor liebte Lebensmittel, obwohl er oft den ganzen Tag ohne zu essen auskam, weil er keine Zeit dazu hatte. Er tanzte gern und blieb immer, so gut es ging, in der Übung, besuchte wenn möglich den Unterricht und brachte uns mit seinen komischen Improvisationen zum Lachen. Er machte sehr gerne Geschenke und kam von einer Tournee immer mit seinem Koffer voller Sachen heim, die er auf seiner Reise auf den Märkten entdeckt hatte: kunsthandwerkliche Produkte, Ponchos, Keramik. Ich besitze immer noch ein besticktes Kleid, das er mir aus Mexiko mitgebracht hat, einen wunderschönen Poncho aus Peru, eine zarte Stickerei aus Paraguay. Er schwamm auch sehr gerne, wenn wir einen freien Tag hatten, aß am Strand Meeresfrüchte, probierte alles aus, spritzte an heißen Sommertagen die ganze Familie im Garten mit dem Schlauch ab, und am 18. September ging er immer in die Fondas, um die Cueca zu tanzen, liebte es aber auch, mit seinen Freunden daheim zu sein und Kastanien am Feuer zu rösten ... all die Dinge, die die meisten Leute gerne tun. Obwohl er unmenschlich viel arbeitete, war er kein Arbeitstier. Seine Begeisterung war ansteckend, ebenso wie sein Lachen und sein Lächeln.

Manuela hatte von Anfang an ein gutes Verhältnis zu Victor gehabt, und es wurde sogar noch besser, als sie älter wurde. Er war ihr nicht nur Vater, sondern auch ein Freund. Manchmal, wenn sie Hausaufgaben machte oder Musik hörte, ging er in ihr Zimmer, setzte sich aufs Bett und plauderte mit ihr. Er fragte sie um Rat, ob er die Einladung, an ihrer Schule zu singen, annehmen sollte, sie unterhielten sich über die neuesten Hits im Radio – Victor war großer Beatles-Fan – oder sprachen über ihre Arbeit in der Schule, ihre Faulheit oder sonst etwas, und über die Gründe dafür. Wenn er sie gelegentlich von der Manuel de Salas abholte, sorgte das immer für eine kleine Sensation, denn nur Manuelas engste Freundinnen wußten, daß Victor ihr Stiefvater war.

Zu den schönsten Erlebnissen, die wir in den Jahren der Unidad Popular gemeinsam als Familie hatten, gehörte ein Besuch in Kuba, Anfang 1972. Victor war eingeladen worden, im ganzen Land aufzutreten, und ich sollte in der Schule für modernen Tanz unterrichten. Mit typisch kubanischer Gastfreundlichkeit schloß die Einladung die ganze Familie ein.

Nach der Wiederaufnahme der diplomatischen Beziehungen war es einfacher geworden, nach Kuba zu reisen, doch man konnte immer noch nicht direkt dorthin fliegen. Zum Umsteigen in Mexico City gehörte der unangenehme Aufenthalt in einem dunklen Korridor, wo man uns einen nach dem anderen fotografierte, bevor wir an Bord der kubanischen Maschine gehen durften. Ich kann nur vermuten, daß dort der lange Arm der CIA am Werk war.

Es war mein erster Besuch auf der Insel, und auch Victor war seit seinem Aufenthalt mit *Parecido a la Felicidad* nicht mehr dort gewesen. Diesmal hatte er ein mit Auftritten vollgestopftes Programm, sowohl in Havanna als auch im Landesinneren, wo er mit Sängern der Nueva Trova, der nachrevolutionären Musikbewegung zusammentraf und mit Bauern und Studentengruppen in der Sierra Maestra zusammenarbeitete.

Ich blieb in der Zwischenzeit mit den Mädchen in Havanna, wo ich das moderne Tanzensemble unterrichtete und an der Tanzschule arbeitete. Die Schule lag in einem Park voller tropischer Pflanzen und Bäume und kam einem im Vergleich zu unseren beengten Räumlichkeiten im Zentrum Santiagos geradezu wie ein Paradies vor, insbesondere da die Schüler in Wohnheimen auf dem Gelände untergebracht waren und allein auf Grund ihres Talents im ganzen Land ausgesucht worden waren. Sobald sie aufgenommen waren, mußten sie sich über finanzielle Belange keine Sorgen mehr machen.

Wir trafen Haydée Santa Maria, die der kleinen Gruppe Revolutionäre angehörte, die Fidel 1953 beim Angriff auf die Moncada-Kaserne begleitet hatte. Als Direktorin der Casa de las Americas bat sie Victor um einen Auftritt in ihrem Institut. Sie liebte seine Lieder und seinen Gesang, und ich kann auch verstehen, weshalb, denn der Satz »Manche Musiker lieben nur ihre Musik, aber andere lieben das Volk« stammte von ihr.

Wir erlebten eine herrliche Zeit in Kuba. Dreizehn Jahre nach dem Sturz Battistas schien es ein Land zu sein, das jedem die besten Möglichkeiten bot. Beeindruckend war die Anzahl der neuen Schulen und Kinderkrippen, in denen die Kinder in die Obhut von ausgebildeten Fachleuten gegeben werden konnten, während die Mütter ihrer Arbeit nachgingen, auch die Anzahl neuer Wohnungen, dort, wo man das ökonomische System vorgefertigter Blocks nutzte, mit offenen Galerien voller tropischer Pflanzen, was den Gebäuden viel Leichtigkeit und Attraktivität verlieh. Sehr eindrucksvoll war auch die Einstellung der Ballettänzer, der Lehrer und Schauspieler, einfach aller, die wir trafen, die jedes Jahr ihren Anteil an der lebenswichtigen Zuckerernte leisteten und sich dem Militärdienst unterzogen – ständig auf der Wacht, um eine erneute Invasion in der Schweinebucht zu verhindern.

Obwohl soviel auf uns einstürmte, waren unsere Gedanken nie sehr weit von Chile entfernt. Victor wartete ungeduldig darauf, wieder nach Hause zu kommen. Ich muß gestehen, daß meine Gefühle im Flugzeug nach Santiago zwischen der Ungeduld, wieder dort zu sein, wo die Kartoffeln brannten, und einer Art tiefer Furcht schwankten.

Obwohl wir nur wenige Wochen weg gewesen waren, veränderten sich die Dinge in Chile so rasend schnell, daß wir bereits eine Veränderung im politischen Klima feststellen konnten. Die Opposition rappelte sich tatsächlich wieder auf. Wir erfuhren, daß sie die Sitzung der UNCTAD in Santiago und die Anwesenheit vieler ausländischer Journalisten zu einem großen Protestmarsch mit der Parole »Junten rabia, ciudadanos!« oder »Werdet wütend, Bürger!« ausgenutzt hatte – eine Weiterentwicklung des Kochtopfmarsches einige Monate zuvor. Er war von einem dreimal so großen Marsch der Unidad

Popular erwidert worden, dem größten, den die Stadt bis dahin gesehen hatte.

Die schlechten Nachrichten, insbesondere für uns, waren das Ergebnis der letzten Wahl an der Universität von Chile, bei der es um den Posten des Direktors sowie anderer Entscheidungsstellen ging. Hier hatte ein Rechtsruck eingesetzt, und zwar nicht nur gegen die Unidad Popular, sondern gegen die gesamte Reform. Der neue Rektor war der Christdemokrat Edgardo Boeninger.

Die Universität von Chile war als staatliche Einrichtung von so großer Wichtigkeit, daß dieser Wahl große politische Bedeutung beigemessen wurde. Die Kandidatur war nicht nur zwischen individuellen Bewerbern ausgetragen worden, sondern vielmehr zwischen politischen Kräften, und die Berichterstattung in den Medien, mit Fernsehdebatten und Interviews, war ausführlich und der zur Parlamentswahl durchaus ebenbürtig gewesen. Glücklicherweise hatte sich unser Institut zur Reform und zur Unidad Popular bekannt, doch insgesamt bedeutete das Ergebnis einen Rückschlag für die Regierung.

Viele Leute machten dafür – inwiefern gerechtfertigt, kann ich nicht beurteilen – die spalterischen Bewegungen der Ultralinken während der Wahl verantwortlich. Obwohl zahlenmäßig nur sehr klein, war sie unter den Studenten sehr emsig und hatte im Wahlkampf die Kandidaten der Unidad Popular und die der Rechten mit der gleichen Vehemenz angegriffen.

Andererseits gingen im Winter des gleichen Jahres andere wichtige Wahlen für die Unidad Popular mit überwältigenden Siegen aus – zum Beispiel die im Gewerkschaftsbund CUT, in der Technischen Universität und bei einer Nachwahl zum Senat in der nördlichen Provinz Coquimbo, wo Amanda Altamirano, eine Kommunistin, mit absoluter Mehrheit bestätigt wurde.

Trotzdem begannen die Angriffe von links und rechts, die Beziehungen der politischen Parteien innerhalb der Unidad

Popular zu belasten, und das war eine neue Entwicklung, die uns am meisten zu denken gab. Im Mai 1972 sah sich Victor in eine Situation verwickelt, die sich in der Universitätsstadt Concepción ergeben hatte, der Stadt, in der die MIR gegründet worden war und wo sie noch immer über die größte Macht verfügte.

Indem sie das Programm der Unidad Popular für völlig veraltet erklärte, war es der MIR gelungen, Ortsgruppen einiger Unidad Popular-Parteien, insbesondere der Sozialisten und der MAPU, zu überreden, sich gegen die staatliche Politik ihrer eigenen Parteien und der Regierung zu stellen. Sie verlangten die Bildung von »Volksversammlungen«, die die verfassungsmäßigen Strukturen der Regierung ersetzen sollten und hatten Concepción zum *Territorio libre de América,* zur befreiten Zone erklärt. Sie wollten eine von den Christdemokraten angekündigte Demonstration in der Stadt verbieten, was zweifellos Patria y Libertad die ersehnte Gelegenheit liefern würde, Unordnung und Chaos heraufzubeschwören. Ihre Drohung bestand darin, Gewalt mit Gewalt zu bekämpfen.

Es war eine komplexe und schwierige Situation, und mittendrin wurde Victor gebeten, an der Universität von Concepción, dem Zentrum der Rebellion gegen die Regierung aufzutreten. Unter diesen Umständen mußte ein Auftritt zugleich eine politische Aussage sein, und in seinem Verlauf rief Victor zur Eintracht und zur Unterstützung der Regierung auf, womit er sich den Zorn der Ultralinken einhandelte.

Wie sehr er auch mit dem Unmut der Studenten angesichts der faschistischen Gewalt, die sich bei Demonstrationen der Opposition überall auf den Straßen zeigte, sympathisiert haben mochte, über eines war sich Victor im klaren, und das sagte er auch: Konfrontation, die Patria y Libertad so vehement suchte, mußte unbedingt vermieden werden. Eine Unterdrückung des Rechts der »demokratischen« Opposition auf Meinungsäußerung war nicht das geeignete Mittel, um die Mehrheit des Volkes zur Unterstützung der revolutionären

Veränderung zu gewinnen, denn schon jetzt tat die Opposition ihr möglichstes, um sich als Opfer der »marxistischen Repression« darzustellen. Vor allen Dingen wäre jede Spaltungsbewegung innerhalb der Unidad Popular selbst fatal.

Die erste jener spalterischen Episoden hatte sich bereits zwölf Monate zuvor im Juni 1971 ereignet, als die Gespräche zwischen der Unidad Popular und der Christlich Demokratischen Partei fortgeführt wurden, um eine Art Burgfrieden zu erreichen. Eine neue Splittergruppe des linken Flügels, die sich Vanguardia Organizada del Pueblo oder VOP nannte, suchte sich diesen Moment aus, um Edmundo Pérez Zúcovic, den Innenminister der Regierung Frei, zu ermorden. Ihre Tat setzte den Gesprächen ein Ende und errichtete eine unüberwindbare Barriere zwischen der Unidad Popular und den Christdemokraten. Kein Wunder, daß viele dachten, die VOP müsse von der CIA ins Leben gerufen worden sein.

Es war schrecklich, als wir die Nachricht im Radio hörten. Victor wurde leichenblaß und war sehr aufgebracht. Trotz der Ermordung von General Schneider waren Chile politische Attentate zu jener Zeit noch fremd. Wir waren über diese Tat natürlich entsetzt, und Victor war besonders besorgt, weil einige Leute versuchten, ihm wegen seines Liedes »Preguntas por Puerto Montt« die Schuld dafür zuzuschieben.

Nach dem Ärger in Concepción ereignete sich noch ein weiterer Zwischenfall, bei dem die MIR eine Rolle spielte. Eine polizeiliche Durchsuchung in der Barackensiedlung La Hermida, bei der man nach gesuchten Kriminellen Ausschau hielt, sah sich plötzlich mit dem organisierten und bewaffneten Widerstand der von der MIR angeführten Bewohner konfrontiert. Als Allende persönlich vor Ort erschien, um mit ihnen zu reden, stellten sie sich ihm in den Weg. (Nach 1973 tauchte einer der Anführer dieses Zwischenfalls, »Commandante Raúl«, in einem völlig anderen Gewand auf, und zwar als einer der Hauptfolterknechte der DINA, der Geheimpolizei der Militärjunta.)

Es war ein schlecht gewählter Moment. Gerade als die Opposition ihre Kampagne und ihre Verschwörung gegen die Regierung auf die Beine stellte, zerstritten sich die Kräfte der Unidad Popular in inneren Auseinandersetzungen und Konflikten. Die Spannungen zwischen den einzelnen politischen Gruppen war sogar bis in unser Institut spürbar. Die verbitterte Atmosphäre sickerte im Lauf der Monate bis in die Kurse und Probengruppen durch, ganz zu schweigen von den häufigen Versammlungen, die als Antwort auf irgendeine politische Krise einberufen wurden und oft zu Dreifrontenschlachten zwischen der Unidad Popular, den Ultrarechten und den Ultralinken ausarteten.

Es schien fast, als sei der Bürokratismus nur noch bei den massenhaften Märschen ausgeklammert, mit denen man die Faschisten von den Straßen Santiagos fernhalten wollte, als regte sich der Geist der Einheit nur noch zu diesem Anlaß. Wenn man mit beinahe körperlichem Kontakt gemeinsam marschierte, die Erregung spürte, Teil einer aktiven Menschenmenge zu sein, dann ließen sich die Streitigkeiten für kurze Zeit vergessen. In diesem Moment, gerade als der Geist der Einheit gefährdet war, hörte man zum erstenmal hier und da den Spruch »El pueblo unido jamás será vencido« (»Das vereinte Volk wird niemals besiegt werden«). Er wurde später in ein wirkungsvolles Lied von Sergio Ortega aufgenommen und von Quilapayún gesungen, doch zum erstenmal konnte man ihn 1972 auf den Straßen Santiagos hören, ein Aufschrei sowohl der Warnung als der Entschlossenheit.

August und September bescherten uns einen weiteren Anstieg der von rechten Banden ausgeübten Straßengewalt. Anläßlich des riesigen und friedlichen Marsches der Unidad Popular zur Feier des zweiten Jahrestages der Wahl Allendes, marschierten wir zum ersten Mal mitten durch das Barrio alto, die Avenida Providencia hinab, vorbei an hohen Gebäuden mit eleganten Apartments. Einige Bewohner riefen von den Balkonen Drohungen und Beleidigungen herunter, und die Menge unten antwortete mit spöttischem Gelächter und rüden Scherzen.

Nur wenige Tage zuvor war die gleiche Straße von Rauch und Tränengas erfüllt gewesen, als faschistische Gruppen von Patria y Libertad Oberleitungsbusse umkippten, sie anzündeten und aus brennenden Reifen Barrikaden errichteten. Providencia war ihr Bezirk, und die Anführer von Patria y Libertad kamen oft im Restaurant Munich zusammen, das im Zentrum des Bezirks lag.

Auch im Institut herrschte Tumult und Aufruhr, der von der Opposition, manchmal auch von der Ultralinken angezettelt wurde. Vom obersten Stockwerk des Gebäudes aus konnten wir sehen, wie die paramilitärischen Brigaden der Nationalpartei völlig ungehindert auf der Straße aufmarschierten und dort exerzierten, einmal fuchtelte sogar ein Senator jener Partei mit einer Pistole herum und stachelte die Demonstranten vor dem Gerichtshof an.

Ein ständiger Konfliktherd war die geplante Erziehungsreform, das Projekt der Escuela Nacional Unificada oder ENU, letztendlich kaum radikaler als das Konzept der Gesamtschulen in Großbritannien, aber besonders umstritten, da es die Autonomie der zahlreichen von der katholischen Kirche geleiteten Schulen anficht.

Gymnasiastenbanden, die meistens aus den privaten Schulen des Barrio alto kamen, schienen im Zentrum von Santiago beinahe täglich einzufallen, wo sie für allerlei Unruhe sorgten und sich ein ständiges Gefecht mit der Polizei lieferten. Einige von ihnen waren keine zwölf oder dreizehn Jahre alt. Zum Glück wurde der Unterricht in der Manuel de Salas normal weitergeführt und nur wenige Schüler blieben ihm fern. Sogar in Manuelas Altersgruppe wurde es patriotische Pflicht, mehr als sonst zu lernen und keinen einzigen Schultag zu verpassen.

Die Verstaatlichung der Kupferminen im Juli 1971 war womöglich die wichtigste, gewiß aber die populärste Maßnahme gewesen, die die Unidad Popular-Regierung je durchgeführt hatte. Eine staatliche Behörde wurde eingesetzt, um die Abfindung für Anaconda, Cerro und Kennecott festzusetzen, die drei US-amerikanischen Gesellschaften, denen die Minen gehört hatten. Die Behörde bestimmte, daß die überzogenen Profite, die die Gesellschaften in den vorausgegangenen Jahren abgeschöpft hatten, von der endgültigen Abfindungssumme abgezogen werden sollten.

So populär und gerecht diese Entscheidung auch war, so heftig ließ sie in den Zentralen der Handelsgesellschaften in New York und anderen Finanzkapitalen die Alarmglocken schrillen. Wenn Chile seine Souveränität durchsetzen und sich gegen die Ausplünderung der Bodenschätze wehren durfte – wie lange würde es dann dauern, bis andere Entwicklungsländer diesem Beispiel folgten? Die Firmen fingen ernstlich an, auf Vergeltung zu sinnen und gaben dem bereits von der CIA und ITT in Kraft gesetzten Destabilisierungsplan weiteren finanziellen Rückhalt.

Im Oktober 1972 rief die Kennecott Copper Company zu einem internationalen Embargo gegen chilenisches Kupfer auf, und chilenische Schiffe wurden in europäischen Häfen »beschlagnahmt«, woraufhin sie weder auslaufen noch ihre Ladung löschen durften. Im Heimatland trat die mächtige Organisation der Lastwageneigner in Streik, angeblich der drohenden Verstaatlichung und der Verknappung von Ersatzteilen und Reifen wegen, in Wirklichkeit war es jedoch nur ein abgekartetes Spiel, um das Land lahmzulegen und die Regierung Allende zu stürzen.

Aufgrund der besonderen Geographie Chiles konnte eine Blockade des Verkehrs entlang der einzigen, längs von Norden nach Süden verlaufenden Schnellstraße ein ziemliches Chaos verursachen. Der Streik war eine generalstabsmäßig durchorganisierte Operation. Ganze Lastwagenflotten wurden von der Straße genommen und an strategischen Punkten zusammengezogen. Der Anblick hunderter riesiger, in einer

Reihe aufgestellter Lastwagen war ein erschreckendes Bild, insbesondere, da sie meistens etwas erhöht standen und von bewaffneten Männern bewacht wurden.

Für die Polizei war es unmöglich, die Ansammlungen aufzulösen oder die Lastwagen zu beschlagnahmen, ohne eine Konfrontation heraufzubeschwören, und die Lastwagenbesitzer konnten sich natürlich auf die Zusammenarbeit mit den Grundbesitzern verlassen. Nicht nur, daß die Fahrzeuge nicht mehr ihren Aufgaben nachkamen, von den Lagern aus konnten sie auch den Verkehr auf der Hauptverkehrsstraße kontrollieren. Bewaffnete Banden errichteten Straßensperren, griffen jeden Lastwagen an, der noch unterwegs war, und streuten *miguelitos* aus, tödliche kleine Metallstückchen, die einen Reifen in Fetzen reißen konnten.

Nachdem die gewaltige Flotte der Benzinlaster aus dem Verkehr gezogen war, wurde Benzin sehr bald zu flüssigem Gold, und um ein paar Liter davon zu kaufen, mußte man mehrere Stunden anstehen, wobei die Autos in der Schlange geschoben wurden, um ja keinen Tropfen zu vergeuden. Paraffin, das für die Poblaciones sowohl zum Heizen als auch zum Kochen lebenswichtig war, verschwand vom Markt; Grundlebensmittel, wie Mehl zum Backen, Milch für die Kinder, Reis, Kartoffeln, Zucker, ganz abgesehen von Nahrungsmitteln wie Fleisch und Eier, waren so gut wie nicht mehr erhältlich; die Eigentümer des größten Molkereibetriebs befahlen, Tausende Liter Milch zu vernichten, um die Krise weiter zu schüren.

Es gab sofort massenhaft Reaktionen auf diese Notlage. Eine beträchtliche Anzahl Lastwagenbesitzer, meistens diejenigen, die nur ein oder zwei Fahrzeuge besaßen, wollten sich dem politischen Streik nicht anschließen. Sie gründeten ihre eigene, unabhängige Organisation namens MOPARE und versuchten, des Problems Herr zu werden. Es war sehr bewegend, diese alten und vielgenutzten Laster – sie erinnerten mich an den von Pedro Morgado – in Konvois davonrattern zu sehen. Ihre Fahrer wußten, daß sie Gefahr liefen, trotz der gelegentlichen Polizeieskorten von den Banden aus den Lastercamps attackiert zu werden. Reifen wurden zerstochen, Windschutzscheiben zertrümmert und viele Fahrer verletzt.

Arbeiter, Studenten, Lehrer, Künstler und viele Freiberufler schlossen sich in einer freiwilligen Aktion zusammen, um den Auswirkungen des Streiks die Stirn zu bieten. Die Studenten der Technischen Universität taten sich im ganzen Land mehr als alle anderen darin hervor, Lebensmittel und Paraffin an die Poblaciónes zu verteilen. Doch auch die Mitglieder unseres Instituts wurden mobilisiert.

Unsere Aufgabe bestand darin, die Züge auf dem Güterbahnhof zu be- und entladen. Ich erinnere mich daran, daß Victor gemeinsam mit Quena bei der Organisation der verschiedenen Teams mitarbeitete und dabei auf die dringendsten Bedürfnisse sofort einging... etwa wenn diese oder jene Población absolut kein Paraffin mehr hatte, oder dringend ein Fahrzeug benötigt wurde... vierhundert Sack Mehl im Lebensmittellager ausgeladen werden mußten... Milch in eine andere Población transportiert werden mußte... und so weiter.

Victor saß nicht nur am Telefon oder sang Lieder, während die anderen Leute arbeiteten. Ich sehe das Bild deutlich vor mir, wie er auf einem Berg Mehlsäcke steht und sie einen nach dem anderen schwitzend aufeinanderschichtet, während sie von einer langen Reihe – zumeist Tänzer und Schauspieler – vom Zug bis zu ihm weitergereicht werden. Die Säcke ordentlich aufzuschichten war Schwerstarbeit, doch Victor sah glücklich aus und scherzte mit den Leuten um ihn herum, die von seiner guten Laune angesteckt wurden. Meiner Rückenprobleme wegen konnte ich nur die wesentlich leichteren Spaghettikartons tragen und stapeln, doch auch das war anstrengend. Aber wir hatten alle das Gefühl, etwas Nützliches zu tun, und die Stimmung war gut, weil wir wußten, daß im ganzen Land Hunderttausende das gleiche taten.

Trotzdem wirkte sich der Streik unvermeidlich hart auf die Wirtschaft aus. Die Frühlingsaussaat verzögerte sich, weil das Saatgut nicht rechtzeitig vor Ort gebracht werden konnte, die Produktion der Wirtschaft verringerte sich, weil das Rohmaterial nicht in die Fabriken gelangte. Um alles noch schlimmer zu machen, schlossen sich andere Berufsgruppen der Mittelklasse dem Streik an: die Ladenbesitzer, die Buseigentümer, die Ärztliche Vereinigung und andere Gruppen von Freiberuflern. Doch die Freiwilligen stürzten sich um so verbissener in die Arbeit: In den Fabriken versuchten die Arbeiter Produktionsrekorde zu brechen, Ärzte, die die Unidad Popular unterstützten, bildeten ihre eigene »Patriotische Front« und arbeiteten doppelte Schichten, um ihre streikenden Kollegen zu ersetzen, und viele Läden versuchten, trotz der Gefahr, die Scheiben eingeworfen zu bekommen, weiterhin geöffnet zu bleiben.

Es gab viele häßliche Zwischenfälle. Ich erinnere mich an den eher ungewöhnlichen Fall der Coppeli, einer eleganten Eisdiele in Providencia, deren Klientel aufgrund der Situation hauptsächlich aus Teenagern aus dem Barrio alto bestand, und deren Eiskrem so lecker wie teuer war. Der Eigentümer, ein Schweizer Jude, war ein progressiver Mann. Zur Zeit des Streiks wurde sein Geschäft als Arbeiter-Kooperative geführt und blieb natürlich offen. Bei einem ihrer Terrorzüge durch das Viertel griffen es die faschistischen Banden brutal an, die Schaufensterscheiben und die Maschinen wurden zerschlagen sowie die dort Arbeitenden schwer verletzt. Der Pöbel stieß wüste antisemitische Beleidigungen aus, denen auch die rechtsgerichtete Presse nicht nachstehen wollte.

Der öffentliche Verkehr funktionierte weiterhin, wenn auch aufgrund der Benzinknappheit und der Tatsache, daß die Fahrzeuge möglicherweise attackiert und umgekippt wurden, unter erschwerten Bedingungen. Die Mehrheit der Busse war in Privatbesitz und somit in den Streik miteinbezogen, was es einem erschwerte, zur Arbeit zu gelangen. Die Leute legten große Strecken zu Fuß zurück oder quetschten sich auf die Ladefläche alter Lastwagen. War man in der glücklichen Lage, ein bißchen Benzin für sein Auto ergattert zu haben, blieb es nicht aus, überall Leute mitzunehmen, die zur Arbeit wollten. Ich hatte nie ein gutes Gefühl dabei, denn allein die Tatsache, daß sie versuchten, zur Arbeit zu kommen, bedeutete, daß sie Compañeros waren. Das Auto wurde für die Dauer des Streiks eine Art kollektives Taxi.

Die Juntas de Abastecimiento y Precios oder JAPS, wie sie allgemein genannt wurden, waren staatlich zugelassene Gemeindeorganisationen zur Kontrolle des Schwarzmarktes, der Hamsterkäufe und der Spekulation. In manchen Poblaciones funktionierten die JAPS monatelang sehr erfolgreich, aber in unserem Viertel zwang nur der Streik die Frauen dazu, die Angelegenheit sehr ernst zu nehmen. Die Mehrheit unserer Nachbarn konnte es sich nicht nur leisten, Schwarzmarktpreise zu zahlen, sondern boykottierte mit Absicht jede Initiative der Regierung. Wir Frauen, die wir die Unidad Popular unterstützten, trafen uns beinahe konspirativ jeweils im Haus einer anderen, um über Probleme zu reden und diejenigen Frauen zu bestimmen, die die Versorgung von einem zentralen Punkt aus koordinieren sollten.

Beabsichtigt war, Einzelhändler in unseren Bezirk zu bekommen, die mit uns zusammenarbeiteten, ihre Lebensmittel auf normalem Weg bezogen und verkauften, das aber unter unserer Aufsicht und zu offiziellen Preisen (die oft nur ein Drittel oder weniger des Schwarzmarktpreises betrugen). Eines der Hauptprobleme bestand darin, daß keiner der Läden mit uns kooperieren wollte, entweder, weil die Eigentümer gegen die Unidad Popular eingestellt waren, oder weil sie Angst vor repressiven Maßnahmen der rechten Banden hatten. So war es beispielsweise fast unmöglich, kooperative Metzger zu finden – die meisten von ihnen betrieben unter der Theke ohnehin einen blühenden Schwarzhandel und hatten keinen Bedarf, sich Schnüffler von der JAP ins Nest zu setzen.

Nur Alberto, ein junger, rothaariger Lebensmittelhändler jugoslawischer Herkunft, war dazu bereit, und von seinem kleinen Laden aus verkauften wir den vierzehntägigen Bedarf an Lebensmitteln und Tiefkühlhähnchen. Letztendlich handelte es sich um eine Art von Rationierung, denn die Mengen, die wir bezogen, richteten sich nach der Anzahl der bei der JAP registrierten Familien.

Wir organisierten den Dienstplan im Laden, packten aus, bedienten und überprüften, daß jeder Haushalt nur einmal drankam. Wir waren nur eine kleine Gruppe von Frauen in einer überwiegend feindlich gesinnten Umgebung, aber es tat gut, etwas zu tun und miteinander in Kontakt zu bleiben. Leute, die bei der JAP arbeiteten oder sich auch nur registrieren ließen – obwohl das jeder tun konnte –, bekannten sich als Anhänger der Unidad Popular und standen somit auf der schwarzen Liste der Junta de Vecinos, der von den Christdemokraten gegründeten und auch von ihnen gesteuerten örtlichen Gemeindeorganisation. Im Lauf der Zeit schienen sie mehr und mehr mit den ortsansässigen Banden von Patria y Libertad zusammenzuarbeiten, von denen es jede Menge gab.

Während des Oktoberstreiks schließlich fing das Geländerklopfen an, eine Variante der Kochtopfmärsche. Jeden Abend, kurz vor dem Dunkelwerden, setzte der Radau ein – »Schepper, schepper, schepper!« –, ein lautes Klappern, das an einer Stelle begann und sich dann von Straße zu Straße fortsetzte, hin und her schallte, bis das ganze Viertel davon erfüllt war, wie vom Scheppern unheilvoller, metallischer Buschtrommeln.

An manchen Tagen war es schon sehr schlimm. Alles schien zum Erliegen zu kommen. Geschlossene Geschäfte, keine Beförderungsmittel, überall mußte man Schlange stehen, um auch nur die grundlegendsten Dinge zu bekommen, Krawall und Gewalt auf den Straßen... doch die gewaltige Anstrengung der Freiwilligen dauerte an, und trotz der vielen Dollars, die zur Finanzierung des Streiks ins Land flossen, wurde er

schließlich ziemlich kläglich abgebrochen. Der Oberbefehlshaber der Streitkräfte, General Carlos Prats, trat dem Kabinett als Innenminister bei, was bis zu den nächsten Parlamentswahlen im März 1973 eine gewisse Garantie für
Ordnung und Frieden bedeutete. Trotz der katastrophalen
wirtschaftlichen Lage hatten die Regierung der Unidad Popular und die Masse des Volkes einen moralischen Sieg errungen.

9

»Die beste Schule für Lieder
ist das Leben selbst«

Trotz des Oktoberstreiks und all seinen Konsequenzen ging das Leben und vor allem die Arbeit wie gewohnt weiter. Inmitten dieser Turbulenzen hatten die Studenten meines Lehrerkurses ihre praktische Lehrtätigkeit in den Poblaciónes aufgenommen. In Quinta Normal, dem Arbeiterviertel hinter der Technischen Universität, hatten wir bereits einen Schulableger eingerichtet und standen kurz davor, einen weiteren südlich von Santiago, in La Granja, zu eröffnen. Ungefähr einhundert Kinder aus dem Viertel hatten sich eingeschrieben, und der Unterricht war in vollem Gange. Meine Aufgabe bestand darin, alles zu beaufsichtigen und mit Rat und Tat zur Seite zu stehen, doch die studentischen Hilfslehrer kamen sehr gut allein zurecht.

Das Be- und Entladen von Zügen und die Arbeit in der JAP bedeutete nicht, daß wir unsere Studienprogramme und all die wichtigen Dinge, die zu tun waren, einfach aufschieben konnten; ebenso fuhren die Musiker fort, Musik zu machen und Lieder zu komponieren, Lieder, die sehr nützlich bei der Ermunterung der zahlreichen Freiwilligen waren, die mit vereinten Kräften so viel bewegten.

Die Liedbewegung florierte. Quilapayún waren Meister des spaßigen Songs mit aktuellen Anspielungen. Sie machten sich über die Kochtopfdamen lustig, forderten die Leute auf, mehr Fisch zu essen, zogen die rechten Politiker auf vernichtende Art durch den Kakao – und all diese Lieder dachten sie sich in ihrer freien Zeit aus. Ihre chilenische Version des heiteren kubanischen Liedes »La beata« wurde bei großen Demonstrationen von der Menschenmenge gesungen, die sich an den Händen hielt und sie wie eine erregte Fußballmeute im Rhythmus auf und nieder schwenkte. Quilapayún war zusammen mit Inti-Illimani die beliebteste Musikgruppe Chiles. Wenn sie nicht gerade auf Tournee im Ausland waren, sangen sie bei fast jeder wichtigen politischen Demonstration und trugen zur festlich ausgelassenen Atmosphäre bei. Repräsentierte Inti-Illimani den musikalischen »Sound« der Unidad Popular, dann stand Quilapayún für ihren markigen Kampfgeist, gewürzt mit einem Schuß bitter benötigten Humors.

Über die Flugblatt- oder »Wegwerf«-Lieder zu aktuellen Themen gab es viele Auseinandersetzungen. Viele Leute, unter ihnen auch Victor, versuchten sich mit wechselhaftem Erfolg an ihnen. Einige waren komisch, andere lehrhaft und vielleicht deswegen nützlich, andere eher satirisch, aber viele waren einfach nur langweilig und musikalisch unoriginell. Leider kann jeder schlechte Lieder schreiben, und so fiel es der Opposition nicht schwer, sie – wie du mir, so ich dir – wie am Fließband herzustellen, obwohl sie damit niemals an die Gedankentiefe, die Poesie und die musikalische Harmonie der besten Lieder der Liedbewegung herankam.

Manchmal reden die Leute von der Neuen Chilenischen Liedbewegung, als habe es sich dabei um eine homogene Erscheinung gehandelt, mit einer vorgefertigten Plattform und bestimmten Zielvorstellungen. Soweit ich das beurteilen kann, ist es niemals so gewesen. Es gab so viele verschiedene Ansichten wie Leute, die sich daran beteiligten. Es war im wesentlichen eine Bewegung der Erkundung und Entdeckung. Es gab, oftmals sehr hitzige, Diskussionen, Rivalitäten, Polemiken, sogar Streit. Nur eine Sache einte alle, und das war der Wunsch, Teil des revolutionären Prozesses zu sein und mit der eigenen Arbeit dazu beizutragen, eine neue Kultur zu entwickeln, die diesen Prozeß unverfälscht widerspiegelte.

Es gab unterschiedliche Vorlieben. Obwohl sie mit der Gabe für volkstümliche Lieder voller aktueller Anspielungen gesegnet waren, argumentierten Quilapayún oft sehr kategorisch, der wichtigste Aspekt der Liedbewegung bestehe in der Integration akademischer Komponisten wie Luis Advis und Sergio Ortega, mit denen die Gruppe auch zusammenarbeitete.

La Cantata Santa María de Iquique von Luis Advis wurde zum ersten Mal anläßlich des Zweiten Festivals der Neuen Chilenischen Liedbewegung im August 1970 aufgeführt. Dargeboten von Quilapayún, gemeinsam mit klassischen Musikern und einem Schauspieler als Erzähler, behandelte sie die Geschichte des Massakers von 3000 Nitratbergleuten sowie ihren Frauen und Familien beim Streik von Iquique im Jahre 1907. Mit diesem Stück wagte Luis Advis zum ersten Mal, einheimische Instrumente einzusetzen, die er mit Elementen der Volksmusik kombinierte, um die so oft von der offiziellen Geschichtsschreibung vergessene Geschichte der namenlosen Arbeiter zu erzählen.

Die komplexe Kantatenform sorgte für ein wenig Diskussionsstoff – war das denn wirklich »volkstümliche« Musik? –, doch die Zusammenarbeit zwischen akademischen und Folkloremusikern konnte nur positiv ausfallen, und *La Cantata Santa María* traf offensichtlich auch den Nerv des großen Publikums – vielleicht sogar mehr als komplizierte Werke wie *La Fragua* von Sergio Ortega, die eigentlich nur für Aufführungen in Konzertsälen geeignet war.

Intis Hauptinteresse lag, wie ich glaube, woanders. Auch sie arbeiteten mit Advis und anderen Komponisten an mehreren wichtigen Projekten wie *Canto al Programa,* einem ausgedehnten Werk, das auf den vierzig Maßnahmen des Programms der Unidad Popular basierte, sowie an einer Hommage an Violeta Parra, die ihre Geschichte *Las Décimas* als Textvorlage benutzte. Außerdem arbeiteten sie mit vollem Einsatz mit Victor und Celso bei *Los Siete Estados* zusammen.

Trotzdem konzentrierten sie sich stets auf eine Musikrichtung, die sehr eng mit den Wurzeln der lateinamerikanischen Volksmusik verbunden war, deren musikalischen Reichtum sie nach wie vor erforschten.

Victor selbst war ständig auf der Hut vor allem, was er als Bevormundung empfand, und wehrte sich gegen die Gefahr, vorgefertigte Muster zu übernehmen. Er war davon überzeugt, daß eine echte Volkskultur Zeit brauchte, um sich zu entwickeln; man konnte nicht einfach losziehen und eine erfinden. Er fand, ein Künstler solle sich weniger vornehmen, *das* transzendentale Werk zu schaffen, sondern sich eher als versierter Handwerker begreifen, dessen Arbeit so nützlich ist wie der Nagel beim Hausbau oder ein Tropfen Öl, der eine Maschine geschmeidig am Laufen hält. Sein Hauptziel bestand darin, den Leuten Mittel zu geben, mit denen sie sich selbst ausdrücken konnten, und ihnen dann mit Respekt zuzuhören.

1971 sagte er folgendes: »Überall dort, wo wir auftreten, sollten wir einen kreativen Workshop ins Leben rufen und, wenn möglich, als Selbstläufer zurücklassen. *Wir sollten zu den Leuten aufsteigen* und nicht das Gefühl haben, daß wir uns zu ihnen hinabbegeben. Unsere Aufgabe besteht darin, ihnen das zu geben, was ihnen gehört – ihre kulturellen Wurzeln und die Mittel, ihren Hunger nach kulturellen Ausdrucksmöglichkeiten, den wir während des Wahlkampfs erfahren haben, zu stillen.«

In einem Punkt waren sich alle einig, und zwar was die Notwendigkeit anging, auf die gewaltige Nachfrage nach technischer Hilfe zu reagieren, die von den vielen, überall aus dem Boden sprießenden neuen Musikgruppen kam, sowie daß es erforderlich war, grundsätzlich die Teilnahme der Volksmassen an kulturellen Aktivitäten zu fördern.

Verschiedene Gruppen beschritten dazu unterschiedliche Wege. Die Peña de Los Parra zum Beispiel, deren wachsender Ruhm zum Symbol für »das neue Chile« geworden war, wurde an Wochenenden zur Touristenattraktion. Unter der Woche jedoch verwandelten Isabel und Angel die Carmen 340 in ein Volkskulturzentrum, in dem die Einheimischen aus dem Arbeiterbezirk ringsum Kurse besuchten und dazu ermuntert wurden, Lieder und Gedichte zu schreiben, sich kunsthandwerklich zu betätigen oder dort Versammlungen oder Besprechungen abzuhalten. Das Konzept hatte in der Nachbarschaft Wurzeln geschlagen.

Obwohl die jungen Männer von Inti-Illimani sich an den Musikkursen der Technischen Universität beteiligten, betrachteten sie sich nicht als Lehrer. Sie waren immer bereit, anderen Gruppen zu helfen und sich speziell als Musiker in den Dienst von Komponisten zu stellen, die mit ihnen arbeiten und experimentieren wollten. Auf diese Weise kooperierten sie ständig mit Victor, entweder einzeln oder als Gruppe.

Quilapayún beschritten einen ganz anderen Weg. Sie beschlossen, sich im wahrsten Sinne des Wortes zu vervielfältigen und möglichst viele Gruppen mit den gleichen Merkmalen, dem gleichen Image und sogar weitgehend dem gleichen Repertoire wie das Original zu bilden. Jedes Mitglied der original Quila war für die Bildung einer neuen Gruppe verantwortlich, so daß sie sich versechsfachen konnten. Wir hatten Quila I, Quila II, Quila III und so weiter, mit einigen Variationen, denn es gab auch eine weibliche Gruppe (Quilas mit langen schwarzen Röcken statt Ponchos) und eine »Lolopayún«, eine Teenagergruppe. Ich muß gestehen, daß mir, Victor und wahrscheinlich so manchem anderen die Idee höchst merkwürdig vorkam, etwa so wie Klonen. Unnötig zu erwähnen, daß sich Quila gegen diese Art von Kritik heftig wehrte. Sie betrachteten die Methode als Möglichkeit, Quilapayún nicht auf sechs bestimmte Personen zu beschränken und mehr Leuten die Chance zu geben, zu dieser Gruppe zu gehören, die sehr populär war und ein ganz bestimmtes Image hatte. Es war eine ungewöhnliche Idee, dazu eine, die Quilapayún allgegenwärtig machte – was ihre Feinde schier zur Raserei trieb.

Obwohl ich immer wieder die gleichen Namen erwähne, weil sie Victors engste Gefährten und zudem wahrscheinlich die auffälligsten Köpfe der Liedbewegung waren, gab es im ganzen Land inzwischen Hunderte anderer Gruppen. Sie waren in Universitäten, Fabriken, Schulen und Gemeindezentren entstanden. Victor wurde ständig eingeladen, um bei Arbeiter-Liederfestivals, auf denen neue Komponisten ihre Werke vorstellten, als Preisrichter teilzunehmen. Es war ein unglaublicher Aufschwung kreativer Aktivität, und das bei Leuten, die noch nie zuvor dazu ermutigt worden waren, sich auszudrücken, dazu in einem Zeitalter, das Radio- und Fernsehpublikum zu passiven Konsumenten machte. Die Liedbewegung war inzwischen weit mehr als eine Gruppe bekannter Künstler. Es schien, als habe ein ganzes Land singen gelernt.

Victor selbst arbeitete mit vielen unterschiedlichen Gruppen und Einzelmusikern. Mich freute es besonders, daß er 1972 in einem Zeitraum von vier Monaten sechs Mädchen dabei half, eine eigene Gruppe zu gründen. Es war zweifellos höchste Zeit, daß Frauen in gleichem Maße vertreten waren. Wir hatten wichtige Solistinnen wie Isabel Parrra, Marta Contreras oder Charo Corfé, aber von dem weiblichen Quilapayún-Ableger einmal abgesehen, der, wenn ich mich recht erinnere, ungefähr zur gleichen Zeit ins Leben gerufen wurde, gab es auf diesem Gebiet keine kollektive Präsenz von Frauen. Die Tatsache, daß das nun als notwendig empfunden wurde, war ein deutliches Zeichen für das fortgeschrittene Selbstbewußtsein und die Unabhängigkeit von Frauen, obwohl mir persönlich gemischte Gruppen lieber gewesen wären; Frauen wurden immer noch wie eine andere Sekte behandelt.

Vier der Mädchen waren Musikstudentinnen am Institut. Eine von ihnen, Teresa Carvajal, hatte eine wunderschöne Altstimme und wurde als Opernsängerin ausgebildet, doch sie war bereit, diesen Wunsch zurückzustellen und bei *Cantamaranto* einzusteigen. Victor half ihnen beim Aufbau der Gruppe, bei den Arrangements ihrer ersten Lieder und bat sie, ihm und Huamari, einer weiteren neuen Gruppe, bei den Aufnahmen zu seinem nächsten Album *La Población* zu helfen. Auch Isabel Parra nahm an diesem Gemeinschaftsprojekt teil, indem sie das erste der insgesamt neun Lieder, »Lo único que tengo« (»Alles was ich habe, sind meine Hände«) sang.

Mit diesem Album beschritt Victor einen neuen Weg. Es war das Ergebnis seines unaufhörlichen Suchens und seines Wunsches, den vergessenen und benachteiligten Bevölkerungsschichten als Resonanzboden zu dienen. Schon immer hatte er einzelne Lieder komponiert, die Leute in ihrem sozialen Umfeld porträtierten, Lieder wie »Angelita Huenumán« oder »El lazo«, über den alten Mann, der in Lonquen Peitschenschnüre flocht. Nun, im Winter 1972, nahm er ein ambitioniertes Projekt in Angriff, bei dem er gemäß seiner Überzeugung arbeitete, daß »die beste Schule für Lieder das Leben« sei.

Die Idee kam ihm fast zufällig, als ein Freund, der in einer Barackensiedlung wohnte, zu ihm sagte: »Compañero, wenn du nicht weißt, worüber du singen sollst, dann mach doch eine Schallplatte über die Geschichte unserer Vorstadtsiedlung!« Victor nahm sich der Idee sofort an, wobei er wußte, daß hinter jeder Barackensiedlung eine Geschichte des kollektiven Kampfes lag, von dem nur wenige Menschen etwas wußten. Mit Tonbandgerät und Gitarre verbrachte Victor mehrere Wochen in Herminda de la Victoria, wo sein Freund wohnte, aber auch in anderen Poblációnes, darunter Los Nogales, wo er natürlich nach wie vor sehr viele Kontakte hatte. Er interviewte Männer und Frauen, die schon bei der ersten Besiedlung dabei gewesen waren und alle dramatischen Ereignisse während der Vorbereitung und bei der tatsächlichen Landnahme miterlebt haben.

In Herminda de la Victoria erzählte ihm Compañera Ana, daß sie vorher am Ufer des Mapocho gewohnt hatten, in einem Gebiet, das jedes Frühjahr, wenn der Fluß durch die Schneeschmelze in den Anden anschwoll, überflutet wurde.

Nachdem sie ihre Lebensumstände einfach nicht mehr ertragen konnten, beschlossen sie eines Tages, drastische Maßnahmen zu ergreifen. Gemeinsam packten Männer und Frauen ihre wenigen Habseligkeiten auf Handkarren und in Bündel, die sie auf dem Rücken trugen, wickelten Babys und Kleinkinder zum Schutz gegen die Kälte in Decken ein und machten sich im Schutz der Nacht auf. Wie geplant stellten sie sich an einem langen Graben auf, bereit, bei einem bestimmten Signal davonzulaufen und sich an anderen, vorab verabredeten und genau numerierten Stellen zu treffen, damit niemand verlorenging. Sie dachten sich, sobald sie sich mitsamt ihren Familien dort niedergelassen hätten, würde es schwer sein, sie wieder zu vertreiben.

Die Frauen erzählten Victor davon, was damals, als sie sich in der Kälte und Dunkelheit in diesem Gebiet versteckten, in ihnen vorging, und von ihren Träumen, einmal ein dauerhaftes Zuhause zu haben, in dem sie mit ihren Familien leben konnten. Dann kam das Signal. Männer, Frauen und Kinder fingen an zu laufen, aber jemand hatte sie an die Polizei verraten. Schüsse ertönten, aber nichts konnte sie aufhalten; sie warfen sich auf den Boden, auf dem sie ihre Häuser errichten wollten, rings um sie verstreut lagen ihre Habseligkeiten, Kochtöpfe, Bettzeug. Jemand fragte: »Wie geht es dem Baby? Herminda ist so still.« »Ach, sie schläft«, erwiderte ihre Mutter. Aber sie schlief nicht. Eine verirrte Kugel hatte sie getötet. Bei der Erinnerung an diesen Augenblick füllten sich Compañera Anas Augen mit Tränen. Zum Gedenken an das Baby, das dort nicht mehr aufwachsen konnte, wurde die Siedlung Herminda de la Victoria genannt.

Bei Tee und Sprudelgetränken und mit dem voll aufgedrehten Radio im Hintergrund hörte Victor die Geschichte, wie die Población nach und nach aufgebaut wurde, vom Kampf um Trinkwasser- und Stromversorgung. Er erfuhr, daß eine der ersten undichten Hütten die einer Gruppe von Prostituierten war. Er suchte sie auf, redete mit ihnen und wollte wissen, was sie von ihrem Leben hielten. Das schwungvolle Lied, das daraus hervorging, »La carpa de las coligüillas«, ist wie eine Unterhaltung zwischen ihnen und den Bewohnern der Población angelegt. Eine andere Figur, die auf dem Album auftaucht, ist *el maestro chasquilla,* der typische chilenische Hans-Dampf-in-allen-Gassen, der Mann, der ohne Ausbildung oder ordentliche Lehre weiß, wie man klempnert, tischlert, Häuser baut und Fabriken am Laufen hält. »El hombre es un creador« (»Der Mensch ist Schöpfer«), mit seiner kecken, auf Kamm und Papier gespielten Melodie, scheint das Wesen dieser Fähigkeit, gegen alle Widrigkeiten des Lebens zu bestehen, zu erfassen, und diese Fähigkeit leuchtet um so machtvoller auf, wenn es am Ende des Liedes heißt: »Jetzt gibt es so viele von uns.«

Victor glaubte, durch den Einsatz einiger vom Theater her bekannten Techniken sein Thema tiefgründiger verarbeiten zu können, als durch ein einfaches Lied. Deshalb fügte er einige der Interviews, die er in den Poblaciones aufgeführt hatte, zu den Liedern hinzu: die Stimmen der Frauen, die ihre eigene Geschichte erzählen, ein Kind, das einen Reim aufsagt, sogar einen krähenden Hahn und einen bellenden Hund. Er bat seinen alten Freund, den Dramatiker Alejandro Sieveking, ihm bei der Erstellung des Albums und beim Text einiger Lieder zu helfen. Es schien ganz so, als führten die beiden Stränge in Victors Leben zusammen, indem sie einander ergänzten. Er sah wunderbare Möglichkeiten für eine zukünftige Entwicklung dieser Methode, und obwohl er nie so recht mit dem, was er da getan hatte, zufrieden war, brannte er darauf, es noch einmal zu versuchen.

Beinahe sofort nach der Veröffentlichung von *La Población* nahm eine Abordnung der Confederación Ranquil, der größten Bauernorganisation des Landes, Kontakt mit ihm auf. Offensichtlich waren sie davon überzeugt, daß er genau das Richtige für sie getan hatte. Sie teilten Victor mit, er sei der Künstler, von dem sie sich aufgrund seines eigenen bäuerlichen Familienhintergrundes am besten repräsentiert fühlten, und daß er derjenige sei, den sie mit der Aufgabe betreuen wollten, ein Werk über ihre Geschichte zu schreiben und zu komponieren. Darüber, wie ihre Organisation ein furchtbares Massaker überlebt hatte und seitdem nach und nach zu den Massenorganisationen geworden war, die in ganz Chile für die Interessen der Landarbeiter kämpfte und auch tatkräftig bei der Umsetzung der Bodenreform mitgewirkt hatte.

Im November 1972, kurz nach der Beendigung des Lastwagenstreiks, reiste Victor auf Einladung der Bauern nach Süden und unternahm eine Expedition bis hoch hinauf in die Kordilleren, um das abgelegene Dorf zu erreichen, in dem noch einige der Überlebenden des Massakers lebten. Dort unten reiste er auf die einzige Art, wie man sich dort fortbewegen konnte, nämlich hoch zu Pferd. In der winzigen Dorfschule von Chilpaco empfing man ihn als Ehrengast und mit einer Aufführung, die die Kinder einstudiert hatten. Er erfuhr, daß einige von ihnen noch immer jeden Tag mehrere Kilometer zur Schule laufen mußten, barfuß, sommers wie winters; er unterhielt sich mit den Menschen, die sich an den Aufstand gegen die Grausamkeit und die Ausbeutung der Landeigentümer erinnerten; einer der alten Männer besaß noch immer das Protokollbuch ihrer Organisation, in dem die Rede, die ihr Anführer Juan Leiva Tapia anläßlich der Gründung der allerersten Bauerngewerkschaft Chiles im Jahr 1928 gehalten hatte, aufgezeichnet war: »Laßt uns voranschreiten, Mapuche von Lonquimay, eine neue Sonne wird dieses Tal des Schnees und des Waldes erleuchten; laßt uns die Streitereien und die Auseinandersetzungen vergessen, die die Landbesitzer zwischen uns schüren, und unsere Vereinigung aus der Taufe heben, unsere Organisation, die für die Rechte, die uns bislang verwehrt wurden, kämpfen und sie verteidigen wird.«

Nur sechs Jahre nach der Gründung ihrer Vereinigung zettelten die Bauern einen Aufstand an, der von der Polizei brutal unterdrückt wurde. Man brachte Victor an die Stelle, an der der Fluß Ranquil sich in den großen Bio-Bio ergießt, eine Felsenschlucht, die von den Bauern »das Schlachthaus« getauft wurde, denn dort waren ihre Anführer einer nach dem anderen erschossen und ihre Leichen in das eisige Wasser geworfen worden; er hörte von der Mutter, die sich nicht von ihrem Baby trennen wollte und tot, das Kind in den Armen, in den Strudel stürzte.

Die ganze Gegend war voller Mythen und Legenden des Volkes der Mapuche, das den Großteil der Bevölkerung stellte. Die Steine, die Bäume, das Wasser der aus der Schneeschmelze der Felsgipfel geborenen reißenden Flüsse – sie alle waren von magischer, religiöser Bedeutung. Das alles, zusammen mit den Rhythmen und Instrumenten der Mapuche, wollte Victor mit einem poetischen Text einfangen. In seinem Kopf formte sich eine klare Vorstellung davon, was er tun wollte, und ich spürte, daß es etwas sowohl Tiefgründiges als auch Originelles geworden wäre – ein Werk, das die Charaktere der Protagonisten herausgestellt hätte, das Drama ihres Kampfes, die abgelegene und überwältigende Landschaft, in der er stattfand, sowie das kulturelle Erbe jenes vergessenen und verfolgten Volkes. Es war eines von vielen Projekten, die nicht mehr verwirklicht wurden. Er arbeitete bis zum September 1973 daran.

Während seines Aufenthalts in Ranquil und Lonquimay fand Victor heraus, daß die Familie der Landbesitzer, die für das Massaker verantwortlich gewesen war, immer noch im Wohlstand ihrer Ländereien schwelgte und die Bauern wie eh und je ausbeutete. Die Landwirtschaftsreform hatte sie bislang noch nicht betroffen. Ihr Besitz erstreckte sich bis an die Grenze zu Argentinien, sie besaßen ihren eigenen kleinen Flugplatz, und sie waren bekannt dafür, daß sie Waffen schmuggelten und paramilitärische Gruppen organisierten. Victor sprach mit vielen Kleinbauern und überzeugte sie von der Notwendigkeit, eine Abordnung zur CORA, der staatlichen Bodenreformbehörde in Santiago zu entsenden und sich nach der Enteignung des Landes zu erkundigen. Zudem berichtete er nach seiner Rückkehr in die Hauptstadt dort selbst über die Zustände und war auch dabei, als die Entscheidung zur Enteignung fiel. Die Bauern luden Victor zu ihrer Feier ein, doch leider konnte er ihrer Einladung nicht Folge leisten. Bis zum heutigen Tag erinnern sie sich an ihn als einen Künstler, der zugleich gesellschaftlich aktiv war, ein Revolutionär nicht nur des Wortes, sondern auch der Tat.

Die vierzigste und letzte Maßnahme des Programms der Unidad Popular betraf die Kultur. Unter anderem empfahl sie die Einrichtung eines Staatlichen Kulturinstituts mit der Aufgabe, die Volksbewegung zu simulieren, zu koordinieren, zu leiten und zu unterstützen. Es kam nie dazu, obwohl viele Leute, unter ihnen Victor, ungeduldig darauf warteten. Wenn er durch das Land reiste und sah, was sich dort überall auf improvisierte und spontane Weise tat, ohne jede fachliche Hilfe, ohne Zuschüsse und ohne Planung, erkannte er die Notwendigkeit einer aktiven und einheitlichen Kulturpolitik.

Das sollte nicht auf von oben aufgedrückte Normen und Modelle hinauslaufen, sondern auch praktische Hilfestellungen geben, damit neue Werte, neue Haltungen entstehen konnten – nicht nur auf die Kunst, sondern auf die Arbeit, die Produktion bezogen: neue Formen der Solidarität und Zusammenarbeit. Es war der neue Geist, der unser Institut damals bei dem Unwetter erfaßte und 1971 die Arbeiter von Textil Progreso nach dem Erdbeben von Valparaiso inspiriert hatte. Zu diesem Anlaß hatten die Textilarbeiter beschlossen, den Opfern aus der zerstörten Población einen Tageslohn zu spenden, und dann gingen sie selbst noch in Scharen an den Unglücksort, wo sie mithalfen, neue Wohnungen zu bauen und auf diese Weise einen wirklichen Kontakt herstellten, der noch lange danach anhielt und sechs Monate später in einer gemeinsamen Weihnachtsfeier gipfelte.

In der Tat war, obwohl man ungeduldig auf größeres staatliches Engagement wartete, bereits unheimlich viel geschehen. Die Verstaatlichung eines der größten Verlage war nur ein Beispiel dafür. Während der drei Jahre der Volksregierung veröffentlichte Quimantú, wie man den Verlag umgetauft hatte, Dutzende Taschenbuchausgaben der Weltliteratur zu Preisen, die sich jeder leisten konnte, und vertrieb sie über Zeitungskioske, wo sie mit Comics aus den USA konkurrierten. Die Auflagen waren sehr schnell vergriffen, und man konnte einfache Leute im Bus Jack London, D.H. Lawrence, Thomas Mann, Dostojewski und Mark Twain lesen sehen; junge chilenische Dichter und Romanciers erhielten ihre erste Veröffentlichungschance; neue Zeitschriften und andere Publikationen kamen auf den Markt, wie etwa die weitverbreitete historische Serie *Nosotros Los Chilenos,* die ein anderes Bild Chiles und seiner Völkerschaften boten, als das herkömmliche Abziehbild des *roto chileno.* Hier wurde in Worten und Bildern die Geschichte der Poblaciones erzählt, der Minen, der Fischer, der Arbeitskämpfe und der Repression, der Erdbeben und anderen Naturkatastrophen – sogar die des Aufkommens der Neuen Chilenischen Liedbewegung.

Victor war der Meinung, daß sehr viel getan werden könne, um die unterschiedlichen Fäden der Volkskultur zusammenzuführen und sie durch eine Art Massentheater, an dem er bereits bei drei unterschiedlichen Gelegenheiten mitgewirkt hatte, weiter zu stimulieren. In Chile war es Tradition, Festspiele und große Spektakel im Nationalstadion abzuhalten. Das alljährliche Fußballspiel zwischen der Universität von Chile und der Katholischen Universität, *el Clásico,* war ein wichtiges sportliches Ereignis, das mit grandiosen Aufführungen gekoppelt wurde, die jeder Verein in der Halbzeit darbot und die nicht minder beliebt waren und ebenso ehrgeizig ausgetragen wurden wie das Spiel selbst.

Die Veranstaltungen, die Victor inszenierte, waren von anderer Natur, gingen jedoch in gewisser Hinsicht auf diese Tradition zurück. Sie fanden alle 1972 statt; die ersten beiden waren Feierlichkeiten der Kommunistischen Partei Chiles und ihrer Jugendorganisation, der Jota, und die dritte eine Hommage an Pablo Neruda anläßlich seiner Rückkehr nach Chile, nachdem ihm der Nobelpreis für Literatur verliehen worden war. Alle drei hatten etwas gemeinsam: Die Protagonisten waren einfache Arbeiter, Leute, die aus dem ganzen Land zusammengekommen waren, um daran teilzunehmen.

Gemeinsam mit Patricio, der als Choreograph daran beteiligt war, entwickelte und bearbeitete Victor ein Schema, nach dem eine möglichst große Bandbreite von Aktivitäten aus den vielen und höchst unterschiedlichen Regionen Chiles in eine Reihe von Begegnungen zuammengebracht werden konnte. Sie sollten nicht nur in Santiago, sondern in allen Provinzen stattfinden – Begegnungen, bei denen örtliche Folkloregruppen, Amateurtheatergruppen, Tanzgruppen, Mauermaler, Dichter und so weiter sich nicht nur gegenseitig ihre Arbeit vorstellten, sondern an einem gemeinsamen Projekt zusammenarbeiteten. Um eine derartige Idee in die Praxis umzusetzen, war eine staatliche Organisation notwendig.

Victor war so versessen auf diese Idee, daß er davon sprach, seine Arbeit als Sänger aufzugeben, um sämtliche Möglichkeiten und Techniken eines derartigen Theaterspektakels auszuprobieren. Vielleicht stellte er sich vor, wie die Bauern von Ranquil ihre eigene Geschichte aufführten, sich dabei des Theaters, der Musik und des Lieds bedienten und dabei Elemente der Mapuche-Kultur integrierten. Mit Sicherheit war er davon überzeugt, daß sich auf diese Weise ein ganz neuer Bereich volkstümlichen Ausdrucks eröffne, ein Produkt der Zeiten, in denen wir lebten.

Ich erinnere mich an eindrucksvolle Szenen aus den großangelegten Aufführungen im Stadion. Eine erzählte die Geschichte des Massakers von Santa María de Iquique. Die Bergleute aus der Nitratmine waren eigens aus dem Norden angereist, um darin mitzuwirken. Sie identifizierten sich so sehr mit den Rollen, daß sie sich beim Knallen von Gewehrschüssen allesamt auf den Boden warfen und nicht wieder erhoben, während diejenigen, die helfen sollten, die Körper wegzuziehen, ebenfalls »starben« und Statisten hinausrennen mußten, um sie wegzutragen.

Es gab Szenen aus der Zeit von Präsident Gonzáles Videla, als die Kommunistische Partei noch verboten und verfolgt war: eine illegale Druckerpresse; ein Fußballspiel in einer Población, das eigentlich das Treffen einer Unterabteilung war und abgebrochen werden mußte, sobald die Polizei auftauchte; die Brigadas Ramona Parra, die wie Akrobaten an einen alten Lastwagen geklammert durch das Stadion rasten und absprangen, um farbenprächtige Wandbilder zu malen; eine Explosion in einem Kohlebergwerk, dazu die Frauen, die darauf warteten, daß die Toten ans Tageslicht gebracht wurden, und der Sohn des Bergarbeiters, der den Helm seines Vaters aufsetzt, um seinen Platz unten im Schacht einzunehmen.

Riesenhafte Puppen, wie sie beim Straßentheater verwendet wurden, gaben wunderbar groteske Abbilder des »Feindes« ab: Angehörige der Oligarchie, rechte Politiker, ITT und andere Multis. Bei der Ehrung Nerudas kamen die Leute von allen Seiten des Stadions herbeigeeilt, um die Buchstaben seines Namens zu bilden; Massen von Menschen schwemmten die schwarze Spinne von Patria y Libertad – das Symbol des Faschismus in Chile – hinweg, und Zehntausende jubelten.

Es gibt wahrscheinlich nur wenige Nobelpreise, die in städtischen Slums und Barackensiedlungen gefeiert wurden. Aber genau das geschah in Chile, als Pablo Neruda zum Literaturpreisträger ernannt wurde – und das, obwohl der Dichter zu diesem Zeitpunkt in Übersee weilte und in Paris seinen Pflichten als Botschafter nachkam. Er war damals schon ein kranker Mann, der, wie wir später erfuhren, an Krebs litt, und im November 1972 kehrte er zum letzten Mal in die Heimat zurück, wo ihm das Volk am 5. Dezember im Nationalstadion von Chile einen überwältigenden Empfang bereitete.

Dieses massenkulturelle Spektakel, das auf seiner Lebensgeschichte und seinem dichterischen Werk beruhte, war, wie ich glaube, einzigartig und hätte sich nirgendwo sonst als in jenem historischen Moment in Chile ereignen können. Zu diesem Anlaß kamen Delegationen von Arbeitern, die alle erdenklichen Arbeitsbereiche und Berufe aus jeder Provinz des Landes repräsentierten: Nitratarbeiter aus der Wüste von Tarapaca, Bergleute aus den Kupferminen von Antofagasta, *pirquineros* oder Steinbrecher aus Coquimbo, Handelsschiffer aus Valparaiso, Eisenbahnarbeiter aus Aconcagua, Bauarbeiter aus Santiago, Weinbauern aus Curico, Textilarbeiter aus Concepción, Fischer von der Insel Chiloé, Milchbauern aus Osorno, Schafhirten aus Aysen und Ölarbeiter aus Magallanes im tiefsten Süden.

Die Delegationen trafen eine Woche vor dem Ereignis nach und nach in Santiago ein und wurden im Teatro Municipal – mit rotem Plüsch und allem Drum und Dran – mit einer Ballett- und Musik-Galaaufführung empfangen. Anschließend nahmen sie von Victor und Patricio ihre Anweisungen für die Probewoche entgegen. Die meisten von ihnen hatten sich auf die eine oder andere Weise an ihrem Arbeitsplatz ausgezeichnet, zum Beispiel durch viele Dienstjahre oder indem sie das Produktionssoll übertroffen oder vielleicht auch indem sie sich bei der Lösung von Ersatzteilproblemen als besonders findig erwiesen hatten; andere waren vielleicht durch das geltende, obwohl ziemlich lästige Quotensystem des *cueto* – so viele für die Sozialistische Partei, so viele für die Kommunisten, so viele Radikale und so weiter – ausgewählt worden. Wie auch immer, diese Männer – denn es waren zumeist Männer – waren dadurch, daß sie von ihren örtlichen Gewerkschaften für den feierlichen Staatsakt zu Ehren Pablo Nerudas auserwählt worden waren, hochmotiviert.

Es war ein wahrhaftes Massenspektakel, aber ohne was von einem Turnfest oder einer Militärparade zu haben. Es war gar nicht genug Zeit, um so viele Menschen auf militärische Präzision zu drillen, und doch ging eine Szene so geschmeidig in die andere über, daß es spontan und organisch aussah. Zwar waren viele Berufskünstler beteiligt, die meisten jedoch nur als Hilfen bei den Proben. Am wichtigsten war die Masse der Arbeiter. Neruda selbst bemerkte dazu: »Es gibt viele Dichter, die mit Staatspreisen oder gar mit dem Nobelpreis ausgezeichnet worden sind, aber wahrscheinlich ist keinem von ihnen diese höchste Ehre zuteil geworden, eine derartige Krönung eines Werks, wie es diese Vertreter eines ganzen Landes, eines ganzen Volkes symbolisieren.«

Ein seltsames Moment bestand darin, daß das offizielle Spektakel, das ja vom Staat unterstützt wurde, die ganze Nation mit einbeziehen sollte, und dazu gehörten natürlich auch die Streitkräfte. Ihre Beteiligung – die Blaskapelle der Luftwaffe und die Darbietung der Polizeihunde fanden vorher statt – vollzog sich größtenteils getrennt von der Hauptveranstaltung, aber in einer Szene, die das berühmte Gedicht Nerudas über Manuel Rodriguez, den Helden des Unabhängigkeitskrieges gegen das Spanische Imperium darstellte, nahm ein Trupp Kavallerieoffiziere teil, der im Stadion herumgaloppierte.

Sie erschienen auch zu den Proben in Uniform und machten es sich direkt über der Tribüne bequem, von der Victor und Patricio das Ganze inszenierten. Einmal drehten sich beide zu den Offizieren um, und der kalte Haß und die Verachtung, die sie in ihren Blicken sahen, ließ in ihnen eine gewisse Vorahnung aufsteigen, wie eine eiskalte Dusche inmitten der Herzlichkeit und Begeisterung, mit der die Probe vonstatten ging.

Abgesehen von Neruda selbst, der in seiner Rede vor der Gefahr eines Bürgerkriegs warnte, den er über unseren Köpfen schweben sah, war General Prats der Hauptsprecher im Stadion. Er war inzwischen sowohl Innenminister als auch Vizepräsident, und in dieser Funktion vertrat er Allende, der sich gerade in New York aufhielt, um vor der Hauptversammlung der Vereinten Nationen zu sprechen.

An jenem Tag im Stadion wurde General Prats voller Respekt und Zuneigung bejubelt und mit Applaus bedacht, doch er überraschte die meisten Leute mit einer Rede, die weniger einem Militär als einem Schüler und Bewunderer von Nerudas Werk entsprach. Seine Anwesenheit als Kabinettsminister gab uns ein Gefühl großer Sicherheit.

10

Ohne das Ende zu kennen

Am Ende des Jahres gab es eine kurzfristige Unterbrechung. Die Präsenz der Vertreter der Streitkräfte im Kabinett hatte uns eine unsichere Atempause verschafft. Wir wußten es zwar nicht, doch es war unser letztes gemeinsames Weihnachten, und allen Umständen zum Trotz war es eine sehr feierliche und festliche Angelegenheit. Victor nahm die Tatsache, ohne Streß zu Hause zu sein, und wenn auch nur für ein paar Tage, zum Anlaß, ausgelassen zu feiern, und abgesehen davon gab es auch sonst genug Gründe zum Fröhlichsein. In den vergangenen zwei Jahren waren gewaltige Fortschritte erzielt worden. Trotz der vielen Schwierigkeiten und der Verknappungen, die jeden betrafen, ging es der Mehrheit des Volkes besser als jemals zuvor. In diesem Jahr mußte keiner mehr hungern, kein Kind ging an Weihnachten ohne Spielzeug aus. Wir erfüllten unsere Aufgabe in einem großen Kampf, der sich gegen alle Widrigkeiten und mächtigen Feinde siegreich durchzusetzen schien.

Vorerst nutzten wir jedoch die Gelegenheit, uns eine Weile den Freuden des Familienlebens zu widmen, und wir machten das Beste daraus. Weihnachten, das bedeutete, bis spät in die Nacht des Vierundzwanzigsten unter einem funkelnden Sternenhimmel draußen im Garten zu sitzen und beim Duft des Holzkohlenfeuers zu essen; dazu gehörte auch ein beleuchteter Weihnachtsbaum, eine Pinie, die wir einige Jahre zuvor eingepflanzt hatten und die Victor gemeinsam mit uns schmückte, eine warme, windstille Nacht, mit den Rufen aufgeregter Kinder im Hintergrund, ein Tisch draußen auf der Wiese unter dem Mimosenbaum.

Quena war bei uns, Luchin schlief bereits, und auch Patricio, der inzwischen mit uns allen gut befreundet war, kam vorbei. Manuela war zwölf Jahre alt und brachte ihren ersten Freund zum Abendessen mit. Victor war beunruhigt darüber, wie schnell die Zeit vergeht und kleine Kinder erwachsen werden. Wir aßen eine Ente, die Mónicas Familie vom Land geschickt hatte, und die während der letzten Tage das Gras im Garten herausgerupft hatte. Alles verlief normal und gemütlich, obwohl die Unterhaltung sich nie sehr weit von der politischen Situation und der lebenswichtigen Notwendigkeit, die anstehenden Wahlen zu gewinnen, entfernte.

Nachdem die Besucher gegangen waren und die Kinder im Bett lagen, wurde es ruhig, und Victor und ich saßen unter dem Nachthimmel und warteten darauf, daß alle eingeschlafen waren, damit wir Weihnachtsmann spielen konnten. Es wurde langsam kalt, und ich erinnere mich daran, wie Victor sagte: »Dieses kommende Jahr ist ein entscheidendes Jahr, Mamita. Ich frage mich, wo wir alle nächstes Weihnachten sein werden.«

Von da an gab es keine Pause, keine freien Tage mehr für Victor, nur noch eine endlose Abfolge intensiver Aktivitäten. Während der heißen Sommermonate im Januar und Februar 1973, die in den meisten Jahren eine Periode zusammengeschrumpfter Lebensenergie waren, kam die Wahlkampagne voll in Schwung. Die Opposition tat alles in ihrer Macht Stehende, um die Zweidrittelmehrheit im Kongreß zu behalten und somit in der Lage zu sein, Allende seines Amtes zu entheben. Die reaktionärsten unter ihnen hielten die Wahl ohnehin für eine sinnlose Übung. »Una meta sin destino«, lauteten die Worte von Onofte Jarpa, dem Anführer der Nationalpartei: »eine Sackgasse«.

Die Propaganda der Opposition zielte hauptsächlich auf die

Frauen, um sie zu einer Wahl gegen die Unidad Popular zu bewegen, zweifellos in der Annahme, daß die Probleme bei der allgemeinen Güterverknappung und der Verteilung sie am meisten getroffen hatten. Bei dieser Kampagne setzte die Opposition bei dem Versuch, dem Einfluß der Neuen Chilenischen Liedbewegung entgegenzuwirken, auch zum ersten Mal systematisch Propagandalieder ein. Das bewies, daß sie die politische Kraft von Liedern erkannt hatte. Allerdings wurden sie dabei nur von sehr wenigen Künstlern unterstützt, und sie brachten nur Lieder aus der untersten Propaganda-Schublade zustande, indem sie aktualisierte Texte auf vorgefertigte Cumbias oder andere volkstümliche Rhythmen setzten, oder, wie bei einer Fernsehwerbung, indem sie Victors unverwechselbares »El hombre es un creador« zur Untermalung gefilmter Szenen von Straßenkrawallen, die sie selbst inszeniert hatten, und ihre Slogans »Allende = Chaos« benutzten. In den meisten Ländern wäre so etwas strafbar gewesen. Jedenfalls konnten sie in keiner Weise mit der Liedbewegung als kulturellem, tatsächlich im Volk verwurzelten Phänomen konkurrieren.

Der Beitrag der Künstler war bei der Unidad Popular besser organisiert als bei der vorangegangenen Wahl. Anstelle eines verzettelten und planlosen Drauflosarbeitens bat man nun Einzelkünstler und Gruppen um die Unterstützung eines bestimmten Kandidaten, so daß die Arbeit sinnvoller verteilt war. Abgesehen von Auftritten bei allen staatlichen Demonstrationen, machte Victor in den vornehmlich von Arbeitern bewohnten Bezirken im Westen von Santiago für die Unidad Popular Wahlkampf, darunter auch in dem Viertel, in dem er aufgewachsen war. Gemeinsam mit Inti-Illimani reiste er in einem alten Bus durch die Gegend und warb den ganzen Sommer über für Eliana Aranibar, eine Kandidatin der Kommunistischen Partei. Sie sangen in Fabriken und auf Baustellen, auf der Straße vor Arbeitern, die die Kanalisation reparierten, in Poblaciones, Schulen und auf Märkten. Früh am Morgen fuhren sie los und kamen erst spät am Abend zurück, müde von einem Dutzend Auftritten an einem Dutzend verschiedener Orte.

Victor unterstützte die Unidad Popular nicht nur mit seinen Liedern und in den Kommentaren, mit denen er sie einleitete, sondern hielt zum ersten Mal in seinem Leben, auf Elianas Vorschlag hin, politische Wahlkampfreden. Es war nicht der richtige Moment, um sich zurückzulehnen und zu sagen: »Nein, das kann ich nicht. Ich bin Künstler, kein Politiker.« Victor war sehr nervös, denn an diese Art von Auftritten war er nicht gewöhnt, doch er war bereit, alles zu tun, wenn es nur nützte, und so erklärte er den Leuten auf seine einfache, hemdsärmelige Art, warum es um jeden Preis notwendig war, die Regierung der Unidad Popular zu unterstützen und somit die Opposition daran zu hindern, Allende zu stürzen, bevor seine Regierungszeit als Präsident abgelaufen war. Der rapide Aufstieg des Faschismus in Chile mußte aufgehalten werden.

Die Wahlergebnisse wurden mit der gleichen Spannung erwartet, wie damals bei der Präsidentenwahl. Wir waren uns sicher, daß Eliana erfolgreich sein würde, und nachdem sich abzeichnete, daß die Unidad Popular mehr Stimmen auf sich vereinen konnte als bei Allendes Wahl zum Präsidenten – eine improvisierte Wahl inmitten einer Regierungsperiode hatte es in Chile noch nie zuvor gegeben –, und daß sich die Frauenquoten trotz der auf sie gemünzten Propaganda gehalten hatten, begriff die Opposition, daß sie Allende nicht mit demokratischen Mitteln schlagen konnte. Mit über 40 Prozent für die Unidad Popular hatten sie die angestrebte Zweidrittelmehrheit verfehlt. Unter diesen Umständen bedeuteten weitere drei Jahre der Regierung Allende womöglich einen überwältigenden Sieg der Unidad Popular bei den Wahlen 1976. Genau in diesem Augenblick wurde der Entschluß gefaßt, Allende durch einen Militärputsch zu stürzen.

Die Bedrohung hatte schon die ganze Zeit über in der Luft gelegen. Wir konnten sie an die Wand gepinselt lesen: die Initialen »SACO«, wie es euphemistisch hieß, und »Djakarta kommt«, eine Erinnerung an das Massaker Hunderttausender Kommunisten 1965 in Indonesien.

Eines der Opfer wurde im Mai ein junger Bauarbeiter namens Roberto Ahumada, den Victor bei der Wahlkampagne im März kennengelernt hatte. Bei einer friedlichen Demonstration gegen Gewalt und rechten Terror wurde er auf der Alameda von einer Kugel tödlich getroffen, die offensichtlich vom Dach des Hauptquartiers der Christdemokratischen Partei abgefeuert worden war.

Victor war von Robertos Tod persönlich sehr betroffen. Er hatte diesen jungen Mann mit soviel Begeisterung und Hingabe arbeiten sehen, hatte seine Frau und seine Familie kennengelernt, wußte, wie es bei ihm zu Hause zuging. Er schrieb sein Lied »Cuando voy al trabajo« (»Auf dem Weg zur Arbeit«) für Roberto Ahumada, indem er sich in seine innersten Gedanken versetzte, ein Liebeslied mit der Vorahnung des Todes. Es drückte auch Victors Gefühle aus.

Auf meinem Weg zur Arbeit
Denke ich an dich,
Durch die dunklen Straßen der Stadt
Denke ich an dich.
Wenn ich die Gesichter sehe,
hinter den beschlagenen Fensterscheiben,
weiß ich nicht, wer sie sind, wohin sie gehen,
Ich denke an dich,
Compañera meines Lebens
und der Zukunft,
der bitteren Stunden und des Glücks
am Leben zu sein,
Am Anfang der Geschichte mitzuarbeiten,
ohne das Ende zu kennen.

Wenn des Tages Arbeit getan ist
und der Abend kommt,
seine dunklen Schatten
über die Mauern wirft, die wir gebaut,
Kehre ich von der Arbeit zurück,
Unterhalte mich mit Freunden,
Wir palavern über dieses und jenes,
über diese Zeit und dieses Schicksal,
Dann denke ich an dich, meine Liebe,
Compañera meines Lebens und der Zukunft.

Wenn ich nach Hause komme, bist du da,
Und wir weben gemeinsam unseren Traum...
arbeiten am Anfang der Geschichte,
ohne das Ende zu kennen.

Am 26. Mai hielt Neruda von seinem Haus am Meer in Isla Negra aus, wohin er sich aufgrund seines schlechten Gesundheitszustandes zurückgezogen hatte, eine Ansprache im Staatlichen Fernsehen. Bei seiner Rede im Stadion nach seiner Rückkehr im Dezember hatte uns Neruda an die Schrecken erinnert, die das spanische Volk im Bürgerkrieg durchlitten hatte, und uns gewarnt, daß es einige Chilenen gäbe, die das Land in die gleiche Situation stürzen wollten. »Ich habe die poetische, politische und patriotische Pflicht, ganz Chile vor dieser drohenden Gefahr zu warnen«, hatte er gesagt.

Nun war seine Botschaft noch eindringlicher, und er rief sämtliche Künstler und Intellektuellen Chiles und auch des Auslands auf, ihm dabei zu helfen, die Leute wegen der sehr reellen Gefahr eines faschistischen Umsturzes in Alarmbereitschaft zu versetzen; ihnen klarzumachen, was ein Bürgerkrieg, den einige Fraktionen der Opposition als »unvermeidlich« darstellten, an menschlichem Elend und Leid wirklich bedeutete.

Die ganze kulturelle Bewegung reagierte auf Nerudas Notruf. Ausstellungen und Fernsehsendungen wurden organisiert; ein kulturelles Open-air-»Marathon« fand auf der Plaza de la Constitución statt. Es dauerte mehrere Tage, und Hunderte Dichter, Theater- und Tanzgruppen, Musiker und Musikgruppen nahmen daran teil. Es war eine große antifaschistische Veranstaltung, zu der Tausende herbeigeströmt kamen, und im ganzen Land wurden ähnliche Veranstaltungen abgehalten. Abgesehen von seinen Auftritten als Sänger, bestand Victors Beitrag in der Inszenierung einer Reihe von Sendungen mit einem allgemeinen Thema für den Staatlichen Fernsehsender: eine Warnung, die Dokumentationen aus Nazideutschland und dem Spanischen Bürgerkrieg mit der Situation in Chile in Verbindung brachte, um die Leute auf die konkrete und gefährliche Möglichkeit hinzuweisen, daß die gleichen Dinge hier und jetzt passieren konnten. Victor hatte eines von Nerudas neuesten Gedichten vertont, dessen Refrain »Ich will mein Land nicht gespalten sehen…« lautete, und das sang er zu Anfang jeder Sendung. Auch viele andere Künstler nahmen mit Tänzen, Gedichten, Theaterdarbietungen und Liedern daran teil.

Als der Winter nahte, wurde das Leben immer schwieriger. Allein das Einkaufen gestaltete sich fast zu einem Ganztagsjob, denn die Schlangen wurden immer länger, angeheizt von Leuten, die Verbindungen zum Schwarzmarkt und einen Beruf daraus gemacht hatten. Mónica und ich teilten uns die Ansteherei auf. Auch Manuela mußte ihren Beitrag leisten. Sogar das Brot wurde knapp, weil der Lastwagenstreik im Oktober die Getreideernte ernsthaft in Mitleidenschaft gezogen hatte.

An jenem Wochenende wurden freiwillige Arbeitsteams gebildet, die Arbeiter machten freiwillig Überstunden, fachlich ausgebildete Studenten halfen in Fabriken und Bergwerken aus, während andere bei der Ernte oder bei der Verteilung der Lebensmittel einsprangen. Leute aus allen Altersgruppen beteiligten sich, angefangen von Grundschülern bis zu alten

Rentnern. Einige der lebhaftesten Erinnerungen Manuelas an Victor stammen aus dieser Zeit. Zusammen machten sie sich auf den Weg, um irgendwo auszuhelfen. Im Herbst waren sie in der Nähe von Lonquen aufs Land hinausgezogen, um bei der Maisernte zu helfen. In der warmen Sonne brachen sie die reifen Kolben von den Stengeln und ruhten sich am Mittag im Schatten duftender Eukalyptusbäume aus. Victor zog seine Gitarre hervor, sang ein paar Lieder und reichte sie dann weiter, damit jeder etwas spielen oder singen konnte. Sie kamen immer spät nach Hause, gingen wie Compañeros miteinander um, voller gemeinsamer Witze und Späße.

Als die Bürobelegschaft und die Aufseher der Kupfermine El Teniente in einen von den Christdemokraten initiierten Streik traten, wurde die Mehrheit der Bergleute, die trotz Einschüchterungen und Drohungen weiterarbeiteten, in großem Stil von den Studenten und dem Lehrkörper der Technischen Universität unterstützt, um die für die staatliche Wirtschaft lebenswichtige Kupferproduktion aufrecht zu erhalten. Ganze Busse voller fachlich versierter Studenten traten die Reise zur hoch oben in den Kordilleren gelegenen Mine an. Mehr als einmal fuhr Victor mit ihnen. Ich weiß noch, wie ich ihn jeden Morgen zur Technischen Universität hinunterfuhr, wo er in den Bus stieg. Einmal, als wir warteten, daß er sich allmählich mit den Studenten füllte, kam ich mit zwei wie Hippies aussehenden Gringos, die mit einer Gitarre auf den Stufen zum Universitätsgelände saßen, ins Gespräch. Sie erzählten mir, sie wollten zur Mine mitfahren, um ihrer Unterstützung für die Bergleute Ausdruck zu verleihen, dort ein paar Lieder zu singen und ihnen mitzuteilen, daß viele Amerikaner die Politik der US-Regierung verurteilten.

Offensichtlich trauten ihnen die chilenischen Studenten nicht über den Weg und hatten ihnen die Mitfahrt verweigert. Im Laufe unserer Unterhaltung stellten sie sich als Phil Ochs und Jerry Rubin vor. Ich nahm sie mit zu Victor, der sich gerade mit den Organisatoren der Expedition unterhielt, und er setzte sich dafür ein daß sie doch mitfahren durften. Sie verbrachten den ganzen Tag mit Victor und gingen mit ihm in die Mine. Sie hörten ihn singen und zu den Bergleuten sprechen, und sie waren von seinem lockeren Verhältnis zu ihnen sowie von der Beliebtheit seiner Lieder sehr beeindruckt. Victor verschaffte ihnen die Gelegenheit zu reden und ein paar Lieder zu singen, indem er für sie übersetzte, und dann sangen sie alle gemeinsam Pete Seegers »If I had a hammer«. Die drei hatten so viel Spaß miteinander, daß Victor sie am Abend, nachdem sie wieder in Santiago eingetroffen waren, mit in die Peña nahm, wo sie herzlich empfangen wurden.

In diesen Monaten war Victor obendrein mit *Los Siete Estados* beschäftigt, woran er mit Patricio, Celso und dem Nationalballett arbeitete; abgesehen davon komponierte er neue Lieder und nahm sie auf. Ich hatte mit meiner Lehrerausbildung zu tun und sah bereits die ersten Resultate, wenn ich meine Runden machte und meine Studenten in ihren Grundschulklassen, in Gemeindezentren der Poblaciones und in den größeren Tanzschulablegern besuchte. Es war ein kleiner, doch vielversprechender Anfang, insbesondere, da sich ein neues Konzept zu bewähren schien, das Stipendien an Grundschullehrer vergab, die sich auf Tanz spezialisieren wollten, und das Studenten, die aus den Provinzen zum Studieren in die Hauptstadt kommen wollten, neue Möglichkeiten einräumte. Wenn wir den Multiplikationsprozeß weiterführen konnten, dann würde der Tanz innerhalb weniger Jahre ein Teil des allgemeinen Ausbildungssystems sein.

In der Zwischenzeit waren in der wichtigen US-amerikanischen Tageszeitung *Washington Post* nach und nach Enthüllungen über die Aktivitäten der CIA in Chile erschienen, und wir wußten, daß die Verschwörung gegen Allende im stillen noch immer gärte. Doch auch innerhalb der Unidad Popular traten immer mehr Probleme auf – ausgerechnet im Angesicht mächtiger Feinde gab es keine einheitliche Führung mehr. Jede Fraktion schlug ihre eigene Lösung vor. Einige, darunter die Kommunistische Partei, wollten den Dialog mit den Christdemokraten fortsetzen, um einen drohenden Bürgerkrieg abzuwenden; andere wollten keinen Kompromiß eingehen, verlangten nach einer direkten Konfrontation, obwohl die Frage offen blieb, wie unbewaffnete Menschen militärische Siege gegen eine modern ausgerüstete Armee erringen sollten. Es schien selbstmörderisch zu sein, und wenn die Regierung den Versuch unternahm, »das Volk zu befreien«, würde sie damit nur einem Militärputsch Vorschub leisten.

Andererseits ließ sich ein Dialog nur, wenn überhaupt, äußerst schwer vorstellen. Es war nicht leicht, zwischen der Führung der Christdemokraten und den wirklich faschistischen Elementen innerhalb der Opposition zu unterscheiden. Sie schienen reibungslos Hand in Hand zusammenzuarbeiten und die gleichen Methoden anzuwenden. Victor und ich diskutierten oft über dieses Problem. Sogar auf persönlicher Ebene oder mit unseren Nachbarn war es fast unmöglich, sich mit Leuten zu verständigen, von denen wir wußten, daß sie die Regierung zu sabotieren und einen Prozeß aufzuhalten versuchten, der für die benachteiligte Mehrheit in Gang gesetzt worden war; mit Leuten, die zu allen Mitteln greifen würden, um ihren Luxus und ihre Privilegien zu erhalten, selbst um den Preis der Kollaboration mit Faschisten.

Obwohl die Opposition immer aggressiver auftrat, war sie jedoch nicht die einzige, die die Initiative ergriff. Die Arbeiterklasse wurde ständig mobilisiert, um der Gewalt auf den Straßen entgegenzuwirken. In Fabriken, Universitäten, Schulen und Regierungsgebäuden wurden Verteidigungskomitees gegründet, um Sabotage oder Besetzung durch die Opposition zu verhindern. Unser Institut mußte rund um die Uhr bewacht werden, wobei Dozenten, Ballettänzer, Studenten und alle anderen Beschäftigten abwechselnd Nachtwache hielten und in Büros und Studios auf provisorischen Klappbetten schliefen. Da Victor mit dem Nationalballett arbeitete, leistete auch er seinen Beitrag dazu, doch ich blieb, wie andere Mütter auch, der Kinder wegen über Nacht zu Hause. Es war mir bereits schmerzhaft klargeworden, daß unsere unterschiedlichen Verantwortlichkeiten uns noch mehr trennen würden, je mehr sich die revolutionäre Krise ausweitete.

Victor selbst entkam den Banden von Patria y Libertad einige Male nur mit viel Glück, als er nachts draußen war. Da er mich nicht beunruhigen wollte, erfuhr ich erst später davon. Bei einer anderen Gelegenheit stellten sich die paramilitärischen Brigaden der Nationalpartei vor dem Institutsgebäude auf und exerzierten dort, ohne daß sich die Polizei eingemischt hätte. Ein Mädchen konnte der Versuchung nicht widerstehen und goß aus einem der oberen Stockwerke einen Eimer Wasser über ihnen aus. Gerade als die Truppe um die Ecke bog, um den Eingang zu stürmen, kam ihnen Victor entgegengeschlendert. »Dort ist Jara!« schrien sie. »Schnappt ihn euch!« Doch die Wachen an der Tür machten rasch auf, er huschte hinein, und die Türen wurden den Verfolgern vor der Nase zugeschlagen.

Einmal waren wir mit der Citroneta unterwegs in die Stadtmitte und hielten an einer Ampel in der Avenida Colón neben einem großen hellblauen Chevrolet. Der Fahrer schaute herüber, erkannte Victor, beugte sich zur Seite und holte ein riesiges Messer aus dem Handschuhfach, das er mit vor Haß verzerrtem Gesicht drohend in unsere Richtung schwang. Als die Ampel umsprang und die Autos hinter uns zu hupen anfingen, raste er mit laut quietschenden Reifen davon. Das geschah am hellichten Tag.

Bei einer anderen Gelegenheit, nachts, als die Stimmen einer internen Wahl im Foyer des Theaters im Erdgeschoß gezählt wurden, versuchte eine Schlägerbande die Glastüren einzuschlagen, um die kleine Gruppe von Anwesenden zu verprügeln. Nur die Ankunft einer Gruppe Studenten, die durch einen Telefonnotruf herbeigerufen worden waren, rettete die Situation. Der Anführer der Bande war ein gewählter Abgeordneter der Nationalpartei.

Solche Zwischenfälle ereigneten sich täglich. Wir arbeiteten vor einer Geräuschkulisse aus Gebrüll auf der Straße, dem Klirren zersplitternden Glases, dem Krachen explodierender Tränengasgranaten mit ihrem übelkeiterregenden, erstickenden Qualm, der sogar bis in den siebten Stock heraufdrang. Mehrmals in der Woche mußten wir auf dem Weg zur Arbeit Straßenkrawalle überstehen, in Geschäften oder unter Arkaden Zuflucht suchen, bis auch die so voll von Tränengas waren, daß die Luft nicht mehr aufzuklaren schien. Der »Destabilisationsprozeß« war in vollem Gange.

Als Erwiderung auf die wachsende Bedrohung durch den Faschismus schrieb Victor ein weiteres Lied, das sich als prophetisch erweisen sollte. Einer seiner Lieblingsdichter war Miguel Hernández, der als Bauer zur Welt gekommen und in einem der Gefängnisse Francos gestorben war. Seine gesammelten Werke lagen immer, neben einem Exemplar der Bibel, auf Victors Nachttisch. Victors Lied »Vientos del pueblo« basierte auf einem Vers aus einem von Hernández' Gedichten. Es wurde mit Inti-Illimani bei einer gemeinsamen Session in unserer Werkstatt arrangiert.

Wieder einmal wollen sie mein Land
mit dem Blut des arbeitenden Volkes tränken –
diejenigen, die von Freiheit reden,
aber deren Hände mit Schuld befleckt sind;
die unsere Kinder
von ihren Müttern trennen wollen,
und die das Kreuz, das Jesus trug
verbiegen wollen.

Sie versuchen, die Niedertracht zu verbergen,
die sie von vergangenen Jahrhunderten ererbten,
doch die Spuren von Mördern
lassen sich nicht aus ihren Gesichtern wegwischen.
Schon haben Tausende und Tausende

ihr Blut geopfert,
und seine fließenden Ströme
haben die Laibe vervielfältigt.

Jetzt will ich mit meinem Kind
und meinem Bruder zusammenleben,
in der neuen Welt, die wir alle
Tag für Tag errichten.
Eure Drohungen schüchtern mich nicht ein,
ihr Herren des Elends,
die Sterne der Hoffnung bleiben die unseren.

Stürme des Volkes rufen mich,
Stürme des Volkes tragen mich,
sie verstreuen mein Herz
und durchwehen meine Kehle.
So wird der Dichter singen
während mich der Tod hinwegnimmt,
entlang der Straße des Volkes,
jetzt und für alle Zeit.

Als Victor dieses Lied aufnahm, meinte er zu den Mitgliedern
von Inti-Illimani, die mit ihm im Studio waren, daß die Zeile
»bis mich der Tod hinwegnimmt« ihm »zu deprimierend« vor-
komme, und so änderte er sie in »solange mein Herz weiter-
schlägt« ab.

Die Proben für dieses Lied muß man in unserer ganzen
Straße gehört haben, die Trommeln und Quenas müssen
durch die sauberen, gepflegten Gärten unserer Nachbarn gedrungen sein, von denen viele inzwischen unsere Todfeinde
waren. Selbst diejenigen, von denen wir wußten, daß sie alle
Platten Victors besaßen und vermutlich seine Lieder mochten,
schnitten uns jetzt. Wir hatten es nicht mehr mit einer normalen politischen Lage zu tun. Mir fiel es schwer, mich dieser
Realität anzupassen, doch Victor sah ihr bereits offen ins Ge-

sicht. Sein Lied war ein Ausdruck der Zeiten, in denen wir lebten, ein Spiegelbild seiner eigenen Entschlossenheit. Es war nötig, jetzt noch härter als je zuvor zu arbeiten.

Gegen Ende Juni flog Victor nach Peru, wo ihn das Staatliche Kulturinstitut zu einer Reihe von Konzerten in verschiedenen Landesteilen eingeladen hatte. Als ich vom Flugplatz, wohin ich ihn begleitet hatte, zurückkam, bekam ich es bei der Aussicht, allein zu sein, ziemlich mit der Angst zu tun, und gleichzeitig war ich erleichtert, daß zumindest er für ein paar Wochen in Sicherheit war. Ich wußte, sobald sich irgendeine Art von Krise entwickelte, würde Victor mittendrin stehen und in persönlicher Gefahr schweben.

Für Victor war es vielleicht der Höhepunkt all seiner Reisen, und dazu eine, die ihn zu den Wurzeln der kulturellen Identität Lateinamerikas führte. Endlich war es ihm möglich, die Ruinen von Macchu Picchu zu besuchen, die gewaltigen Steine zu berühren, die Gefühle Nerudas und so vieler anderer lateinamerikanischer Künstler zu teilen. Er besuchte die Städte in Begleitung eines Anthropologen, eines peruanischen Indios, der an den Ausgrabungen arbeitete. Mariano Sánchez Macedo bestand darauf, Victor mit der Gitarre in der Hand zwischen den Ruinen zu fotografieren, ihn hoch über der Inka-Zitadelle auf einem Felsgipfel posieren zu lassen, umgeben vom Himmel und dem Hochgebirge der Anden. Für Victor war das Erlebnis die Bestätigung einer langen Geschichte, so vieler gemeinsamer Hoffnungen, so vielen Leids, das ihn mit seinem eigenen Volk verband.

Nach Hause zurückgekehrt, schrieb er über zwei Begebenheiten, die seiner Meinung nach die Essenz dessen wiedergaben, was diese Reise für ihn bedeutet hatte. Obwohl er in Peru in großen Konzerthallen und in Fernsehstudios aufgetreten war, prägten sich nicht diese Erfahrungen in ihm ein. Zwei kleine, von Victor erzählte Begegnungen fassen, wie ich glaube, seine Haltung gegenüber seiner Arbeit und dem Leben überhaupt sehr gut zusammen:

Salazar, ein Arbeiter aus Lima, hatte mich singen gehört. Er war ganz anders als die anderen Leute, die normalerweise nach einem Konzert hinter die Bühne kommen, um Autogramme bitten oder sehen wollen, ob man tatsächlich existiert. Er sagte zu mir:»Ich würde dich gerne mitnehmen, zu mir nach Hause, damit du meine Frau, meine Kinder und alle meine Nachbarn kennenlernst...« Seine Einladung war so direkt und so ernstgemeint, daß ich sie einfach annehmen mußte.

Wir fuhren mit dem Bus, einem überfüllten alten Micro, an den Stadtrand von Lima. Es war ein grauer, wolkenverhangener Tag... (genau wie in diesem alten Lied)... Wir kamen in Coimas an, einer neuen Arbeitersiedlung im Stil der Población José María Cara hier in Santiago. Viele Kinder waren beim Fußballspielen. Es muß so ungefähr vier Uhr nachmittags gewesen sein. Wir spazierten los, und unterwegs erzählte er, wieviel Arbeit von der Gemeinde freiwillig geleistet wurde, beispielsweise bei der Installation der Trinkwasserversorgung, beim Verlegen eines Kinderspielplatzes. Wir stiegen immer höher und höher durch die engen Straßen. Als ich mich umdrehte, sah ich in der Ferne die hohen Gebäude der Innenstadt Limas, und rings um mich herum waren sämtliche Hügel mit den winzigen Wohnhäusern übersät, aus denen die »Pilz«siedlungen bestehen. Wir kamen an einem Lebensmittelladen vorbei, und Salazar kaufte Brot und Eier. Ich kaufte Schokolade für seine Kinder. Und weiter ging es hinauf. Er hörte nicht zu reden auf, erzählte mir von seinem Leben. Es war, als wären wir schon zeitlebens miteinander befreundet.

Bei ihm zu Hause angekommen, stellte er mich seiner Frau vor. Sie war dunkelhaarig und *simpática*, aber sie wurde sehr nervös. Zufällig hatte sie mich kurz vorher im Radio singen gehört, und es kam wohl zu überraschend, daß dieser chilenische Sänger mit einem Mal direkt vor ihrer Haustür stand. Bei Tee und Spiegeleiern kamen wir jedoch schnell miteinander klar. Die Kinder spielten rings um uns und zeigten mir ihre Hausaufgaben, und wir unterhielten uns über alles, was uns wichtig war: unser Zuhause, die Kinder, Peru, Chile, die Revolution, Veränderungen und so weiter...

Dann zeigten sie mir ihr Haus. Du hättest die Liebe und die harte Arbeit eines Mannes und einer Frau sehen sollen, die in jedem Zentimeter Zement und jedem Stück Holz dieses Häuschens steckte, ein kleines Häuschen vielleicht, aber erfüllt von einer menschlichen Wärme und Herzlichkeit, um die es so manche herrschaftliche Villa beneiden würde.

Salazar gestand mir, daß er im vorhinein gewußt habe, daß ich mit ihm kommen würde, sonst hätte er sich auch gar nicht zu fragen getraut. Er wußte es, »weil du für uns gesungen hast, und weil du einer von uns bist.«

Es ist nicht das erste Mal, daß mir so etwas passiert ist. Manchmal habe ich das Gefühl, als käme ich vom Weg ab, als schöben sich andere Interessen zwischen mich und mein Gewissen, trennten mich von den alltäglichen Dingen, von der Einfachheit... aber diese Art von Erlebnis ist ein starker Ansporn. Es gibt mir Kraft und verleiht mir die Gewißheit, daß das, was ich tue – und wie ich es tue –, wertvoll ist.

Salazar begleitete mich zurück. Wir gingen gemeinsam den Hügel hinunter, und er begleitete mich den ganzen Weg bis in die Stadtmitte von Lima.

Später, in der Nähe von Cuzco, sang ich für eine Gruppe Bauern. Sie saßen da mit ihren Ponchos, ihren traditionellen Hüten und *ojotas* (groben Sandalen). Sie sahen mich an, als seien sie überrascht. Ich war ebenfalls überrascht. So viele Jahre der Geschichte schienen auf mich einzustürzen, als ich dort bei ihnen saß. Lieder kamen auf, eins nach dem anderen. Ich erzählte ihnen von Chile, von den Araukanern im Süden, von Angelita Huenumán, vom

Land, von der Agrarreform. Ich stellte ihnen chilenische Rätsel... Einige von ihnen lächelten, wenn auch scheu. Das Sonnenlicht war transparent, und man konnte den Apurimac rauschen hören. Ein Gefühl der Hemmung lag in der Luft, wie wenn Tränen fließen wollen, wir sie aber zurückhalten. Als ich fertig war, kam einer zu mir, sagte etwas auf Quechua und fing an zu singen. Mir kam es vor, als hätten wir uns die Hände gereicht, und ich lauschte dem Quechua-Lied mit einer Mischung aus Freude und Ergriffenheit – ein Lied, aus dem das Alter der hohen Berggipfel und die Poesie der Flüsse sprach.

Lieder sind die eine Schlinge, mit der wir unsere Gefühle entweder gemeinsam umfangen oder strangulieren können. Es gibt keine andere Alternative. Ein Sänger, der immer nur eifrig persönlichem Ruhm nachhechelt, und dabei Unschuld und Reinheit lediglich ausschlachtet, wird niemals begreifen, daß ein Lied wie das Wasser ist, das über die Steine gleitet, wie der Wind, der uns reinigt, wie das Feuer, das uns zusammenruft, und daß es in uns lebt, um bessere Menschen aus uns zu machen.

Violeta sagte einmal: »Das Lied von euch allen ist mein ureigenstes Lied...«, und ihre Worte sind so ewig wie die Berge, wie die Steine von Macchu Picchu.

Am 29. Juni, nur wenige Tage, nachdem Victor nach Peru abgereist war, ereignete sich ein Militärputsch, der jedoch fehlschlug. Ich war an jenem Morgen bereits bei der Arbeit im Fachbereich, als wir die Nachricht erhielten, daß sich Panzer auf La Moneda zubewegten, nur ein paar Straßen von uns entfernt. Wir verriegelten die Türen und bewachten sie, bereiteten uns auf eine Belagerung vor, schalteten die Radios ein und warteten auf Nachrichten, was überhaupt vor sich ging. Die Radios waren unsere einzige Verbindung zur Außenwelt, und die Stimmung war so, daß man auf das Schlimmste gefaßt war. Ich erinnere mich, daß ich für die Anwesenheit großer, kräftiger Tänzer dankbar war, die das Gebäude Nacht für Nacht bewacht hatten, um es notfalls verteidigen zu können – ein höchstwahrscheinlich närrisches Unterfangen, denn was hätten sie schon unbewaffnet gegen einen Angriff des Militärs ausrichten können?

Wir erfuhren, daß sich der Aufstand auf ein einziges Panzerregiment beschränkte, das von einem Oberst Roberto Souper befehligt wurde. Ein wesentlich ehrgeizigerer und raffinierterer militärischer Plan war im letzten Moment abgeblasen worden, und nur Soupers Regiment hatte die Entwarnung nicht erhalten oder womöglich einfach ignoriert.

Wir hörten, daß die Palastwache sich dem Präsidenten gegenüber als loyal erwiesen hatte, und daß General Carlos Prats in seiner Funktion als Oberbefehlshaber der Streitkräfte dem meuternden Panzerregiment zu Fuß und nur mit einer Maschinenpistole bewaffnet entgegengetreten sei. Er habe den verantwortlichen Panzeroffizieren befohlen, sich zu ergeben. Nachdem diese erkannten, daß sie isoliert und ohne die erwartete Unterstützung operierten, leisteten sie seinem Befehl Folge, die Panzer drehten um und fuhren in die Kaserne zurück. Souper wurde unter Arrest gestellt. Die Krise war vorbei, und die Streitkräfte hatten augenscheinlich als Ganzes ihre Loyalität gegenüber der verfassungsmäßig gewählten Regierung unter Beweis gestellt. Trotzdem waren zweiundzwanzig Menschen ums Leben gekommen, unter ihnen ein schwedischer Kameramann, dessen Kamera weiterlief, als er von einem der revoltierenden Offiziere erschossen wurde. Der Film wurde in Gewahrsam genommen und später in der ganzen Welt gezeigt.

Am gleichen Morgen hatte Patricio, der gerade aus einem Wohnblock im Barrio alto kam, gesehen, wie vor dem Haus eine Kette brutal aussehender Männer fabrikneue Maschinenpistolen von Hand zu Hand weiterreichten und mehrere Chevrolet-Kleinbusse damit beluden. Ohne es zu wissen, hatte er schon seit Monaten über einem geheimen Waffenlager der Patria y Libertad gewohnt. Obwohl ihm die häufigen Besuche eines hochgewachsenen, blonden Amerikaners aufgefallen waren, hatte er nur einmal etwas Verdächtiges bemerkt. Später sollten wir erfahren, daß der Tancazo, wie der fehlgeschlagene Militärputsch genannt wurde, von der faschistischen Partei gemeinsam mit ihren Kontaktleuten zu den Streitkräften koordiniert, wenn nicht gar initiiert worden war. Als wollten sie ihre Schuld damit eingestehen, beantragten Pablo Rodríguez und eine Reihe anderer Anführer der Patria y Libertad sofort in der Botschaft von Ecuador Asyl.

Noch am gleichen Nachmittag fand auf der Plaza de la Constitución eine große Kundgebung statt. Aus ganz Santiago kamen die von ihren Gewerkschaften alarmierten Leute zusammen, um Salvador Allende über die Loyalität der Streitkräfte reden zu hören. Die Palastwachen waren die Helden des Tages, und wir alle riefen Parolen wie »Soldat, Freund, das Volk steht auf deiner Seite!« Im Licht der späteren Geschehnisse kommt einem das grausam ironisch vor. In der Zwischenzeit erreichte die Nachricht Peru, und Victors Vortrag an jenem Abend im Teatro Municipal von Lima wurde zu einer glühenden Demonstration der Solidarität mit dem chilenischen Volk und der Unterstützung der Unidad Popular-Regierung, die in ganz Lateinamerika als Symbol für die Freiheit und Unabhängigkeit galt. Nach dem Konzert strömte das Publikum hinaus auf die Straße und fand sich zu einem spontanen Protestmarsch durch die Innenstadt zusammen.

Victor, der um unsere Sicherheit besorgt war, gelang es, uns am folgenden Tag anzurufen, und als er ein paar Wochen später zurückkehrte, schwor er, uns nie wieder allein zu lassen. Manuela, die normalerweise nicht so anhänglich war, klammerte sich an ihn und brach vor lauter Erleichterung, ihn endlich wieder bei uns zu haben, in Tränen aus. Victor selbst war noch liebevoller als sonst und wollte, daß ich ihn auf möglichst vielen Gängen, die er nach seiner Reise zu erledigen hatte, begleitete: ein Abstecher zum Staatsfernsehen auf dem

Cerro San Cristóbal, eine Stippvisite bei einer Zeitschrift, mit der er ein Interview verabredet hatte, einen Artikel bei einer Zeitung abliefern und Tonbänder bei einem Plattenstudio abholen. Er wollte meine Begleitung, und an jeder roten Ampel, an der das Auto warten mußte, legte er mir die Hand aufs Knie, als wollte er sich vergewissern, daß ich noch da sei. Ich hege keinerlei Zweifel daran, daß Victor Vorahnungen von seinem Tod hatte. Wenn ich an seine Alpträume denke, glaube ich sogar, daß er die Art und Weise vorausahnte. Man kann es in allen seinen letzten Liedern spüren, und er machte sogar Scherze darüber.

Einmal, beim Frühstück, war ich sauer auf Victor, und Manuela und Mónica ergriffen Partei für mich. Der Frauenclub stellte sich gegen den einzigen Mann im Haus. Ich glaube, Victor hatte gesagt, es sei nicht seine Aufgabe, den Toast zu machen, worauf wir ihn alle laut schreiend dazu aufforderten, seine Macho-Haltung abzulegen. Plötzlich, aus heiterem Himmel, sagte er nur halb im Spaß: »Das wird euch noch mal leid tun. Ihr solltet mich hegen und pflegen, solange ich noch hier bin, denn ihr werdet noch lange genug ohne mich auskommen müssen! Älter als vierzig werde ich nicht.« Wir lachten ihn aus, aber ich wußte, daß er es durchaus ernst meinte.

Victor war auf alles gefaßt, aber er war alles andere als traurig oder deprimiert. Im Gegenteil, er war voller Energie, wenn nicht sogar Lebensfreude. Im August 1973 antwortete er in einem Interview auf die Frage, was für ein Mann – schüchtern oder unerschrocken oder leidenschaftlich – er sei: »Ich glaube, ich bin leidenschaftlich, weil ich voller Hoffnung bin. Unerschrocken bin ich nur, weil ich unter meiner Schüchternheit leide. Vor allem jedoch bin ich ein Mann, der glücklich ist, in diesem Augenblick zu leben. Ich bin glücklich, wenn ich die Müdigkeit nach getaner Arbeit spüre, glücklich, weil man, wenn man sein Herz, seinen Verstand und seinen Arbeitswillen in den Dienst des Volkes stellt, das Glück verspürt, wiedergeboren zu werden.«

Ein Symptom für seinen unverständlichen Sinn für Humor und seine Vorliebe für Scherze – sogar in der Situation, in der wir damals lebten – zeigte sich daran, daß Victor damals an einem Album namens *Canto por travesura* arbeitete, eine Sammlung komischer, ziemlich unflätiger Bauernlieder aus Südchile. Sie enthielt auch »La beata«, das ehemals zensierte Lied, das inzwischen als das anerkannt wurde, was es war: ein typisches chilenisches Volkslied.

Victor wollte den Leuten eine Gelegenheit zum Lachen bieten. »Wir Chilenen haben viel Sinn für Humor. Wir müssen nur gelegentlich daran erinnert werden. Ich glaube auch, daß wir bei unserer Begeisterung für die Andenmusik aus dem Norden nur allzu leicht eine ganze Region vergessen, die sehr reich an Folklore ist: den Süden Chiles.« Die Veröffentlichung von *Canto por travesura* war für Anfang September geplant, rechtzeitig zu den Fiestas Patrias. Obwohl das Album bereits gepreßt war, sollte es nicht mehr in die Läden gelangen.

Im Kielwasser des fehlgeschlagenen Tancazo-Putsches unternahm Allende einen letzten Versuch, mit der Christdemokratischen Partei zu einer Übereinkunft zu gelangen. Aber sie war eigentlich nicht mehr an Verhandlungen interessiert, und auch innerhalb der Unidad Popular herrschte kein Konsens mehr. Die extreme Rechte konzentrierte ihre Anstrengungen auf das Militär. Trotz des Fehlschlagens des Tancazo wußten sie, daß sie sich auf viele Offiziere verlassen konnten. Es gab jedoch auch andere, sogenannte »Konstitutionalisten«, die aus dem Weg geräumt werden mußten.

Das erste Opfer war Allendes Marineadjutant, Fregattenkapitän Arturo Araya, der Ende Juli von Revolvermännern auf dem Balkon seines Hauses meuchlings ermordet wurde. Er war eine der Schlüsselfiguren der noch bestehenden Verbindung zwischen dem Präsidenten und den loyalen Abteilungen des Oberkommandos der Marine gewesen. Das größte Hindernis, das einem Staatsstreich im Wege stand, war jedoch General Prats, der Oberbefehlshaber der Armee.

Prats war ein fortschrittlich denkender Mann, ein entschiedener Verfechter der Schneider-Doktrin von der Neutralität der Streitkräfte und ihrer Loyalität der verfassungsmäßigen Demokratie gegenüber. Nun wurden die Ehefrauen einer Reihe der ältesten Armeeoffiziere dazu aufgestachelt, gegen ihn vorzugehen. Sie inszenierten eine Demonstration vor seinem Haus, wo sie weiße Federn schwenkten, ihn beleidigten und der Feigheit bezichtigten, weil er nichts unternehme, »um Chile vor dem Marxismus zu retten«. Wie Prats es später in seinem Tagebuch ausdrückte, versteckten sich die Generäle bei dieser Aktion »hinter den Röcken ihrer Frauen«, um eine Meuterei anzuzetteln. Seine eigene Stellung war unhaltbar geworden, und er sah keine andere Möglichkeit mehr, als zurückzutreten.

Letztendlich fanden die *golpistas,* diejenigen, die einen Putsch planten, einen Weg, die Streitkräfte in einen direkten Konflikt mit den Arbeitern zu bringen. Dazu gruben sie das Waffenkontrollgesetz aus, eine beinahe vergessene Maßnahme, die der Kongreß im Jahr zuvor verabschiedet hatte, und setzten eine Kampagne in Gang, im Verlauf derer immer wieder behauptet wurde, daß an bestimmten Orten Waffen versteckt seien. Das Gesetz verschaffte einzelnen Militärs und Polizeioffizieren einen Freibrief zur Durchführung von Razzien ohne Rückfragen bei übergeordneten Stellen, und die schlimmsten Rechtsextremen benutzten es als Vorwand für Überfälle auf die verstaatlichten Unternehmen, auf Arbeiterviertel, Krankenhäuser, Universitäten – überall dort, wo es eine starke Unterstützung für die Unidad Popular gab. Die Waffenlager der Landbesitzer und der Patria y Libertad blieben unangetastet.

Hubschrauber rasten im Tiefflug über den Arbeiterbezirk San Miguel, auf dem nahe gelegenen Städtischen Friedhof wurden Gräber unter dem Vorwand geöffnet, die Arbeiter hätten in ihnen Waffen deponiert. In Punta Arenas wurde die Lanera Austral, eine große wollverarbeitende Fabrik, in einer ausgewachsenen militärischen Operation angegriffen, bei der ein Mann getötet wurde.

Auch unsere Fakultät wurde trotz des fast schon heiligen Prinzips der universitären Autonomie, die die Polizei normalerweise davon abhielt, das Gelände ohne Sondergenehmigung zu betreten, durchwühlt. Den ganzen August hindurch kam die Polizei immer wieder, manchmal am Tag und manchmal auch in der Nacht, um die »rote« Fakultät zu durchsuchen. Sie fanden keine einzige Waffe, weil es dort keine zu finden gab. Trotzdem attackierte eine Bande bewaffneter Faschisten das Gelände, zerschlug die Türen und Fensterscheiben.

Der zweite Arbeitgeberstreik begann am 26. Juli. Wie im Oktober davor fing es mit Aussperrungen durch die Lkw- und Buseigner an, doch diesmal war es ein Kampf auf Leben und Tod. Die meisten Arbeiter versuchten, das Land funktionsfähig zu halten; die Bosse hingegen, mit der Macht und den finanziellen Mitteln der Multis sowie der technischen Beratung und der direkten Unterstützung der CIA im Rücken, versuchten, das Land mittels Bomben, Attentaten, Krawallen und terroristischen Überfällen völlig lahmzulegen.

Man legte uns nahe, uns Gedanken über einen sichereren Aufenthaltsort für unsere Familie zu machen, einen Ort, an den ich die Kinder bringen könnte, weg von unserem Haus. Victor würde nicht mit uns kommen, sondern die Aufgaben erfüllen, die ihm zugeteilt werden würden. Ich verstand, daß er im Falle eines Bürgerkriegs kämpfen und die Revolution verteidigen mußte. Seine militärische Ausbildung würde ihm nützlich sein, auch wenn es schon fast zwanzig Jahre her war, daß er zum letzten Mal ein Gewehr in der Hand gehalten hatte und er weder eins besaß noch jemals eines hatte haben wollen.

Uns wurde ein kleines Haus in Isla Negra angeboten, ein primitives Häuschen, das eher für ein paar Tage Strandurlaub taugte, nicht weit von Nerudas Wohnort. Einmal fuhren wir hinaus, um es für den Notfall herzurichten. Im Winter war es sehr einsam, aber dort sollte ich mich mit Amanda und Manuela hinflüchten und hoffen, daß niemand herausfand, wessen Familie wir waren. Wir nahmen Insulin für Amanda und einen kleinen Vorrat an haltbaren Lebensmitteln mit, wobei wir darauf zählten, daß es am Meer kein Problem sein dürfte, Fisch und Meeresfrüchte sowie Schwemmholz als Brennstoff zu bekommen. Wir glaubten, dort etwas sicherer zu sein als zu Hause, wo wir garantiert auf der Schwarzen Liste der dort ansässigen Faschisten standen. Das einzige Problem bestand darin, daß wir auf dem Weg ans Meer über Straßen fahren mußten, die bestimmt kontrolliert wurden. Die kleine Zuflucht blieb ein unpraktikabler Traum, aber er bildete die Szenerie für Amandas letzte lebhafte Erinnerung an ihren Vater.

Sie war acht Jahre alt, und an jenem Winternachmittag, an dem Victor uns nach Isla Negra brachte, schlug er ihr vor, einen Spaziergang an der Küste entlang zu machen. Als sie auf den schmalen, sich über der zerklüfteten Steilküste windenden Pfad gingen, versank eine riesige rote Sonne langsam im Pazifischen Ozean, und unter ihnen rauschte die Brandung. Victor ging in seinem langen braunen Poncho voran, und Amanda hüpfte auf dem Pfad hinter ihm her. Der Weg, der sich in der Unendlichkeit zu verlieren schien, der Wind, die Sonne und das Gefühl der Weite und der Einsamkeit inspirierten Victor zu einem Lied. Noch unterwegs fing er an, Worte und Musik auszuprobieren, wobei er Amanda um Rat fragte. Ihre Vorschläge gingen in das Lied ein, und sie war sehr stolz darauf, bei seiner Entstehung mitgewirkt zu haben. So spazierten sie gemeinsam immer weiter, sangen ihr Lied und wollten überhaupt nicht mehr umkehren, sondern immer nur weiter und weiter gehen, während die Sonne langsam im Meer versank...

Nur wenige Meilen auf diesem scheinbar so leeren Ozean entfernt nahmen bereits die US-amerikanischen Kriegsschiffe

Kurs auf Valparaiso, um dort an einem gemeinsamen Manöver mit der chilenischen Marine teilzunehmen. Am nächsten Tag wären wir auf dem Heimweg fast von einer Meute bewaffneter Männer angegriffen worden, die einen Hügel herabgestürmt kamen und über mehrere Zäune kletterten, um an uns heranzukommen. Auf der Hügelkuppe sahen wir eine Ansammlung von Lastwagen, die sich gegen den hellen Himmel abzeichneten: Es war eines der Streiklager der Lkw-Bosse.

Das Lied von Isla Negra ist verlorengegangen, denn es wurde nie aufgenommen, aber in jenen Wochen komponierte Victor noch ein anderes, von dem er glaubte, er müsse es noch schreiben, bevor es zu spät dafür war, und in dem er den Beweggrund für sein Singen zum Ausdruck bringen wollte. Während er daran arbeitete, war er sehr still und in sich gekehrt. Wenn ich im Haus arbeitete, hörte ich ihn leise im Schuppen singen. Dann kam er heraus und wollte es mir vorsingen. Obwohl es ein sehr schönes Lied war, zog sich mein Herz zusammen, als er es mir vortrug. Ich wußte, daß Victor sein Vermächtnis geschrieben hatte.

> Ich singe nicht aus Liebe zum Gesang,
> oder weil ich eine gute Stimme habe.
> Ich singe, weil meine Gitarre
> Gefühl und Verstand besitzt.
> Sie hat ein Herz aus Erde
> und die Flügel einer Taube,
> sie ist wie Weihwasser,
> segnet Freude und Trauer.
> Mein Lied hat einen Zweck gefunden,
> wie es Violeta ausdrücken würde.
> Eine schwer schuftende Gitarre,
> mit einem leisen Geruch von Frühling.

Meine Gitarre ist nicht für die Reichen
nein, überhaupt nicht.
Mein Lied ist für die Leiter,
die wir bauen, um zu den Sternen zu gelangen.
Denn ein Lied hat dann einen Sinn,
wenn es in den Adern des Mannes pocht,
der singend sterben wird,
ohne Falsch mit diesem Lied auf den Lippen.

Mein Lied erhebt sich nicht für flüchtiges Lob,
auch nicht, um nach fremdem Ruhm zu trachten,
ich singe es für diesen schmalen Streifen Land,
und es reicht bis in die tiefste Tiefe der Erde.
Dort, wo alles seinen Frieden findet,
und alles seinen Anfang nimmt,
ist das einst unerschrockene Lied,
für alle Zeit ein neues Lied.
»Manifiesto«

3. September 1973

Heute feiern wir den dritten Jahrestag der Wahl Allendes,
doch der wichtigste Zweck des Marsches, der für heute einberufen wurde, ist die Verteidigung der Unidad Popular-Regierung und die Verhinderung ihres Sturzes durch einen Militärputsch. Alle haben begriffen, daß wir um unser Leben
kämpfen, aber wir wissen anscheinend nicht womit, mit welchen Waffen. Wir wissen nur, daß es notwendig ist, öffentlich
zu zeigen, daß die Unidad Popular eine große Kraft ist, mit
der man rechnen muß, daß das Volk trotz aller Schwierigkeiten auf der Seite seiner Regierung steht. In den vergangenen
paar Wochen hat es wiederholt Aufrufe von den CUTS gegeben, sich auf den Straßen zu versammeln, um terroristische
Überfälle zu vereiteln, aber heute ist es etwas anderes. Vier
große Züge werden von unterschiedlichen Ausgangspunkten

zum Mondea-Palast ziehen und dort Allende und die politische Spitze der Unidad Popular feiern.

Als wir das Haus verlassen, stellen wir fest, daß wir sogar in unserer Wohngegend nicht die einzigen sind. Viele andere Familien, die in der JAP mitgearbeitet haben, machen sich ebenfalls auf und packen Spruchbänder und Fahnen in ihre Autos, aber wir sind trotz allem eine Minderheit. Die anderen Häuser stehen still und verschlossen da, nur die Kinder, die wie immer auf der Straße spielen, schauen zu, wie wir aufbrechen. Einige Zeit zuvor habe ich einzelne Gruppen Bauarbeiter die Avenida Colón in Richtung Zentrum hinabmarschieren sehen, ungefähr sieben oder acht Kilometer entfernt. Wegen der Aussperrung der Busbesitzer existiert der öffentliche Nahverkehr nicht mehr, doch die Arbeiter sind fest entschlossen, heute beim großen Marsch dabeizusein; wenn es sein muß, gehen sie den ganzen Weg bis dorthin zu Fuß.

Der vergangene Monat ist schrecklich gewesen. Weder der aufopfernde Einsatz der MOPARE-Fahrer, die auf den Straßen ihr Leben riskieren, noch die Mobilisierung freiwilliger Arbeiter – jämmerlicher, aber besser organisiert als zuvor –, waren in der Lage gewesen, den fortgesetzten Streik der Lkw-Besitzer zu brechen. Lebensmittel werden knapp, es sei denn, man hat Verbindungen zum Schwarzmarkt, auch Paraffin und Benzin sind kaum noch zu kriegen. Jetzt sind auch noch die Ärzte und Zahnärzte in den Streik getreten, wenn auch in den Krankenhäusern viele Ärzte weiterarbeiten.

Vor zwei Wochen, als Allende am Abend im Fernsehen sprach (Victor und ich sahen uns die Sendung zusammen an), gab es einen Stromausfall, der die gesamte Zentralregion Chiles betraf. Als die Lichter ausgingen und Allendes Bild flackernd vom Fernsehschirm verschwand, wußten wir, daß etwas Furchtbares geschehen war, daß es sich nicht nur um einen örtlichen Stromausfall handelte. Zum Glück funktionierte das Transistorradio, so konnten wir hören, wie Allende um Ruhe und Besonnenheit bat. Einige der rechten Radiosender drängten die Leute, hinaus auf die Straße zu gehen. Wahrscheinlich wollten sie dadurch noch mehr Verwirrung stiften.

Einige Zeit später ging das Licht wieder an, doch der Eindruck blieb haften. Der Angriff war von Terroristen exakt geplant gewesen, die genauestens darüber informiert waren, wo man die Bomben legen mußte, um einen größtmöglichen Effekt zu erzielen. Er konnte nur vom Militär oder mit militärischer Hilfe geplant worden sein.

Überall ist vom Bürgerkrieg die Rede, aber man kann sich nur schwer vorstellen, daß er tatsächlich ausbrechen könnte. Ich habe mich mit den anderen Frauen in der Nachbarschaft, die die Regierung unterstützen, kurzgeschlossen, um Pläne für das Unvorhergesehene abzusprechen... Medizin und Bandagen horten, Erste Hilfe lernen, sichere Verstecke für die Kinder auskundschaften und sich ganz allein auf das, was da womöglich auf uns zukommt, vorbereiten.

Ich hatte geradezu verzweifelte Angst um Amanda. Würde das Insulin für sie reichen? Schon jetzt war es schwer zu bekommen. Würde es genug zu essen geben, um einen normalen Speiseplan aufrechtzuerhalten, wären wir im Notfall in der Lage, einen Arzt aufzutreiben? Es kam mir alles viel zu schrecklich vor, um wahr zu sein. Wenn man sich auf unserer ruhigen Straße umsah, wirkte alles so normal. Die rosafarbenen Kirschbäume waren wie immer Anfang Frühling aufgeblüht, es war sonnig und windig, die Kinder spielten und zankten miteinander und die Leute gingen ihren Geschäften nach. Nur die verrammelten Geschäfte und die Schlangen vor der Bäckerei verrieten, daß nicht alles zum Besten stand... das, und die Tatsache, daß immer, wenn der Abend hereinbrach, die »Buschtrommeln« loslegten.

Einzelne Momente der vergangenen Wochen ziehen an meinem geistigen Auge vorüber... ich sitze im Garten, die Wintersonne brennt mir auf den Rücken... es muß ein Wochenende sein, denn wir sind alle zu Hause. Victor ist im Studio, ich kann ihn leise singen hören... er hat mir gerade die erste Fassung von »Cuando voy al trabajo« vorgespielt, und ich habe die Melodie und die Bedeutung der Worte noch im Kopf: »am Anfang einer Geschichte arbeiten, ohne das Ende zu kennen«. Ich spüre das Gras unter den Füßen, die Pflanzen und Bäume des Gartens um mich herum, dazu Victors beruhigende Anwesenheit, der Klang seiner Gitarre, die Gewißheit, daß Manuela und Amanda in Sicherheit sind, irgendwo in der Nähe spielen und bald zum Tee heimkommen... Ein plötzlicher Schauer des Entsetzens erfaßt mich, als wäre die Zeit für den Bruchteil einer Sekunde zum Stillstand gekommen... ein Gefühl, daß ich diesen Moment allein seiner Normalität wegen für den Rest meines Lebens nie mehr vergessen werde.

Doch jetzt sind wir unterwegs zur Stadtmitte, besser gesagt, zur eleganten Avenida Providencia, wo sich unser Demonstrationszug sammeln soll. Eine breite, von feinen Boutiquen gesäumte Straße. Wir sind froh, daß wir bei unserer Ankunft bereits eine riesige Menschenmenge vorfinden. Der Aufmarsch ist so gewaltig, daß man unmöglich die Anzahl der Teilnehmer schätzen kann; weder der Anfang noch das Ende des Zuges, der die gesamte Straßenbreite einnimmt, ist auszumachen. Wir müssen zu zwanzig oder dreißig nebeneinander marschieren, und dabei ist das nur einer von vier solcher Demonstrationszüge. Die Disziplin und die Organisation sind so hervorragend, daß wir uns wie eine gewaltige Armee von Männern, Frauen und Kindern vorkommen, aber wir führen keine Waffen mit uns, nur handgemalte Spruchbänder, die sich gegen Faschismus und Terrorismus und für die Verteidigung der Regierung aussprechen. Trotzdem ist die Stimmung eher verbittert, eine feierliche Stimmung will nicht aufkommen. Es ist ziemlich bedrückend, zwischen diesen hohen Gebäuden zu marschieren und zu wissen, daß sie voller Feinde sind. Doch als die Reihe an uns ist, an dem mittlerweile verlassenen Hauptquartier von Patria y Libertad vorbeizumarschieren, erhebt sich ein triumphierendes Raunen trotziger Verachtung aus der Menge.

Heute sind alle mitgekommen, auch diejenigen, die sich normalerweise nicht um Demonstrationen scheren. Wir sind von Freunden umgeben, auch wenn sich Inti-Illimani immer noch in Europa aufhalten, ebenso wie die Urgruppe von Quilapayún. Die anderen Quilapayún-Ableger sind jedoch dabei, auch die gesamte Peña mit einem eigenen Spruchband, und einige Freunde aus dem Theater treffen wir zum erstenmal seit Monaten wieder. Als Amanda müde wird, nimmt sie einer von ihnen Huckepack... Allein in unserem kleinen Abschnitt des Zuges sehen wir Tänzer, Maler, Dichter, Schauspieler, Dramatiker. Eigentlich kann man gar nicht richtig marschieren, man schiebt sich Meter um Meter voran, alle paar Minuten wieder einige wenige Schritte auf das Stadtzentrum zu... Ein großer Freudenschrei brandet auf, als wir von weitem den Demonstrationszug erblicken, der vom Süden Santiagos her im rechten Winkel zu uns auf die Alameda stößt, doch dann biegen wir in eine Seitenstraße am Cerro Santa Lucía ab und verlieren sie in den engen Sträßchen im Herzen der Stadt aus den Augen... hier ist das Gedränge fast unerträglich, und wir stehen stundenlang wie eingekesselt und warten, bis wir an der Reihe sind, weiter zum Mondea-Palast vorzudringen.

Victor ist schon viel weiter vorne. Er wurde hineingezogen, um das Banner, hinter dem wir hermarschieren, tragen zu helfen. »Trabajadores de la Cultura en contra el Fascismo.« Es ist symbolisch, daß er heute nicht mit uns, seiner Familie, marschiert. Obwohl er uns genauso, vielleicht noch mehr als je zuvor liebt, hat er sich von unserer Seite weg an einen anderen Platz begeben, weg von der gemütlichen Häuslichkeit, die er seit jeher so hoch schätzt. Ich verstehe das, und ich verstehe, daß er keine andere Wahl hat. Er bereitet sich darauf vor, sich dem Faschismus entgegenzustellen, in der Hoffnung, seinen Platz in einer Widerstandsbewegung zu finden, sei es im offenen Kampf oder im Verborgenen.

Anders zu handeln, bedeutete für ihn, sämtliche Werte, für die er lebt, zu verraten, darunter die des Friedens und der

Liebe. Er haßt Gewalt nicht weniger als zuvor, aber er wird vom Lauf der Ereignisse und der Kraft seiner eigenen Überzeugungen, stets und mit allen ihm zur Verfügung stehenden Mitteln zum Kampf bereit zu sein, davongerissen... Ich weiß, daß er sich Sorgen um unsere Sicherheit macht, auch wenn er versucht, mich nicht allzu sehr zu beunruhigen. Ich war von seiner Begeisterung überrascht, als ich ihm von dem Besuch des schnurrbärtigen englischen Gentleman erzählte, der aussah, als sei er ein Mitglied des Country Club und sich als einer der ortsansässigen britischen Anwohner nur mal nach dem Wohlbefinden seiner Schäfchen erkundigen wollte und einige Verhaltensmaßnahmen im Falle einer Krise ausgab... »Sie wissen, daß sich da etwas Schlimmes zusammenbraut.«

Als wir endlich auf dem Plaza de la Constitución eintreffen, ist es schon dunkel. Zentimeter für Zentimeter schieben wir uns weiter, bis wir an der langen Tribüne vorbeikommen, auf der Allende mit allen Parteiführern der Unidad Popular sitzt... sie müssen schon seit Stunden hier sitzen... er sieht müde aus... wir erkennen sie einen nach dem anderen und grüßen sie, aber wir stellen auch fest, daß die neuen Oberbefehlshaber der Streitkräfte, Merino, Leigh und Pinochet, nicht unter ihnen sind.

Alle rufen »Allende, Allende, el pueblo te defiende!« und »El pueblo unido jamás será vencido!« Wir spüren die Kraft, die von dieser Volksmasse ausgeht und denken, daß es unmöglich ist, uns alle umzubringen... an diesem Tag sind wir mehr als eine Million, die Allende zurufen.

Schließlich holen wir Victor wieder ein, der an der Tribüne auf uns gewartet hat. Er nimmt Amanda auf den Arm, damit sie besser sehen kann, und wir stehen dort und betrachten all die Menschen, die am Mondea-Palast vorüberziehen... die gleichen Leute, die wir 1970 auf den Straßen feiern gesehen hatten... und wieviel ist seitdem erreicht worden, trotz der immensen Schwierigkeiten. Heute herrscht eine traurige, verbitterte, aber nicht weniger entschlossene Grundstimmung.

Der große Marsch vom 3. September 1973 sollte sich als Abschiedsgruß des Volkes an Salvador Allende erweisen.

Von der folgenden Woche erinnere ich mich nur noch an wenig, bis auf die ständige Mühe, weiterzumachen, weiterzuarbeiten, in einer Atmosphäre steigender Anspannung zu unterrichten, immer mit dem Gefühl, daß eine schreckliche Bedrohung über uns schwebte, auf die wir völlig unvorbereitet waren, insbesondere, da es nie abzusehen war, welche Form diese Gefahr letztendlich annehmen würde.

Warteten wir auf eine Art Zeichen, um die Kinder der Parteigänger der Unidad Popular zu evakuieren? Weil ihre Elternhäuser bei Ausbruch eines Bürgerkriegs in Gefahr wären? Es war nicht einfach, aus unserem Viertel, das im Osten von den Kordilleren und im Westen vom Canal San Carlos begrenzt war, herauszukommen. Die wenigen Fluchtstraßen waren leicht abzuriegeln.

Als ich eines Abends in Albertos Laden Dienst für die JAP verrichtete und gerade dabei half, Reis und Tee an eine Schlange wartender Leute zu verteilen, hörte ich die Nachricht, daß sich die Christdemokraten mit der Ultrarechten im Kongreß vereinigen wollten, um Allendes Regierung für illegal zu erklären – obwohl sie für eine Amtsenthebung nicht über die nötige Zweidrittel-Mehrheit verfügten. Das wiederum machte den Weg frei für das Eingreifen der Streitkräfte. Die Nachricht war erschreckend, denn jetzt war die Unidad Popular völlig isoliert.

Man sprach von einem Volksentscheid; Allende wurde in seinem Haus in Tomas Moro, nur wenige Straßen entfernt, unter Hausarrest gestellt und versuchte, in seinem Kabinett Einigkeit darüber zu erzielen, ob man auf den Vorschlag eingehen sollte oder nicht. Im Angesicht der Krise schien es keine einheitliche politische Linie zu geben... Gerüchte machten die Runde, daß es noch vor den Fiestas Patrias am 18. September zu einem Militärputsch kommen würde, da es dem Präsidenten unmöglich sei, bei soviel subversiven Elementen

innerhalb der Streitkräfte die traditionelle Truppenparade ab-
zunehmen.

Ich versuchte, die Lage mit Victor zu diskutieren, ihn zu
fragen, welche Lösung angebracht sei. »Wie sollen wir uns
denn verteidigen, wenn sich die Streitkräfte gegen uns wen-
den?« fragte ich ihn, und er antwortete mit einem kläglichen
Lächeln: »Genau das ist der Haken an der ganzen Sache.« Ein
Bürgerkrieg bedeutete die Konfrontation zwischen zwei Seiten... aber aus wem sollten diese beiden Seiten bestehen?
Diese Fragen gingen mir immer wieder im Kopf herum, doch
weder Victor noch sonst jemand, den ich kannte, wußte eine
Antwort darauf.

Am Montag, den 10. September, ging ich wie immer ins Institut im Stadtzentrum zur Arbeit. Es war eine politische Verpflichtung, weiterzuarbeiten, und ich wußte, daß die Studenten dort sein würden, obwohl sich rings um uns her Tag für
Tag häßliche Zwischenfälle ereigneten. An jenem Morgen unterrichtete ich neben meinen üblichen Stunden ein Bewe-
gungsseminar für Dozenten, die an der Theaterschule arbeiteten. Victor setzte mich bei der Arbeit ab und fuhr weiter
nach Westen zur Technischen Universität, wo er einen Termin
bei einer Radiosendung hatte. Er war gut gelaunt, denn er
hatte ein erst kürzlich aufgenommenes Tonband dabei, das
zum ersten Mal öffentlich ausgestrahlt werden sollte. Es war
ein Lied, das er auf Anfrage der Baugewerkschaft geschrieben
hatte, eine Art Gewerkschaftshymne. Er brannte darauf, es
ihnen vorzuspielen und ihre Meinung zu hören. Victor bewunderte die kämpferische Haltung der Bauarbeiter sehr, die
fest hinter der Regierung der Unidad Popular standen und
ihre eigenen Märtyrer wie Roberto Ahumada hatten.

Später, am Nachmittag, kam Victor zurück, um mich abzuholen. Ich war noch nicht mit meiner Arbeit fertig, und so
ging er nach oben, um sich mit Quena zu unterhalten, während ich meine – wie sich später herausstellen sollte – letzte
Unterrichtsstunde in Chile aufnahm, eine Gruppe junger

Männer mit einem Schlagzeuger. Ich erinnere mich noch daran, daß es ein guter Kurs war.

Sobald ich fertig war, eilte ich nach oben, wo ich Victor im Büro der Ballettruppe mit einer Tasse Tee antraf. Señora Marta, die die Böden wischte und den Tee in einem kleinen Kabuff zubereitete, kümmerte sich um ihn. Immer, wenn er vorbeischaute, bestand sie darauf, ihn als Ausdruck ihrer Achtung und Zuneigung mit Essen und Trinken vollzustopfen. Victor zog mich an sich und setzte mich auf seinen Schoß. Ich sehe immer noch sein zärtliches Lächeln, wie er mich ansah und mich, zum ersten Mal seit Jahren, *»mi gringuita«* nannte. Ich kann es mir nur so erklären, daß sein Unterbewußtsein sich darüber freute, daß ich den Schutz meines britischen Reisepasses genoß.

Wir verabschiedeten uns von Quena, bedankten uns bei Marta und fuhren nach Hause. Es war alles relativ ruhig, als wir auf die Berge zufuhren, doch in den Abendzeitungen prangten fette Schlagzeilen, die verkündeten, die Piloten der Staatlichen Fluggesellschaft (LAN) hätten sämtliche Flugzeuge bis zur Beendigung des Streiks zur »sicheren Verwahrung« zum Militärflughafen El Bosque gebracht. Es klang ganz so, als sei alles vorbereitet.

11

Der Putsch

11. September 1973

Ich wache früher als sonst auf. Da Victor noch schläft, stehe ich leise auf und wecke Manuela, die früh zur Schule muß. Ich gehe nach unten, setze Teewasser auf, und ein paar Minuten später taucht Mónica auf, reibt sich die Augen und gähnt. Innerhalb der Anormalität, in der wir leben, ist alles ganz normal. Es ist ein kalter, unfreundlicher, wolkenverhangener Morgen.

Manuela und ich frühstücken zusammen und machen uns auf den Weg zur Schule. Mit dem Auto ist es nicht weit, aber mit öffentlichen Verkehrsmitteln – selbst wenn noch welche verkehrten – umständlich zu erreichen. Zum Glück haben wir noch Benzin. Offensichtlich sind wir die einzigen Menschen, die schon auf den Beinen sind. Alle anderen scheinen beschlossen zu haben, länger im Bett zu bleiben, mit Ausnahme natürlich der Hausmädchen, die früh raus und sich vor der Bäckerei an der Ecke in die Brotschlange stellen müssen. Mónica ist bereits mit den Neuigkeiten zurückgekehrt, daß Allendes Wagen, begleitet von der üblichen Eskorte, viel früher als sonst die Avenida Colón hinuntergebraust sei. Die Leute in der Brotschlange und am Zeitungskiosk waren alle der Meinung, heute liege etwas in der Luft.

Manuel de Salas ist voller Schüler. Hier ist kein Anzeichen des Streiks zu bemerken. Nur ein verschwindend geringer Prozentsatz der Eltern gehört nicht zu den Anhängern der

Unidad Popular. Auf dem Heimweg schalte ich das Autoradio an. Es heißt, Valparaiso sei abgeriegelt, und es fänden unübliche Truppenbewegungen statt. Die Gewerkschaften rufen alle Arbeiter dazu auf, sich an ihren Arbeitsplatz zu begeben; es handele sich um einen Notfall, um akuten Alarmzustand.

Ich beeile mich, um nach Hause zu Victor zu kommen. Als ich ankomme, ist er bereits aufgestanden und fummelt am Transistorradio herum, um Magallanes oder einen anderen Unidad Popular-freundlichen Radiosender hereinzubekommen. »Sieht ganz so aus, als sei es jetzt soweit«, murmeln wir einander zu. »Jetzt geht's los.«

An diesem Morgen soll Victor zur Eröffnung einer Sonderausstellung über die Schrecken des Bürgerkriegs und des Faschismus in der Technischen Universität singen, eine Veranstaltung, bei der auch Allende sprechen soll. »Das wird er jetzt ja wohl nicht tun«, sagte ich. »Nein«, erwiderte er, »aber ich muß trotzdem hingehen. Du holst besser Manu von der Schule ab. Mir wäre es lieber, ihr seid alle zusammen zu Hause. Ich führe inzwischen ein paar Telefonate und versuche herauszufinden, was da vor sich geht.«

Als ich abermals aus dem Hof fuhr, sah ich, daß unsere Nachbarn hier und dort zusammenstanden. Sie unterhielten sich laut und aufgeregt, fingen schon an zu feiern. Ich fuhr an ihnen vorbei, ohne sie anzusehen, doch als ich in den Rückspiegel blickte, sah ich, wie eine der »Damen« in die Hocke ging und mir eine der obszönsten Gesten der chilenischen Zeichensprache hinterherschickte.

In der Schule angekommen, erfuhr ich, daß die jüngeren Schüler angewiesen worden seien, nach Hause zu gehen. Die Lehrer sowie die älteren Schüler wollten ausharren. Ich schnappte mir Manu, und auf dem Heimweg hörten wir, auch wenn der Empfang sehr schlecht war, Allende im Autoradio. Es war beruhigend, seine Stimme aus dem Moneda-Palast zu hören… aber sie klang fast wie eine Abschiedsrede.

Ich fand Victor im Schuppen vor dem Radio, und gemeinsam lauschten wir dem Durcheinander, als plötzlich sämtliche Sender der Unidad Popular ausfielen, da ihre Sendemasten bombardiert oder ihre Studios vom Militär übernommen wurden und Allendes Stimme durch Marschmusik ersetzt wurde...

»Ich spreche heute zum letzten Mal zu euch... Ich werde nicht zurücktreten... Ich werde die mir vom Volk erwiesene Loyalität mit meinem Leben vergelten... Ich sage euch: Ich bin sicher, daß die Saat, die wir im Bewußtsein Tausender und Abertausender Chilenen gesät haben, nicht vollständig ausgelöscht werden kann... weder Verbrechen noch Gewalt sind stark genug, den Prozeß eines sozialen Wandels aufzuhalten. Die Geschichte gehört uns, denn sie wird vom Volk gemacht...«

Es war die Rede eines heldenhaften Mannes, der wußte, daß sein Tod bevorstand, doch in diesem Augenblick vernahmen wir sie nur bruchstückhaft. Mittendrin wurde Victor ans Telefon gerufen... Ich konnte es kaum ertragen, weiter zuzuhören.

Victor hatte auf meine Rückkehr gewartet, um selbst weggehen zu können. Er hatte beschlossen, dem Aufruf der CUT nachzukommen und seinen Arbeitsplatz an der Technischen Universität aufzusuchen. Schweigend schüttete er unseren letzten Kanister Benzin, der für Notfälle wie diesen reserviert worden war, in den Tank, und währenddessen sah ich einen unserer Nachbarn, einen Piloten der Staatlichen Fluglinie, vom Balkon seines Hauses herunterschauen und Victor eine höhnische Bemerkung zurufen, die Victor mit einem Lächeln quittierte.

Es war unmöglich, sich angemessen Lebewohl zu sagen. Hätten wir es getan, hätte ich mich an ihm festgehalten und ihn nicht mehr losgelassen, also hielten wir es eher salopp. »Ich komme sobald es geht wieder zurück, Mamita... du weißt, ich muß gehen… sei nur unbesorgt.« »Chao«,… und im nächsten Augenblick war Victor weg.

Im Radio hörte ich zwischen den Märschen Durchsagen wie: »*Bando Numero Uno… Bando Numero Dos*«… Durchsagen des Militärs, die besagten, daß man Allende ein Ultimatum gestellt hatte, bis zu dem er sich den Kommandeuren der Streitkräfte unter der Führung von General Augusto Pinochet ergeben sollte… und falls er sich nicht bis zum Mittag ergeben habe, der Präsidentenpalast La Mondea bombardiert würde.

Mónica bereitete das Mittagessen zu, und Amanda und Carola spielten im Garten, als plötzlich das heulende Donnern eines Düsenjägers im Sturzflug zu hören war, gefolgt von einer gewaltigen Explosion. Ich fühlte mich sofort wieder an den Krieg erinnert… rannte hinaus, holte die Kinder ins Haus, schloß die Fensterläden und redete ihnen ein, es handele sich lediglich um ein Spiel. Doch immer mehr Düsenjäger stürzten aus dem Himmel herab, und es hatte den Anschein, als träfen die Raketen, die sie abfeuerten, die Población ein Stück oberhalb unseres Viertels in Richtung der Berge. Ich glaube, in jenem Augenblick starben sämtliche Illusionen, die ich bis dahin noch gehabt haben mochte, in mir ab… wenn es das war, wogegen wir antreten sollten – welche Hoffnung konnte es da noch geben?

Dann kamen die Hubschrauber, die dicht über die Baumwipfel des Gartens dahinglitten. Ich sah vom Balkon unseres Schlafzimmers aus, wie sie wie bösartige Insekten in der Luft standen und Allendes Haus mit Maschinengewehrsalven beschossen. Hoch über ihnen, in Richtung der Kordilleren, kreiste ein anderes Flugzeug. Stundenlang hörten wir das pfeifende Jaulen seines Antriebs. War das vielleicht das Kontrollflugzeug?

Kurz darauf klingelt das Telefon. Ich hebe hastig ab und höre Victors Stimme: »Mamita, wie geht es euch? Ich konnte nicht früher ans Telefon… Ich bin hier in der Technischen

Universität… Du weißt, was da vor sich geht, ja?« Ich erzähle ihm von den Sturzkampfflugzeugen und daß es uns allen im Haus gutgeht. »Wann kommst du nach Hause?« »Ich rufe später noch mal an… wir brauchen das Telefon jetzt dringend hier… chao.«

Dann bleibt nichts mehr zu tun, als dem Radio zu lauschen, den militärischen Durchsagen zwischen den Märschen. Die Nachbarn sind draußen im Patio, unterhalten sich aufgeregt, einige stehen auf ihren Balkonen, um die Angriffe auf Allendes Haus besser verfolgen zu können… sie nehmen ihre Getränke mit nach draußen… und an einem Haus ist sogar eine Fahne gehißt worden.

Wir hören im Radio, daß der Moneda-Palast bombardiert und in Brand gesetzt wurde… fragen uns, ob Allende überlebt hat… davon wurde bis jetzt noch nichts gesagt. Eine Ausgangssperre wird verhängt. Quena ruft an, um sich zu erkundigen, wie es uns geht, und ich sage ihr, daß Victor nicht hier ist, daß er zur Universität gefahren ist. »Um Gottes willen!« ruft sie und legt auf.

Wir müssen jetzt davon ausgehen, daß sämtliche Telefone angezapft sind, doch Victor ruft gegen halb fünf noch einmal an. »Ich muß hierbleiben… wegen der Ausgangssperre wäre es sowieso schwierig. Ich komme dann morgen früh nach Hause, gleich nachdem die Ausgangssperre aufgehoben ist… Ich liebe dich, Mamita.«

»Ich liebe dich auch…«, aber ich muß würgen, als ich das sage, und er hat bereits aufgehängt.

Ich legte mich in dieser Nacht zwar ins Bett, konnte aber natürlich nicht schlafen. Im ganzen Viertel waren immer wieder Schüsse und Gewehrsalven zu hören. Ich wartete bis zum Morgen, fragte mich, ob es Victor kalt sei, ob er, wo auch immer er sich aufhielt, schlafen könne, wünschte, er hätte sich wenigstens eine Jacke mitgenommen und überlegte mir, daß er, nachdem die Ausgangssperre plötzlich bis zum Abend ausgedehnt worden war, vielleicht zur nahe gelegenen Wohnung eines Freundes gegangen war.

Die Ausgangssperre wurde erst im Laufe des Vormittags des nächsten Tages aufgehoben. Die Hausmädchen schwärmten aus, um im Eckladen Brot zu kaufen. Doch an jenem Tag wurde die Schlange von Soldaten kontrolliert, die die Leute mit Gewehrkolben herumstießen und bedrohten. Ich wollte, daß Victor endlich nach Hause kam, sehnte mich nach dem Knattern des Autos unter den Glyzinen. Ich versuchte mir auszurechnen, wie lange die Fahrt von der Universität dauern mochte... Während ich wartete, fiel mir ein, daß wir kein Geld im Haus hatten. Also machte ich mich auf den kurzen Weg zu Albertos kleinem Laden, der schon immer mit der JAP zusammengearbeitet hatte und mir vielleicht einen Scheck auszahlen würde. Unterwegs dröhnten zwei mit Zivilisten vollbesetzte Lieferwagen an mir vorbei, die mit Gewehren und Maschinenpistolen bewaffnet waren. Mir wurde rasch klar, daß es sich um die Faschisten aus unserem Viertel handelte, die jetzt aus ihren Löchern ans Tageslicht gekrochen kamen.

Alberto hatte Angst, und das nicht ohne Grund. In den vergangenen Wochen waren bereits mehrere Bomben vor seinem Laden explodiert. Aber er war trotzdem so freundlich, mir meinen Scheck zu wechseln und erkundigte sich nach Victor. Ich eilte zurück nach Hause und traf unterwegs eine Freundin, die Ehefrau eines Mitglieds von Inti-Illimani, die ganz in der Nähe wohnte. Sie stand unter Schock und war ganz allein, denn Inti tourte gerade durch Europa. Wir kamen überein, daß sie mit zu mir nach Hause kam, und sie verließ uns erst einige Tage später. Sie war am Tag zuvor krank gewesen und nicht zu der Regierungsbehörde, bei der sie arbeitete, gegangen. Jetzt litt sie Höllenqualen, wenn sie sich vorstellte, was dort passiert und wie es ihren Kollegen ergangen sein mochte.

Nun warteten wir also gemeinsam, aber Victor kam nicht. Auch wenn ich mich beim Anblick der Gesichter der Generäle, die davon redeten, »das Krebsgeschwür des Marxismus« aus dem Land herauszuschneiden, beinahe übergeben hätte, hockten wir wie gebannt vor dem Fernseher, vernahmen die offizielle Nachricht vom Tod Allendes, sahen die Ruinen von La Moneda und Allendes Wohnhaus in endlosen Wiederholungen, mit Aufnahmen aus seinem Schlafzimmer, seinem Badezimmer – oder was davon übriggeblieben war – und einem »ganzen Arsenal von Waffen«, das erbärmlich mickrig aussah, wenn man bedachte, daß ihn seine Sicherheitskräfte Tag und Nacht vor terroristischen Angriffen zu schützen hatten. Erst am späten Nachmittag erfuhr ich, daß die Technische Universität *reducida* eingenommen worden war, daß am Morgen Panzer auf das Universitätsgebäude vorgedrungen und eine Vielzahl von »Extremisten« festgenommen worden seien.

Mein Rettungsanker, wenn auch – da mit fremden Ohren versehen – ein sehr zweifelhafter, war das Telefon. Ich wußte, daß Quena herauszufinden versuchte, was mit Victor geschehen war. Sie konnte das besser und vor allem diskreter tun als ich. Ich hatte Angst, etwas zu unternehmen, hatte Angst, Victor vor der Militärbehörde identifizieren zu müssen. Ich wollte ihre Aufmerksamkeit nicht auf ihn lenken... vielleicht war es ihm ja trotz allem gelungen, die Universität vor dem Angriff zu verlassen... das war meine einzige Hoffnung.

Mittwochnacht ging vorüber, wieder eine kalte Nacht, bitterkalt für September. Das Bett war groß und leer, und neben mir spürte ich ein qualvolles Vakuum. Ich schlief nur minutenweise und träumte von Victors Berührung, von seinen warmen Gliedern, die sich um meine schlangen. Ich erwachte in einsamer Dunkelheit und ergriffen von meiner qualvollen Angst um ihn... Seine Alpträume fielen mir wieder ein.

Auch am nächsten Morgen gab es keine Nachricht. Ich versuchte, mehrere Leute anzurufen, die womöglich besser wußten, was in der Universität vorgefallen war. Niemand wußte etwas Genaueres... dann wieder Quena... sie hatte herausgefunden, daß die Häftlinge von der UTE zum Estadio Chile gebracht worden seien, in das große Box-Stadion, in dem Victor so oft aufgetreten war und wo die Liederfestivals stattgefunden hatten. Sie war nicht sicher, ob Victor unter den Gefangenen sei; man hatte die Frauen, jedenfalls die meisten von ihnen, freigelassen, und von ihnen hatte Quena die Neuigkeiten erfahren... nur waren sie eben nicht absolut sicher, ob Victor mit den anderen gefangengenommen worden sei, da man sie von den Männern getrennt habe.

Am Nachmittag klingelte das Telefon. Mit klopfendem Herzen hob ich ab. Eine unbekannte, sehr nervöse Stimme fragte nach Compañera Joan... »Ja, ja«, dann hatte sie eine Nachricht für mich: »Compañera, du kennst mich nicht, aber ich soll dir eine Nachricht von deinem Mann ausrichten. Man hat mich gerade aus dem Estadio Chile entlassen... Victor ist dort... er bat mich, dir auszurichten, du sollst Ruhe bewahren und mit den Kindern im Haus bleiben... daß er das Auto auf dem Parkplatz vor der Technischen Universität geparkt hat, vielleicht kann es jemand für dich abholen... er glaubt nicht, daß man ihn aus dem Stadion entläßt.«

»Vielen Dank, Compañero, für deinen Anruf, aber was meint er denn damit?«

»Mehr hat er mir nicht aufgetragen. Viel Glück, Compañera!« Dann legte er auf.

Als mich Quena einige Minuten später anrief, teilte ich ihr die Neuigkeit mit. Sie setzte sofort alle Hebel in Bewegung, um Näheres herauszufinden, wie man Victor dort am geschicktesten herausbringen könnte. Sie ging sogar zu Cardinal Silva Henriquez und bat ihn einzugreifen. Was mich geradezu lähmte, war meine Angst, Victor identifizieren zu müssen, falls sie ihn nicht bereits erkannt hatten, dazu seine eigenen Anweisungen, die, wie ich annahm, nur zu unserem Besten waren, sowie mein blindes Vertrauen in die Macht und die Organisation der Kommunistischen Partei, der, wie ich glaubte, Mittel und Wege zur Verfügung standen, um Leute wie Victor zu retten.

Selbst zu jenem Zeitpunkt ahnte ich nichts von dem Grauen, das sich bereits abspielte. Wir hatten keinen Zugang mehr zu Nachrichten und anderen Informationen, auch wenn immer mehr Gerüchte die Runde machten. Ein verantwortlicher Spitzenpolitiker sagte mir am Telefon, General Prats rücke von Norden her mit einer Armee vor... das mußte der Ausbruch des Bürgerkriegs sein, vor dem man uns immer gewarnt hatte. (Erst später erfuhren wir, daß General Prats inhaftiert worden war, und daß in der Nacht zum 10. September, also sogar noch vor dem eigentlichen Putsch, unter allen Offizieren, die der Anhängerschaft Allendes verdächtigt wurden, eine Säuberungsaktion stattgefunden hatte.)

Während der kurzen Zeit der Aufhebung der Ausgangssperre am Freitag beschloß ich, mich auf den Weg quer durch Santiago zu machen und das Auto zu holen. Ich war davon überzeugt, wir müßten es hinter dem Haus stehen haben, falls es dazu kam, daß wir das Land in aller Eile verlassen mußten. Es war mein erster Ausflug außerhalb unseres Viertels, und in der hellen Mittagssonne sah alles unnatürlich normal aus: Die Busse fuhren wieder und in den Läden gab es Lebensmittel. Das einzige nicht Normale war die große Anzahl von Soldaten auf der Straße und an jeder Ecke, doch es liefen auch genug andere Leute herum, mit eiligen Schritten und ohne einen bestimmten Ausdruck im Gesicht. Der Bus kam auf seiner langsamen Fahrt die Alameda hinunter auch am Moneda-Palast vorbei – oder besser gesagt, an seiner ausgebrannten Fassade, die vom Parkplatz her mit Seilen abgesperrt war. Viele Leute gingen davor auf und ab, vermutlich aus Neugier, um zu sehen, was die Bomben und das Feuer angerichtet hatten, doch niemand zeigte auch nur das geringste Anzeichen eines Gefühls, weder von Wut und Trauer, noch von Zufriedenheit.

Am Hauptbahnhof und um die Kioske davor brodelte wie immer das Leben. Ich stieg aus und zögerte an der Ecke der Seitenstraße, die zum Estadio Chile führte. Ich beobachtete die Menschenmenge, die sich davor versammelt hatte, betrachtete die Wachen mit ihren schußbereiten Maschinenpistolen. Es war unmöglich, näher heranzukommen. Was sollte ich nur tun? Ich ging die paar Querstraßen bis zur Technischen Universität zu Fuß... das neue, moderne Gebäude sowie das ganze Gelände machten einen merkwürdig verlassenen und menschenleeren Eindruck.

Erst jetzt fällt mir auf, daß die großen Fensterscheiben und Glastüren allesamt zerbrochen sind, daß die Fassade des Gebäudes beschädigt und von Einschüssen zernarbt ist. Der Parkplatz davor, normalerweise immer brechend voll, ist jetzt leer – bis auf unser kleines Auto, das einsam mitten auf dem Platz steht. In der Nähe müssen Militärposten stehen, aber ich kann sie nicht entdecken. Ich sehe nur in einiger Entfernung einen alten Mann auf einer Mauer sitzen. Ich setze einen Fuß vor den anderen, bis ich vor dem Auto stehe, suche den Schlüssel in meiner Tasche und stelle fest, daß ich in einer Blutpfütze stehe, die unter dem Wagen hervorrinnt... daß dort, wo die Scheibe sein müßte, nichts mehr ist... daß das Wageninnere mit Glassplittern übersät ist. Ich denke: »Das kann nicht unser Auto sein«, und probiere den Schlüssel, um herauszufinden, ob er paßt. Dann sehe ich, wie der alte Mann auf mich zukommt. »Wer sind Sie?« brüllt er mich an. »Das hier ist mein Auto«, gebe ich stotternd zurück. »Es ist das Auto meines Mannes. Er hat es hier stehenlassen.« »Dann ist es in Ordnung«, sagt der Alte. »Ich habe für Don Victor darauf aufgepaßt. Sehen Sie doch, ich habe seinen Ausweis auf dem Boden gefunden. Den stecken Sie wohl besser ein.« Er gibt ihn mir.

»Aber wo kommt das viele Blut her? Wessen Blut ist das?« frage ich.

»Ach, ich glaube, da hat jemand einen Dieb erstochen, der das Auto stehlen wollte. Aber in den letzten Tagen ist hier sehr viel Blut vergossen worden. Besser, Sie machen sich so schnell wie möglich wieder aus dem Staub. Hier ist man nirgends sicher.« Er hilft mir noch, die Glassplitter von den Autositzen zu klauben, damit ich überhaupt fahren kann, und schaut mir nach.

Das alles geschah am Freitag. Ich weiß nicht, wie ich es bis zum Samstag geschafft habe. Leute riefen an. Ich rief Leute an. Marta kam mich besuchen. Angel war festgenommen und ins Nationalstadion gebracht worden. Schlechte Nachrichten hinsichtlich anderer Freunde trafen ein. Alle politischen Führer der Unidad Popular waren festgenommen worden oder untergetaucht, wurden wie Verbrecher gejagt. Andere Freunde waren einfach verschwunden.

Als ich mich am Samstag abend aufs Bett legte – von Schlaf konnte keine Rede sein – und die langen Nachtstunden hindurch an die Decke starrte, drang nach und nach eine neue Art kalter Hoffnungslosigkeit in mich ein. Plötzlich setzte ich mich mit laut pochendem Herzen auf. Victor war nicht da.

Sobald es hell wurde, ging ich zum Schrank und fing an, Kleider herauszuziehen, die ich schon seit Urzeiten nicht mehr angehabt hatte... respekteinflößende Kleider von Marks & Spencer, die mich sofort wie eine Ausländerin aussehen ließen. Ich steckte das Haar hoch, setzte eine dunkle Sonnenbrille auf und versuchte, mich für mein Vorhaben, bei der Britischen Botschaft um Hilfe für Victor zu bitten, zu wappnen. Natürlich war es noch zu früh am Tag. Ich mußte warten, bis die Ausgangssperre vorüber war. Außerdem war Sonntag. Ich mußte den Botschafter in seiner Dienstwohnung, nicht in der im Zentrum gelegenen Botschaft aufsuchen. Er residierte in einer der von einem hohen, schmiedeeisernen Zaun umgebenen herrschaftlichen Villen in Barrio alto. Das Tor war geschlossen, und davor stand ein Polizeiposten. Kein Anzeichen von Leben. Ich klingelte und wartete, bis einer der Bediensteten erschien. »Ich bin britische Staatsbürgerin. Ich brauche Hilfe.«

Ich dachte, er würde das Tor öffnen, aber weit gefehlt. Er

wies mich an, zu warten. Ich wartete. Der Polizeiposten musterte mich aufmerksam. Ich fragte mich, ob ich wohl britisch genug aussähe. Dann öffnete sich der Haupteingang der Villa, und ein zweifellos durch und durch britischer junger Mann kam auf das Tor zu. »Oh, tut mir leid, diese ganze Mantel-und-Degen-Staffage hier. Anweisungen von oben, Sie verstehen. Was kann ich für Sie tun?«

Ich erzählte ihm in stotterndem Englisch, das einfach nicht besser herauswollte, daß mein Ehemann im Estadio Chile festgehalten würde, daß ich ernsthaft um seine Sicherheit fürchte und bat ihn, mir zu helfen. Er äugte durch das nach wie vor verschlossene Tor und sagte: »Oh, ist er denn britischer Staatsbürger? Wissen Sie, wenn er kein Brite ist, können wir leider nichts für ihn tun.« »Nein, er ist Chilene, aber ich fürchte, er befindet sich in besonders großer Gefahr, weil er eine bekannte Persönlichkeit ist. Überprüfen Sie doch bitte, ob Sie nicht doch etwas für ihn tun können... wenn sie erfahren, daß sich die Britische Botschaft um ihn kümmert, behandeln sie ihn vielleicht nicht ganz so schlimm.«

»Tja, ich glaube nicht, daß wir sehr viel für ihn tun können, aber unter den gegenwärtigen Umständen wäre es vielleicht das beste, wenn unser Marineattaché sich einmal bei den Militärbehörden nach ihm erkundigt. Ich sehe mal, was wir tun können... aber ich kann nichts versprechen. Ich rufe Sie an, sobald wir etwas in Erfahrung bringen.«

Also ging ich wieder nach Hause und fragte mich, ob ich das Richtige getan hatte und hoffte, Victor durch mein Eingreifen nicht ausgeliefert zu haben. Wenn er seinen Ausweis weggeworfen hatte, dann wohl deshalb, weil er hoffte, nicht erkannt zu werden. *Es sei denn, er war bereits tot.*

An den Montag habe ich keinerlei Erinnerung mehr. Vermutlich verbrachte ich ihn mit mechanischen, alltäglichen Verrichtungen. Auf Befehl der Militärs mußten wir am folgenden Tag die Fahnen heraushängen, um Chiles Unabhängigkeit zu feiern, die Fiestas Patrias.

Dienstag, 18. September

Ungefähr eine Stunde, nachdem das Ausgehverbot aufgehoben wurde, höre ich, wie jemand an unserem Tor rüttelt, als wollte er herein. Es ist immer noch zugesperrt... Ich werfe einen Blick zum Badfenster hinaus und sehe einen jungen Mann draußen stehen. Er sieht harmlos aus, also gehe ich hinunter. Mit leiser Stimme sagt er zu mir: »Ich suche die Compañera von Victor Jara. Ist das hier sein Haus? Bitte vertrau mir – ich bin ein Freund«, und er zieht seinen Ausweis heraus, um ihn mir zu zeigen. »Darf ich kurz reinkommen? Ich muß mit dir reden.« Er sieht sehr nervös und sehr besorgt aus. »Ich bin Mitglied der Kommunistischen Jugend«, flüstert er.

Ich öffne das Tor, lasse ihn herein, und wir setzen uns ins Wohnzimmer. Er sitzt mir gegenüber. »Entschuldige bitte, ich mußte dich persönlich aufsuchen... ich muß dir leider sagen, daß Victor tot ist... man hat seinen Leichnam im Leichenschauhaus gefunden. Einer der Compañeros, die dort arbeiten, hat ihn erkannt. Bitte, sei tapfer, du mußt jetzt mitkommen und nachsehen, ob er es wirklich ist... trug er dunkelblaue Unterhosen? Du mußt mitkommen, denn seine Leiche liegt schon seit achtundvierzig Stunden dort, und wenn sie niemand beansprucht, schaffen sie ihn fort und begraben ihn in einem Massengrab.«

Eine halbe Stunde später fuhr ich wie ein Zombie mit dem jungen Mann neben mir durch die Straßen von Santiago. Hector, so lautete sein Name, hatte in der vergangenen Woche im städtischen Leichenschauhaus gearbeitet und dabei versucht, wenigstens einige der anonymen Leichen, die dort jeden Tag abgeliefert wurden, zu identifizieren. Er war ein freundlicher, feinfühliger junger Mann und hatte, indem er mich aufsuchte, nicht wenig riskiert. Als Angestellter besaß er einen Sonderausweis, den er vorzeigte und mich sodann durch einen kleinen Seiteneingang ins Leichenschauhaus hineinlotste, ein abstoßendes Gebäude, nicht weit vom Cementerio General, dem städtischen Friedhof entfernt.

Obwohl ich unter Schock stehe, funktioniert mein Körper weiter. Äußerlich wirke ich wahrscheinlich sogar recht normal und kontrolliert... meine Augen sehen noch, meine Nase riecht, meine Beine tragen mich weiter...

Wir gehen durch einen dunklen Gang und kommen in eine große Halle. Mein neuer Freund legt mir die Hand auf den Ellbogen, um mir Halt zu geben, während ich auf die langen Reihen nackter Körper blicke, die auf dem Boden ausgestreckt und in den Ecken zu Stapeln aufgeschichtet liegen, die meisten mit klaffenden Wunden, einige noch immer mit auf dem Rücken gefesselten Händen... da liegen Junge und Alte... Hunderte von Leichen... die meisten sehen aus wie Arbeiter... Hunderte von Leichen, die von den dort arbeitenden Leuten – eigenartig schweigsame Gestalten mit Masken vor den Gesichtern, die sie vor dem Geruch der Verwesung schützen sollen – aussortiert, an den Füßen weggezogen und auf den einen oder anderen Haufen geschichtet werden. Ich stehe in der Mitte des Raumes, sehe mich um und will nicht nach Victor suchen, und eine große Welle des Zorns steigt in mir auf. Ich merke, daß unzusammenhängende Protestlaute aus meinem Mund dringen, aber Hector reagiert sofort: »Schsch! Du darfst keinen Ton von dir geben... sonst bekommen wir Ärger... bleib nur einen Moment ruhig. Ich frage jemanden, wo wir hinmüssen. Ich glaube, hier sind wir nicht richtig.«

Man schickt uns nach oben. Das Leichenschauhaus ist so voll, daß die Leichen alle Teile des Gebäudes füllen, sogar bis in den Bürotrakt. Ein langer Flur, Türreihen, und auf dem Boden davor ein Leichnam neben dem anderen, diese hier noch angezogen, einige sehen eher wie Studenten aus, zehn, zwanzig, dreißig, vierzig, fünfzig... und dann, ungefähr in der Mitte der langen Reihe, finde ich Victor.

Es war Victor, auch wenn er schmal und ausgemergelt aussah... Was haben sie dir getan, daß du in nur einer Woche so verfallen konntest? Seine Augen waren offen, und sie schienen einen immer noch mit der gleichen Intensität herausfordernd anzuschauen, trotz der Kopfwunde und der schrecklichen Blutergüsse an der Wange. Seine Kleider waren zerrissen, die Hose hing ihm um die Fußknöchel, der Pullover war unter die Achseln hochgeschoben, seine blaue Unterhose hing ihm in Fetzen um die Hüften, wie mit einem Messer oder Bajonett aufgeschlitzt... seine Brust war von Löchern durchsiebt, und eine größere Wunde klaffte im Unterleib. Die Hände schienen in einem seltsamen Winkel von den Armen abzustehen, als wären die Gelenke gebrochen... aber er war es, es war Victor, mein Ehemann, mein Geliebter.

In diesem Augenblick starb auch ein Stück von mir. Ich spürte, wie ein ganzer Teil von mir starb, während ich dort stand, starr und schweigend, unfähig, mich zu rühren oder auch nur zu sprechen.

Sie hätten ihn verschwinden lassen. Nur weil jemand sein Gesicht unter Hunderten anonymer Leichen erkannt hatte, wurde er nicht in einem Massengrab verscharrt. Ich hätte niemals erfahren, was mit ihm geschehen war. Ich war dem Arbeiter dankbar, daß er ihm seine Aufmerksamkeit gewidmet hatte, auch dem jungen, erst neunzehnjährigen Hector, der das Risiko auf sich genommen hatte, mich zu Hause aufzusuchen, der meinen Namen und meine Adresse in den *Identificaciones*, den Einwohnerverzeichnissen, ausfindig gemacht und im Einwohnermeldeamt um die Mitarbeit anderer gebeten hatte. Sie alle haben mir geholfen.

Jetzt mußte auf Victors Leiche offiziell Anspruch erhoben werden. Die einzige Möglichkeit bestand darin, ihn sofort aus dem Leichenschauhaus zu schaffen und auf dem Friedhof zu begraben... so lauteten die Vorschriften. Sie schickten mich nach Hause, um meinen Trauschein zu holen. Also mußte ich abermals, diesmal allein, durch Santiago fahren, das jetzt zur Feier des Unabhängigkeitstages mit Flaggen geschmückt war. Meinen Kindern konnte ich noch nichts sagen… das Leichenschauhaus war kein Ort für sie, aber einige Freunde waren vorbeigekommen, Studenten, um sich zu erkundigen, wie es uns gehe. Einer von ihnen bestand darauf, mich zu begleiten, ein guter Freund, der sich selbst als Momio bezeichnete. Durch einen eigenartigen Zufall hieß er ebenfalls Hector.

Der Papierkram nahm aufgrund der vielen Vorschriften Stunden in Anspruch. Um drei Uhr nachmittags wartete ich immer noch im Hof, der zum Kellergeschoß des Leichenschauhauses führte, aus dem ich, wie man mir gesagt hatte, Victors Leichnam entgegennehmen könne. Inzwischen hatten sich dort noch andere Frauen eingefunden, die die nutzlosen, draußen angebrachten Listen durchforsteten, auf denen jedoch lediglich eine Nummer, das Geschlecht, der Vermerk »kein Name« und die Angabe, in welcher Gegend man den Toten gefunden hatte, aufgeführt waren. Und während ich wartete, kam alle paar Minuten von der Straße her durch das Tor ein geschlossenes Militärfahrzeug mit seitlich aufgemaltem Roten Kreuz herein, fuhr langsam ins Kellergeschoß, um dort offensichtlich eine weitere Ladung Leichen abzuliefern. Kurz darauf fuhr es wieder davon, um die nächsten einzusammeln.

Endlich war alles erledigt, und wir konnten uns, mit dem Sarg auf einem Handwagen, auf den Weg zum Friedhof auf der anderen Straßenseite machen. Direkt in der Toreinfahrt kam uns ein Militärfahrzeug mit weiteren Leichen entgegen – einer von uns mußte Platz machen. Der Fahrer hupte und gestikulierte wütend auf uns ein, aber wir blieben schweigend stehen, bis er den Rückwärtsgang einlegte und Victors Sarg passieren ließ.

Bis zum anderen Ende des Friedhofs, wo Victor begraben werden sollte, müssen wir zwanzig Minuten oder eine halbe Stunde unterwegs gewesen sein. Der Handwagen quietschte und ratterte über den unebenen Boden. Wir gingen immer weiter, Hector, mein neuer Freund auf einer, und Hector, mein alter Freund, auf der anderen Seite. Erst als Victors Sarg in der Grabnische verschwand, die man uns zugewiesen hatte, wäre ich beinahe zusammengebrochen. Ich spürte so gut wie nichts mehr, nur meine Gedanken an Manuela und Amanda zu Hause, die sich bestimmt fragten, was los sei und sich um mich sorgten, hielten mich am Leben.

Am nächsten Tag erschien in der Tageszeitung *La Segunda* ein kurzer Artikel, in dem Victors Tod gemeldet wurde, als sei er friedlich im Bett entschlafen: »Die Beerdigung fand im Familienkreis statt, nur einige Verwandte waren anwesend.« Dann erging die strikte Anweisung an die Medien, Victor nie wieder zu erwähnen. Nur im Fernsehen setzte jemand sein Leben aufs Spiel, indem er ein paar Takte von »La plegaria« über die Tonspur eines amerikanischen Films legte.

12

Das letzte Lied

Ich brauchte Monate, eigentlich Jahre, um einen Teil dessen zusammenzufügen, was mit Victor in jener Woche geschah, in der er für mich »vermißt« war. Viele Menschen konnten nicht einmal über ihre Erlebnisse reden, hatten Angst, Zeugnis abzulegen, konnten die Erinnerung nicht ertragen. Unter Druck und Leid von derart entsetzlichen Ausmaßen verliert der Mensch oft sein Zeitgefühl, weiß hinterher nicht mehr, an welchem Wochentag sich was ereignet hatte. Aber nach und nach gelang es mir doch, indem ich Aussagen von chilenischen Flüchtlingen im Exil sammelte, die ähnliches wie Victor erlebt hatten, in etwa zu rekonstruieren, was er erlitten hat, während ich zu Hause auf ihn wartete.

Als er am Morgen des 11. Septembers auf der Plaza Italia ankam, sah Victor, daß das Militär die Stadtmitte Santiagos abgeriegelt hatte; also bog er nach Süden in die Vicuna McKenna ein, und dann wieder nach Westen in die Avenida Matta, um auf diesem weiten Umweg den Campus der Technischen Universität am anderen Ende der Stadt zu erreichen. Er sah die Panzer- und Truppenbewegungen, hörte die Schüsse und Explosionen, schaffte es aber trotzdem durchzukommen. Als er im Institut für Kommunikation ankam, erfuhr er, daß der Radiosender der Universität am frühen Morgen von einem Kontingent Bewaffneter aus dem nahe gelegenen Marinesender in der Quinta Normal überfallen und abgeschaltet worden war. Er muß ungefähr zu der Zeit eingetroffen sein, als die Bombardierung des Präsidentenpalastes anfing. Von den Gebäuden der Universität aus war es möglich, die Hawker Hunter-Düsenjäger zu sehen und die Explosionen der in La Moneda einschlagenden Raketen zu hören, wo Allende noch immer aushielt. Man konnte auch den aus den Ruinen aufsteigenden Rauch und die Flammen sehen, die das Gebäude vernichteten. Kurz darauf gelang es Victor, an das umlagerte Telefon zu kommen und mich anzurufen, um mir zu sagen, daß er sicher angekommen sei und sich nach uns zu erkundigen.

An jenem Morgen hatten sich ungefähr sechshundert Dozenten und Studenten in der Technischen Universität versammelt. Präsident Allende hätte zur Eröffnungsfeier eine wichtige Rede halten sollen, in der er seine Entscheidung verkündete, zur demokratischen Lösung des Konflikts, der das Land bedrohte, einen Volksentscheid herbeizuführen.

Nachdem die ersten militärischen *bandos* androhten, daß jeder, den sie auf der Straße antrafen, Gefahr lief, erschossen zu werden, und daß ab den frühen Nachmittagsstunden eine Ausgangssperre verhängt werden würde, verhandelte Dr. Enrique Kirberg, der Rektor der Universität, mit dem Militär darüber, daß die im Gebäude versammelten Leute zu ihrer eigenen Sicherheit dort verbleiben dürften, bis die Ausgangssperre am nächsten Tag wieder aufgehoben würde. Man wurde sich handelseinig und alle wurden angewiesen, das Unigebäude und die Gebäude nicht zu verlassen. Ungefähr zu diesem Zeitpunkt muß mich Victor zum zweiten Mal angerufen haben. Er sagte mir nichts davon, daß das gesamte Gebäude von Panzern und Soldaten umstellt war.

Während der langen Abendstunden, als ringsum im Viertel Explosionen dröhnten und schweres Maschinengewehrfeuer zu hören war, versuchte Victor, die Leute in seiner Umgebung aufzumuntern. Er sang und brachte sie zum Mitsingen. Sie hatten keine Waffen, um sich zu verteidigen. Später versuchte Victor, im Lehrerzimmer des alten Gebäudes der Escuela de Artes y Oficios ein wenig Schaf zu finden.

Das Maschinengewehrfeuer hielt die ganze Nacht über an. Ein paar Leute, die versuchten, die Universität im Schutz der Nacht zu verlassen, wurden auf der Stelle erschossen, doch der eigentliche Angriff erfolgte erst am folgenden Morgen. Die Panzer feuerten ihre schweren Granaten in die Fassaden, beschädigten eine von ihnen nachhaltig, Fensterscheiben barsten, Labors wurden zerstört, Einrichtung und Bücher vernichtet. Das Feuer wurde nicht erwidert, denn drinnen hatte man keine Gewehre.

Nachdem die Panzer auf das Universitätsgelände durchgebrochen waren, fingen die Soldaten damit an, alle Leute, darunter auch den Rektor, draußen auf dem großen Hof, der normalerweise zum Sport genutzt wurde, zusammenzutreiben. Unter heftigem Einsatz von Gewehrkolben und Stiefeltritten zwangen sie alle, sich mit hinter dem Kopf verschränkten Händen auf den Boden zu legen. Auch Victor lag dort mit den anderen, vielleicht hatte er auf dem Weg aus dem Gebäude heraus seinen Ausweis weggeworfen, in der Hoffnung, nicht erkannt zu werden.

Nachdem sie über eine Stunde dort gelegen hatten, mußten sie sich in einer langen Reihe aufstellen und, die Hände immer noch am Hinterkopf, im Laufschritt zum Estadio Chile traben, das ungefähr sechs Querstraßen entfernt war, wobei sie unterwegs Beleidigungen, Tritten und Schlägen ausgesetzt waren. Erst als sie sich außerhalb des Stadions aufstellen mußten, wurde Victor von einem Unteroffizier erkannt. »Du bist doch dieser Scheiß-Sänger, oder?« sagte er und schlug Victor auf den Kopf, und trat ihn, nachdem er zu Boden gegangen war, in Magen und Rippen. Auf dem Weg in das Gebäude wurde Victor von den anderen getrennt und in einen Rang geschoben, der für »wichtige« oder »gefährliche« Gefangene reserviert war. Seine Freunde sahen ihn von weitem, erinnern sich an sein breites Lächeln, das er ihnen trotz seines blutigen Gesichts und der Wunde am Kopf über das Grauen hinweg zusandte. Später sahen sie ihn zusammengekauert auf den Sitzen liegen, die Hände gegen die schneidende Kälte unter die Achseln geklemmt.

Irgendwann am folgenden Morgen schien sich Victor dazu entschlossen zu haben, seine isolierte Position zu verlassen und sich den anderen Gefangenen anzuschließen. Ein anderer Zeuge, der draußen im Gang wartete, beobachtete folgende Szene: Als Victor die Pendeltür aufstieß, um auf den Gang hinauszutreten, stieß er fast mit dem Armeeoffizier zusammen, der der stellvertretende Befehlshaber im Stadion zu sein schien. Er war schon die ganze Zeit über eifrig damit beschäftigt gewesen, Befehle und Drohungen durch die Lautsprecheranlage zu brüllen. Er war groß, blond, ziemlich gutaussehend und schien die Rolle, die er dort spielte, sichtlich zu genießen. Einige der Gefangenen hatten ihm bereits den Spitznamen »der Prinz« verpaßt.

Als Victor so direkt vor ihm stand, gab ihm »der Prinz« zu verstehen, daß er ihn erkannte und lächelte sarkastisch. Er ahmte die Bewegungen eines Gitarristen nach, kicherte und fuhr sich dann rasch mit dem Finger über die Kehle. Victor blieb ruhig und reagierte nur mit einer schwachen Geste, woraufhin ihn der Offizier sofort anschrie: »Was hat dieses Dreckschwein hier zu suchen?« Er wandte sich an die Wachen, die ihm folgten, und sagte: »Laßt ihn nicht weg! Der ist für mich reserviert!«

Später wurde Victor ins Kellergeschoß verlegt, wo ihn einige noch im Flur sahen, dort unten, wo er sich so oft auf seinen Auftritt vorbereitet hatte; er lag blutüberströmt auf dem mit Urin und Exkrementen aus den überquellenden Toiletten bedeckten Boden.

Am Abend wurde er in den Hauptteil des Stadions zu den anderen Gefangenen gebracht. Er konnte kaum mehr laufen, Kopf und Gesicht waren grün und blau geschlagen und blutig; eine Rippe schien gebrochen und er hatte Schmerzen, da man ihm in den Bauch getreten hatte. Seine Freunde wischten ihm das Gesicht ab und versuchten, es ihm einigermaßen bequem zu machen. Einer von ihnen hatte ein kleines Glas Marmelade und ein paar Kekse dabei, die sie sich zu dritt oder viert teilten, indem sie abwechselnd den Finger in die Marmelade tauchten und auch noch den letzten Rest davon abschleckten.

Am nächsten Tag, Freitag, den 14. September, wurden die Gefangenen in Gruppen zu je etwa zweihundert eingeteilt, um ins Nationalstadion abtransportiert zu werden. Zu diesem Zeitpunkt erkundigte sich Victor, dem es ein wenig besser ging, ob einer seiner Freunde einen Bleistift und Papier dabeihabe, und fing an, sein letztes Gedicht zu schreiben. Einige der schlimmsten Greueltaten während des Militärputsches ereigneten sich im Estadio Chile in jenen ersten Tagen, bevor es vom Roten Kreuz, von Amnesty International oder anderen Repräsentanten ausländischer Botschaften besucht wurde. (Trotz rechtlicher Verfahren und anderer Nachforschungen von Rechtsanwälten ist es mir nie gelungen, die Namen der Offiziere ausfindig zu machen, die damals im Estadio Chile das Kommando führten.)

Tausende von Gefangenen wurden dort tagelang ohne Nahrung und Wasser festgehalten, pausenlos von grellem Scheinwerferlicht angestrahlt, so daß sie jedes Zeitgefühl verloren, nicht einmal mehr wußten, ob es Tag oder Nacht war; rings um das Stadion waren Maschinengewehre aufgebaut, die immer wieder entweder an die Decke oder dicht über die Köpfe der Gefangenen hinwegfeuerten; Befehle und Drohungen brüllten über Lautsprecher auf die Gefangenen ein; der befehlshabende Offizier war ein korpulenter Mann, von dem man nur die Silhouette erkennen konnte, als er die Gefangenen darüber aufklärte, daß die Maschinengewehre den Spitznamen »Hitlers Säge« hätten, weil sie einen Menschen in der Mitte zerteilen konnten... was sie, sollte es nötig sein, auch tun würden. Die Gefangenen wurden einer nach dem anderen hinausgerufen, von einem Teil des Stadions zum anderen geschickt. Es war unmöglich, zu schlafen. Menschen wurden gnadenlos mit Peitschen und Gewehrkolben geschlagen. Ein Mann, der es nicht länger ertragen konnte, warf sich über die Balustrade und stürzte zwischen den Gefangenen weiter unten zu Tode. Andere erlitten Wahnsinnsanfälle, drehten durch und wurden vor aller Augen niedergeschossen.

Victor versuchte kritzelnd, der Welt etwas von dem Grauen zu berichten, das auf Chile losgelassen worden war. Er konnte lediglich »für seine kleine Ecke der Stadt« Zeugnis ablegen, wo fünftausend Menschen gefangengehalten wurden, und er konnte sich nur ausmalen, was im Rest des Landes vor sich gehen mußte. Er muß sich über das monströse Ausmaß der militärischen Operation im klaren gewesen sein, über die Präzision, mit der sie vorbereitet worden war.

In jenen letzten Stunden seines Lebens ließ ihn seine tiefverwurzelte bäuerliche Kindheit das Militär als »Hebammen« wahrnehmen, deren Erscheinen zugleich ein Vorbote der Schreie und dessen war, was ihm als Kind wie unerträgliche Qualen vorgekommen war. Jetzt vermengten sich diese Visionen mit den Folterqualen und dem sadistischen Grinsen des Prinzen. Doch selbst dort beseelte Victor noch immer Hoffnung für die Zukunft, Vertrauen darauf, daß das Volk am Ende stärker als alle Bomben und Maschinengewehre sein würde... und als er zu den letzten Zeilen kam, für die er schon Musik in sich hatte – »Wie schwer fällt einem das Singen, wenn man vom Grauen singen muß...« –, wurde er unterbrochen. Ein Trupp Wachsoldaten holte ihn, um ihn von den anderen, die zum Abtransport ins Nationalstadion bereitstanden, zu trennen. Er reichte den Zettel rasch an einen Compañero weiter, der neben ihm saß, und der wiederum versteckte ihn, als er selbst weggeschafft wurde, in seiner Socke. Jeder seiner Freunde hatte versucht, das Gedicht auswendig zu lernen, noch während es geschrieben wurde, um es mit sich aus dem Stadion zu schmuggeln. Sie sahen Victor nie wieder.

Obwohl ständig Menschen in andere Gefangenenlager abtransportiert wurden, blieb das Estadio Chile voll, weil pausenlos weitere Gefangene ankamen, Männer und Frauen. Ich habe noch zwei Momentaufnahmen von Victor im Stadion, zwei weitere Zeugenaussagen... eine Nachricht an mich, die jemand herausgebracht hat, der sich einige Stunden unten in den Künstlergarderoben, die zu Folterkammern umfunktioniert worden waren, in seiner Nähe aufhielt, eine Botschaft der Liebe an seine Töchter und mich... dort wurde er noch einmal öffentlich beschimpft und geschlagen, der als »der Prinz« betitelte Offizier brüllte ihn, völlig außer Kontrolle geraten, nahezu hysterisch an: »Jetzt sing, wenn du kannst, du Schwein!«, und Victors Stimme erhob sich nach diesen vier Tagen der Qual im Stadion, um eine Strophe von »Venceremos«, der Hymne der Unidad Popular, zu singen. Dann wurde er niedergeschlagen und zum letzten Akt seines Todeskampfes weggeschleppt.

Das Boxstadion liegt nur wenige Meter neben der Eisenbahnhauptstrecke nach Süden, die auf ihrem Weg durch Santiago durch das Arbeiterviertel San Miguel führt, direkt hinter der Friedhofsmauer des Cementerio Metropolitano. An dieser Stelle fanden Bewohner der Población am Morgen des 16. September, dem Sonntag also, sechs Tote ordentlich nebeneinander aufgereiht. Alle Körper wiesen schreckliche Wunden auf und waren mit einem Maschinengewehr niedergemäht worden. Die Bewohner betrachteten ein Gesicht nach dem anderen, um vielleicht einen der Toten zu erkennen, bis eine der Frauen aufschrie: »Das ist Victor Jara!« – ein Gesicht, das ihnen allen lieb und teuer gewesen war. Eine der Frauen kannte Victor sogar persönlich, denn als er einmal die Población besucht hatte, um dort zu singen, hatte sie ihn zu sich nach Hause eingeladen, wo er einen Teller Bohnen gegessen hatte. Kurz darauf, noch während sie beratschlagten, was sie mit den Toten anfangen sollten, tauchte ein mit einer Plane zugedeckter Lieferwagen auf. Victors Leiche muß von dort zur städtischen Leichenhalle gebracht worden sein, ein anonymer Leichnam, der wohl schon bald in einem Massengrab verschwunden wäre. Nur daß er in der Leichenhalle abermals erkannt wurde, von einem der Leute, die dort arbeiteten.

Als mir später der Text seines Gedichtes überbracht wurde, wußte ich, daß Victor damit sein Vermächtnis hinterlassen wollte, das einzige Mittel, mit dem er sich zum damaligen Zeitpunkt noch gegen den Faschismus stellen, mit dem er für die Rechte der Menschen und für den Frieden kämpfen konnte.

Fünftausend von uns waren hier
in diesem kleinen Teil der Stadt.
Wir sind fünftausend.
Ich frage mich, wie viele wir in all
den Städten unseres Landes sind?
Allein hier
sind zehntausend Hände, die den Boden beackern
und die Fabriken am Laufen halten.
Wie viele Menschen sind hier
Hunger, Kälte, Schrecken und Schmerz ausgesetzt,
moralischem Druck, dem Grauen und dem Wahnsinn?
Sechs von uns gingen verloren,
wie verschwunden im sternenübersäten Raum.
Einer tot, einer geschlagen, wie ich mir nicht hätte
vorstellen können,
daß man ein menschliches Wesen so schlagen kann.
Die anderen vier wollten ihr Entsetzen beenden –
Einer sprang ins Nichts,
ein anderer schlug den Kopf gegen eine Wand,
aber alle mit dem starren Blick des Todes.
Welches Grauen ruft das Antlitz des Faschismus hervor!
Sie führen ihre Pläne mit messerscharfer Präzision aus.
Nichts ist ihnen heilig.
Für sie steht Blut für Medaillen,
Gemetzel ist ein Akt des Heldentums.

O Gott, ist das die Welt, die du erschaffen hast,
dafür deine sieben Tage Wunder und Arbeit?
Innerhalb dieser Mauern existiert nur eine Zahl,
die sich nicht verändert,
und von der sich mehr und mehr den Tod wünschen
werden.
Doch plötzlich erwacht mein Gewissen,
und ich sehe, daß diese Flut keinen Herzschlag besitzt,
nur den Puls von Maschinen,
und der Soldaten, die ihre Hebammengesichter aufset-
zen,
voller Liebenswürdigkeit.
Laßt Mexiko, Kuba und die ganze Welt
gegen diese Ungeheuerlichkeit aufschreien!
Wir sind zehntausend Hände,
die nichts mehr produzieren können.
Wieviele von uns im ganzen Land?
Das Blut unseres Präsidenten, unseres Compañero,
wird mit größerer Wucht einschlagen als Bomben und
Maschinengewehre!
So wie auch unsere Faust wieder ausholen wird!

Wie schwer fällt einem das Singen,
wenn man vom Grauen singen muß.
Das Grauen, das ich durchlebe,
das Grauen, das ich durchsterbe.
Mich selbst unter so vielen zu sehen,
und so viele Momente der Unendlichkeit,
in denen Schweigen und Schreie
das Ende meines Liedes anzeigen.
Was ich sehe, habe ich noch nie zuvor gesehen,
Was ich gefühlt habe, und was ich fühle,
Wird den Augenblick gebären…

Estadio Chile
September 1973

13

Nachwirkungen

Nie werde ich Amandas Schrei vergessen, als ich ihr beibringen mußte, daß *El Papi* tot war, so wie ich niemals Manuelas frühzeitiges Erwachsenwerden vergesse, ihren Mut, und den Beistand, den sie mir leistete, denn sie schien sehr genau zu begreifen, wie sehr ich ihn brauchte.

Als ich vom Friedhof nach Hause kam, wartete Quena schon auf mich. Sie blieb auch bei mir, schlief in unserem Haus und leistete mir Gesellschaft. Ich weiß noch, daß sie sich Kleider von mir borgen mußte, weil sie keine mitgebracht hatte und auch nicht nach Hause konnte, da ihr Haus unter Beobachtung stand.

Einer der ersten Anrufer war der junge Mann aus der Botschaft, der auf einmal sehr schockiert und besorgt war, als sei er plötzlich aus seiner scherzhaften Lässigkeit aufgeschreckt. Er bot mir jegliche erdenkliche Hilfe an, doch in diesem Zustand kam mir nichts in den Sinn.

Bald darauf, vielleicht am folgenden Tag, rief er mich abermals an, um zu fragen, ob ich mich für ein Interview mit David Wiggs, einem Journalisten, der für die *Times* arbeitete, zur Verfügung stellen würde. Nachdem ich mich einverstanden erklärt hatte, mußte ich zur Botschaft, die als sicherer Ort für ein solches Interview angesehen wurde, in die Stadt hinunter. Dort wurde ich zum ersten Mal darüber befragt, wie ich Victors Leiche gefunden und was ich in der städtischen Leichenhalle gesehen hätte. Der Artikel mit der Schlagzeile »*Britin findet nach Armeeputsch die kugeldurchsiebte Leiche ihres Ehemannes im Leichenschauhaus von Santiago«* erschien wenige Tage später, am 28. September.

In der Zwischenzeit hatte ich Besuch von einem würdevollen Gentleman erhalten, der mir das Beileid des Botschafters und einen versiegelten Brief überbrachte, in dem mir bescheinigt wurde, daß ich britische Staatsbürgerin war, die in jedem Notfall das Recht besaß, sich mit der Botschaft in Verbindung zu setzen – ein Brief, den wir an einem auffälligen Ort im Wohnzimmer aufbewahrten, falls uns doch noch ungebetene Gäste einen Besuch abstatten wollten. Kurz bevor er ging, teilte mir der Bote die Besorgnis des Botschafters hinsichtlich eines »unüberlegt« gegebenen Presseinterviews mit. Zweifellos war das Außenministerium sehr darauf bedacht, den Eindruck zu erwecken, in Chile verlaufe alles bestens. Man hatte vor, die Militärjunta so schnell wie möglich anzuerkennen.

Vermutlich war es nicht verwunderlich, daß unsere Freunde sich Sorgen um unsere Sicherheit machten, aber ich glaube, daß die Zauberkraft eines britischen Passes und die Tatsache, daß die Botschaft sich bereits für mich eingesetzt hatte, uns beschützten. Unser Haus war wohl ein relativ sicherer Ort. Jedenfalls kam es uns so vor, als Patricio eines Tages vorbeikam, um Manuela zu besuchen und mit uns zu trauern. Er war untergetaucht, schlief jede Nacht in einer anderen Wohnung, denn er stand auf der Liste der »gesuchten« Leute, zusammen mit Hunderten von anderen, darunter Männer und Frauen, die nur eine gute Woche zuvor Minister im Kabinett einer legal gewählten Regierung gewesen waren, gewählte Senatoren, Abgeordnete und Gemeinderäte. Jetzt wurden sie wie Verbrecher gejagt.

Patricio hatte sich am 11. September im Institut aufgehalten. Wie andere Universitätsgebäude war es angegriffen und vom Militär besetzt worden. Bei den Truppen hatte es sich größtenteils um Soldaten gehandelt, die dermaßen verängstigt und gleichzeitig so ekstatisch berauscht gewesen seien, daß sie wie unter Drogen übertrieben gewalttätig und völlig abnormal brutal durchgegriffen hätten.

Im Institut waren lauter Leute versammelt gewesen, die dort arbeiteten: Tänzer, Musiker, Verwaltungsangestellte und Hilfspersonal, von denen kein einziger eine Waffe bei sich trug. Trotz wiederholter Durchsuchungen, sowohl vor als auch nach dem Putsch, wurden im gesamten Fachbereich keine Waffen gefunden, weil dort noch nie welche gewesen waren; trotzdem machte man Patricio und die anderen leitenden Persönlichkeiten für ein fiktives illegales Waffenlager verantwortlich. Zusätzlich warf man ihnen »Subversion« vor, weil sich der Radiosender im zwölften Stockwerk ebenso wie Radio Magallanes loyal gegenüber Allende und der rechtmäßig gewählten Regierung verhalten hatte und auf Sendung geblieben war, bis er vom Militär besetzt wurde.

Am Montag nach dem Putsch ordnete das Militär die allgemeine Wiederaufnahme der Arbeit an. Patricio hatte seine Lage nicht gerade verbessert, als er als Direktor des Fachbereichs Tanz am ersten Tag vor einer Versammlung im großen Ballettstudio gesprochen und den Militärputsch aufs schärfste verurteilt sowie Salvador Allende seine Hochachtung bezeigt hatte. Die große Mehrheit der Versammelten hatte ihn massiv unterstützt, obwohl viele sich ob seiner Freimütigkeit sehr besorgt zeigten. Einer der Tänzer war jedoch in hysterisches Weinen ausgebrochen, hatte ihn angeschrien, endlich damit aufzuhören. Er war zur Tür hinausgestürzt und hatte gestanden, daß er Patricio jetzt denunzieren müsse. Offensichtlich war er einer der Leute, die für das Militär Listen mit den Namen von Allende-Anhängern erstellt hatten… doch selbst ihm fiel es nicht leicht, einen Mann zu denunzieren, den er als Künstler bewundert hatte und der sein Lehrer gewesen war. Inzwischen machte man sich auch keine Illusionen mehr hinsichtlich des Schicksals derer, die festgenommen wurden.

Wir überredeten Patricio, bei uns im Haus zu bleiben und nicht mehr auf die Straße zu gehen, wo er Gefahr lief, verhaftet zu werden, insbesondere, da sein Personalausweis am Tag des Putsches konfisziert worden war. Inzwischen hatten wir erfahren, daß einige unserer Kollegen inhaftiert worden waren und im Nationalstadion festgehalten wurden: Gaston, den wir schon als kleinen Jungen gekannt hatten, ein Mitglied des Ballet Popular, zwei Tänzer aus Uruguay, die noch nie etwas mit der Politik Chiles zu tun gehabt hatten und festgenommen worden waren, weil alle Uruguayer und Brasilianer als Extremisten galten – sie alle wurden grauenhaft gefoltert; Rodolfo Reyes, der mexikanische Direktor des Chilenischen Folkloreballetts, der unter schrecklichen Bedingungen eingesperrt wurde, nur weil er eine Zeitlang mit dem Ballett in Kuba gearbeitet hatte. Wir erfuhren, daß Angel immer noch in Haft saß, daß Dr. Enrique Paris, einer der Köpfe der Reformbewegung des Verwaltungsrats der Universität von Chile, nach seiner Verhaftung im Moneda-Palast verschwunden war – seine Leiche wurde nie gefunden. Von Manuel de Salas traf eine Nachricht ein, daß viele der Dozenten und älteren Studenten inhaftiert worden seien... und so spann sich der Alptraum fort und fort.

Wir hielten es für das beste, wenn Patricio in einer der ausländischen Vertretungen Asyl suchte, so wie es viele unserer Freunde und Kollegen taten. Die meisten Botschaften waren bereits überfüllt, aber es war immer noch möglich, in die Botschaft von Honduras zu gelangen. Eines Tages kam eine Dame im Pelzmantel in einer großen Luxuslimousine vorbei, um Patricio abzuholen. Nur wenn man reich und gutangezogen aussah, konnte man sich in der Stadt bewegen, ohne angehalten und überprüft zu werden. Ein anderer Freund fuhr mit seinem Wagen vor, um zu sehen, ob die Luft rein war, und ich bildete mit unserem Auto die Nachhut. Was ich damit eigentlich bezwecken wollte, weiß ich selbst nicht, aber ich fuhr eben mit, für alle Fälle. Wir hatten die Information erhalten, daß die Botschaft zu einer bestimmten Tageszeit nicht bewacht sei, und so war es auch. Nachdem Patricio hinter dem schmiedeeisernen Tor in Sicherheit und in der großen Menge derer, die bereits dort Zuflucht gefunden hatten, verschwunden war, fragte ich mich, ob ich ihn jemals wiedersehen würde. Doch es war gut, daß er diesen Schritt getan hatte. Später erfuhr ich gerüchteweise über die Kinder, daß alle Nachbarn sehr wohl gewußt hatten, daß sich Patricio im Haus versteckt hielt, daß ihn aber keiner von ihnen denunziert hat. Vielleicht waren sie der Meinung, wir seien schon genug gestraft.

Nur wenige Tage nach Victors einsamer Beerdigung erfuhr ich, daß Pablo Neruda am 23. September in einer Klinik in Santiago, wohin man ihn von Isla Negra gebracht hatte, verstorben war. Die letzte Krise seiner Krankheit war durch den Schock und das Entsetzen über den Militärputsch ausgelöst worden. Inmitten des grotesken Alptraums, den wir durchlebten, erschien sein Tod unvermeidlich, beinahe angemessen.

Seine Beerdigung wurde für den 25. September angekündigt. Es war wichtig, daran teilzunehmen, obwohl viele Leute Angst davor hatten, erkennungsdienstlich festgehalten oder gar inhaftiert zu werden, wenn sie in aller Öffentlichkeit einem kommunistischen Dichter Anerkennung zollten.

Als Quena und ich ankamen, war der Sarg bereits aus dem Haus am Fuß des steilen Hangs von San Cristóbal herausgeholt worden, und in der engen Straße bildete sich ein ziemlich unorganisierter Trauerzug. Matilde, seine Frau, hatte die ganze Nacht bei Nerudas Leichnam gewacht, in einem Haus, das von unbekannten Plünderern während der Ausgangssperre ausgeraubt und verwüstet worden war... Er war inmitten von Glasscherben, Wasserlachen (die Leitungen waren geborsten) sowie zerrissener Bücher und Papiere, auf denen man herumgetrampelt war, aufgebahrt gewesen.

Doch trotz der Soldaten auf den Straßen, der drohend in Anschlag gehaltenen Maschinenpistolen und der die Menge nach den Gesichtern gesuchter Personen musternden Geheimpolizei waren Hunderte von Leuten gekommen, um Neruda die letzte Ehre zu erweisen. Quena und ich gingen ziemlich weit vorne, fielen dann aber immer weiter zurück, denn ich war nicht in der Lage, schneller zu gehen. Es kostete mich große Anstrengung, einen Fuß vor den anderen zu setzen. Während wir uns durch Seitenstraßen auf den Friedhof zubewegten, hörte ich, wie ein Trauernder nach dem anderen Nerudas Gedichte rezitierte, Strophe für Strophe, um sich so gegen die Bedrohung der uns umgebenden Uniformen zu wappnen. Ich sah, wie an einer Baustelle auf einem Gerüst hoch über uns die Arbeiter mit ihren gelben Helmen in den Händen Haltung annahmen; andere säumten die Bürgersteige, während uns die Soldaten umringten.

»Sube a nacer conmigo, hermano«, (»Steh auf, um mit mir wiedergeboren zu werden, mein Bruder«) und »Komm und sieh das Blut auf den Straßen«... Nerudas Zeilen nahmen eine noch größere Bedeutung an, als im Angesicht der sichtbaren Fratze des Faschismus eine Stimme nach der anderen einfiel. Während ich die Straße entlangschritt, wußte ich, daß ich nicht allein war, ich wußte, daß das auch Victors Beerdigung war, sowie die aller Compañeros, die von den Soldaten niedergemetzelt und von denen viele in anonyme Massengräber geworfen worden waren. Die Anwesenheit Dutzender ausländischer Journalisten, Filmteams und Fernsehkameras schützte uns vor gewalttätigen Zwischenfällen, doch als der Trauerzug den letzten Streckenabschnitt erreicht hatte, umrundete ein aus Panzerwagen bestehender Militärkonvoi die Rotunde vor dem Friedhof aus der entgegengesetzten Richtung und baute sich drohend vor uns auf. Die Menge reagierte darauf mit Rufen wie: »Compañero Pablo Neruda, presente, ahora y siempre!«, »Compañero Salvador Allende, presente, ahora y siempre!« »Compañero Victor Jara, presente, ahora y siempre!«, stimmte dann, zunächst ein wenig holprig, dann aber, als alle einfielen, kräftiger die »Internationale« an. Es war die letzte öffentliche Demonstration der Unidad Popular in Chile, die erste öffentliche Demonstration des Widerstands gegenüber einem faschistischen Regime.

Dort, in jenem Zug, inmitten dieser Menge, wurde ich mir darüber bewußt, daß ich, obwohl Victor tot und ich allein war, niemals einsam sein würde. Zu stark war das Empfinden einer kollektiven Identität angesichts einer kollektiven Tragödie, das Empfinden eines Volks, das tödlich verwundet war, aber immer noch weiterkämpfte. Mir wurde zutiefst bewußt, daß ich ihnen und Victor gegenüber eine Verantwortung trug. Für mich persönlich – und das war eine der am schwierigsten zu ertragenden Tatsachen – wurde der Gedanke an Victor, der stets ein Quell der Freude und des Glücks gewesen war, fortan zum Auslöser von Schmerz, von Seelenqual und unerträglichem Leid. Ich wußte, daß ich diese Empfindungen zu einer Waffe umschmieden mußte, mit der ich mich zur Wehr setzen konnte. Keine Waffe des Hasses, sondern die Ausübung meines Rechts, mich an Victors so reiches und kreatives Leben zu erinnern, nicht nur an seinen grauenhaften Tod… und dieses Recht würde mir nur gehören, wenn er und seine Lieder außerhalb der Reichweite jener Verbrecher gelangten, die versucht hatten, ihn und alles, wofür er stand, zum Verstummen zu bringen.

Als wir um Nerudas vorläufige Grabstätte herumstanden – später sollte sein Leichnam in den hinteren Teil des Friedhofs verlegt werden, dorthin, wo auch Victor liegt – und unter dem grauverhangenen Himmel den Reden lauschten, kamen viele Leute auf mich zu und umarmten mich, Leute, die ich nicht kannte, Freunde, denen ich nie wieder begegnete, bis auf einen, dessen Namen ich später auf der Liste der »Verschwundenen« wiederfand.

Die Chilenische Liedbewegung war so sehr mit der Unidad Popular gleichgesetzt worden und hatte einen derart hohen emotionalen und anregenden Einfluß ausgeübt, daß es die Militärs für notwendig hielten, sogar die einheimischen Instrumente, deren herrlicher Klang soviel Bedeutung und Inspiraton angenommen hatte, für »subversiv« zu erklären. Im gleichen Atemzug, mit dem sie die bloße Erwähnung von Victors Namen verboten, verboten sie seine gesamte Musik sowie die Musik aller Künstler der Neuen Chilenischen Liedbewegung. Sie plünderten das Büro der DICAP, vernichteten sämtliche Masterbänder und anderes Material, dessen sie dort habhaft wurden, und wiesen Odeon/EMI an, alle Bänder, die sich noch in ihrem Besitz befanden, zu löschen. Wurden bei einer Hausdurchsuchung durch das Militär Platten von Victor, den Parras, von Quilapayún oder Inti-Illimani gefunden, bedeutete das die sofortige Festnahme des Besitzers. Auf der Straße loderten Scheiterhaufen, in die das Militär die Bücher und Schallplatten warf, die man in Wohnblocks und Privathäusern als »marxistische Propaganda« beschlagnahmt hatte.

Die Medien versuchten den Eindruck zu erwecken, im Land sei alles ruhig und daß, mit Ausnahme einiger Widerstandsnester, Heckenschützen und gefährlicher Marxisten auf der Flucht, überall wieder »Normalität« eingekehrt sei. Und tatsächlich konnte man ihnen, zumindest in Wohnvierteln wie dem unseren, oberflächlichen Glauben schenken, wenn man über die gelegentlichen Maschinengewehrstöße während der nächtlichen Ausgangssperre und die überall patrouillierenden Militärstreifen, die bestimmte Häuser durchsuchten und Leute festnahmen, hinwegsah. Wie durch ein Wunder gab es wieder Lebensmittel und andere dringend benötigte Waren in den Läden. Sie stammten aus geheimen Lagern, wo sie gehortet worden waren, um eine künstliche Verknappung hervorzurufen. Auf einmal konnte man wieder Toilettenpapier und Waschpulver kaufen. Nur der Preis hatte sich verändert: Es wurde das Doppelte oder Dreifache der zuvor behördlich festgelegten Preise verlangt.

In den Poblaciones jedoch dröhnten die Panzer durch die engen Straßen und feuerten willkürlich in die Holzbehausungen, ohne sich groß die Mühe zu machen, die Türen zu öffnen oder nachzusehen, ob sich Kinder darin aufhielten.

Jeden Tag trieben neue Leichen im Mapocho, fand man neue Ermordete auf den Straßen der Arbeiterviertel in den

Rinnsteinen liegen. Vielleicht wurden sie absichtlich dort abgeladen, um ein Klima des Terrors aufrechtzuerhalten, vielleicht aber auch nur, um die vielen Hingerichteten aus den Gefängnissen und Stadien loszuwerden.

Unter den ausländischen Journalisten, die sich vorsichtig mit mir in Verbindung setzten und um Interviews baten, war ein Filmteam des schwedischen Fernsehens. Große, blonde Männer und Frauen, die in Santiago sehr auffielen, aber sie taten ihre so gefährliche wie nützliche Arbeit, indem sie einige der militärischen Operationen in den Poblaciones filmten, Verwandte von Gefangenen interviewten, die angsterfüllt vor dem Nationalstadion warteten, und sie filmten sogar Leute, die versuchten, Asyl in ausländischen Botschaften zu erlangen. Von allen westeuropäischen Ländern war die britische Botschaft die einzige, die ihre Tore vor Flüchtlingen hermetisch verschlossen hielt – wohingegen der schwedische Botschafter Harald Edelstam, bekannt für seinen Einsatz bei der Rettung von Flüchtlingen aus Nazideutschland, einmal mehr buchstäblich sein Leben für das anderer Menschen aufs Spiel setzte.

Ein Fernsehinterview mit mir wurde verabredet. Ich sollte früh am Morgen in ein großes Haus kommen, irgendwo im Barrio alto. Sie warnten mich davor, daß es nach der Ausstrahlung des Interviews für mich in Chile gefährlich werden würde. Ich vermute, daß das Interview für mich eine Art Wendepunkt bedeutete, mir dabei half, die schwierige Entscheidung zu treffen, mein Zuhause in Chile zu verlassen. Es war auch das erste Mal seit Victors Tod, daß ich seine Stimme »La plegaria« habe singen hören… Seine Stimme, die mich bei meiner Aussage zu seiner Ermordung begleitete… und ich wurde mir über die Macht des Erbes bewußt, das er mir hinterlassen hatte.

Ich mußte Mittel und Wege finden, seine Platten und Tonbandaufnahmen außer Landes zu schaffen. Seine letzten Lieder waren nicht mehr veröffentlicht worden, aber zum Glück besaß ich eine Kopie des Masterbandes derjenigen Lieder, die bereits aufgenommen worden waren. Alle waren bereit zu helfen, sie auf diplomatischem Wege herauszuschaffen, doch auch da gab es einen Moment des Schreckens. Auf dem Weg zu den Leuten, die sie für mich aus Chile herausbringen wollten, wurde ich ganz in der Nähe unseres Hauses von einer Militärpatrouille angehalten, die die ganze Straße abgeriegelt hatte. Aus dem Augenwinkel sah ich, wie eine Gruppe Soldaten einen Mann aus einem Haus und über den Gartenweg zog. Ich wurde gefragt, wo ich wohne und wohin ich wolle, doch als ich mit meinem besten britischen Akzent antwortete, ließen sie mich ohne weitere Fragen mit meiner kostbaren Fracht passieren. Ich weinte vor Erleichterung.

Sobald die Entscheidung, das Land zu verlassen, gefallen war, mußte ich das Haus für denjenigen, der es übernehmen und dort wohnen würde, erst einmal »säubern«. Niemand konnte die Verantwortung für unsere Schallplattensammlung mit Revolutionsliedern aus der ganzen Welt übernehmen, auch nicht für unsere Bücher, Zeitungen und Plakate. Das Militär oder die Polizei brachten es fertig, den ganzen Garten auf der Suche nach subversivem Material oder Beweisen für marxistische Umtriebe auszugraben; einem Bekannten hatte sogar der Besitz eines Buches über die industrielle Revolution Schwierigkeiten bereitet. Also war ich gezwungen, mich der geistigen Zerstörungsarbeit zu widmen, alles zu verbrennen... meine erste Erfahrung mit der Selbstzensur.

Die Kommunikation mit Freunden war schwierig, weil die Telefone abgehört wurden, doch als es sich herumsprach, daß ich mich darauf vorbereitete, Chile zu verlassen, kamen mich einige der wagemutigeren unter ihnen sowie diejenigen, die keinen persönlichen Schwierigkeiten ausgesetzt waren, besuchen. In das Institut, an dem ich über zwanzig Jahre gearbeitet hatte, bin ich nie mehr zurückgekehrt.

Zu den erinnerungswürdigsten Abschieden gehört der von einer Frau aus einer Población, die ich seit vielen Jahren kannte. Sie kam, um im Namen vieler Freunde Victors in ihrem Viertel auf Wiedersehen zu sagen. Sie erzählte mir, wie die Soldaten wahllos um sich schießend in die Población eingedrungen seien, wie sie alle Männer zusammengetrieben und ins Stadion mitgenommen hatten. Niemand konnte in Erfahrung bringen, was mit ihnen passierte, oder wie lange man sie noch festhalten wolle. »Woran es uns mangelt, war Haß«, sagte sie. »Wir waren nicht fähig zu hassen. Jetzt haben sie uns gezeigt, wie man das macht.«

Am Abend vor unserem Abflug erreichte mich eine letzte Nachricht von Victor, weitergereicht durch eine lange Kette von Compañeros. Sie stammte ursprünglich von einem Gefangenen, der während der letzten Stunden in Victors Leben im Untergeschoß des Stadions bei ihm gewesen war, als Victor bereits mit Sicherheit wußte, daß sie ihn umbringen und er uns nie wieder sehen würde… Er ließ mir ausrichten, daß er mich mehr als alles andere auf der Welt liebe, und daß ich tapfer sein und seinen Kampf weiterführen solle.

Am nächsten Tag verließen Manuela, Amanda und ich mit nur jeweils einem Koffer unser Haus und begaben uns zur britischen Botschaft, wo der Botschafter bereits auf uns wartete, um uns zum Flugzeug nach London zu begleiten.

Der Garten war wunderschön, die Canelo und Mimosen gediehen prächtig, bald schon würden die Glyzinen blühen… Mónica und Carola standen in der Tür und winkten. Als das Taxi aus dem Hof rollte, kam eine Schulfreundin Manuelas, deren Vater ebenfalls ermordet worden war, herbeigeeilt, um sich zu verabschieden… »Bitte sagt allen Leuten dort draußen, was hier geschieht!«

Epilog

März 1998

In diesem Monat müssen wir das Schmierentheater ertragen, in dem Augusto Pinochet im Alter von 82 Jahren aus Anlaß seines Rücktritts vom Posten des Oberbefehlshabers der Chilenischen Streitkräfte mit einem lebenslangen Sitz im Senat geehrt wird. Wenn man bedenkt, was in den letzten 25 Jahren geschehen ist, läßt sich das nur schwer begreifen, aber mit diesem Akt, heißt es, sei der Übergang zur Demokratie vollzogen.

Als wir Chile im Dezember 1973 verließen, dachten wir noch, wir könnten nach wenigen Monaten zurückkehren. Wie der Rest der exilierten Gemeinde lebten wir noch lange aus nur halb ausgepackten Koffern, begierig auf jede noch so kleine Nachricht über die Geschehnisse in unserem Land.

Ich glaube, wir waren die erste »chilenische« Familie, die nach dem Putsch als Flüchtlinge in England ankam. Man empfing uns mit großer Freundlichkeit, und es bildeten sich enge Freundschaften, die bis zum heutigen Tag andauern. Man brachte uns an einen Ort, an dem wir wohnen konnten, die Mädchen kamen an örtlichen Schulen unter. Unsere zweite Nacht in London verbrachten wir im Hause des Dichters Adrian Mitchell, und aus dieser Begegnung – meinen überstürzten Berichten und Adrians Feinfühligkeit – entstand ein herrliches Gedicht über Victor, das Adrian stets bei seinen

Lesungen vorträgt. Es wurde später von Arlo Guthrie vertont und von ihm und Pete Seeger gesungen. Damals war mir noch nicht klar, daß dies erst das erste einer langen Reihe von Beispielen tiefempfundener kultureller Solidarität war, wie sie Künstler aus der ganzen Welt in allen möglichen Medien und vielen Sprachen ausdrücken sollten.

Wir fanden uns inmitten einer gewaltigen Woge der Verurteilung des Militärputsches und einer weltweiten Solidarität mit dem chilenischen Volk wieder. Ich glaube, daß das, was sich dort ereignet hat, viele Leute zutiefst schockiert und sogar ihre Sicht auf die Welt verändert hat. Der Putsch war wie eine Röntgenaufnahme, die die Oberfläche der Gesellschaft durchdrang und die in Wirklichkeit darunter herrschende Gewalt und Brutalität zum Vorschein brachte. Die permanente Verletzung der Menschenrechte in Chile war lange Jahre ein internationales Problem. Ende 1973 gründete sich in London das »Chile Committee für Human Rights«, dessen erste Vorsitzende ich wurde.

Wir wurden immer wieder von nicht abreißen wollenden Nachrichten, die wir von der Inhaftierung, Folterung, dem Tod oder dem Verschwinden von Freunden Victors, oder *compañeros* erhielten, persönlich getroffen. Wir hatten Angst um Quena, die in Chile geblieben war und dort insgeheim für die stark geschwächte Gewerkschaftsbewegung arbeitete und daneben mit einigen Musikern und Theaterleuten ein kleines kulturelles Widerstandsnest bildete. Die Verbindung zu ihr war schwierig und nur auf indirektem Wege möglich.

Die beiden Musikgruppen Quilapayún und Inti-Illimani, die zur Zeit des Putsches auf Europatournee gewesen waren, mußten die nächsten fünfzehn Jahre im Exil verbringen und mit der Musik Chiles im Gepäck um die ganze Welt ziehen.

Im Dezember 1973 fand das erste große Konzert zur Erinnerung an Victor in Paris statt. Kurz darauf gab es ein zweites in Rom, im Januar eines in Berlin, im Mai eines in San Francisco, dann in Essen, und von da an wurde ich während des ganzen folgenden Jahrzehnts beinahe ständig eingeladen, an Solidaritätskundgebungen für die Menschen in Chile teilzunehmen oder dort zu sprechen, die bei dem Versuch, ihr Land von der Militärherrschaft zu befreien, verfolgt wurden. Ich habe viele Male die Vereinigten Staaten bereist und bin einen Monat durch ganz Japan gezogen; ich wurde mehr als einmal nach Australien, Neuseeland, in die Sowjetunion, nach Finnland, Schweden, Dänemark, Holland, Belgien, Italien, Spanien sowie nach Ost- und Westdeutschland eingeladen. Diese Einladungen häuften sich sogar noch, nachdem *Compañero,* ein englischer Dokumentarfilm über Victor, überall im Fernsehen gezeigt wurde.

Aufgrund der Art und Weise, wie er ums Leben kam, war Victor zur Symbolfigur für so viele andere geworden. Über seine Musik, seine Lieder und seine Stimme, die ihn überdauerten und weiterlebten, konnte er immer noch mit Menschen auf der ganzen Welt Verbindung aufnehmen. Mich in den Dienst dieser Kommunikation zu stellen, gab mir die Kraft zum Weiterleben. Er hat mich mein ganzes Leben lang in Freud und Leid begleitet, und ich war niemals dazu fähig, mir einen anderen Partner vorzustellen.

Das ganze erste Jahr hindurch sind wir alle zusammen umhergereist. Wir hatten keine richtige Wohnung in London, und die Mädchen konnten natürlich noch nicht alleingelassen werden. Wir bildeten eine durch die traumatischen Erlebnisse zusammengeschweißte Dreiereinheit. Für uns war es eine Zeit der Trauer, und es schien so, als hätte sich die Trauerfeier, die Victor in Chile versagt geblieben war, sowohl zeitlich als auch räumlich ausgedehnt.

Ende 1974 jedoch hielten wir Familienrat ab und beschlossen, daß trotz meiner Verpflichtungen, weiterhin durch die Welt zu reisen, Manuela und Amanda in London bleiben und dort regelmäßig die Schule besuchen sollten. Nachdem inzwischen noch mehr chilenische Familien eingetroffen waren, würden sie sich nicht ganz so einsam fühlen. So machten sie sich schließlich daran, die Oberschule als englische Schulmädchen zu absolvieren, auch wenn ihre Herzen und Gedanken, vielleicht sogar zu sehr, noch immer in Chile weilten, und sie in ihrer Freizeit in einer von Exil-Chilenen ins Leben gerufenen Folkloregruppe, die bei Solidaritätsveranstaltungen auftrat, tanzten und sangen.

Um 1980 kehrte die Flut der Flüchtlinge allmählich nach Chile zurück. Nicht, daß sich die Situation im Lande im geringsten verbessert hätte, im Gegenteil. Aber es war notwendig, wenigstens zu versuchen, sich zur Wehr zu setzen. Viele derjenigen, die nicht offiziell zurückkehren konnten, kamen heimlich ins Land. Einige wurden aufgespürt und ermordet. Andere, die eine weniger dramatische Verfolgung zu erwarten hatten, beantragten in ihren jeweiligen chilenischen Botschaften Reisepässe und machten sich an die schwierige und erschreckende Aufgabe, sich im eigenen Land von neuem einzurichten.

1982 hatten Manuela, Amanda und ich unabhängig voneinander beschlossen, nach Chile zurückzukehren. Manuela hatte schon immer gewußt, daß sie zurückgehen würde. Amanda mußte herausfinden, wohin sie wirklich gehörte, und ich dachte, ich könne nach Fertigstellung dieses Buches ein Stück meiner eigenen Identität und den Beruf, den ich immer geliebt habe, zurückgewinnen. Eigenartigerweise hieß das, in Victors Land zurückzukehren, wo man sich meiner immer noch als Tänzerin und Dozentin erinnerte, an das, was ich gewesen war, bevor ich Victors Witwe wurde.

Es war die Periode einer einsetzenden Wirtschaftskrise und sehr schlimmer Repressionen. Die nächtliche Ausgangssperre, die vom Geheimdienst für seine finsteren Aktivitäten genutzt wurde, bestand noch immer, überall war Militär auf den Straßen, und es herrschte eine strenge Zensur. Immer wieder wurden Oppositionsführer verhaftet oder in weit entfernte Landesteile verbannt. Kaltblütig ausgeführte Morde waren an der Tagesordnung. In jenen Jahren wurden viele Greueltaten begangen.

In einem Land, in dem Politik verboten ist, ist die Politik allgegenwärtig, sogar auf dem Friedhof. Ich besaß nur ein zeitlich begrenztes Touristenvisum, und man hatte mir angedroht, mich sofort des Landes zu verweisen, sollte ich mich irgendwie politisch betätigen. Trotzdem glaubte ich, das Recht dazu zu haben, an einem Begräbnis teilzunehmen, und daß eine solche Handlung keine politische Aktion, sondern ein Ausdruck von Trauer sei. Es gab viele Beerdigungen von Opfern der Unterdrückung, an denen sehr viele Menschen teilnahmen, und die unweigerlich in Demonstrationen des Widerstands gegen die Diktatur umschlugen und von Überfallkommandos mit Tränengas, Wasserwerfern und Schlagstöcken gewaltsam niedergeschlagen wurden. Um nicht verhaftet zu werden, mußte man geblendet und halb erstickt über Gräber springend davonlaufen. Ich erinnere mich an die kleinen Trauerzüge der Frauen, die mit Blumen in den Händen mutig *a capella* Freiheitslieder sangen, und, begleitet und bedroht von einer doppelt so großen Anzahl von Polizisten, ihre Wallfahrten von einem Grab zum anderen machten. Ich erinnere mich an einen riesigen Trauerzug, bei dem die Polizei sogar soweit ging, den Sarg auf dem Weg zum Friedhof zu entführen, um die Veranstaltung aufzulösen.

Mir war es rätselhaft, wieso man sich noch an Victor erinnerte. Seit dem Putsch wurde sogar sein Name totgeschwiegen, seine Schallplatten waren ohnehin verboten. Dessen ungeachtet hörte ich, wie seine Lieder in den Gemeindezentren armer Stadtviertel, in Kirchenhäusern, Fußballclubs und Universitäten gesungen wurden, und das ganz aus jungen Zuhörern bestehende Publikum sang mit, als seien seine Lieder ein fester Bestandteil der chilenischen Folklore geworden. Sein Grab war stets mit frischen Blumen geschmückt, in denen kleine Zettel mit Botschaften und Gedichten steckten. Einige davon waren fehlerhaft, andere in fremden Sprachen abgefaßt. Mutige Sänger schrieben Lieder für ihn, wobei sie die indirekte Sprache benutzten, die sich unter extremer Zensur entwickelt.

Im Jahr 1982 fanden die ersten großen organisierten Proteste statt. Die Menschen hatten immer noch Angst, machten aber einander Mut, indem sie sich nach und nach auf die Straße trauten und sahen, daß sie so viele waren. Nach dem, was ich gesehen habe, standen ganz junge Leute und viele Frauen bei diesen mutigen Demonstrationen an vorderster Front.

Ich machte meine erste Erfahrung mit einem dieser Proteste in der Stadt Concepción im Norden, wo Manuela mit ihrem Ehemann und ihrem kleinen Sohn Victor wohnte. Es war an einem Winterabend, und nach einem Tag mit vielen »Blitzdemonstrationen« überall in der Stadt war der Berufsverkehr eingestellt worden. An den Straßenecken standen ängstliche Gruppen von Menschen, die sich ruhig verhielten und nur hin und wieder zum Rhythmus von »Y va a caer« »Er wird bald fallen« in die Hände klatschten oder pfiffen. In den Seitenstraßen warteten die Einsatzwagen der Polizei und die Panzerwagen, während der Hauptplatz von Überfallkommandos abgeriegelt war: lange Reihen großer Kerle mit riesigen geschlossenen Helmen und glänzenden Plastikschilden. Genau um acht Uhr, als ich gerade an ihnen vorüberging, hörte ich in der Ferne eine Explosion. Die Straßenlaternen flackerten und gingen aus. Es war das Signal, auf das alle gewartet hatten.

Man hörte Rufe und laute Pfiffe, und fast im gleichen Augenblick setzte das Klappern ein. Aus allen Gebäuden in der Umgebung ertönte das Geräusch aneinandergeschlagener Kochtöpfe, zunächst zaghaft, aber dann wurde es lauter und lauter, bis es zu einem ohrenbetäubenden Getöse scheppernder Geländer, Mülltonnendeckel und allem, das gerade zur Hand war, anschwoll. Die Leute schienen einander mit ihren Rhythmen und Klängen überbieten zu wollen, so daß sich eine beinahe festliche Stimmung breitmachte. Inmitten der ganzen Aufregung machte der kleine Victor mit seinen zehn Monaten seine ersten, stolpernden Schritte durchs Zimmer. Dann traten die Leute auf die Straße hinaus und errichteten Barrikaden, um das Vorrücken der Polizeifahrzeuge zu erschweren. Laute Rufe und höhnische Bemerkungen ertönten, als eines die Barrikade zu durchbrechen versuchte. Dann trat mit einem Mal Stille ein, als ein weißer Suzuki-Lieferwagen langsam und in entgegengesetzter Richtung die Einbahnstraße heraufgefahren kam. Die Leute suchten Deckung, denn aus diesen Fahrzeugen kamen die verirrten Kugeln, von denen schon viele Leute bei den Protesten getötet worden waren. Nachdem der Wagen langsam um die Ecke gebogen war, setzte der Radau allmählich wieder ein, bis, vielleicht eine halbe Stunde später, das Gerücht die Runde machte, die Armee sei um Hilfe gerufen worden.

Die Proteste wurden ein Teil des Alltags. Sie dauerten noch viele Jahre an, doch später hatten sie nichts Festliches mehr an sich. In jenen ersten öffentlichen Wutausbrüchen schlugen die Leute so laut und fest auf ihre Kochtöpfe, wie sie konnten, doch außer daß einige von ihnen getötet wurden, veränderte sich nichts. In den Poblaciones ging man zu drastischeren Formen des Protests und der Selbstverteidigung über. Die linksgerichteten Parteien begannen, paramilitärische Truppen auszubilden, die in der Lage waren, Stromausfälle auszulösen, die halb Chile in Mitleidenschaft zogen, Bombenanschläge auf Banken und andere symbolische Gebäude durchzuführen, Fememorde an Folterern und anderen Mitgliedern der Geheimpolizei zu verüben – eine Strategie, die in einem mißglückten Attentat auf Pinochet durch einen Angriff auf seine Militäreskorte gipfelte. Wäre er gelungen, hätte Chiles Geschichte wohl einen anderen Verlauf genommen. Die Mitglieder der Frente Patriótico Manuel Rodríguez, benannt nach einem Helden der Unabhängigkeit, wurden von vielen als Helden angesehen, von anderen als mordende Terroristen.

Vor dem Hintergrund wachsender Gewalt und eines schweren Erdbebens – eine typisch chilenische Kombination – eröffneten Patricio und ich im März 1985 ein unabhängiges, sich selbst tragendes Zentrum für Tanz namens Espiral. Nach elf Jahren Exil durfte Patricio endlich wieder in sein Land zurückkehren. Ich selbst war bereits von ehemaligen Schülern und vielen jungen Tänzern gebeten worden, wieder zu unterrichten. In einem sehr kleinen Studio bauten wir diese Zuflucht für junge Leute auf, die so begierig darauf waren, von uns, den Legenden aus der Vergangenheit, zu lernen und ihrer Kreativität als Tänzer oder Choreograph freien Lauf zu lassen, was in den offiziellen Einrichtungen schlicht unmöglich war. So entstand eine kleine Tanztruppe, ein zweites Ballet Popular, jederzeit bereit, an jedem beliebigen Ort und zu jedem beliebigen Anlaß außerhalb des offiziellen Veranstaltungszirkels aufzutreten. Das Ballett gab sein Debüt anläßlich des ersten in Chile organisierten Victor-Jara-Festivals mit einer Choreographie zu Victors Musik. Andere Aufführungen fanden in Poblaciones, in Suppenküchen, Mütterzentren, Kirchen und an all jenen Orten statt, an denen die Menschen versuchten, eine gemeinschaftliche Organisation aufrechtzuerhalten, die es ihnen ermöglichte, weiterzuleben und ihre Hoffnung am Leben zu erhalten.

An einem Samstagmorgen wurde unsere Arbeit unterbrochen. Während der nächtlichen Ausgangssperre war jemand an der Seitenwand des Gebäudes emporgeklettert und hatte auf dem hölzernen Fußboden des Studios eine Brandbombe gelegt. Zum Glück wurde der Nachtwächter auf den Rauch aufmerksam, doch im Tanzboden klaffte ein gewaltiges Loch, und im Büro darunter war ein Brand ausgebrochen. Wir haben nie erfahren, ob die Bombe speziell uns oder dem ganzen Gebäude galt, denn im Erdgeschoß befand sich auch ein für seine »subversive« Musik bekanntes Café. Der Fußboden wurde ausgebessert, und nach einer Woche konnten wir uns wieder unserer Arbeit widmen, als sei nichts geschehen. Genaugenommen war es ein ganz normaler Vorfall gewesen.

Es war »normal«, daß eine Schülerin mit einem Arm in der Schlinge eintraf, weil sie bei einer Demonstration verprügelt worden war, es war »normal«, wenn eine andere tagelang fehlte, weil sie in der Universität verhaftet wurde, »normal«, daß die Schüler aus Población La Victoria nicht zum Unterricht erscheinen konnten, weil ihr Viertel bei einer konzertierten Polizei- und Armeeaktion abgeriegelt, rücksichtslos durchsucht und viele Bewohner festgenommen worden waren.

Es gab so viele Opfer zu beklagen. Um nur ein paar Beispiele zu nennen: Quenas Tochter wurde gekidnappt und in einem weißen Suzuki-Kleinlaster durch Santiago kutschiert, während man ihr brennende Zigaretten auf den Mund drückte, damit sie Informationen über ihre Kollegen von der Lehrergewerkschaft preisgab. Bei einer Demonstration von Künstlern vor dem Teatro Municipal wurde eine junge Pianistin von einer Polizeikugel in den Kopf getroffen. Erst nach Jahren konnte sie wieder spielen. Nachdem sie von der Polizei entführt worden waren, fand man die Leichen dreier Mitglieder der Kommunistischen Partei – einen Lehrer, einen Menschenrechtsaktivisten und einen Öffentlichkeitsarbeiter – mit durchgeschnittenen Kehlen. Ein junger Fotograf, dessen Familie im Exil in den Vereinigten Staaten lebte und der sich erst seit wenigen Tagen in Chile aufhielt, zog mit einer Freundin los, um bei einer Protestaktion zu fotografieren. Sie wurden in der Población Nogales festgenommen und von der Polizei vorsätzlich in einer Barrikade angezündet. Anschließend lud man sie irgendwo auf dem Land ab, fernab jeder ärztlichen Hilfe. Rodrigo Rojas starb einige Tage später. Es war seine Beerdigung, bei der die Polizei den Sarg konfiszierte. Seine Freundin, Carmen Gloria Quintana, kam mit dem Leben davon, blieb jedoch ein Leben lang entstellt. Sie gab nicht auf. Obwohl 65 Prozent ihrer Haut verbrannt war, setzte sie sich zur Wehr und verwandelte ihr Gesicht in ein lebendes Zeugnis der Grausamkeit.

Wer in Chile lebte, erfuhr den eigentlichen Wert der internationalen Solidarität. Sie schien wie ein Schutzschild zu wirken, das noch schlimmere Greuel verhindert, und schuf einen von den Augen der Welt wachsam beobachteten Freiraum, in dem sich die Menschen organisieren und ihre Gegenwehr fortsetzen konnten.

In jenem letzten Stadium des Militärregimes kam die Bewegung des kulturellen Widerstands zur Geltung. Verfolgt und zur Belanglosigkeit verurteilt, existierte sie trotz allem bereits seit kurz nach dem Militärputsch, als junge Musiker die verbotenen Instrumente benutzten, um Johann Sebastian Bach zu spielen. Sie war in kleinen, unabhängigen Theatern, in den Universitäten und in winzigen Peñas angewachsen und hatte sich an zunehmend größeren, wie der bereits 1977 von Ricardo García organisierten Veranstaltungen beteiligt, oder an den drei Victor Jara-Festivals, die inmitten der Repression durchgeführt wurden.

Um den Volksentscheid, von dem man glaubte, er würde Pinochet als Präsidenten von Chile bestätigen, zu legitimieren, war die Regierung 1988 zum ersten Mal gezwungen, der Opposition einen täglichen Spot im landesweiten Fernsehen zu gewähren. Alle wichtigen Künstler Chiles stellten sich in den Dienst der Kampagne »Nein zu Pinochet«. Der Kontrast zur falschen und schalen Propaganda, die die Leute seit so vielen Jahren hatten schlucken müssen, war so erfrischend, daß der Spot eine gewaltige Wirkung erzielte. Es war eine entscheidende Zeit, die ein Jahr später in der Wahl von Patricio Alwyn zum Präsidenten von Chile gipfelte, einem Christdemokraten, der von einem großen Spektrum politischer Parteien, unter ihnen auch die Sozialistische Partei, unterstützt wurde. Seiner eigenen Verfassung zufolge blieb Pinochet als Oberbefehlshaber der Streitkräfte im Amt.

Jetzt endlich war der Moment gekommen, auf den wir alle hingearbeitet hatten. Wir waren voller Illusionen hinsichtlich der neuen demokratischen Regierung. Persönlich gesehen schien die Welt wieder einmal auf dem Kopf zu stehen, denn ich, die zuvor in Chile als *persona non grata* galt, wurde zu den offiziellen Feiern in den Moneda-Palast eingeladen. Zur Eröffnung der symbolträchtigen Kulturveranstaltung im Nationalstadion, bei der der neue Präsident und seine Frau, – zwei Menschen –, Hand in Hand über das Spielfeld zu ihren Plätzen auf die Tribüne spazierten, wurde eine Klavierversion von »Te recuerdo Amanda« gespielt. An diesem Ort, der ein Konzentrationslager gewesen war, wirkte das wie das Symbol einer neuen, von menschlichen Werten wie Freundlichkeit, Solidarität und Gerechtigkeit geprägten Ära.

Wahrscheinlich kann man niemandem vorwerfen, daß diese neue Ära nicht sofort einsetzte. Es war, als müßten sich alle Teilnehmer nach einem fürchterlichen Marathonlauf erst einmal ausruhen, ihre Entscheidung treffen und dann mit dem eigenen Leben weitermachen. Das gemeinsame Ziel, das alle geeint hatte, war offenbar erreicht worden, und jetzt fing der Bürokratismus damit an, die Gruppen, die zusammengearbeitet hatten, wieder zu trennen. Die spontanen Organisationen in den Poblaciones brachen in sich zusammen, und noch gab es nichts, was ihre Stelle hätte einnehmen können.

Die Einsetzung der sogenannten »Rettig-Kommission«, einer offiziellen Untersuchungskommission zu den unter dem Regime Pinochets begangenen Menschenrechtsverletzungen, die zum Tode so vieler Menschen geführt hatten, schürte die Hoffnung, daß die Verantwortlichen benannt und bestraft würden, damit so etwas nie wieder geschehen konnte. Doch obwohl ein Bericht veröffentlicht wurde und die nächsten Verwandten der Ermordeten Staatsrenten bezogen, geschah sonst nichts.

Das Gefühl der Desillusionierung mußte überwunden werden, und ich hatte zwei fixe Ideen, die mir keine Ruhe ließen. Die eine war die Idee einer kollektiven Aktion, die das Estadio Chile wieder zu einem Ort machte, den man in Frieden betreten konnte, ein Tribut an alle, die dort gestorben waren und gelitten hatten, ein Akt der Reinigung, der das Stadion von dem dort geschehenen Grauen reinwaschen sollte. Es gab viele Leute, die es nicht einmal ertragen konnten, es zu betreten, am wenigsten diejenigen, die dort gefangen gewesen waren und überlebt hatten.

Die Idee wurde sofort aufgegriffen, und nach einigen Wochen der Vorbereitung fand die Reinigungszeremonie am 4. und 5. April 1991 statt. Wir nannten sie CANTO LIBRE. Hunderte von Künstlern aus allen Bereichen und sozialen Schichten, Amateure wie Profis, arbeiteten zusammen, um sie zu verwirklichen. Musiker, Schauspieler, Schriftsteller, Tänzer, Wandmaler, Choreographen, Puppenmacher und Dichter stellten sich freudig in den Dienst dieses kollektiven Projekts.

Es war eine großartige Demonstration der Liebe und der Solidarität, getragen sowohl von den vielen Freunden im Ausland, die die Aktion durch ihre finanzielle Unterstützung ermöglichten, und den Künstlern, die ihr Bestes gaben, als auch von den sechstausend Menschen, die sich in das Stadion drängten, um mit uns daran teilzuhaben. Als Victors letztes Gedicht zum ersten Mal an jenem Ort öffentlich rezitiert wurde, hatte man den Eindruck, als würde der Augenblick des letzten Hoffnungsschreis Victors tatsächlich geboren werden. Vielleicht war es uns doch noch möglich, sein Lied zu beenden.

Nach CANTO LIBRE wurde mein zweites Anliegen noch dringlicher, ja, seine Verwirklichung schien sogar in noch greifbarere Nähe gerückt zu sein. Ich wollte eine Stiftung gründen, die Victors Namen trug. Die staatliche Rente, die mir von der Rettig-Kommission zuerkannt wurde, half mir dabei. Ich wollte sie nicht als einen Ersatz für Gerechtigkeit, aber sie konnte als Teil einer Stiftung, die seinem Gedenken nach siebzehn Jahren Zensur Gerechtigkeit widerfahren ließ und das reichhaltige Erbe seines Werkes für zukünftige Generationen bewahrte, für eine gute Sache eingesetzt werden.

Heute ist die Victor Jara-Stiftung Realität. Sie wurde symbolisch an einem abgelegenen Ort Chiles ins Leben gerufen, in einer Gemeinde des Volkes der Pehuenche, die um den Erhalt ihrer kulturellen Identität und um die heimischen Wälder von Araukanien, die ihnen heilig sind, kämpfen.

Aus jenen beiden Koffern, die wir 1973 mit nach London nahmen, hat sich ein einzigartiges Archiv entwickelt. Es wächst immer noch ständig an. Neben Victors Werk enthält es die Zeugnisse einer 25 Jahre währenden internationalen kulturellen Solidarität. Junge Leute gehen zum Studieren dorthin, und wir sind davon überzeugt, daß es ihnen im gegenwärtigen Zeitalter der Globalisierung hilft, ihre eigene kulturelle Identität zu schätzen und zu achten.

Chile wird noch immer von der unter Pinochets Diktatur erfundenen Verfassung geknebelt, die den Senat mit berufenen, nicht gewählten Senatoren bestückt, unter ihnen sechs weitere Generäle, die beim Militärputsch Waffenbrüder Pinochets gewesen waren. Allein das vereitelt jede Verfassungsänderung. Heute, im März 1998, da Pinochet, der die Demokratie in Chile zerschlagen hat, seinen Platz im Senat einnimmt, ist es nicht verwunderlich, daß im ganzen Land Proteste und Demonstrationsmärsche stattfinden. Abgesehen von den allgegenwärtigen Menschenrechtsorganisationen und den Angehörigen der verschwundenen Gefangenen, bestand die große Mehrheit der Teilnehmer aus jungen Leuten unter dreißig. Ein großer Prozentsatz dieser Generation hat sich nicht in die Wahllisten eintragen lassen, weil er kein Vertrauen in diese »Demokratie« setzt und ein Wirtschaftssystem ablehnt, in dem die Lücke zwischen den Reichen und den Armen weiter auseinanderklafft als je zuvor.

Unter Pinochets Regime hortete die kleine Gruppe seiner Anhänger, die vom »freien«, von der Demokratie unbehinderten Markt profitierte, gewaltige Reichtümer. Auch heute noch hält diese Gruppe die wirtschaftliche Macht in Händen, sie besitzt oder kontrolliert die Massenmedien und führt den Lebensstil des internationalen Jetset. Natürlich »sickert« dieser Reichtum in keiner Weise nach unten, zu den ärmsten Schichten der Bevölkerung durch, die nach wie vor unter schlimmsten Entbehrungen und Elend zu leiden haben.

Nach neun Jahren dieser sogenannten Demokratie ist bis heute der Großteil der verschwundenen Gefangenen nicht gefunden, die Folterer und Mörder sind nicht bestraft worden, und die bekannten Täter und Verbrecher werden sogar von einer Amnestie geschützt. Mir ist es nicht möglich gewesen, herauszufinden, wer konkret für Victors Exekution verantwortlich war. Die Gesellschaft, in der wir leben, leidet an tiefen Wunden, die nicht heilen können, bevor man nicht für alle sichtbar Gerechtigkeit walten läßt, auch wenn viele Chilenen nicht wissen möchten, was wirklich geschehen ist oder einfach nur vergessen wollen. Es wurde einmal viel über Vergebung und Versöhnung geredet. Man hat mich des öfteren gefragt, ob ich immer noch Groll gegen die für Victors Tod Verantwortlichen hege, und ich kann nur antworten, daß es unmöglich ist, ständig mit dem Haß zu leben. Man kann jedoch auch unmöglich vergeben, wenn niemand einen um Vergebung bittet oder auch nur das geringste Anzeichen von Reue zeigt. Chile ist immer noch ein sehr geteiltes Land.

Trotz alledem sind wir immer noch hier. Manuela wohnt und arbeitet in Santiago. Sie hatte in Concepción eine Straßentanzgruppe gegründet, doch jetzt unterrichtet sie Tanz und hat die Leitung des Espiral übernommen. Ihr Partner ist einer dieser »subversiven« Musiker, die gegen das Militärregime ansangen. Sie hat erfolgreich gegen den Schilddrüsenkrebs gekämpft und hat vier liebe Söhne, fünf Katzen und eine Schildkröte. In ihrer »Freizeit« schreinert sie Möbel.

Amanda ist Malerin geworden. Sie lebt und arbeitet in einem Fischerdorf unweit von Valparaiso, in einem kleinen Holzhaus über dem felsigen Strand. Ihr Partner ist Fischer. Sie malt die Landschaft und die Leute ihrer Umgebung, züchtet Gemüse, macht Quittengelee und Hagebuttenmarmelade, wäscht ihre Kleider in einem Holzbottich und kocht chilenisches Essen. Sie hat drei riesige Hunde, Victors Lächeln und einen herrlichen Sinn für Humor.

Ich wohne allein in der gleichen »kleinen Kiste«, doch der herrliche Blick auf die Anden ist heute hohen Wohnblocks und dem Smog gewichen. Manuela drängt mich, mit dem Unterrichten weiterzumachen, und die Stiftung sorgt dafür, daß mir die Arbeit nicht ausgeht.

Patricio ist Direktor unseres vom Erziehungsministerium anerkannten Universitäts-Tanzkurses und schreibt ein Buch über Tanz. Quena, die immer eng mit uns befreundet gewesen ist, arbeitet für die Stiftung. Sie sollte auch ein Buch schreiben.

Die Zukunft gehört jetzt den Enkeln, gemeinsam mit all den jungen Leuten dort draußen, die in der Lage sind, für eine bessere Gesellschaft zu arbeiten. Es ist wichtig, daß sie über die Vergangenheit Bescheid wissen, damit sie aus unseren Fehleinschätzungen lernen können. Ich glaube, daß sie es wahrscheinlich besser anstellen, als wir es getan haben. Ich hoffe es – um der Menschheit willen.

Glossar

adobe – Ziegelsteine oder Mauern aus gepreßtem Lehm, weit verbreitete Bauweise in den trockenen Gebieten Lateinamerikas

Almeda – anderer Name für die Avenida Bernardo O'Higgins, die Hauptstraße Santiagos, die nach dem Mann benannt wurde, der Chile von Spanien befreite

altiplano – Hochplateau in den Anden (2000 bis 4000 Meter ü. M.), hauptsächlich in Bolivien und Peru gelegen

anticucho – lateinamerikanischer Kebab

arrollado – stark gewürztes, gekochtes und in Röllchen serviertes Fleisch, im Süden Chiles für gewöhnlich Schweinefleisch

Barrancas – Arbeiterwohnviertel in Santiago

barrio alto – »höhere Nachbarschaft« – das im Osten Santiagos am Fuß der Anden gelegene Viertel der Reichen

bombo – eine im Norden Chiles gespielte Trommel

brasero – große, offene Kohlenpfanne oder Eisenschale, in der Holzkohle glüht

BRP – Brigadas Ramona Parra, die Wandmalerei-Brigade der Liga der Jungkommunisten

canto a lo divino, canto a lo humano, canto por travesura – drei Sparten des Volksliedes; »divino« handelt von religiösen Themen, »humano« von weltlichen Dingen, und »por travesura« bezeichnet unterhaltsame Spottlieder und Zoten

charango – kleines Saiteninstrument, dessen Klangkörper aus dem Panzer des Gürteltiers besteht; wird in der Musik des Altiplano verwendet

chicha – halbgegorenes alkoholisches Getränk, ähnlich wie Bier, aber aus Äpfeln, Weintrauben oder Mais hergestellt; Apfelchicha schmeckt wie Apfelwein

chuico – Fünf- oder Zehnliterflasche Wein, normalerweise in einem Korbbehälter

coligüilla – Spitzname für Prostituierte

CORA – Corporación de la Reforma Agraria, die für die Umsetzung der Landreform verantwortliche Organisation

corrido – ein Tanz

cuatro – viersaitige kleine Gitarre Venezuelas

cueca – Chiles Nationaltanz

cumbia – ein Tanz

curanto – traditionelles Gericht mit Fleisch und Meeresfrüchten, das langsam in einem von heißen Steinen eingefaßten Erdloch gekocht wird

CUT – Central Única de Trabajadores de Chile, Dachorganisation der chilenischen Gewerkschaften, der die große Mehrheit der Gewerkschaften angeschlossen ist (gegründet 1953)

DICAP – Discoteca del Cantar Popular; Schallplattenfirma und Label der Neuen Chilenischen Liedbewegung

empanada – kräftig gewürzte chilenische Teigtaschen mit Füllung

FECH – Federación de Estudiantes de la Universidad de Chile, die staatliche Studentenvereinigung der Universität von Chile

Fiestas Patrias – Chiles Feiertage zum Unabhängigkeitstag (18. und 19. September)

fonda – behelfsmäßiger Unterstand im Freien, normalerweise zum Ausschank von Alkohol und Kaffee, besonders während der Fiestas Patrias, in ländlichen Gemeinden anläßlich des Jahrmarkts

gañan – Landarbeiter (zu arm, um sich ein Pferd leisten zu können)

gringo – Ausländer europäischer oder nordamerikanischer Herkunft, normalerweise mit hellem Haar

Grupo Movil – Spezialtruppe der chilenischen Polizei zur Aufruhrbekämpfung

huaso – berittener Bauer oder ländlicher Aufseher

ICTUS – unabhängige Theatertruppe in Santiago

inquilino – im Gegensatz zum Saisonarbeiter dauerhafter Landarbeiter auf einem Großgrundbesitz, wohnt in einer Pachthütte

ITUCH – Instituto de Teatro de la Universidad de Chile, Theaterinstitut der Universität von Chile

JAP – JJCC, Juventudes Comunistas de Chile, die Jungen Kommunisten

latifundio – Großgrundbesitz

Ley Maldita – »Das verfluchte Gesetz«, Spitzname für ein von Präsident Gabriel Gonzales Videla zu Beginn des Kalten Krieges verabschiedetes Gesetz, das die Kommunistische Partei verbot und die Internierung vieler »Verdächtiger« in Konzentrationslager nach sich zog. Es wurde schließlich 1957 aufgehoben

liebre – kleiner schneller Bus mit etwa 20 Sitzplätzen

machitún – heidnische religiöse Zeremonie des Mapuche-Volkes, angeführt von einem *machi* oder Medizinmann

maestro chasquilla – Gelegenheitsarbeiter, Hans-Dampf-in-allen-Gassen, selbsternannter Installateur, Schreiner und Elektriker, dem keine Aufgabe zu schwierig ist

mamita – »kleine Mutter«, Kosename

MAPU – Movimiento de Acción Popular Unificado – eine der Parteien der Unidad Popular; gegründet 1969 von ehemaligen Christdemokraten

Mapuche – Volk von Ureinwohnern in Zentral- und Südchile (Araukaner)

mate – Kräutertee, vor allem in Argentinien verbreitet; wird aus einer Kürbisflasche getrunken

mate con malicia – Mate, verlängert mit aguardiente, einem starken Schnaps

El Mercurio – alteingesessene rechtsorientierte Tageszeitung; die *Times* von Chile

micro – ein Bus, normalerweise etwas größer und langsamer

militante – Mitglied einer politischen Partei

MIR – Movimiento de Izquierda Revolucionario, ultralinke Partei, gegründet 1965 an der Universität von Concepción. Die MIR gehörte nicht zur Koalition der Unidad Popular und gewährte der Regierung Allende lediglich kritische Unterstützung

mistela – hausgemachter Likör aus unterschiedlichen Früchten

La Moneda – der Präsidentenpalast im Zentrum Santiagos

MOPARE – Organisation kleiner LKW-Besitzer; gegründet 1972 zur Unterstützung der Unidas Popular während des ersten Arbeitgeberstreiks

ojotas – primitive Sandalen mit Lederriemen und Sohlen aus alten Autoreifen

Patria y Libertad – faschistische Partei Chiles »Vaterland und Freiheit«

patrón/patrona – Boss, Eigentümer/in, Herr, Herrin, Haushaltsvorstand

pebre – pikant-scharfe Soße aus kleingehacktem Koriander, Zitronensaft, Öl, Chili und Knoblauch

pelusas – Spitzname für herumstreunende Straßenkinder; der Name deutet auf zukünftige Straftaten hin

peña – in Spanien eine Zusammenkunft von Literaten, bei der Dichter aus ihren Werken lesen; in Chile jedoch ein Ort oder ein Ereignis, an dem in informeller Atmosphäre folkloristische Musik aufgeführt wird, wobei das Publikum an Tischen sitzt

pensión – ein Café, oder oft nur ein Zimmer in einem Haus, für das Arbeiter wöchentlich für ein Mittagsmahl zahlen. Gelegentlich auch mit Übernachtung

picoroco – eßbares Krustentier

pituco – Angehöriger der Oligarchie oder Wohlstandsklasse. Bezieht sich auf die äußere Erscheinung und wird oft in abfälliger Weise für jemanden mit affektiertem Auftreten benutzt

piure – eßbares Krustentier

Plaza de la Constitución – großer Platz vor dem Präsidentenpalast in der Stadtmitte Santiagos

población – Wohnbezirk der Arbeiterklasse, allgemein auch ein Dorf oder eine Siedlung

población callampa – Barackensiedlung oder »Pilz«siedlung am Rand großer Städte. Diese Siedlungen werden normalerweise über Nacht von Obdachlosen mit aus dem Boden gestampft und bestehen aus Zelten und kleinen, aus Sperrholz und Pappdeckel zusammengenagelten Hütten

Providencia – durch das Barrio alto führende Hauptstraße mit Luxusrestaurants, Boutiquen und hohen Apartmenthäusern

Quechua – die Sprache der Inkas und der indianischen Bevölkerung Perus, Boliviens und Nordchiles

quena – indianische Bambusflöte mit einem einfachen, U-förmigen Mundstück; wird im Altiplano und im Norden Chiles gespielt

Ranquil – entlegenes Dorf im Süden Chiles, dessen Namen die erste und wahrscheinlich auch größte Gewerkschaft der Landarbeiter trägt

roto – Angehöriger der ärmsten Schicht. Verächtliche Bezeichnung für Erscheinungsbild, Benehmen etc. von *El roto Chileno* – das Objekt vieler anthropologischer Studien als Ausdruck des Nationalcharakters, eines bestimmten Galgenhumors etc.

ruca – typische, aus Zweigen und Lehm gebaute Einraumhütte der Mapuche

San Cristóbal – großer Hügel im Nordosten Santiagos, ziemlich nah an der Stadtmitte, auf den man mit einer klapprigen Zahnradbahn hinauffahren kann

Santa Lucia – kleinerer Hügel, näher am Stadtzentrum und gegenüber der Katholischen Universität; auf seiner Kuppe befinden sich ein Park und ein Garten

sirilla – chilenischer Volkstanz

surazo – kräftiger Südwind

Tancazo – der versuchte Staatsstreich gegen die Unidad Popular am 29. Juni 1973, angeführt von Oberst Roberto Souper, Kommandeur des Zweiten Panzerregiments

tiple – zwölfsaitige Gitarre aus Kolumbien

tortilla – flacher, dünner Pfannkuchen aus Maismehl

UTE – Universidad Técnica del Estado, die Staatliche Technische Universität. Das Universitätsgelände in Santiago befand sich im Westen der Stadt in Richtung Flughafen, auf der gegenüberliegenden Seite des Barrio alto

vega – ein Markt, auf dem insbesondere Obst und Gemüse verkauft werden

venceremos – wir werden gewinnen

villancico – Weihnachtslied

zampoña – aus Schilfrohr hergestellte Panflöte, die von den Völkern des Altiplano gespielt werden; die Besonderheit liegt darin, daß man zwei Spieler mit zwei unterschiedlichen Flöten braucht, um eine Tonart zu vervollständigen

zapateo – Volkstänze, bei denen man mit den Füßen aufstampft und mit den Absätzen auf den Boden klopft

Doris Lessing

Doris Lessing legte 1962 mit dem Roman »Afrikanische Tragödie« den Grundstock zu ihrem umfangreichen literarischen Werk, das inzwischen Weltruhm genießt. Sie wurde 1919 in Persien geboren und zog 1924 mit ihrer Familie nach Rhodesien. Seit 1949 lebt sie in England.

Autobiographie
530 Seiten
btb 72045

In ihrer Autobiographie »Unter der Haut« erzählt Doris Lessing die Geschichte der ersten dreißig Jahre ihres Lebens – von ihrer Kindheit und Jugend, von der ersten unglücklichen Ehe, der Geburt ihrer Kinder und dem Beginn ihres politischen Engagements.
»Ein fesselnder, bemerkenswerter Lebensroman.«
DIE WELT

Aus Freude am Lesen

Hanna Krall

Hanna Krall, 1937 in Warschau geboren, arbeitet seit 1957 als Reporterin und Schriftstellerin. Ihre beiden Berufe prägen ihre Arbeit, die dokumentarische Exaktheit mit literarischem Gespür verbindet. Vielfach ausgezeichnet, gilt Hanna Krall heute als eine der wichtigsten polnischen Schriftstellerinnen der Gegenwart.

220 Seiten
btb 72181

Zugleich einfühlsam und distanziert, hartnäckig und abwartend erzählt Hanna Krall starke legendenhafte Geschichten – fast immer im Stil einer Reportage und doch eindrucksvoll wie dichteste, intensivste Literatur. »Literarische Reportagen oder wahre Geschichten oder vorläufige Berichte aus der Wirklichkeit ... sie sind herzzerreißend, merkwürdig und schrecklich. Und großartig erzählt.« *Die Zeit*